CURSO DE FORMACION TEOLOGICA EVANGELICA

VII

Escatología: Final de los tiempos

EDITORIAL CLIE
Ferrocarril, 8
08232 VILADECAVALLS (Barcelona) ESPAÑA
E-mail: libros@clie.es
Internet: http:// www.clie.es

ESCATOLOGIA, FINAL DE LOS TIEMPOS
CURSO DE FORMACIÓN TEOLÓGICA EVANGÉLICA V.07

ISBN: 978-84-8267-851-1

Printed in USA

Clasifíquese:
01 TEOLOGÍA: Escatología Amilenial o Postmilenial
CTC: 01-01-0034-02

CURSO DE FORMACION TEOLOGICA EVANGELICA

Volumen VII

ESCATOLOGIA: FINAL DE LOS TIEMPOS

por

José Grau

editorial clie

ESTE CURSO DE FORMACION TEOLOGICA EVANGELICA

consta de los siguientes títulos, todos ellos publicados:

I. **INTRODUCCION A LA TEOLOGIA**
Por J. Grau

II. **UN DIOS EN TRES PERSONAS**
Por F. Lacueva

III. **EL HOMBRE, SU GRANDEZA Y SU MISERIA**
Por F. Lacueva

IV. **LA PERSONA Y LA OBRA DE JESUCRISTO**
Por F. Lacueva

V. **DOCTRINAS DE LA GRACIA**
Por F. Lacueva

VI. **LA IGLESIA, CUERPO DE CRISTO**
Por F. Lacueva

VII. **ESCATOLOGIA I**
Por J. Grau

VIII. **CATOLICISMO ROMANO**
Por F. Lacueva

IX. **ESCATOLOGIA II**
Por F. Lacueva

X. **ETICA CRISTIANA**
Por F. Lacueva

XI. **MINISTROS DE JESUCRISTO**
(Dos volúmenes)
Por J. M. Martínez

INDICE DE MATERIAS

PROLOGO EDITORIAL

Hemos visto con satisfacción la calurosa acogida que el pueblo cristiano ha dispensado al Curso de Formación Teológica Evangélica, iniciado con el tomo I, *Introducción a la Teología,* por el mismo autor del presente volumen VII, ESCATOLOGIA: LAS ULTIMAS COSAS.

La Teología, ciencia que ordena, clasifica e interpreta las enseñanzas de la Sagrada Escritura, está, como todas las ciencias, sujeta a diversidad de opiniones; particularmente mientras éstas se hallan en estado de prueba o experimentación.

Las doctrinas básicas del presente Curso de Formación Teológica Evangélica que hasta aquí han sido expuestas, pertenecen al acervo común de la doctrina evangélica. Aunque distribuidos en diversas denominaciones, los cristianos evangélicos tenemos una base de doctrina común en aquellos principios bíblicos que tienen que ver con puntos esenciales de nuestra fe; pero hay diversidad de opiniones en cosas no esenciales; y la diversidad se amplía en aquellos temas que se refieren al futuro. La Escatología es la parte de la Teología que más se presta a tales diferencias.

En el presente volumen, el autor se hace eco de los diversos criterios que existen respecto a la segunda venida de Cristo; no en cuanto al hecho mismo, pues todos los cristianos creemos que Jesús ha de volver visiblemente a juzgar al mundo, sino a las circunstancias que encontrará o que tendrán lugar sobre la Tierra cuando El venga. En el curso, y después de tal exposición, el autor no se recata de expresar con toda franqueza su propio criterio.

Esto no debe extrañar a ninguno de nuestros lectores. Hace ya varios años que nos comprometimos a publicar el presente Curso de Formación Teológica Evangélica, bajo la premisa de que todos los autores contribuyentes tendrían perfecta libertad para exponer sus propios criterios, dentro del campo de la fe cristiana evangélica. No podemos, por tanto, hacer discriminación cuando las opiniones que alguno de ellos expone difieren de las de otros hermanos evangélicos, o aun de la nuestra propia; ni podemos negarnos a publicar sus puntos de vista y sus argumentos favorables a los mismos.

Hay una parte muy considerable de opinión evangélica que tiene estudiado y establecido su propio esquema en cuanto al orden de acontecimientos que pueden tener lugar antes y después de la segunda venida del Señor, fundándose en textos bíblicos que parecen concertar en un plan concreto, cuyo cumplimiento resulta más probable después del retorno de los judíos a su patria y la creación del Mercado Común Europeo, federación política en ciernes de las naciones de Europa.

¿Hasta dónde va a coincidir la estructura política del mundo con el concepto premilenario de las profecías bíblicas? No lo sabemos. Hubo momentos históricos, en los días de Napoleón y de Hitler, cuando tal esquema parecía haber llegado a su cenit e inmediato cumplimiento; pero no fue así.

Dado el lenguaje simbólico hebreo —y particularmente en las Sagradas Escrituras—, es muy difícil la dicotomía entre lo literal y lo simbólico en las profecías bíblicas. Esto lo comprobamos en profecías del pasado ya cumplidas. Por ejemplo, en el salmo 22 hay detalles proféticos de la pasión y muerte del Señor que se cumplieron al pie de la letra en su primera venida; pero hay otros que eran meras figuras, como hoy nos es dable reconocer. Por tal razón no podemos ser cerradamente dogmáticos en cuanto a las profecías que todavía se han de cumplir. Haremos bien en mantener nuestros puntos de vista, si creemos que ellos responden y explican mejor textos que parecen contradictorios, o declaraciones bíblicas que no nos atrevemos a desdeñar, ni podemos apresurarnos a decir que son simbólicos, o viceversa. Pero nuestra opinión interpretativa, en un sentido o en otro, no ha de llevarnos jamás a tachar de error —ni a referirnos con menosprecio— el criterio del hermano que no piensa igual que nosotros.

Creemos, pues, que nuestros lectores harán bien en computar y comparar lo que expresa el autor de este volumen, nuestro amado hermano y compañero de milicia en Cristo D. José Grau, con otros libros de opinión diferente, tales como los publicados por esta Editorial que se anuncian en las últimas páginas de este tomo, y otros que lo han sido por diversas Editoriales evangélicas, con el fin de ver qué argumentos les convencen más, a la luz de las Sagradas Escrituras.

Estamos seguros de que tal estudio, a semejanza del de los cristianos de Berea (Hechos 17:11), no será en modo alguno un tiempo perdido; antes estrechará nuestra comunión con el Señor y nos hará sentirnos más cercanos a su gloriosa Venida, que todos amamos y esperamos con el mismo anhelo.

SAMUEL VILA

Tarrasa, febrero de 1977

INTRODUCCION

Creemos que sólo puede haber esperanza allí donde hay escatología; de ahí que la fe cristiana sea, sobre todo, una fe escatológica esperanzada, una mirada lanzada al futuro desde el presente, una actividad iniciada en el aquí, *con la firme certeza de que el* ahora, *el tiempo actual, no agota su significado, sino que, por el contrario, todo su sentido le viene de la plenitud escatológica a la que tiende sin cesar.*

Creemos también que sólo puede haber escatología bíblica, porque sólo en la Revelación bíblica se nos ofrece el concepto adecuado del tiempo *como dinamismo histórico que se dirige a una meta, que puede trazar planes para un futuro, que puede en cierta medida colaborar a la realización de dicho futuro; todo lo cual contrasta —un contraste radical y absoluto— con la idea pagana de ciclos eternos e incesantemente repetidos, sin que haya posibilidades de eludir el fatalismo histórico ni esperar intervenciones de «afuera» que quiebren el curso de los acontecimientos dándoles otro rumbo. A diferencia de la idea pagana que concibe el tiempo como un círculo cerrado del que es imposible escapar, inflexible, cruelmente rutinario y siempre el mismo, el concepto bíblico entiende el tiempo como una línea recta, abierta siempre al futuro y a la esperanza. ¿Razones de este optimismo lineal? Simplemente, porque Dios interviene en la historia. Y, sobre todo, porque nos ha dicho que seguirá interviniendo y finalmente tendrá la última palabra del drama humano, cuando caiga el telón tras el último acto del devenir de la humanidad.*

Cristo es Señor de la historia. Esto explica que, en palabras de Pablo, «Cristo sea en vosotros *—todos nosotros, los cristianos—* la esperanza de gloria» *(Col. 1:27).*

Efectivamente, sólo puede haber escatología donde se espera algo; y es inimaginable la existencia de ninguna escatología auténtica —digna de este nombre— cuando dejamos de apoyarnos en el Señor y no prestamos ya oído a su Palabra. Es la tragedia de hombres como Bultmann, o Schweitzer, por no citar sino dos ejemplos de nuestro tiempo.

«La escatología mítica —escribe Bultmann, motejando ya de entrada la escatología como mito— está básicamente descartada por el simple hecho de que el retorno de Cristo no tuvo lugar inmediatamente, como esperaba el Nuevo Testamento, sino que la historia del mundo continuó y —como es convicción de cualquier persona razonable— seguirá continuando.» Esto lo escribía Bultmann en 1941, en su libro El Nuevo Testamento y la Mitología, *obra que, como la casi totalidad de sus escritos, está llena de prejuicios, no sólo teológicos, sino, particularmente, históricos y se apoya en una hermenéutica harto discutible, como ha demostrado O. Cullmann en su libro* Historia de la Salvación. *Pero, incluso antes de que R. Bultmann negase la premonición bíblica de un final definido, y definitivo, de la historia por medio de la intervención soberana de Dios, los teólogos modernistas habían ya iniciado la sustitución de la escatología bíblica por otras «escatologías» más a tono con los gustos estragados, decadentes y paganos de nuestra época. El resultado que cabía esperar, ha sido que dichas «escatologías» sólo tengan de tales el nombre, porque, negada la fundamental esperanza de la acción de Dios en el mundo, no queda ya lugar para la reflexión escatológica propiamente dicha, sino que el incrédulo o escéptico queda abocado inexorablemente al concepto pagano de los ciclos cerrados y monótonamente repetidos, porque ¿dónde hallará garantías para esperar algo del futuro? La solución que aporta el materialismo dialéctico, en su intento por transcender el ineludible escepticismo de todos los existencialismos meramente humanistas, no es más que un salto en el vacío, con una credulidad*

fantástica, pues espera sin pruebas de ninguna clase, sin apoyo real, que la historia tenga algún sentido, basándose únicamente en hipótesis derivadas de la filosofía hegeliana, discutible como todo sistema filosófico arbitrado por la mera razón humana.

Otros, como A. Schweitzer, alegorizaron el mensaje bíblico de los «últimos tiempos», transformándolo en una actitud ética y en una radical responsabilidad ante la vida. Otros muchos redujeron la escatología a mera fraseología, refiriéndola al proceso anunciado por las teorías evolucionistas —nuevo objeto de fe y esperanza laicas— o a las supuestas energías transformadoras y renovadoras, inherentes a la naturaleza humana, sin necesidad de ayudas «externas»; tal, la hipótesis de Harvey Cox.

Pero se da la paradoja de que hoy sean precisamente las gentes razonables —«cualquier persona razonable», como escribía hace treinta años Bultmann—, los científicos más eminentes, como Bernhard Philbert y Gordon R. Taylor por ejemplo, quienes nos advierten del peligro real de que el acontecer humano desemboque en un cataclismo de dimensiones apocalípticas, dentro de un previsible futuro. Poco tiempo antes de su muerte, el gran historiador A. Toynbee manifestaba su escepticismo respecto al sesgo de las civilizaciones modernas. Y un científico más cercano a nosotros, Miguel Masriera, escribía recientemente en las páginas de un importante rotativo barcelonés: «Nunca, hasta ahora, el hombre se había enfrentado con la posibilidad de una autodestrucción fulminante, y hemos de admitir que en él (en el ser humano) queda mucho de animal... El escollo está precisamente en la condición humana. Esta es la cuestión: intentar cambiar dicha condición.»

En nuestra época de crisis, cuando muchos se percatan de la situación volcánica en que vivimos, no es de extrañar el auge de la futurología, que constituye el sucedáneo laico de la escatología cristiana. A ello ha contribuido también el desarrollo de las ciencias sociales en los últimos decenios. Otro factor —sin solvencia científica, pero no menos eficaz— es la proximidad del año 2000. Se repite el fenómeno europeo del año 1000, pero esta vez a escala mundial. Los precursores fueron, sin duda, Wells, Huxley, Orwell y Clarke. Hoy, Kahr y Wiener lanzan sus hipótesis, sus previsiones y cábalas, con extrañas mezclas de análisis realista y mucho de lo que se denomina «ciencia ficción». Con algunas excepciones, se olvidan los factores imprevisibles (resurgir de antiguas religiones, nacimiento de nuevos fanatismos alienantes, de nuevas formas de pensamiento, etc.) y se proyecta hacia el futuro toda la realidad actual, multiplicada, agrandada y hasta deformada, sin apenas tener en cuenta la problemática peculiar del inminente futuro, que ya se está gestando y que traerá consigo los gérmenes de nuevas situaciones y distintos condicionamientos. A la «ciencia ficción» (mejor sería llamarla «sociología ficción») le falta la apoyatura firme, garantizada en el presente, que dé rigor a su previsión o permita alimentar esperanzas que no se basen en meras suposiciones.

La escatología bíblica puede asegurar que «Cristo es en vosotros la esperanza de gloria» *(Col. 1:27), porque también puede proclamar:* «El que está en Cristo, es una nueva creación; las cosas viejas pasaron, todas son hechas nuevas» *(2.ª Cor. 5:17). La espera de los* «cielos nuevos y la tierra nueva», *la esperanza de una nueva humanidad, se funda en el hecho de que, ya ahora, Cristo cambia vidas y transforma retazos de historia presente; y lo que está haciendo, constituye la garantía de lo que hará definitivamente al término de nuestro periplo como raza humana.**

El problema, con todo, para la cristiandad moderna es que ni vive con la profundidad e intensidad suficientes la nueva vida que recibe «en Cristo», ni es capaz, por lo tanto, del discernimiento necesario para ver con claridad en medio de las modas futurológicas fuera de la Iglesia, y

---

* Como ejemplos fehacientes de esta afirmación, tenemos publicados un buen número de relatos biográficos de personas que «cambiaron de rumbo» al encontrar a Cristo, y lo que la disciplina, los castigos, e incluso la medicina, no pudieron realizar, por hallarse el individuo en cuestión sujeto a los efectos de drogas nefastamente viciosas, fue cumplido del modo más fácil al ponerse en contacto con el Cristo vivo —y poderoso por su Espíritu Santo—, que prometió a todos los que le invocan con sinceridad. Solicítelos a su librero, o a UNILIT, Miami. — *(Nota Editorial.)*

las no menos intensas modas apocalípticas en el interior de la misma Iglesia. Como creyentes, vivimos también un período que se caracteriza por el auge del «apocalipticismo». Ello no sería grave si redundase en una mayor profundización de lo que es, y tiene que significar para la Iglesia, la escatología bíblica. Dicha profundización prestaría incluso al pueblo de Dios una visión que le permitiría un testimonio más eficaz en medio de la sociedad conflictiva y confusa de nuestro tiempo. Pero el peligro estriba en que, así como la futurología laica suele degenerar en «sociología ficción» (que, por supuesto, de sociología tiene muy poco, y lo poco que retiene desprestigia al auténtico quehacer sociológico), el actual interés por la profecía, el final de los tiempos y lo apocalíptico, tiende a derivar en lo que desde hace cierto tiempo vengo en llamar «escatología ficción».

La conciencia escatológica es vital para toda actitud genuina de fe cristiana. Jesús quería que sus discípulos vivieran y obraran en la ardiente expectación de su segunda venida, no importa cuán distante pudiera estar esta «parusía». La perspectiva de un «futuro cercano», de una rápida venida del Señor —tal como aparece en algunos (no en todos) de los textos novotestamentarios—, no priva de su contenido real a la visión profética, contra lo que parece pensar Bultmann. Más bien debe entenderse como un designio de permisión divina para que la expectación se mantenga siempre viva y para que nunca dejemos de orar y velar, en la actitud vital de espera. Una lectura atenta de los Evangelios demuestra que esta actitud de estar aprestado para la venida del Señor, en cualquier momento, forma parte integral de la existencia cristiana. Pero todo esto es muy distinto de la moderna afición por pergeñar mapas proféticos y pretender detectar, punto por punto, los futuros detalles de los acontecimientos relacionados con la venida del Señor, hasta el colmo de llegar, en muchos casos, a fijar fechas concretas.

Como atinadamente ha escrito Peter Beyerhaus: «Nuestro interés cristiano por las últimas cosas tiene sus riesgos. Puede degenerar en actitudes espiritualmente insanas, como Pablo observó en la iglesia de Tesalónica. Escritores y predicadores irresponsables pueden explotar este interés para producir efectos especiales de sensacionalismo, ansiedad, curiosidad e ilusión, que de ningún modo se parecen al estado de obediente y expectante espera en la que el Señor quiere encontrar a sus discípulos cuando vuelva... Algunos grupos de creyentes van en esto tan lejos hoy, que incluso se atreven a denominarse "la última generación"; por ejemplo, ciertos componentes de la llamada "Gente de Jesús" ("Jesus People"). Famosos evangelistas hacen del inminente retorno del Señor el punto clave de sus mensajes, y periodistas como Hal Lindsey consiguen "best sellers" con obras como La agonía del gran planeta Tierra... *En ningún otro campo como en este de la escatología ha creado tantas facciones injustificadas el individualismo de los evangélicos; hipótesis atrevidas, especulaciones fantásticas, sensacionalismos, todo parece tener prioridad sobre la sana exégesis. Ha faltado humildad para escuchar las experiencias —y las exposiciones bíblicas— de nuestros padres espirituales y para colocar nuestros propios esquemas, o intentos de solución, bajo el juicio corrector de otros hermanos del pasado y del presente. El individualismo ha campeado por sus fueros. Y, no obstante, el problema estriba en que ni siquiera un punto de vista férreamente fundamentalista en lo que atañe a la teología bíblica podría ayudar por sí mismo a conseguir un consenso común en todos los puntos que interesan hoy. Los textos proféticos constituyen un género literario peculiar. Raras veces pueden tomarse en un sentido estrictamente literal, como hacen muchos hoy, ignorando la clase de literatura en que están encuadrados. Conviene distinguir con todo cuidado entre la aplicación histórica del tiempo en que escribió el autor bíblico, el empleo de la imaginería metafórica —tomada a menudo del contexto cultural (incluido el religioso) de la época—, y las predicciones proféticas que, a veces, van hallando su cumplimiento en diferentes estadios de la historia de la salvación.»*

---

1. Peter Beyerhaus, «The Perils of Prophecy», en *Christianity Today* de 16-2-1973.

El aplauso con que han sido recibidos los libros de «escatología ficción», que tanto abundan hoy en muchos círculos cristianos, da mucho que pensar y ofrece material para la reflexión. Representa un índice alarmante de mediocridad y superficialidad bíblicas.

Esto, a la larga, debilita nuestro testimonio. Porque la «escatología» de ciertos autores sólo puede suscitar el desdén de nuestros contemporáneos. Exactamente lo contrario de lo que logró la esperanzada fe de los apóstoles y la primitiva Iglesia en medio de un mundo que había perdido sus esperanzas. Pero aquella fue una fe esencialmente cristológica *—como cristológica debería ser siempre nuestra escatología—, envuelta en la activa (y no escapista) espiritualidad de un* ser *y* estar *delante de Dios, el Dios que vino, viene y vendrá.*

La tarea de la teología evangélica en nuestro siglo debería ser, en primer lugar, aprender de los errores y excesos del siglo pasado. Pero, lejos de esto, se están repitiendo los mismos fallos que cometieron nuestros bisabuelos espirituales. Mucho del carácter «insano» que ofrece la actual moda escatológica a que alude Beyerhaus proliferó en la primera mitad del siglo pasado y todavía se siguen pagando las consecuencias. Con todo, hay muchos que siguen sin enterarse, dados a la temeraria, irreflexiva y arbitraria repetición de despropósitos «proféticos»...

Nuestra sección sobre «El origen y la naturaleza de la Escatología Dispensacionalista» intenta ser un correctivo y un aviso, al mismo tiempo. «Sólo quien aprende del pasado —ha dicho un escritor contemporáneo— puede evitar el riesgo de volver a tropezar en la misma piedra.»

Cualquier meditación teológica, cualquier quehacer cristiano, tiene que ser realizado con responsabilidad. Pero donde tal vez sea más apremiante esta exigencia es en el campo del estudio de las profecías bíblicas, en la escatología en general. Un propósito inaplazable de las Iglesias evangélicas, una tarea a la que deberían entregarse sus maestros y pastores, habría de ser la búsqueda de un mínimo consenso escatológico que, al mismo tiempo, se mantuviese fiel a los textos proféticos claros y a la exégesis avalada por la experiencia de la Iglesia y que, además, tratase de hablar, a partir de dichos textos, al hombre moderno, a las situaciones hodiernas y a las corrientes culturales e históricas de nuestros días, en lo que pueda haber en todo ello de «señal» o sentido apocalíptico; pero sin fantasías, sin dudosas hermenéuticas, sin distorsión de pasajes bíblicos, sin «ayudas» más que discutibles (o, al menos, que no reúnen el consenso evangélico general), como puede ser la del «dispensacionalismo».

La forma arrogante con que muchos presentan hoy ciertas novísimas escuelas de interpretación (o mejor dicho: corrientes de interpretación, o aun de lectura profética), como la «única postura Evangélica», la sola «ortodoxa», la de «la sana doctrina», es verdaderamente lamentable. Y no por el daño que puedan hacer a quienes sustenten opiniones contrarias más maduras y reflexivas, sino por lo que significan de desprecio total a la realidad evangélica mundial, a la historia del pensamiento protestante y reformado, a la exégesis de los últimos siglos y, sobre todo, por la superficialidad que delatan.

Dios me es testigo de que no hubiese deseado escribir algunas páginas de este libro, por amor a la paz y por amor a muy queridos hermanos. Pero cuando la intolerancia de ciertos escatologismos a la moda se aúna con la difusión de una hermenéutica falsa, de una exégesis descabellada y de una falta total de consideración a la regla de la fe («la fe que ha sido dada una vez a los santos» *—Jud. vers. 3), entonces no queda otro remedio que alzar la voz, gritar si es preciso. Si permaneciésemos callados, pecaríamos contra Dios y contra nuestros hermanos.*

Durante años la escatología cedió su lugar, entre nosotros, a la soteriología o a la eclesiología. En aras de la convivencia, y a pesar de los peligros que se cernían por la abundante importación de literatura mediocre, fuimos muchos los que preferimos eludir los temas proféticos, ya que había otras cuestiones doctrinales, pastorales y evangelísticas mucho más apremiantes. Pero cuando la más discutible de las hipótesis se alza sobre el pavés como obligada norma de «ortodoxia evangélica» en la interpretación profética; cuando la Biblia es despedazada en mil *porciones, asignando unas a la Iglesia y relegando otras a la «fe judía»; cuando todo tiene que ser esquematizado, simplificado, reducido y convertido en asimilable por el pragmatismo en boga; cuando la conversión —dicen— no necesita arrepentimiento, y el Sermón del Monte o el Padrenuestro ya no son de aplicación directa para los cristianos, se da uno cuenta de que lo que hay en juego es más, mucho más, que la simple diferencia de matices en la interpretación de algunas profecías, o el distinto enfoque de las varias escuelas escatológicas. Todo ello incide en una problemática mucho más amplia, que desborda a la simple escatología. Y es que el dispensacionalismo es algo más que una manera de leer la profecía bíblica, pues representa además una postura totalmente peculiar de enjuiciar la Iglesia, la ética evangélica, el lugar del cristiano en el mundo, el destino de Israel, etc., dando a todo ello enfoques y orientaciones completamente desconocidos antes del siglo XIX.**

No es el debate en torno al «milenio» lo más grave. Durante siglos la Iglesia vivió en paz con este debate en su seno; es un problema de opinable interpretación con el que podemos pechar y seguir discutiendo las varias escuelas, dentro todos de la misma confesión de fe evangélica, a pesar de los diferentes puntos de vista. El gran problema escatológico de nuestro tiempo —porque es algo más que una cuestión que afecte sólo a la escatología— es el que plantea el dispensacionalismo. Repetimos: no es cuestión tan sólo de diferencias en cuanto a detalles sobre la segunda venida de Cristo (a pesar de ser tan débiles las bases para fundamentar el llamado «arrebatamiento» y

---

* Editorial CLIE, respetuosa con las diversas opiniones y tendencias escatológicas de cada autor, ha publicado diversos libros de carácter premileniarista, que difieren de la opinión del presente autor en cuanto a interpretación de textos de las profecías del Antiguo Testamento y del Apocalipsis (sobre todo el capítulo 20), que nos parecen evidentes e irrefutables, si hemos de considerar la Sagrada Escritura como realmente inspirada por el Espíritu Santo, y no un conjunto de relatos míticos, y de ello no duda el autor de este libro; pero en ninguno de dichos libros de nuestra Editorial se manifiestan tales exageraciones, que consideramos contrarias a la «sana doctrina». — *(Nota Editorial.)*

convertir prácticamente en dos distintas apariciones la única postrera venida de Cristo: una segunda en secreto, y una tercera en público, después), sino que es mucho lo que supone para la comprensión de vitales parcelas de nuestra fe y de nuestro testimonio; mucho lo que significa para la predicación y la espiritualidad el descuartizar los textos y libros de la Biblia con el cuchillo rabínico desenterrado de nuevo, y que a la larga, quiérase o no, tiende a escamotearle mucho a la Iglesia; mucho de lo que le ha dado el Señor, mucha de la gloria que la Escritura reconoce al cuerpo de Cristo, para ofrecérselo a una raza por el simple hecho de ser tal raza, olvidando que Dios «hasta de las piedras puede levantar hijos a Abraham», y que la circuncisión que vale es la del corazón en el Israel de Dios.

Sin embargo, toda la energía, todo el apasionamiento, si se quiere, que hemos infundido a esta exposición de nuestra problemática actual, no va dirigida contra personas. Nos pronunciamos por la verdad, por la claridad y por la superación de tantas superficialidades asfixiantes que nos atosigan, pero también nos pronunciamos por el amor, la paciencia, la tolerancia y la convivencia entre hermanos de distintas convicciones en lo que respecta a cosas que, aun siendo secundarias, son muy importantes. Estamos por la fraternal relación y confrontación de los diversos puntos de vista, por el intercambio de opiniones y perspectivas proféticas, por tratar de alcanzar un mínimo consenso común en cuanto a la escatología. Estamos, en suma, tanto por el amor como por la verdad. Y no podemos sacrificar aquél por ésta, ni tampoco ésta en aras de aquél. Nos debemos a ambas responsabilidades cristianas.

Con todo, ningún tratado sobre «las últimas cosas» puede eludir rozar temas conflictivos. Este es el caso del dispensacionalismo. La neutralidad resulta muy difícil, puesto que o bien hacemos escatología dispensacionalista —con todas las consecuencias— o escatología no dispensacional. Mas en todo momento hemos procurado seguir la verdad en amor; la verdad bíblica, en amor hacia todos cuantos difieran de nuestros puntos de vista.

Los hermanos que han asistido conmigo a clases o estudios bíblicos saben cuál es mi proceder habitual en lo *que concierne a los temas escatológicos. Siempre expongo los distintos puntos de vista —es una regla en mí— y trato, además, de ser tan objetivo que en ocasiones ha pasado desapercibido mi propio punto de vista. Por desgracia, no todos han obrado así en lo que respecta a la interpretación profética. Yo pienso continuar por el camino habitual, para que los estudiantes hagan su propia opción. Pero al escribir este libro se esperaba no solamente la exposición de las varias posiciones (véase, por ej., la lección sobre el «Debate en torno al Milenio»), sino una clarificación de puntos a partir de los mismos postulados que presiden la publicación de esta colección: los principios evangélicos, reformados, bíblicos, del llamado Protestantismo histórico. Y se espera también, a partir de dichas perspectivas, la nota pastoral, responsable, que ayude no sólo a ver más claro, sino, sobre todo, a actuar más concienzudamente, eliminando todo cuanto estorbe a este marchar en los caminos de la voluntad divina, no sólo para el más allá, sino también para el más acá.*

Tengo contraída una deuda de gratitud con los alumnos de mis clases que me han estimulado con sus preguntas y sugerencias; también con cuantos hermanos han seguido mis estudios en diferentes iglesias. Ello me ha permitido pensar y ahondar, más de lo que en un principio había hecho, en ciertos temas; he podido corregir y mejorar lo que iba vertiendo en estas clases y estudios, gracias a la colaboración, el estímulo y la franqueza de todos estos queridos alumnos y oyentes. Mi agradecimiento muy sincero, asimismo, al escritor y pastor de almas, tanto como eminente erudito bíblico, D. Francisco Lacueva. Ha sido él quien más venía insistiendo para que yo escribiese el presente tratado sobre escatología. Y también ha sido él quien más ha hecho para que, finalmente, viera la luz, pues con generosa y amable solicitud ha corregido mi manuscrito inicial, ha distribuido el texto en lecciones, ha escrito los cuestionarios para cada lección y, sobre todo, me ha dado consejos y sugerencias verdaderamente enriquecedoras para el resultado final de lo que espera ser este libro. También una palabra no pequeña de gratitud para un siervo de Dios de nacionalidad inglesa, J. R. Taylor, quien desde hace muchos años sirve al Señor en tierras de América Latina, el cual también me ha suministrado generosa y amablemente una valiosa bibliografía, sin la que este trabajo habría sido mucho más difícil y menos completo. Con tanta colaboración, pues, si el lector halla algo que le defraude, deberá cargarlo a mi cuenta, y no a la de los citados hermanos que me ayudaron.

José Grau

Primera parte

Escatología personal

LECCION 1.ª LA ESPERANZA EN EL MAS ALLA

1. ¿Hacia dónde caminamos?

«Todos caminan hacia una misma meta; todos han salido del polvo y todos vuelven al polvo.»

«¿Quién sabe si el aliento de vida de los humanos asciende hacia arriba y si el aliento de vida de la bestia desciende hacia abajo, a la tierra?»

Estas citas no son de ningún pagano de la antigüedad, ni tampoco de algún materialista contemporáneo. Forman parte del texto bíblico y corresponden a Eclesiastés 3:20, 21.[1] El «Eclesiastés» (hebreo: *qohelet* —literalmente: el predicador o persona que dirige la palabra al pueblo congregado—) interpela con estas palabras a cuantos fundamentaban sobre sus propias intuiciones, o sobre sus sistemas filosóficos y religiosos, su creencia en la inmortalidad del alma. Ese «*¿quién sabe...?*» es la pregunta que lanza a las gentes imbuidas de mentalidad helénica, es decir, de la moda intelectual prevaleciente en su época.

Las cuestiones que plantea el Eclesiastés ponen de manifiesto el *realismo* bíblico y son un mentís rotundo a la falsa idea que muchas gentes tienen del cristianismo y de la Revelación divina. Para estas personas, tener fe equivaldría a vivir de ilusiones. Como se pregunta A. Marsillach

---

1. La cita es de la *Biblia de Jerusalén*. Véase 12:7, donde leemos: «*vuelve el polvo a la tierra, a lo que era, y el espíritu vuelve a Dios, que es quien lo dio*» (V. también 9:10 acerca del *sheol*, y 3:17; 11:9; 12:14, sobre el juicio divino en otro lugar distinto de esta tierra «*debajo del sol*»). Eclesiastés 3:21 no dice que «el aliento de vida» perezca, sino que nadie puede saber por sí mismo qué es lo que ocurre con él, después de la separación del cuerpo.

en un libro ya famoso: «¿No será que el hombre no se atreve a afrontar su propia realidad y se inventa maravillosos cuentos de hadas para consolarse?»[2] El Evangelio sería uno más de los cuentos de hadas; una «alienación» —para usar la terminología hodierna—; la proyección de nuestros deseos.

Sin embargo, maravilla la sobriedad de los escritores bíblicos. Las Escrituras hebreo-cristianas no presentan ningún sistema de cosmología definido, ni tampoco desarrollan teoría alguna sobre la «inmortalidad del alma» a la manera griega. Y ello pese a que la tentación de plagiar las cosmogonías caldeas y egipcias era incitante, así como lo era el influjo del platonismo en la época de los últimos escritos canónicos.

2. La esperanza del individuo

La prudencia y la resistencia de los escritores sagrados a formular «sistemas» se insertan en el talante mismo de la Revelación bíblica. Israel está a la escucha de la Palabra de Dios y no quiere ir más allá de lo que le es revelado. Dios va adoctrinando gradualmente a su pueblo y contesta cada pregunta en su momento y en la medida en que lo cree necesario. De ahí que los autores bíblicos no formulen hipótesis; se hallan a la expectativa (*cf.* Sal. 123: 1, 2; Heb. 1:1; 1.ª Ped. 1:10, 11) para ver si hay «palabra de Yahveh».

Y la revelación sobre el más allá y la suerte eterna va desvelándose paulatinamente, alcanzando, como es lógico, su culminación cuando también las culturas en general, y las de los pueblos vecinos en particular, se interrogaban sobre la misma cuestión. Esto ocurre a partir del siglo v antes de Cristo, y en el primer siglo de nuestra era.

Como ha escrito Robert Martin-Achard, «en el Antiguo Testamento, la fe en el retorno de los difuntos a la vida *se apoya en última instancia sobre la revelación de Yaveh* a su pueblo; gracias a que el Dios de Israel se manifestó como un Dios poderoso, equitativo y bondadoso... afirma-

2. En *100 españoles y Dios,* de J. M. Gironella (Barcelona, Ed. Nauta, 1969), p. 383.

ron el retorno de los difuntos a la vida... El Antiguo Testamento fundamenta la certeza de la resurrección en Dios y sólo en Dios; la única garantía del retorno de los difuntos a la luz, al final de los tiempos, es el poder soberano y creador del Dios de Israel. Dios es el Dios vivo y no puede ser el Dios de los muertos... *Sólo a partir de la realidad de Dios se puede establecer la realidad de la resurrección* (J. Schniewind)».[3]

La prudencia, la sobriedad y la discreción de los escritores bíblicos se explican por la conciencia que siempre tuvo Israel de que su fe era don de Dios (no sólo en cuanto que la fe es una *actitud* subjetiva, sino también en cuanto que se basa en un *contenido* objetivo), y así esperó, y no dijo más de lo que se le había dicho. En la Biblia tenemos únicamente la respuesta de Dios, respuesta anhelada; esperada, pero siempre respetada. Y, así, la Revelación bíblica es verdaderamente *Palabra de Dios.* No se trata de las palabras de unos hombres que nos hablan de Dios, sino de la Revelación del Dios vivo, comunicada a los hombres mediante la instrumentalidad (por supuesto, dinámica y personal) de otros hombres. La fe bíblica es, pues, básicamente *Revelación,* es decir, mucho más que *Religión,* máxime cuando ésta se entiende como reflexiones humanas en torno al problema de Dios, y del hombre en su relación con la Divinidad.

De ahí que el Eclesiastés formule sus preguntas inquietantes, con vistas a despertar la humildad intelectual de sus oyentes: «¿Quién sabe...?»

La cuestión que planteó el Eclesiastés a sus contemporáneos sigue siendo relevante para nosotros hoy, en este último cuarto del siglo xx. Hoy, como entonces, ¿quién se considerará un entendido ante tan pavoroso misterio?

3. La afirmación cristiana

Las respuestas bíblicas siempre tienen que ver con *hechos.* Afrontando incluso el riesgo de parecer pesados, debemos insistir: el mensaje de las Escrituras hebreo-cristianas no está compuesto de reflexiones de unos hombres

---

3. R. Martin-Achard, *De la muerte a la resurrección,* pp. 235-236.

que hubieran hallado a Dios. Se trata fundamentalmente de una Revelación. Dios ha hablado. Y es a partir de aquí, de esta Palabra divina, como nos sentimos interpelados por Dios. La Biblia no es, pues, el resultado de los «descubrimientos» que sobre Dios pudieran haber hecho algunas almas excepcionalmente piadosas y dotadas para el misticismo, sino el relato de *un proceso de autorrevelación* que Dios ha querido hacer llegar hasta nosotros para nuestra iluminación y nuestra salvación. De ahí que la Biblia se ocupe más de hechos y de personas que de escuelas o sistemas.

Hemos aludido, con énfasis, a los *hechos* en que se basa nuestra afirmación cristiana. ¿Qué nos dice la Escritura acerca de ellos?

Por lo menos son cuatro las realidades que hemos de considerar; en especial, si lo hacemos a la luz de la Revelación bíblica:

A) *El hecho necrológico:* la muerte. ¿Hay *algo* que sobrevive a la misma?

B) *El hecho antropológico:* el hombre que muere. ¿Quién es ese hombre? ¿Qué sobrevive de él, si es que sobrevive *algo*?

C) *El hecho escatológico:* ¿Cuál es la esperanza cristiana, la inmortalidad del alma o la resurrección de los muertos? ¿O ambas cosas?...

D) *El hecho pneumático* (o espiritual): El Espíritu Santo, como «primicias» y «arras» de nuestra herencia; poder vivificante que transformará nuestros cuerpos en *soma pneumatikon* (cuerpo espiritual), según la expresión original de 1.ª Cor. 15:44.

CUESTIONARIO:

1. El «¿quién sabe...?» de Eclesiastés 3:21 ¿es la pregunta de un escéptico? — 2. ¿Qué ponen de manifiesto las preguntas que plantea el Eclesiastés? — 3. ¿Qué era para Israel lo primero y fundamental, hablar de Dios o escu-

char a Dios? — 4. ¿En qué se apoya la fe de Israel acerca del retorno de los difuntos a la vida? — 5. ¿En qué se diferencia la Revelación *bíblica de una* Religión *cualquiera? — 6. ¿De qué se ocupa con preferencia la Biblia, de hechos o de sistemas? — 7. ¿Cuáles son los* hechos *en que se basa nuestra afirmación cristiana acerca del más allá?*

LECCION 2.ª EL HOMBRE MODERNO FRENTE A LA MUERTE

«El hombre es, entre todas las criaturas, el único que sabe que va a morir —ha escrito Salvador Pániker—. Por esto es el único que *"existe"*. "Existir" implica la autenticidad de no evadirse.»

Veamos sumariamente lo que respecto a la muerte nos brindan los sistemas filosóficos en boga.

1. Existencialismo

Con todos los «peros» que se quieran objetar al existencialismo, en esa «autenticidad» anteriormente aludida radica uno de los méritos de dicho sistema. El existencialismo ha planteado el problema de la muerte como uno de los más importantes —si no el más importante— de la vida, al reconocer la presencia constante de la muerte en la existencia humana. La muerte no es sólo la meta de un viaje o estación de término; es, sobre todo, nuestro perpetuo acompañante desde la cuna hasta la tumba. Y es que nuestro vivir de acá es también, siempre, morir un poco en cada instante. La muerte se convierte así en una realidad operante desde el interior de nosotros mismos. El existencialismo contempla al hombre como lanzado en la existencia y dirigiéndose a un término concebido como naufragio total, según la terminología de M. Heidegger en *Ser y Tiempo*. Por eso, la filosofía de Heidegger ha sido calificada como «Existencia trágica».

No basta con decir que la muerte es «natural» y que se da también en el resto de la Creación. La tragedia de la muerte humana estriba en que es una experiencia consciente, en la que todos tenemos que ser auténticos y no podemos soslayarla. Y de esa conciencia de estar en marcha hacia el «naufragio total» es de lo que nace la angustia y el sentido trágico de la vida (Unamuno). Literariamente es «la náusea», el sentimiento de la contingencia del mundo (Sartre).

2. Positivismo

No convence, pues, la moderna actitud positivista, cuando afirma que la «obsesión» existencialista por la muerte es un signo patológico, y cuando enseña que «la muerte no es un evento de la vida. No se vive la muerte». Esta afirmación es tan superficial como la que, al decir de Diógenes Laercio, profirió Epicuro en cierta ocasión: «La muerte no es nada con respecto a nosotros. Cuando existimos nosotros, la muerte todavía no existe; cuando la muerte existe, ya no existimos nosotros.» Por desgracia, la muerte es un compañero de viaje a perpetuidad. Como ya expresó Kierkegaard: «Lo terrible de la existencia es que vivimos para experimentar la muerte; aun sin morirnos del todo, vivimos la muerte cada día.»

3. Materialismo

Y tampoco convence la postura del materialismo dialéctico, que prohíbe hablar de la muerte y sólo consiente en hablar de la vida, como si fuese posible esta última sin considerar aquélla. Según este punto de vista, el miedo a la muerte habría sido un instrumento de alienación religiosa y, por tanto, un medio de explotación.

Tanto la postura positivista como la materialista, lejos de resolver el problema, lo disuelven, lo diluyen; en una palabra: escamotean la realidad. Paradójicamente, quienes más hablan de alienación —referida, sobre todo, a la experiencia religiosa— resultan ser los grandes alienados. Porque, como escribe también Pániker, «tampoco puede desligarse el tema de la muerte del tema de la vida».

Roger Mehl lo ha expresado así: «Hablar de la vida humana, y del sentido de esta vida, es hablar de nuestra muerte. La muerte forma parte de la definición de nuestra existencia, no sólo porque ella constituye su límite, sino porque proyecta su sombra sobre la totalidad de nuestra vida. Tal es la verdadera situación del hombre. Se nos plantea, entonces, la cuestión: ¿Cómo puede vivir el hombre, ser dichoso, tener el sentimiento exultante de que es el dueño de su propio destino, si sabe esa cosa absurda: que va a morir?»

4. El sentido trágico de la vida y de la muerte

Por otro lado, «la aserción científica de la necesidad natural de la muerte no hace más que esquivar el problema. El hombre, suele decirse, tiene que morir, siempre tiene que haber muerto, porque es un ser natural, sujeto a la ley natural y universal del nacimiento y de la muerte... Sin embargo, todo el fondo sobre el cual se apoya la doctrina bíblica nos enseña que el hombre *no es* simplemente un ser natural, sin otra perspectiva que la que aguarda a los seres meramente naturales. El hombre es un ser que en su misma constitución está dotado de una *primacía* sobre la naturaleza; está *vinculado* a Dios de manera tal, que aparece específicamente *distinto* de cualquier otro ser natural».[4]

Si la muerte pertenece a las realidades de la vida, hay que asumirla. ¿Cómo asumirla? El existencialismo, cuyo planteamiento del tema tiene valor de autenticidad y es ya un asumir el problema, aconseja la aceptación de la trágica trayectoria humana: estar dispuestos al naufragio total. Hay que superar la angustia, la náusea, de vernos abocados a la nada, al no-ser. Pero ¿es ello posible?

El existencialismo define muy bien los componentes del problema, pero no acierta en la solución. Dos ejemplos típicos de la desesperación existencial, lúcida —que no evade la realidad, como las alienaciones positivista y materialista—, que se enfrenta con la muerte, pero lo hace transida de impotencia, los tenemos en el periplo vital de Unamuno y de A. Camus.

---

4. James Denney, *Studies in Theology*, p. 98 (los subrayados son nuestros).

Frente a la muerte, Unamuno propugna, no la aceptación, sino la rebelión:

«Y vuelven los sensatos, los que no están a dejarse engañar, y nos machacan los oídos con el sonsonete de que no sirve entregarse a la locura y dar coces contra el aguijón, pues lo que no puede ser es imposible. "Lo viril —dicen— es resignarse a la muerte, y pues no somos inmortales, no queremos serlo; sojuzguémonos a la razón sin acongojarnos por lo irremediable, entenebreciendo y entristeciendo la vida. Esa obsesión —añaden— es una enfermedad." ¡Enfermedad, locura, razón...! ¡El estribillo de siempre! Pues bien: ¡no! No me someto a la razón y me rebelo contra ella, y tiro a crear, en fuerza de fe, a mi Dios inmortalizador y a torcer con mi voluntad el curso de los astros.»[5]

Los llamados filósofos existencialistas cristianos demuestran que no es necesario luchar contra la razón, como suponía Unamuno que había que hacerlo —influido, sin duda, por los productos que en el mercado de las ideas se cotizaban alto en aquel entonces—; queda, no obstante, en estas líneas, grabada la rebeldía del gran escritor español frente a la postura de la aceptación de la muerte y frente a la misma muerte: «Hagamos que la nada, si es que nos está reservada, sea una injusticia; peleemos contra el destino, y aun sin esperanza de victoria; peleemos contra él quijotescamente.» ¿Por qué? Porque «hay que creer en esa otra vida para poder vivir ésta y soportarla y darle sentido y finalidad».[6]

He ahí el verdadero problema: la muerte afecta a la vida y la condiciona. Buena réplica la de Unamuno a los materialismos superficiales de toda laya.

Tampoco Camus se resignó: «Si Sartre lleva razón, el único problema serio de la filosofía es el suicidio.» Comen-

---

5. *Del sentimiento trágico de la vida* (Madrid, Espasa-Calpe, 1971), p. 45.

6. *O. c.*

ta, atinadamente, estas palabras Luis María Ansón, uno de los entrevistados por J. M.ª Gironella: «Si el ser es un ser para la nada, si el nihilismo es la verdad, si después de la muerte no hay más allá, ¿para qué seguir viviendo? ¿Por qué no el suicidio?»[7]

Camus lleva razón: si la última realidad es el no ser, entonces el problema fundamental de la filosofía —y yo añadiría, de toda persona— no es el de la vida, sino el del suicidio. ¿Vale la pena seguir viviendo? ¿No será preferible la muerte?... Sartre mismo ha escrito que la muerte puede convertirse también en una oportunidad para manifestar la propia libertad, si bien cabe preguntar qué sentido puede tener ya dicha «libertad» en el ámbito del más puro nihilismo.

Vivir es estar muriendo conscientemente; ¿por qué no acelerar el proceso? Esta es la angustia que surge de la aceptación consecuente del existencialismo ateo o agnóstico.

Esta actitud, digámoslo una vez más, libera de superficialidad a la vida. Por eso mismo, la conduce o bien a la desesperación o bien a la salvación que sólo la Revelación cristiana ofrece. Es, por lo tanto, más seria que la opción positivista, para la que la muerte es la *nada*; una nada que nadie *puede* experimentar. Es también más clarividente que la opción materialista, para la que la muerte es aquello de lo que nadie *debe* hablar. El existencialista supera ambas alienaciones, pero si no desemboca en la aceptación del mensaje revelado, vive atormentado por la náusea del absurdo y el no-ser.

Además, incluso Epicuro —«con más perspicacia que algunos de sus modernos discípulos», según el decir de H. Lovell Cocks— observó que lo que el hombre teme no es el hecho de que la muerte signifique «aniquilación, sino todo lo contrario: el hecho de que no signifique esto».[8]

7. En *100 españoles y Dios*, p. 50.

8. En *By Faith Alone*.

CUESTIONARIO:

1. ¿En qué sentido podemos decir que el hombre es el único ser que existe? — 2. ¿Cuál es el principal mérito del existencialismo? — 3. ¿En qué estriba la tragedia de la muerte humana? — 4. ¿Es un signo patológico la obsesión por la muerte, como afirma el positivismo? — 5. ¿Cuál es la postura del materialismo dialéctico en relación con la muerte? — 6. ¿En qué sentido forma la muerte parte de nuestra existencia? — 7. ¿Es la muerte algo «natural» *al hombre? — 8. El sentido trágico de la muerte en Unamuno, en Camus y en Sartre. — 9. ¿De qué forma, y por qué motivo, puede la angustia existencial desembocar en la aceptación del mensaje revelado?*

LECCION 3.ª LA PERSPECTIVA BIBLICA DE LA MUERTE

1. La raíz del problema de la muerte

El problema de la muerte acaso sea trágico, no porque siendo polvo hayamos de volver al polvo, sino, como escribe Paul Tillich, porque somos culpables y morimos como tales. Lo mismo expresó, de modo equivalente, R. S. Candlish: «El hombre muere, no como criatura, sino como criminal.» Y Emilio Brunner remacha: «No es el hecho de que el hombre muera lo que constituye "el salario del pecado", sino que muera como muere, en temor y agonía, con la ansiosa incertidumbre de lo que le espera más allá de la muerte, con una mala conciencia o el temor de un posible castigo; en resumen: muerte humana.»[9]

2. El salario del pecado

Al llegar a este punto nos movemos dentro de la atmósfera de la Revelación bíblica, para la cual —reconoce Bultmann— la muerte es tan poco natural como la resurrección.

En la perspectiva bíblica, el hecho de la muerte va unido indisolublemente al hecho del pecado. La consecuencia del pecado es la muerte; es su paga, su salario, su justa retribución (Rom. 6:23). De ahí su horror, su carácter antinatural.

---

9. Citados por L. Morris en *El salario del pecado* (Barcelona, EEE, 1967), p. 33, nota 31, y p. 23, nota 18.

3. La muerte como frustración suprema

Pero la relación «pecado - muerte» se entrelaza con el ansia de inmortalidad que Dios mismo ha puesto en el corazón del hombre. Todo ser humano siente este afán por perpetuarse, quizá por el secreto motivo de seguir investigando en los misterios de la vida con una curiosidad irrestañable, con lo que se unirían los dos sentidos que el vocablo hebreo *'olam* adquiere en Eclesiastés 3:11: «*Todo lo hizo hermoso* (Dios) *en su tiempo; y ha puesto* ETERNIDAD (mejor que "*un mundo*", como decía la antigua Reina-Valera) *en el corazón de ellos,* sin que alcance el hombre a entender la obra que ha hecho Dios, desde el principio hasta el fin.*» De ahí la tensión irreconciliable que produce la coexistencia en un mismo ser, del pecado que le arrastra a la muerte (al no-ser) y del anhelo de perpetuidad que, paradójicamente, pugna por manifestarse; a veces, con la pujanza que alcanzó en Unamuno. Por consiguiente, acusa una gran superficialidad todo el que ve en el temor a la muerte una obsesión enfermiza, o un miedo al más allá, o el resultado de la ignorancia y hasta de la falta de educación. Todo confluye ante el misterio de la muerte, para plantearnos la totalidad del sentido de la existencia, cara a cara con los enigmas fundamentales de la vida, de los cuales no es el menor el «salto en las tinieblas», como alguien lo ha definido. Se trata de cuestiones ineludibles, por lo menos en ciertos momentos de la vida; y, para ciertas personas, insoslayables a lo largo de todo su devenir.

Si se prescinde de la Divinidad y, consiguientemente, de su Palabra reveladora, no hay esperanza ya de poder llegar a saber algo del misterio de la muerte. Los problemas más agudos de la existencia del hombre, tales como el significado de su vida y de su muerte, y la presencia del sufrimiento en el mundo, quedarán para siempre sin resolver. El hombre que suprime a Dios ha de optar, o por la *desesperación*, al hallarse falto de respuestas satisfac-

---

* La misma palabra hebrea *'olam* aparece en Miqueas 5:2 con referencia clara a la eternidad del Hijo de Dios que nacería como un niño en Belén.

torias, o por la *inconsciencia* alienadora que, como al avestruz, le incita a esconder la cabeza para hacerse la ilusión de que no existe el peligro de muerte, por el hecho de que ésta es algo que no pertenece a la vida.

4. La muerte, vencida por Cristo

La respuesta última de la Palabra de Dios (la única respuesta válida) nos es garantizada por habérsenos revelado la Divinidad a sí misma en un proceso histórico que la Biblia registra. Dios ha hablado; por consiguiente, se trata de un mensaje que nos viene dado desde fuera, como algo objetivo e independiente de nuestras reflexiones filosóficas y teológicas. Y Dios ha pronunciado su última Palabra en Cristo (Heb. 1:1), muy especialmente en la Cruz, donde «*Dios estaba en Cristo reconciliando consigo al mundo, no poniendo a la cuenta de los hombres sus pecados*» (como dice el original de 2.ª Cor. 5:19). Y, sobre esta base, el cristiano puede exclamar con el apóstol: «*¿Dónde está, oh muerte, tu aguijón? ¿Dónde, oh sepulcro, tu victoria? Ya que el aguijón de la muerte es el pecado... Gracias sean dadas a Dios que nos da la victoria por medio de nuestro Señor Jesucristo*» (1.ª Cor. 15:55-57. *Cf.* Is. 25:8; Os. 13:14).

Esto significa que la situación trágica del hombre-pecador (todo hombre, Rom. 3:11) puede, a pesar de todo, no ser desesperada como lo sería si se encontrase preso en la vorágine de las leyes cósmicas, que son insensibles e impersonales, o como si estuviese a merced de un hado inexorable. Cierto, la muerte es el castigo de Dios por el pecado; pero, al mismo tiempo, la vida es el obsequio de su gracia (V. Rom. 6:23).[10]

5. La muerte, señal y consecuencia del pecado

Lo inevitable de la muerte física es símbolo de una verdad espiritual más profunda: el hombre, porque es hombre

10. Véase L. Morris, *o. c.*, pp. 34 y ss., así como J. Laidlaw (citado por Morris), quien dice: «No estamos hurgando en la epidermis de frías y mecánicas leyes, sino en la mano del Dios vivo que castiga el pecado, pero que también puede decir: "Encontraré el medio de sacaros de la tumba, porque he hallado un rescate."»

y hombre pecador, vive solamente dentro de la esfera de la muerte y debe considerarse como condenado a muerte. Porque fuera de Cristo, que es la Verdad y la *Vida*, sólo hay muerte.

La muerte física es el *signo* y el *fruto* del pecado. Es el símbolo del orden natural que rige el mundo; natural para nosotros —pecadores—, pero no para Dios, que es la plenitud de vida; constituye además la gran contradicción de este encuentro que se produce entre Dios, vivo y vivificante, autor y dador de la vida, y el hombre sumido en el pecado que rechaza y rehuye la intensa vitalidad a la que es llamado.

La muerte física es, pues, *símbolo* y *pena*, a la vez, de la entrada del pecado en la existencia humana (V. Gén. 2:17; 3:24, comp. con Rom. 5:12; Ef. 2:5).

La muerte nunca la quiso Dios. Entró en el mundo por el pecado. Santiago 1:14, 15 ofrece un gráfico ejemplo de la relación entre el pecado y la muerte: «*Cada uno es tentado cuando de su propia concupiscencia es atraído y seducido. Entonces, la concupiscencia, después que ha concebido, da a luz el pecado; y EL PECADO, siendo consumado, DA A LUZ LA MUERTE.*» Tenemos, pues, afirmada aquí la gran verdad bíblica de que la muerte es el engendro del pecado.

6. La naturaleza de la muerte

La naturaleza de la muerte es la *soledad*, la soledad radical. Como dijo G. A. Bécquer en una de sus famosas *Rimas*:

¡Dios mío, qué solos
Se quedan los muertos!

La muerte separa, aísla, produce vacilación. Como el pecado, su progenitor, que produce la separación entre el hombre y Dios (Is. 59:2), mediante la constante, al menos latente, rebeldía del hombre (Is. 53:6), y produce también la separación de los hombres entre sí (V. Rom. 3: 13-18, ilustrado, sin quererlo, por Sartre cuando sostiene que «el infierno, son los demás»), mediante el egoísmo, la envidia, la vanidad y la explotación del hombre por el hombre.

Con razón se ha dicho que «el pecado y la muerte se pertenecen inseparablemente. Juntos permanecen, o caen juntos».[11]

Esta soledad absoluta —tanto en relación a Dios como a los hombres y, a la larga, con respecto a sí mismo, lo cual suele incitar al suicidio— torna al hombre en un ser impotente. De ahí que, si bien puede acortar su destino —ya que tiene libertad para proponérselo y energía para realizarlo—, no puede, sin embargo, confiar su destino ni a su libertad ni a su energía. Y es que, cuando morimos, no escapamos a las consecuencias de nuestros actos, sino que vamos al encuentro de las mismas. Como veremos más adelante, esto hace de la inmortalidad —cuando es entendida a la manera platónica— algo totalmente inútil e inservible. Fuera de Dios todo es muerte, náusea y desesperación; tanto en esta existencia terrena como después de la destrucción o descomposición final del cuerpo físico.

Esta estrecha ligazón entre pecado y muerte hizo necesario que Cristo viniese *«para destruir por medio de la muerte al que tenía el imperio de la muerte, esto es, al diablo, y librar a todos los que por el temor de la muerte estaban durante toda su vida sujetos a servidumbre»* (Heb. 2:14, 15).

Como alguien ha escrito: «La muerte comprometía radicalmente el proyecto de vida que Dios hacía en favor de los hombres. Era, pues, menester que Cristo combatiera en el mismo terreno del enemigo. Fue necesario que muriera para franquear con su muerte el rechazo de la humanidad a los proyectos de Dios. Cristo tiene conciencia, además, de que solamente él tiene el poder de combatir. Ha salido de la misma "pasta humana", en plena solidaridad con ella. Carga sobre sí los pecados del mundo (Gálatas 3:13) y se hace obediente hasta la muerte

---

11. Citado por L. Morris, *o. c.*, p. 16, de Nygen.

(Fil. 2:7, 8; Heb. 5:9)... Jesucristo sabe simplemente que tiene entre sus manos el futuro de la humanidad, una humanidad que ya no puede reconciliarse con Dios, porque lo ha rechazado.»[12]

En este hecho radica nuestra esperanza. La confianza cristiana se funda en la victoria de Cristo. Porque Jesucristo es, no sólo Señor de la vida, sino también de la muerte, al tener poder para destruirla y al haberle arrebatado su aguijón en la Cruz.

7. La muerte como doble respuesta de Dios

De manera que la muerte no sólo es la respuesta de Dios al pecado, sino que, para la solución del mismo, Cristo tiene que morir; su muerte es vicaria y expiatoria, en representación de los hombres, en lugar de los hombres y a favor de los hombres. No para satisfacer un supuesto carácter vengativo de Dios, sino las exigencias universales y eternas de su santa justicia: «*Al que no conoció pecado* —dice Pablo—, *por nosotros lo hizo* (Dios) *pecado, para que nosotros fuésemos hechos justicia de Dios en él*» (2.ª Cor. 5:21).

La muerte de Cristo tiene que ser mi muerte, si deseo que su resurrección sea mía también (Rom. 6:4; Ef. 2:4-6; Fil. 3:9-11). Esto es posible por la fe, que nos une a Cristo (Jn. 1:12; 15:1).

Pero este hombre que muere por causa del pecado, y que también puede ser salvado por causa de la obra realizada a su favor por Dios en Cristo, ¿quién es?; ¿qué es el hombre? ¿Qué es lo que constituye su personalidad?; ¿qué es este «algo» que perdura?; ¿cuál es, en definitiva, su esperanza, la inmortalidad o la resurrección? Esto lo vamos a estudiar en las lecciones que siguen.

---

12. Francis Vachette, *Salvats per Jesucrist* (Barcelona, Nova Terra, 1967), pp. 63-64.

CUESTIONARIO:

1. ¿Cuál es la raíz del problema de la muerte? — 2. ¿Qué enseñanza se desprende de Romanos 6:23? — 3. ¿Qué es lo que hace de la muerte la suprema frustración del hombre? — 4. ¿Cuáles son, frente a la muerte, las opciones del hombre que prescinde de Dios? — 5. ¿Cómo nos ha sido adquirida e impartida la victoria sobre la muerte? — 6. Relación entre muerte y pecado. — 7. ¿En qué se funda el carácter sustitutorio de la muerte de Cristo?

LECCION 4.ª EL PROBLEMA ANTROPOLOGICO (I)

Es forzoso que nos planteemos el problema antropológico, pues si no lo entendemos bíblicamente, tampoco podremos entender la respuesta que la Revelación da al problema necrológico.

1. Definición del problema

La definición y explicación del problema antropológico, que para todo ser humano tiene especial relevancia, reviste en España carácter de urgencia. Veamos lo que sobre este punto dice José Jiménez Lozano, uno de los muy pocos que respecto a esta materia ha sabido moverse dentro de categorías bíblicas, al responder a la famosa encuesta de Gironella:

> «Creo —dice— que está muy clara la total irrelevancia que tienen, en el talante católico hispánico, tanto el dogma de la resurrección de Cristo como el de la resurrección de nuestra carne... De ahí esas tremendas inscripciones desgarradoras en los cementerios, que recuerdan las de los viejos paganos que no tenían esperanza; de ahí el tanto insistir en el polvo y en la nada, y de ahí, en fin, el tremendo fatalismo de nuestro pueblo, que no cree en la historia...; gentes que se dicen creyentes, que se someten a las prácticas religiosas, confiesan luego no creer en la resurrección de la carne, aunque crean en el cielo o en el infierno, en el mejor de los casos.»[13]

13. Véase J. M. Gironella, *100 españoles y Dios*, p. 288.

Tragedia doble la de estas gentes, porque no sólo se enfrentan con la muerte, sino que lo hacen armados de conceptos platónicos y no cristianos, por más que a tales conceptos platónicos se les quiera bautizar y darles pasaporte cristiano.

> «... la teología y la piedad cristianas —sigue diciendo Jiménez Lozano— han quedado desde siglos imbuidas de platonismo —dicotomía absoluta: alma - cuerpo— y descuidado el sentimiento escriturístico del hombre. "Te he amado demasiado —escribe Anne Phippe, la viuda de Gérard Philippe— para aceptar que tu cuerpo desaparezca y proclamar que tu alma es suficiente y que vive. Y luego, ¿cómo hacer para separarlos y decir: ésta es su alma y éste es su cuerpo? Tu sonrisa y tu mirada, tu andar y tu voz, ¿eran materia o espíritu? Una y otra cosa, pero inseparables." Y esa separación es un escándalo, la muerte es un escándalo ciertamente.»[14]

«¿Eran materia o espíritu? Una y otra cosa, pero inseparables.» La viuda de Gérard Philippe, acaso sin saberlo, ha hecho una de las mejores definiciones bíblicas de lo que es el hombre. Y Jiménez Lozano, al «escandalizarse», le ha ayudado en esa definición y ha roto el falso conformismo platónico —heleno, que no hebreo—, que acalló durante muchos siglos este escándalo entre nosotros; con las excepciones de un Unamuno, y también de un Juan Maragall, cuyo *Cántico espiritual* fue, paradójicamente, tenido por pagano en aquello que es más cristiano. Pero así ha ido el cristianismo en nuestros lares, confundiendo el platonismo —la inmortalidad del alma *per se*— con la auténtica y definitiva esperanza cristiana: la resurrección de los muertos.

2. Las consecuencias del platonismo

Con el platonismo entraron en la Cristiandad los conceptos gnósticos más o menos camuflados: el odio a la

14. Del mismo autor y en la misma página.

materia, el desprecio del cuerpo, el solo énfasis en los pecados de la carne; en suma, el miedo a la muerte («de ahí esa complicidad *eros - thánatos*, en los toros o en los sentimientos amorosos», como observa el citado Jiménez Lozano). De ahí también, como señala el Dr. Enrique Salgado, que la religiosidad española «ha girado demasiado en torno a un solo mandamiento de la Ley de Dios. Ya sabe usted en torno a cuál. ¿Y el no robar y el no mentir?»[15]

El platonismo nos ha impedido «observar que el Nuevo Testamento (y el Antiguo) entiende el estado final del creyente en términos de la resurrección de los muertos...; hay muchos pasajes que expresan el gozo del pensamiento de que aun la muerte física será vencida. Al formar parte integral del pensamiento cristiano, la victoria sobre la muerte física constituye uno de los frutos de la actividad redentora de Cristo y, por lo tanto, será lógico considerar la muerte física como una de las consecuencias del pecado».[16]

La antropología platónica, con su dicotomía absoluta, dualista, cuerpo - alma, ha impedido valorar el cuerpo y la Creación en su justo valor, es decir, con la valoración que Dios mismo, en su Palabra, les otorga (Gén. 1:27-31, donde leemos que, luego de haber sido hecha la Creación y el hombre, Dios mismo consideró «bueno en gran manera» cuanto había sido realizado).

3. La dignidad del cuerpo humano

Al no saber apreciar la dignidad del cuerpo humano y de la materia, se ha privado así —bajo los auspicios del platonismo (y aun del aristotelismo-tomismo)— el hombre hispánico de la más grande esperanza cristiana, según la concibe la Biblia.

¿Qué es el cuerpo en la antropología bíblica? Un obsequio de Dios, no sólo dado, sino también amado, por el Creador, con la intención de que sirva como instrumento

15. Véase J. M. Gironella, *o. c.*, p. 582.
16. L. Morris, *o. c.*, p. 24. *Cf.* O. Cullmann, *Immortalité de l'âme ou résurrection des morts?* (Paris-Neuchatel, Delachaux et Niestlé, 1969).

de glorificación y expresión plástica, notoria, de nuestra consagración al Señor en *«sacrificio vivo, santo, agradable a Dios, que es vuestro culto racional»* (es decir, *«auténtico»*, como traduce la Nueva Biblia Española, con resonancias de Juan 4:24). Por eso dice Pablo en otros lugares (1.ª Cor. 3:16; 6:19) que somos, *incluido nuestro cuerpo, «templo del Espíritu Santo»*, es decir, casa viva del Dios vivo (*cf.* 1.ª Ped. 2:5). Asimismo, *nuestros miembros carnales son miembros del Cuerpo de Cristo,* dada la unión de todos los creyentes en Cristo y entre ellos, lo cual produce el llamado «Cuerpo de Cristo». *«Nadie aborreció jamás a su propia carne* —escribió S. Pablo—, *sino que la sustenta y la cuida, como también Cristo a la Iglesia, porque somos miembros de su cuerpo, de su carne y de sus huesos»* (Ef. 5:30. *Cf.* 1.ª Cor. 6:15). Pablo podía decir que *«nadie aborreció jamás a su propia carne»*, antes de que fuera inaugurada la tradición ascético-platónica en la Cristiandad.

Más aún, *el cuerpo es propiedad del Señor*. Dice S. Pablo: *«Pero el cuerpo no es para la fornicación, sino para el Señor, y el Señor para el cuerpo»* (1.ª Cor. 6:13), lo cual establece la totalidad del vínculo que une al cristiano con su Salvador: no una simple comunión de alma, sino una comunión de la persona total, cuerpo y alma, con su Dueño y Señor. Esto desmiente lo que piensan muchos españoles, como el torero entrevistado por Gironella, que asegura: «Si el alma no fuese inmortal, no se explicaría que Cristo se hubiese hecho hombre y hubiera muerto en la cruz.»[17] Dicho en otras palabras: el cuerpo no es digno de redención, sólo el alma. Sin embargo, Cristo vino a salvar ambas partes de nuestra personalidad, por la sencilla razón de que no vino a salvar «algo» de nosotros, sino que nos vino a salvar total e integralmente. Conviene añadir que los superficiales conocedores del Nuevo Testamento suelen confundir el concepto paulino de «carne» con el de «cuerpo», lo cual es una grave equivocación, como veremos en la lección siguiente.[18]

---

17. *O. c.*, p. 84.
18. Véase F. Lacueva, *El hombre: Su grandeza y su miseria*, lecc. 5.ª.

CUESTIONARIO:

1. ¿Cómo se fraguó, especialmente en España, la distorsión del problema antropológico respecto a la muerte? — 2. Consecuencias de la dicotomía gnóstico - platónica en el talante español. — 3. ¿Cómo considera el Nuevo Testamento al cuerpo humano?

LECCION 5.ª EL PROBLEMA ANTROPOLOGICO (II)

Para la recta comprensión del problema antropológico es preciso analizar los conceptos de *alma, espíritu, cuerpo* y *carne,* conforme al sentido que las Sagradas Escrituras confieren a los diversos componentes de la persona humana, ya que dichos conceptos no quedan suficientemente explicitados en la mayor parte de las traducciones de la Biblia a los idiomas modernos.

1. Alma (griego: «psyque»)

El «alma» es, para la Biblia, el principio de vida natural que anima al cuerpo (*cf.* Gén. 2:7). Es sinónimo de vida: *«exponiendo su vida* (psyque) *para suplir lo que faltaba...»* (Fil. 2:30). También usa muchas veces la Biblia este vocablo, por sinécdoque, como sustitutivo de «persona»: *«se añadieron aquel día como tres mil personas* (psykhai)» (Hech. 2:41).

En el pensamiento de Pablo, el alma *(psyque)* es el principio de toda vida física en el hombre. Pero el hombre que sólo tiene *psyque* (hombre «almado», natural; o «animal», de ánima) es incapaz de comprender las cosas de Dios; le son locura (1.ª Cor. 2:14).

2. Espíritu (griego: «pneuma»)

El «espíritu» es lo que hace de nosotros unos creyentes auténticos, verdaderos. Nos une con Dios, pues es por el espíritu como podemos entrar en comunión con el Señor: *«Que la gracia del Señor sea con vuestro espíritu. Amén»*

(Gál. 6:18. *Cf.* Flm. vers. 25). Este *pneuma* constituía la personalidad cristiana, al decir de Pablo. Cuando el apóstol bendice a los creyentes, no lo hace como dirigiéndose simplemente a hombres con *psyque* o vida natural, sino como a hombres regenerados (*pneumatikós* = espiritual) en quienes habita y obra el Espíritu Santo *(Pneuma Agíon)* de Dios.

Se equivocaría quien pretendiese deducir de pasajes como 1.ª Tesalonicenses 5:23 una especie de tricotomía. El alma y el espíritu no son dos *partes* distintas, como ingredientes diversos, junto con el cuerpo, de la persona humana, sino más bien a la manera de una habitación con dos ventanas: una, para asomarse a las cosas *de arriba*; otra, para asomarse a las cosas *de abajo* (V. Col. 3:2).[19]

---

19. Esta dignidad del cuerpo humano fundamenta toda la ética sexual del Nuevo Testamento (*cf.* O. Cullmann, *o. c.*). La unión conyugal es signo de la unión con Cristo —ya para Israel lo era de su comunión con Yahveh (Oseas)—; nuestra unión con el Señor es algo tan íntimo y personal que sólo puede compararse a la unión marital, cuando dos personas se constituyen en una sola carne. De ahí la incompatibilidad entre el cuerpo de Cristo (que lo forman nuestros miembros) y el cuerpo de una ramera (1.ª Cor. 6:15, 16); uniones tan dispares son una monstruosidad. Nuestro cuerpo es para el Señor (1.ª Cor. 6:13), y sólo en la íntima comunión de los esposos la unión del creyente con su Señor halla un signo lícito, querido y apropiado (Ef. 5:28). Hasta tal punto es esto así, y eleva la dignidad del matrimonio, que el cónyuge incrédulo casado con otro converso es «santificado» por éste, dada la naturaleza paralela —aunque a niveles infinitamente distintos, si bien no menos parecidos— de los vínculos de ambas relaciones: las matrimoniales, y las espirituales del creyente con su Señor y Salvador (1.ª Cor. 7:14). Las bases de la moral sexual son, pues, como ha demostrado Cullmann, eminentemente cristológicas. Y es interesante observar que haya sido un apóstol soltero (o viudo), por exigencias de oportunidad misionera y vocación natural, el que nos haya transmitido esta enseñanza profunda y alentadora acerca de la dignidad de las relaciones sexuales entre hombre y mujer, correspondientes (Ef. 5:29) a la relación que se da entre Cristo y su Iglesia (*cf.* también F. Lacueva, *Etica cristiana*, pp. 178 y ss., y *Sexo y Biblia*, de varios autores).

3. Cuerpo (griego: «soma»)

Para S. Pablo, el vocablo «cuerpo» tiene tres acepciones:

A) El cuerpo como cosa neutra, propiedad de cada ser humano. Los paganos deshonran sus cuerpos por los excesos que llevan a cabo con ellos y en su perjuicio (V. Rom. 1:24).

B) El cuerpo imperfecto, débil, instrumento de nuestros caprichos que puede hacernos correr graves riesgos: cuerpo de pecado (Rom. 6:6); el cuerpo mortal.

C) El cuerpo redimible. Este cuerpo débil y decadente que todos tenemos puede ser dominado (1.ª Cor. 9:27); no es incurable. Puede ser salvo (Rom. 8:23) o transformado (Fil. 3:21). Puede ser ofrecido en el servicio de Dios como parte integrante, y expresión notoria, del sacrificio *total* del creyente (Rom. 12:1). Y así podemos glorificar a Dios mediante nuestro cuerpo (1.ª Cor. 6:20). Nuestro cuerpo puede ser también templo del Espíritu Santo (1.ª Cor. 6:19).

Ciertamente, para Pablo el cuerpo no era algo esencialmente malo, perverso *per se*. Dada su naturaleza, en decadencia tras el pecado original, perecerá y volverá al polvo (Gén. 3:19). Pero resucitará (Jn. 5:29). Su poder para el bien o para el mal, depende de quien lo controle: Dios o el pecado.

4. Carne (griego: «sarx»)

La palabra griega *sarx* se traduce generalmente por «carne», pero este vocablo no expresa todo lo que el término *sarx* significa para Pablo. Incluso se presta, a veces, a interpretaciones erróneas.

¿Cuál es su sentido? Lo expresaremos en pocas palabras: *Sarx* es el enemigo mortal del *Pneuma*. Dentro de nosotros se libra una especie de guerra civil, y tiene por antagonistas a la carne *(sarx)* y al espíritu *(pneuma)*. Por eso afirma Pablo que los dos *se oponen entre sí* (Gál. 5:17).

«Carne» significa, unas veces, mucho más que «cuerpo», y otras veces no tiene nada que ver con él. Los «pecados de la carne» son muchos más que los que se cometen con el cuerpo. Cuando Pablo enumera «las obras de la carne» (Gál. 5:19-21), comienza por la inmoralidad sexual, pero continúa con las querellas, las envidias, la animosidad, etc., que no tienen nada que ver con las operaciones del cuerpo físico.

El apóstol emplea también el término «carne» para hacer alusión a una condición física; un vivir en el cuerpo mortal. Así se refiere a la circuncisión física, en contraste con la del corazón (Rom. 2:28), y emplea el término *sarx* para referirse a la primera. En este caso, *sarx* se aproxima a *soma* en su condición de debilidad natural (comp. con Jn. 1:14 y Heb. 5:7). Por eso encontramos el término *sarx* en frases como «una enfermedad del *cuerpo*», y «la prueba que tenía en mi *cuerpo*» (Gál. 4:13, 14). ¿Por qué no usó Pablo el vocablo *soma*? Tenemos que penetrar en el vocabulario del apóstol y tratar de comprender lo que él quería decir al usar el término *sarx*:

A') *El hombre terreno:* un alma encarnada; es decir, un cuerpo habitado por un alma; la condición terrena, débil y frágil de nuestra existencia aquí y ahora (Rom. 7:18 —donde, sin duda, se refiere no sólo al cuerpo, sino a la totalidad del ser caído en sus inclinaciones pecaminosas—; 2.ª Cor. 7:5; Gál. 1:16. *Cf.* Jn. 1:13; 17:2).

B') *El hombre terreno, pero regenerado,* que está en la *sarx* y «en Cristo» al mismo tiempo (Gál. 2:20; Flm. vers. 16). En Hebreos 9:13 la *sarx* aparece purificada.

C') *El hombre terreno, contaminado y pervertido* por el pecado (1.ª Cor. 3:3; Jud. vers. 8).

Resumiendo: *SARX* en griego, como *BASSAR* en hebreo, se traducen por CARNE en castellano, porque resulta difícil hallarles un equivalente en nuestro idioma. Su sentido puede abarcar los conceptos siguientes:

a) El cuerpo animado por el espíritu.
La presencia de una libertad personal en un cuerpo natural.

b) El alma presente en el cuerpo.
El ser vivo en la totalidad de su personalidad corporal.

c) La personalidad encarnada (hecha carne).
La persona.

d) La realidad humana aquí y ahora.
La condición caída, sometida a toda servidumbre de pecado y debilidad.

e) El hombre distanciado y diferenciado de Dios.

f) No acostumbraban los judíos a denominar «carne» al cadáver, porque para ellos había quedado reducido a la condición de simple *cuerpo*, objeto inanimado y no persona.

g) Para la mentalidad hebrea, la prostituta es condenable porque sólo entrega el cuerpo, pero no la *sarx* (es decir, retiene la estimación de su corazón y no ofrece su persona); no se da en plena libertad amorosa y personal, en contraste con la esposa amante, que entrega al amado su personalidad completa.

Así *SARX* une la idea de totalidad de la persona (cuerpo y alma), de acuerdo con las condiciones en que tiene que vivir en este mundo. *SARX* une indisolublemente el *SOMA* con la *PSYQUE* y da expresión a las condiciones terrenas de dicha unión.

5. ¿En qué consiste el pecado de la carne?

Si quisiéramos precisar en términos metafísicos la naturaleza del «pecado de la carne», diríamos que consiste en *convertir lo relativo en absoluto*. De ahí la calificación de «idolatría», pues equivale a elevar a la categoría de ídolo cualquier cosa del cuerpo, de la mente o del corazón: cualquier cosa terrena y sometida al presente orden pecaminoso, perdiendo así su perspectiva eterna (*«sub specie aeternitatis»*, en el sentido de Tomás de Aquino, no en el de Spinoza). En Gálatas 5:17 no se trata de la lucha de la carne corporal contra nuestro espíritu, sino de la «carne» como idolatría del estado presente de cosas, contra la dirección del Espíritu de Dios. Son, pues, dos sistemas, dos maneras de entender la vida, diametralmente opuestos.

Así *SARX* puede significar mala dirección y mala perspectiva; es la sabiduría carnal (1.ª Cor. 1:26; 2:14).

La realidad presente equivale a una organización movilizada contra Dios; posee su gobierno (1.ª Cor. 2:6, 8, comp. con Ef. 6:12), su dios o príncipe (2.ª Cor. 4:4, comp. con Ef. 2:2), su espíritu o corriente cultural que modela una mentalidad mundana (1.ª Cor. 2:12, en contraste con vers. 16), y sus elementos (Gál. 4:3; Col. 2:8, 20). Comporta, por lo tanto, una tensión (Gál. 2:20) el vivir en medio de dichas realidades. Se puede estar en la carne para bien (Gál. 2:20) y para mal, compartiendo la rebelión contra Dios (Rom. 7:5; 8:7-9); una mente carnal, sometida al dictado de lo mundano, del orden actual de cosas, ni se sujeta a la ley de Dios, ni tampoco puede hacerlo. En realidad, no quiere, porque detesta todo lo espiritual.

De modo que la *SARX* no es mala en sí misma, *per se*, sino cuando se halla acondicionada a la realidad del mundo en que vive y del que ella misma forma parte integrante. Emborrachada de esa atmósfera de enemistad contra Dios, la *SARX* adopta una actitud que equivale a negar la realidad misma de la situación del hombre delante de Dios. No expresa sólo un desorden interno entre las diferentes partes que integran el ser humano (desde luego, también implica esto), sino una proterva y total incapacidad de relacionarse con Dios y con el prójimo en una relación de amor genuino.

La *SARX* es lícita y buena cuando vive en el mundo *de* Dios y *para* Dios. Es condenable cuando vive *para* el mundo y *sin* Dios.

6. Proyección de estos conceptos sobre la escatología

De todo esto se deduce que lo que sobrevive a la muerte no puede ser planteado en términos de «algo», sino de «alguien». La esperanza cristiana definitiva, total, es la salvación completa del hombre en la totalidad de su persona. Esto explica por qué el hecho de la resurrección de Cristo no es solamente la constante preocupación apologética de los apóstoles en su presentación del Evangelio tanto a judíos como a gentiles, sino que constituye, al mismo tiempo, la gran esperanza para los creyentes, porque, unidos a Cristo, participarán del triunfo de su muerte y resurrección. Sirva para corroborar nuestro aserto el mencionar, no ya éste o aquel texto aislado, sino todo el libro de Hechos de los Apóstoles, donde puede comprobarse cómo la resurrección de Cristo, y la de los redimidos por Cristo, es el núcleo central de la predicación apostólica.

Ciertamente, los países latinos han perdido este énfasis apostólico de la primitiva Cristiandad.

CUESTIONARIO:

1. ¿Cuál es el sentido bíblico de los términos «alma», «espíritu», «cuerpo» y «carne»? — 2. Análisis del concepto de sarx *en la teología paulina. — 3. ¿En qué consiste realmente el «pecado de la carne»? — 4. Proyección escatológica de la unidad óntica del ser humano.*

LECCION 6.ª EL PROBLEMA ANTROPOLOGICO (III)

De lo dicho en las dos lecciones precedentes puede fácilmente deducirse que dos conceptos antagónicos sobre la naturaleza del compuesto humano han conducido igualmente a dos conceptos antagónicos de la muerte: el concepto platónico y el concepto cristiano.

1. Sentido platónico de la muerte

El sentido platónico de la muerte (por desgracia, tantas veces confundido con el concepto cristiano) es un semillero de errores que es preciso desarraigar.

El principio fundamental del platonismo a este respecto es que la materia es mala y despreciable, y que sólo el espíritu importa. La única y auténtica personalidad es el núcleo interior del alma. El alma no forma un *todo* sustancial con el cuerpo, sino que está en él como un navegante en su barca, o como un preso en la cárcel.* Por consiguiente:

A) *La muerte es tenida como cosa buena,* ya que libera al alma de la «cárcel» del cuerpo, la saca del reino

---

* Podríamos citar, como un ejemplo entre muchos de la literatura de los místicos españoles, la famosa poesía de Santa Teresa de Jesús:

«¡Ay, qué amarga es esta vida!
¡Qué duros estos destierros,
Esta cárcel, estos hierros
En que el alma está metida!
Sólo esperar la salida
Me causa un dolor tan fiero,
que muero porque no muero» (Nota Edit.)

malvado de la materia y la transporta a su verdadero hogar.

B) *La muerte pierde así su terror,* no en virtud de la sentencia que sobre ella ha decretado Dios, sino simplemente porque sirve a una mejor realización y afirmación de aquello que en el individuo es auténtico y perdurable.

C) *La muerte, desde este punto de vista, ya no es tenida como «paga del pecado»* (Rom. 6:23), sino, al contrario, rescate de la prisión. Lejos de ser algo horrendo, se convierte en cosa buena y hasta apetecible. Este concepto explicaría el masoquismo español ante la muerte, a causa del contenido macabro, mortuorio, que encierran los arquetipos de nuestro inconsciente colectivo hispánico. Pero lo más trágico de tal actitud es que el pecado, único aguijón de la muerte, es relegado al olvido, o se le merma su importancia.

2. El sentido cristiano de la muerte

El mensaje evangélico invierte radicalmente los términos del sentido platónico de la muerte. En efecto, para el Nuevo Testamento:

A') *La muerte es cosa horrenda,* porque es el fruto del pecado. Es el «sacramento» del pecado, y ante ella, incluso Cristo sintió miedo y repugnancia en Getsemaní.[20]

B') *Hay distinción entre cuerpo y alma,* o mejor dicho, entre el hombre exterior y el hombre interior. Pero esta distinción no es una oposición, como si el ser interior fuera naturalmente bueno, y el exterior fuera necesariamente malo. Ambos, esencialmente, son complementarios el uno del otro, y ambos han sido creados buenos por Dios. Por otra parte, el pecado afecta a ambos también, y no sólo a uno de ellos.

C') *La muerte fue vencida,* no porque Dios sentenciara a la materia, sino al pecado.

---

20. O. Cullmann, *o. c.*

«La diferencia con el alma griega —escribe Cullmann— es fundamental; ésta alcanza, precisamente sin el cuerpo y *solamente* sin él, su pleno desarrollo. Nada parecido en la Biblia.»

D') *El alma que permanece muerta aquí* —que desoye la invitación evangélica a la fe y la regeneración (Jn. 1:12, 13)— se hallará en la misma condición después de la muerte. La inmortalidad intrínseca de su alma —en el pensamiento helénico— no le sirve de nada, pues no hará más que perpetuar su estado de pecado y alejamiento de Dios.

De ahí que el Evangelio no ofrezca *transportar*, sino *transformar*. No se trata de un salto geográfico (saltar desde aquí abajo hasta allá arriba), sino de un paso histórico: desde este siglo caduco, sujeto a frustración por el pecado, hasta «el siglo venidero»; es decir, se trata de pasar del ámbito de la muerte al de la vida, por el poder del Espíritu Santo (Ef. 1:13-23) y sobre la base de la obra realizada por Cristo.

El platonismo es estático. El Evangelio es dinámico, histórico; se inserta en medio de la historia de los hombres para escribir su propia historia de salvación, prueba y garantía de la intervención de Dios en su cuidado y amor hacia los hombres.

No obstante, la muerte ejerce todavía su poder. Los hombres mueren, incluso los cristianos. Y, por otro lado, la resurrección de los muertos, prometida por el Evangelio, pertenece al futuro. Esto nos lleva al tercer gran hecho que hemos de considerar: el hecho escatológico. Y también debemos entender de qué manera nos afecta ya ahora, aquí.

CUESTIONARIO:

1. ¿Cuál es el principio fundamental del platonismo respecto a la materia? — 2. ¿Qué consecuencias se derivan de este principio en relación con la muerte. — 3. ¿Cuál es el concepto cristiano de la muerte?

LECCION 7.ª
EL HECHO ESCATOLOGICO PERSONAL

1. Las dos etapas de la escatología individual

Ya hemos afirmado y demostrado que la esperanza cristiana radica en la resurrección de los muertos. Es inadmisible la definición teológica que se refiere al «estado intermedio» —entre la muerte y la resurrección— como «el estado de término», por cuanto no es ésta la meta hacia la cual conduce Dios a sus redimidos.

Tampoco es correcto, por otro lado, el hablar de la resurrección como de la «fase única», bíblicamente hablando. En realidad, el hecho escatológico personal se despliega en dos etapas y abarca dos experiencias que, no obstante, van enlazadas por el mismo hilo conductor del Espíritu Santo vivificador y regenerador.

2. Vida e inmortalidad por el evangelio

Por medio de la muerte y resurrección de Cristo la muerte perdió su poder absoluto. Su soberanía, que algunos pueden tener por indiscutible, ha sido negada por Dios, quien ha proclamado, no la soberanía de la muerte, sino la de la vida inmortal, hecha posible gracias al Evangelio (2.ª Tim. 1:10). Es cierto que la muerte no ha sido todavía retirada del escenario; ella será *el último enemigo* que será destruido (1.ª Cor. 15:26; Apoc. 20:13); pero, por eso mismo, la última palabra no la dirá la muerte, sino el Señor Jesús. Cuando el Señor nos restituya un «cuerpo espiritual» *(soma pneumatikón)* en la regeneración del día postrero, la muerte habrá desaparecido definitivamente del escenario de la vida. Con todo, ¡ya ahora! la muerte es «nuestra», es decir, está bajo nuestro dominio (1.ª Cor. 3:21, 22), en el sentido de que, si estamos en Cristo, debe haber perdido todo su terror. Más aún, sabemos que al fin quedará totalmente destruido su poder: «*¿Dónde está, oh sepulcro, tu victoria? ¿Dónde, oh muerte, tu aguijón?*» (1.ª Cor. 15:55).

3. Cuerpo y creación

Nuestro cuerpo forma parte de la Creación material de Dios y, con ella, «*gime a una, y a una está con dolores de parto hasta ahora; y no sólo ella, sino que también nosotros mismos, que tenemos las primicias del Espíritu, nosotros también gemimos dentro de nosotros mismos, esperando la adopción, la redención de nuestro cuerpo*» (Rom. 8:22, 23).

Es interesante observar el doble contraste y paralelismo que existe entre este pasaje y Santiago 1:15, antes comentado. En Santiago la muerte se nos presenta como contenida en el pecado, al igual que una criatura en el vientre de su madre, y presta a salir a la luz. En Romanos es el Espíritu vivificador el que pugna por abrirse paso en una creación «*sujeta a vanidad, no por su propia voluntad*», y gime, empleando el mismo símil (comp. con el vers. 26), con dolores de parto hasta que dé a luz y se consume la redención de todo lo creado y, por consiguiente, también de nuestro cuerpo.

Mientras tanto, en un mundo hostil, que hace la guerra a Dios, nuestro cuerpo vive una doble experiencia que le mantiene en tensión: participa de la muerte de Cristo «que llevamos por todas partes», pero también de su «vida» que se manifiesta a través nuestro (2.ª Cor. 4:10; Col. 1:24).

La paradoja del momento presente para el cristiano ha sido definida por O. Cullmann como el «*ya y todavía no*», en el sentido de que el Reino de Dios ha llegado ya con Cristo, pero su plena manifestación y consumación pertenecen al futuro. Y de esta tensión participa el creyente, no sólo aquí en vida, sino en la muerte y hasta el día de la resurrección, pues antes de llegar al estado definitivo de la resurrección final, el cristiano pasa por la condición intermedia que, si bien no es la definitiva, está claramente enseñada en las Escrituras y bien diferenciada del concepto platónico (aunque en demasiadas ocasiones hayan sido confundidas).

Este estado intermedio es algo así como un compás de espera, la etapa de un camino en expectación del pleno cumplimiento de los propósitos de Dios en orden a la redención final.

4. Lo que sobrevive a la muerte física

Por lo que respecta a los creyentes —los que han depositado su confianza en Cristo y se hallan unidos a El mediante una fe viva, personal y auténtica—, éstos sobreviven a la muerte y se hallan en una condición que:

A) *Es un estar en Cristo: «si el vivir en la carne* —dice Pablo— *resulta para mí en beneficio de la obra, no sé entonces qué escoger. Porque de ambas cosas estoy puesto en estrecho, teniendo doseos de partir y estar con Cristo, lo cual es mucho mejor»* (Fil. 1:22, 23; 2.ª Cor. 5:1-10). La muerte física no nos puede separar de Cristo (Rom. 8:38). Cristo, Señor de los muertos y de los vivos, está siempre con su pueblo (Rom. 14:9). *«Ya sea que velemos, o que durmamos, vivamos juntamente con él»* (1.ª Tes. 5:10). *«Sea que vivamos, o que muramos, del Señor somos»* (Rom. 14:8).

B) *Es como un sueño.* El estado en que viven los hijos de Dios —entre el instante de su muerte física y el día de la Resurrección— queda apuntado (es decir, implícitamente declarado, más bien que explícitamente definido) de la siguiente manera: *«Tampoco queremos, hermanos, que ignoréis acerca de los que duermen, para que no os entristezcáis como los otros que no tienen esperanza. Porque si creemos que Jesús murió y resucitó, así también Dios traerá con Jesús a los que durmieron en él»* (1.ª Tes. 4:13, 14. *Cf.* 1.ª Cor. 15:51, 52).

Ph. H. Menoud señala que la expresión *«los que duermen»* no da pie para construir, a partir de ella, toda una psicología de los difuntos;[21] pero sí que permite —juntamente con las demás expresiones sinónimas que designan el estado intermedio— concebir esa situación como una comunión plena con Cristo, mucho más perfecta e íntima que la que es dable en la vida terrestre ahora. De manera que, al morir, el creyente en Cristo pasa a la presencia del Señor por medio de su núcleo personal, en el que su conciencia perdura: el alma, o componente espiritual de su personalidad. Tal situación, no obstante, queda calificada como «dormición», no por falta de conciencia, sino para designar su transitoriedad y su temporalidad.[22]

C) *Es asimismo como una experiencia de desnudez,* al hallarse el alma privada del cuerpo (2.ª Cor. 5:1 ss.). No obstante, el cristiano recibe las arras del Espíritu Santo, que quitan a la desnudez su terror y su anormalidad, en espera del día en que «*lo mortal sea absorbido por la vida*».

«El estado de los muertos —escribe Cullmann[23]— sigue siendo un estado de desnudez, imperfecto, como dice S. Pablo: de dormición, en la espera de la resurrección de toda la Creación, de la resurrección de los cuerpos» (V. Heb. 11:39-40).

D) *Es un estado de tensión escatológica.* Así nos lo describe el Apocalipsis (6:9, 10) al introducirnos en la presencia del Señor: «*Cuando abrió el quinto sello, vi bajo el altar las almas de los que habían muerto por causa de la Palabra de Dios y por el testimonio que tenían. Y CLAMABAN A GRAN VOZ, diciendo: ¿Hasta cuándo, Señor, santo y verdadero, no juzgas y vengas nuestra sangre...?*»

La descripción que se nos hace de la morada de las almas —«*bajo el altar*»— nos habla de la proximidad en que viven con respecto a Dios, y de la comunión con Cristo, de la cual disfrutan ya, pero, al mismo tiempo, su

21. Véase Ph. H. Ménoud, *Le sort des trépassés*, pp. 77 y ss.

22. Por algo a los lugares de enterramiento de los creyentes se les llamó desde la Antigüedad «cementerios», que en griego significa «dormitorios». Minucio Félix, en su *Octavio*, dice bellamente: «Los cuerpos en el sepulcro son como los árboles en invierno: ocultan su verdor bajo una ficticia aridez» (*Rouet de Journel*, n.° 272).

23. *O. c.*, pp. 73, 77.

clamor delata la tensión escatológica que soportan. De ahí que Cullmann asegure que, en la espera del «Día de Yahveh», los muertos se hallan todavía en el *tiempo*. Sea como sea, la situación de transitoriedad y de falta de plenitud queda reflejada en el clamor de los redimidos aguardando el gran día final.

Y destaquemos que la esperanza, tanto de Pablo en la tierra (2.ª Cor. 5:10) como de los santos en el cielo (Apoc. 6:10), apunta al momento final del drama de la historia y de la salvación: al juicio de Dios, que las Escrituras presentan siempre como lo inmediatamente posterior a la resurrección final.

5. La supervivencia, estado sobrenatural

Ahora queremos destacar que la pervivencia después de la muerte es asimismo un estado sobrenatural.[24] He aquí un punto que debemos subrayar. La doctrina platónica de la inmortalidad del alma considera el sobrevivir como una virtud propia, natural, del alma. En el Nuevo Testamento, sin embargo, la pervivencia no tiene nada de natural; es el fruto de la unión con el Espíritu Santo (Ef. 1:13, 14). «El Espíritu Santo —escribe Cullmann también[25]— es un don que no se puede perder al morir.» Aún más, es la fuerza regeneradora que nos acompaña y nos mantiene, después de la muerte física, vivos para con Dios en Cristo. Es una pervivencia sobrenatural, producida por la unión con el Espíritu Santo. Por eso, no se trata de aquella situación de conciencia atenuada que se daba en el *sheol* hebreo, pues aun siendo un estado imperfecto y temporal, representa una auténtica comunión con Cristo por la acción de su Espíritu en nosotros, desde que creímos.

---

24. La teología católico-romana tradicional la llama «preternatural».

25. *O. c.*, p. 75.

CUESTIONARIO:

1. ¿Supone la muerte un «estado de término» *para el ser humano? — 2. ¿Cuándo y cómo será vencida definitivamente la muerte? — 3. ¿Qué paralelismo existe entre Romanos 8:22, 23 y Santiago 1:15? — 4. ¿Qué significa el* «ya y todavía no», *en expresión de O. Cullmann? — 5. ¿A qué compara el Nuevo Testamento la condición del creyente entre la muerte y la resurrección? — 6. Analice el sentido de Apocalipsis 6:9, 10. — 7. ¿En qué sentido es sobrenatural la pervivencia después de la muerte?*

LECCION 8.ª EL HECHO PNEUMATICO

Sólo Cristo resucitó definitivamente, y así es el «*primogénito de entre los muertos*» (Col. 1:18; Apoc. 1:5). El ganó la victoria final sobre la muerte y el diablo (Hech. 2:24). En Cristo ha habido resurrección. Esta es el ancla de nuestra fe, pues si Cristo no hubiera resucitado —afirma S. Pablo— vana sería nuestra esperanza. Esta resurrección es el punto de partida de toda la vida cristiana y de todo el pensamiento cristiano. La batalla decisiva ha sido ya librada, y ella permite la predicación gozosa y segura del Evangelio. La batalla decisiva se libró en la muerte y resurrección de Cristo. «*Sólo queda por venir el "Día de la Victoria"* ("Victory Day")», en expresión de Cullmann.

1. El poder de la resurrección

Aunque privado de su cuerpo, el cristiano ha sido tomado por el Santo Espíritu de Dios, es decir, por el poder de la resurrección (Rom. 6:3 ss. *Cf.* 3:3 ss.), si realmente ha sido regenerado. La «dormición» es, pues, tal en el Espíritu Santo y lleva al difunto creyente a la presencia de Cristo, incluso en esa situación expectante de la «Parusía» final. Los muertos que, desde ahora, mueren en el Señor, pueden con razón ser llamados «*bienaventurados*» (Apoc. 14:13), es decir, *felices*.

Existe un cierto paralelismo —más en la forma que en el fondo— entre la doctrina griega de la inmortalidad del alma y este estado intermedio por el que «el hombre interior» (para usar terminología novotestamentaria —Rom. 6:3 ss.—), transformado por el Espíritu Santo y desgajado del «exterior» (el cuerpo), continúa viviendo junto a Cristo. Ciertamente, esta continuidad de la vida está enfáticamente expuesta en el Nuevo Testamento (Jn. 3:36; 4:14; 6:54, etc.), pero no se produce en aras de una supuesta dicotomía en el ser cuerpo - alma del hombre, puesto que tal dicotomía no es bíblica. Es más bien una *síntesis* de cuerpo-alma lo que insinúa la enseñanza de la Escritura.

La diferencia entre la concepción bíblica y la griega sigue siendo radical, y arranca desde sus mismos fundamentos hasta alcanzar a las consecuencias. El estado de los muertos en Cristo no deja de ser una situación provisional, en la que la personalidad no es todavía perfecta por falta de uno de sus elementos —situación de «desnudez», de dormición, de espera y de tensión escatológica—. Por otro lado, la muerte, mientras no llegue el «Día de la Victoria», sigue siendo el gran enemigo, el postrero que ha de ser derrotado. Por otra parte, si los muertos viven con Cristo, esto no corresponde —como es el caso de la formulación platónica— a la esencia misma del alma, sino que se debe a una intervención divina, que obra desde fuera por el poder de la muerte y resurrección de Cristo, por medio de su Santo Espíritu, que ya resucitó al hombre interior durante la vida terrena, antes de la muerte, en el momento de la conversión del pecador y por medio de la acción milagrosamente poderosa del Señor.

Hallamos en Romanos 8:11 un resumen de todo lo expuesto: «*Y si el Espíritu de aquel que levantó a Jesús de los muertos mora en vosotros, el que levantó de los muertos a Cristo Jesús vivificará también vuestros cuerpos mortales por su Espíritu que mora en vosotros.*»

2. El poder del Espíritu

Lo que cuenta, pues, en definitiva es la posición del Espíritu Santo que Dios da a todos cuantos se abren a la acción del Evangelio. Vivir en Cristo, ser habitado por El, servir de templo a su Espíritu, es lo que constituye la garantía, más aún, las «arras» o «primicias» —como dice Pablo— de la posesión final de un cuerpo de gloria, resucitado. Y ya aquí, y ahora, es factible saborear la vida eterna (Jn. 5:24), así como después de la muerte, puesto que, en la situación de los que «duermen» junto a Cristo, nos acercamos igualmente al gran día de la renovación de todas las cosas, porque vivir con Cristo, en el poder de su Espíritu, es estar junto a aquel que hará posible el gran «Día del Señor», y nos le acerca en cada momento más y más. ¿Quién sino El nos librará de este «cuerpo de muerte»? El, que renueva nuestro hombre interior, transformará nuestros cuerpos carnales en cuerpos «espirituales»; es decir, que una materia viviente, penetrada hasta lo más íntimo por el Espíritu de vida, sustituirá a la materia de la muerte; un cuerpo vivo, a un cuerpo decadente.

Esta es, en consecuencia, la súplica del apóstol por los efesios, que nosotros desearíamos hacer en favor de todos los hombres; especialmente en favor de nuestros queridos compatriotas: «*Por esta causa doblo mis rodillas ante el Padre de nuestro Señor Jesucristo, para que os dé, conforme a las riquezas de su gloria, el ser fortalecidos con poder en el hombre interior por su Espíritu; para que habite Cristo por la fe en vuestros corazones... para que seáis llenos de toda la plenitud de Dios*» (Ef. 3:14-19).

3. El poder de Cristo

El mensaje cristiano, sin embargo, no sólo presenta este esperanzado porvenir para cuantos lo acogen con fe en sus corazones y viven de él y por él, sino que incluye, al mismo tiempo, una seria advertencia a cuantos lo rechazan. Porque si vivir en Dios por el poder de su Espíritu significa situarse en el ámbito de la vida y de la inmortalidad —tanto en el estadio intermedio como en la eternidad después de la resurrección—, el rechazo equivale a un desplazamiento que nos sitúa en el reino de la muerte, de la condenación.

El creer en Cristo presupone ambas cosas, si hemos de ser consecuentes. De la misma manera que no podemos escoger del «Credo» alegremente lo que nos gusta, separándolo de lo que nos desagrada (como hacen muchos de los entrevistados por Gironella[26]), así tampoco podemos escoger una eternidad inmortal, desechando a nuestro antojo la severidad del «Día de Yahveh»: «*¡Ay de los que desean el día de Jehová! ¿Para qué queréis este día de Jehová? Será de tinieblas, y no de luz; como el que huye de delante del león, y se encuentra con el oso...*» (Am. 5: 18, 19).

Si creemos a Cristo cuando nos habla tocante a la salvación, hemos de darle crédito también cuando nos enseña acerca de la condenación de los que persisten en su impiedad e incredulidad. La parábola del rico y Lázaro es tajante en este sentido: «*... aconteció que murió el mendigo* —concluye el relato— *y fue llevado por los ángeles al seno de Abraham; y murió también el rico y fue sepultado. Y en el Hades alzó sus ojos, estando en tormentos, y vio de lejos a Abraham, y a Lázaro en su seno*» (Luc. 16: 22, 23).

«*Cuando el Hijo del Hombre venga en su gloria* —dijo Jesucristo de sí mismo— *... serán reunidas delante de él todas las naciones; y apartará los unos de los otros, como aparta el pastor las ovejas de los cabritos..., e irán éstos al castigo eterno y los justos a la vida eterna*» (Mat. 25:31, 32, 46).

Todos estos textos nos aclaran que así como existe un estado intermedio y una felicidad eterna para los creyentes, hay también una realidad miserable que aguarda a cuantos mueren sin Cristo, una miseria que desembocará en la eterna condenación.

Esta doctrina —como muchas del Evangelio— no está de moda en nuestros días. En la Edad Media se predicó en demasía la justicia divina que castiga, y muy poco acerca del amor de Dios que perdona y salva. Hoy el péndulo oscila hacia el otro extremo.

Llegados a este punto, la escatología personal se inserta en la eclesial y cósmica, por lo que, tras haber considerado la esperanza del individuo, abordaremos el tema de la esperanza de la Iglesia y la del mundo.

---

26. *O. c.*

Porque no sólo hay un fin para cada persona, sino que el presente estado de cosas es asimismo precario y habrá de llegar a un momento final. La historia de la humanidad —tanto como la de cada ser humano— tiende a unas metas, a una consumación final. *«Porque el anhelo ardiente de la creación es el aguardar la manifestación de los hijos de Dios. Porque la creación fue sujetada a vanidad...; porque también la creación misma será libertada de la esclavitud de corrupción a la libertad gloriosa de los hijos de Dios»* (Rom. 8:19-21). La historia no está cerrada, o replegada, sobre sí misma; la historia avanza, en tensión constante y creciente, hacia un clímax señalado por Dios.

CUESTIONARIO:

1. ¿A qué se debe la influencia de la resurrección de Cristo en la nuestra? — 2. ¿Por qué llama Apocalipsis 14:13 «bienaventurados» *a los que mueren en el Señor? — 3. Semejanzas y diferencias entre los conceptos griego y bíblico sobre el «estado intermedio». — 4. ¿Qué enseñanzas se derivan de Romanos 8:11, a la luz de Efesios 1:13, 14 y Romanos 8:23? — 5. ¿Qué lugar ocupa Cristo en la disyuntiva que confronta a todo ser humano en relación con su destino eterno? — 6. ¿Por qué no agota la escatología personal el tema del presente volumen?*

Segunda parte

El Reino de Dios

LECCION 9.ª EL REINO DE DIOS EN EL ANTIGUO TESTAMENTO

1. Introducción general sobre el tema

Concepto clave en la escatología cósmica es el Reino de Dios, o Reino de los cielos.

Según los Evangelios sinópticos, el primer mensaje de Jesús al comienzo de su ministerio público tenía que ver con «el Reino de Dios» (Mar. 1:15). Se trataba de un mensaje que ya Juan había proclamado, y dentro de cuya perspectiva lo anunció el Señor mismo (comp. Mat. 3:2 y 4:17).

El «arrepentíos» (*metanoeite* = cambiad de mentalidad) que acompaña a dicho mensaje, indica el juicio por medio del cual el Reino ha de ser introducido. Es un mensaje escatológico, y el Reino que anuncia es un estado de cosas escatológico, cuya realización se llevará a cabo en fecha próxima o en época futura, pero en cualquier caso requerirá siempre el arrepentimiento como condición subjetiva para su recepción.

Mateo, que escribe para judíos, habla casi siempre de «*Reino de los cielos*», mientras que Marcos y Lucas dicen, preferentemente, «*Reino de Dios*» —expresión equivalente y más inteligible para los gentiles—. Con toda probabilidad, el uso de la expresión «Reino de los cielos» por parte de Mateo se debe a la insistencia del judaísmo tardío y hodierno en soslayar, siempre que sea posible, el pronunciar el nombre de Yahveh —Dios—. Pero, repetimos, en cualquier caso el significado de ambas expresiones es el mismo (comp., por ej., Mat. 5:3 con Luc. 6:20).

Aunque ocupa un lugar prominente en los sinópticos, la idea del Reino de Dios parece, sin embargo, ausente del Evangelio de Juan. Aparte de 18:36, donde se alude al Reino de Jesús, Juan 3:3, 5 es el único pasaje juánico en que aparece el concepto. ¿A qué se debe este fenómeno? G. Vos señala que el Evangelio de Juan tiene una estructura cristológica prominente, dentro de la cual se hallan implícitos todos los demás conceptos. Así, lo que en los sinópticos corresponde al «Reino de Dios», en Juan equivale a «vida», «luz», «verdad», «gracia». Porque para el apóstol Juan el contenido de todo cuanto Jesús aporta e introduce se explica en términos de la propia persona del Salvador y expresiones de su gracia (Jn. 1:14, 16, 17). No es que este principio sea desconocido por los demás evangelistas, pero no recibe la extensión y profundidad que en Juan. Así, el término «vida», el más sobresaliente en Juan, es sinónimo de «Reino de los cielos» o «Reino de Dios». La equivalencia de «Reino» = «Vida» es obvia, ya que la figura de la entrada en el Reino es paralela a la que expresa la entrada en la «vida», es decir, el «nuevo nacimiento». La misma equivalencia encontramos en Marcos 10:17. La vida es representada como el estado escatológico de la existencia. Otra equivalencia hay en Lucas 4:19, 43, donde se nos habla del «año aceptable al Señor», es decir, el año del Jubileo —a diferencia de Mateo y Marcos—, en vez de la inminente llegada del Reino.

2. Concepto general de «Reino de Dios» en el Antiguo Testamento

En el Antiguo Testamento el Reino de Dios es un concepto que va unido a dos realidades distintas:

A) *La soberanía de Dios*. Esta expresión designa el gobierno establecido por el Creador sobre su Creación, el cual es planeado y ejecutado mediante la acción de su Providencia. Esta idea del Reino (Sal. 103:19) no es específicamente redentora. Se relaciona más bien con el orden de la creación, no con el de la salvación.

B) *La teocracia de Israel.* Junto al gobierno providente de Dios en el Universo existe un Reino cuya naturaleza específica es redentora. Se expresa por medio de la «teocracia» en Israel. La primera referencia explícita a este Reino soteriológico la hallamos en el éxodo (Ex. 19:6), cuando Jehová promete al pueblo que si obedece su Ley le convertirá en una nación de sacerdotes. Estas palabras de Dios miran hacia el futuro, cuando la Ley sea promulgada en el Sinaí. Desde el punto de vista del hombre del Antiguo Testamento, se refieren a un Reino *presente,* un Reino que comenzó al pie del Sinaí.

Pero, al mismo tiempo, el Antiguo Testamento sabe de un Reino de Dios para el *futuro.* Podría parecer extraño que uno deba esperar para el futuro lo que ya tiene; y que lo espere, no sólo como una mejora del presente, sino como algo que constituirá de manera absoluta una nueva creación. ¿Cómo explicar esta aparente contradicción? G. Vos dice que la explicación se halla en tres consideraciones claves:

a) Hemos de recordar el significado algo abstracto que poseen los términos por medio de los cuales se expresa la idea del «Reino». El Reino debe ser la vocación del pueblo de Dios. El Reino exige la *realeza,* y ésta va asociada a la realización de grandes hechos salvadores en favor de un pueblo que Dios quiere para sí. Esta realeza ejerce el gobierno sobre dicho pueblo, pero es frágil y deficiente. Constituye solamente una sombra de lo que cabe esperar del Reino y la realeza divinas, pues la realeza humana es pecadora. Hay, pues, un futuro aspecto del Reino de Jehová: aquel en que *el Señor mismo* será Salvador y Señor de su Pueblo. Así, Saúl y David representaban el aspecto presente, pero los creyentes esperaban mucho más en el futuro, comenzando por David y todos los reyes piadosos de Israel. Y este futuro se llenaba de perspectivas tan sublimes, que el Reino, en su próximo advenimiento, tenía que ser forzosamente un *nuevo Reino,* de acuerdo con la presencia del *nuevo Rey.*

b) Hubo muchas épocas —demasiadas— en la historia de Israel en que el Reino teocrático llegó hasta la apostasía y se hundió más y más en el lodo del mundo. Aunque, a pesar de ello, el citado Reino no fue abrogado nunca, sin embargo los creyentes se mantenían en la esperanza del nuevo Reino. De manera que la renovación había de ser algo más que una reestructuración. De hecho podía hablarse de un *nuevo Reino*. El período de la cautividad nos ofrece un ejemplo de ello. La esperanza que anidaba en los creyentes *no* consistía en la espera de volver pura y simplemente a las condiciones del pasado. Era todo un mundo nuevo, escatológicamente hablando, lo que alimentaba la expectación del remanente fiel.

c) En tercer lugar, aunque no menos importante, sino todo lo contrario, tenemos las *Profecías mesiánicas*, que conducían a conceptos similares y consecuencias parecidas a lo apuntado en los apartados *a*) y *b*). El esperado Mesías será el representante perfecto de Jehová, el Rey ideal de todos los tiempos. Y cuando Dios esté perfectamente representado por su Ungido, éste llevará a cabo la realización de todas las esperanzas escatológicas. Así, el Reino es algo que los hombres del Antiguo Testamento esperaban para el futuro, y lo asociaban estrecha e indisolublemente con la persona misma del Mesías, hijo de David.

3. Resonancias del concepto veterotestamentario de Reino en el mensaje de Jesús

Jesús se asocia a esta manera de hablar del Antiguo Testamento. El Reino cuya cercanía anuncia, es el Reino que se dibujaba en el futuro de las perspectivas veterotestamentarias. El Reino que todos esperan es, en definitiva, el «Reino de Dios», porque el Reino prometido a David no puede ya concebirse —después de escuchar a los profetas— de otra manera que como Reino *de Dios*, con Dios y para Dios. Mateo 8:12 y 21:43 han de ser entendidos en esta perspectiva.

Ahora bien, el Antiguo Testamento habla de esta realidad del Reino como de una unidad sin distinción de partes o etapas. Pero a medida que se va cumpliendo el Antiguo Testamento en Jesucristo, se hace evidente que la esperanza escatológica se divide en dos fases. Jesús está haciendo presente el futuro del Antiguo Testamento, pero, en otro sentido, este futuro permanece todavía *futuro* incluso para el Salvador. Por consiguiente, el fenómeno que, según comprobamos, existía ya en tiempos del pueblo de Israel se repite otra vez. En pocas palabras: El Reino tiene dos manifestaciones: una que es presente, y otra que es futura.

CUESTIONARIO:

1. ¿Cuál es el concepto clave de la escatología general? — 2. ¿Cómo se introduce en la humanidad el Reino de Dios? ¿Es el «Reino de Dios» *sinónimo del* «Reino de los cielos»*? — 3. ¿Cuál es la equivalencia, en el Evangelio de Juan, de las expresiones* «Reino de Dios» *y* «Reino de los cielos»*? — 4. ¿A qué realidades va ligado el concepto de* «Reino de Dios» *en el Antiguo Testamento? — 5. ¿Cómo se explica que Israel debiera esperar para el futuro un Reino que ya poseía? — 6. ¿Qué resonancias tienen en la persona y en el mensaje de Jesús las dos fases en que se despliega el concepto de* «Reino de Dios» *en el Antiguo Testamento?*

LECCION 10.ª EL REINO DE DIOS EN LAS PROFECIAS DE DANIEL (I)

1. Relevancia escatológica del libro de Daniel

El libro de Daniel es una obra singular y fascinante. La primera parte nos ofrece una serie de datos históricos. La segunda contiene mayormente visiones de parte de Dios. La obra abunda en elementos proféticos y apocalípticos; de ahí su importancia para la escatología bíblica.

2. La soberanía divina en Daniel 2

Dirijamos nuestra atención primeramente a Daniel 2: 24-29. En momentos estratégicos Dios muestra su poder para que los inconversos reaccionen favorablemente frente a sus siervos. Arioc es un ejemplo típico de esta verdad (vers. 25. *Cf.* 1:8-14; Gén. 39:4, 21). Notemos con qué prontitud estaba Daniel dispuesto a dar gloria a Dios, deshaciendo rápidamente cualquier malentendido en el sentido de que él, personalmente, fuese capaz de revelar sueños (vers. 26-28). A la luz de esta declaración entendemos por qué Daniel no podía aceptar una adoración que le convertía en una más de las divinidades paganas (vers. 46); Daniel no lo habría aceptado. Seguramente, lo ocurrido algún tiempo después con Alejandro Magno nos ayudará a comprenderlo. Cuando este gran conquistador se inclinó ante el sumo sacerdote al llegar a Jerusalén, justificó su gesto con estas palabras: «No le adoro a él, sino que adoro al Dios que le ha honrado a él.» Este sería también el caso de Nabucodonosor delante de Daniel (vers. 46-48).

3. Los cuatro grandes Imperios mundiales en Daniel 2

La interpretación de esta visión es clara a la luz de la historia, que ha visto cumplirse todo lo que aquí se anunció:

A) El primer Imperio es el babilónico.

B) El segundo es el medo-persa.

C) El tercero es el fundado por Alejandro Magno.

D) Finalmente, el cuarto es el Imperio romano.

Las dos fases del cuarto Imperio —Roma— nos conducen hasta el final de los tiempos.

La lección importante aquí es que Dios controla la historia de las naciones (vers. 21, 44); incluso Nabucodonosor detenta el poder por delegación divina (vers. 37-38). El hombre puede gloriarse de sus grandes empresas, pero un día el Señor aplastará todo lo que es escoria a sus ojos. La piedra de los versículos 34, 35 y 45 se refiere a Cristo, quien tenía que nacer en los días del cuarto Imperio. El versículo 44 prefigura el establecimiento de su Reino eterno (*cf.* Apoc. 11:15). El final de la historia coincidirá con la victoria de Cristo.

Paralelamente al capítulo 2, el capítulo 7 vuelve otra vez al tema de los cuatro grandes Imperios mundiales, a partir de Nabucodonosor.[1]

---

1. Esta sinopsis de los grandes Imperios en Daniel ayudará al estudiante:

IMPERIOS MUNDIALES	SUEÑOS DE NABUCODONOSOR *Dan. 2:31-45*	SUEÑOS DE DANIEL *7:1-28*	*8:1-27*
Babilonia	Cabeza de oro	León	
Medo-Persia	Pecho y brazos de plata	Oso	Carnero
Grecia	Vientre y lomos de bronce	Leopardo	Macho cabrío
Roma	Piernas de hierro	La bestia con los diez cuernos	
El Anticristo	Pies de arcilla y de hierro	Cuerno pequeño	
Cristo	La Piedra desprendida sin intervención humana		

El Mesías debía aparecer en los días del cuarto Imperio. El Anticristo tenía que surgir de alguna clase de continuidad —y división— del mismo cuarto Imperio. Hasta el final de los tiempos, la pugna de los siglos será el conflicto entre el Reino de Cristo y el del Anticristo (*cf.* mi libro *Las profecías de Daniel*, Barcelona, 1976).

4. La visión de las cuatro bestias

Esta visión está detallada en Daniel 7:1-14, y en ella se nos ofrece:

A') *Una situación que inspira temor* (vers. 1-8). «El gran mar» (vers. 2) se entiende a veces del Mediterráneo, pero su uso aquí es obviamente simbólico. Los judíos temían el mar y de ahí que frecuentemente se sirvieran de él como símbolo de algo espantoso y anunciador de trágicas experiencias (*cf.* Sal. 42:7). El hecho de que soplaran los cuatro vientos del cielo sugiere una gran tempestad. Enmarcadas en este pavoroso fondo, surgen cuatro bestias que representan a cuatro reyes o imperios (versículo 17). Estos monarcas o imperios corresponden exactamente a la visión que de joven tuvo Daniel (cap. 2). Así vemos que:

a) La primera bestia se corresponde con Babilonia (vers. 4. *Cf.* Jer. 49:19, 22).

b) La segunda bestia corresponde al Imperio medopersa (vers. 5). El que se inclinase hacia un lado indica la hegemonía de Persia sobre Media, y las tres costillas entre los dientes son sus principales conquistas: Babilonia, Lydia y Egipto; la «mucha carne» es la extensión del Imperio.

c) La tercera bestia corresponde al reino griego de Alejandro, dividido entre cuatro a su muerte (vers. 6).

d) La cuarta bestia corresponde al Imperio romano (vers. 8, 23 y ss.); es el mayor y más bestial de todos.

Daniel no es el único en sentir mareo, ansia y alarma (vers. 15) frente a una situación mundial tan pavorosa.

B') *Una visión que restauró la confianza* (vers. 9-14). Dios no sólo sabe lo que ocurre en el mundo, sino que controla la historia. Los hombres pueden jactarse cuanto quieran (vers. 8, 11), pero Dios tendrá la última palabra. He ahí el secreto de la fe, y la fuente permanente de toda consolación, para cuando tengamos que enfrentarnos con dificultades que parezcan invencibles.

Afortunadamente para Daniel y para nosotros, la interpretación de sus visiones nos viene dada por el mismo texto sagrado de manera inequívoca (vers. 15-28).

A nosotros nos interesa ahora, particularmente, el sentido escatológico que comporta el cuarto Imperio, íntimamente relacionado con la irrupción del Reino de Dios.[2]

CUESTIONARIO:

1. ¿Dónde estriba la importancia del libro de Daniel para la escatología? — 2. ¿Qué nos muestra Daniel 2 en cuanto al poder humano de revelar sueños? — 3. ¿Qué significan los cuatro grandes Imperios mundiales en Daniel 2, y cuál es la principal lección que aquí se nos enseña? — 4. ¿Qué significa la visión de las cuatro bestias en Daniel 7? — 5. ¿Qué sentimientos suscita en nosotros, como en Daniel, esta visión?

---

2. A quienes deseen ahondar más en los textos proféticos de Daniel, les remito a mi libro *Las profecías de Daniel*.

LECCION 11.ª EL CUARTO IMPERIO Y EL REINO DE DANIEL 7

1. El cuarto Imperio y el Reino de los santos del Altísimo en Daniel 7:13-28

Al entrar en este tema del libro de Daniel hemos de considerar atentamente tres cuestiones:

A) *La identidad de la cuarta bestia.*

Para orientar al lector, resumiremos diciendo que los capítulos 2, 7 y 9 están íntimamente relacionados entre sí; en todos ellos se llega al clímax con la descripción del cuarto Imperio —el Imperio romano—; el eje geográfico es Occidente. En cambio, los capítulos 8 y 11 tienen como clímax el Imperio seléucida que siguió a la muerte de Alejandro Magno; el centro geográfico es Oriente. Hablar de Imperio seléucida es simplemente una frase, una acomodación literaria, pues más bien debería hablarse de reinos de taifas, que desmembraron lo conquistado por Alejandro.

Daniel 7 se corresponde también con Apocalipsis 13 (*cf.* 13:16; 19:20).

Así la cuarta bestia tiene que ser Roma, en sana exégesis sin prejuicios. Es la más bestial de todas las bestias, espantosa y diferente (7:7, 23), y su reino es mayor que el de las demás bestias. Los diez cuernos (*cf.* Dan. 2:41) son los reinos bárbaros en que fue dividido el Imperio en su decadencia, y el cuerno pequeño (vers. 24) es el Anticristo (*cf.* 2.ª Tes. 2:1-12; 1.ª Jn. 2:18; 4:3). E. J. Young comenta: «El simbolismo de los diez cuernos hace referencia a una segunda fase en la historia de la bestia (Roma)», y es en esta segunda fase cuando aparece el Anticristo.

B) *La identidad del Hijo del Hombre.*

Leemos en 7:13: «*Miraba yo en la visión de la noche, y he aquí con las nubes del cielo venía uno como un HIJO DE HOMBRE.*» Se trata de una figura humana, no bestial; celeste, no terrenal; internacional, no nacional o imperial; con un reino eterno, no temporal (vers. 13 y 14).

Los que identifican esta figura con Israel, o lo que es lo mismo, con «los santos del Altísimo», olvidan que los «santos» recibirán el Reino del Hijo del Hombre, y lo recibirán después como una encomienda que les es confiada. ¿Cómo pueden, pues, ser identificados con él? Por otra parte, el Hijo del Hombre tiene origen celestial, sobrenatural; no así los «santos». Más aún, si después reinan éstos, lo hacen bajo el señorío del Hijo del Hombre, como luego ampliará en detalle el Nuevo Testamento.

C) *Rey de reyes* (vers. 27).

El final de la historia está en manos de Dios, y su Agente será Cristo. Los reinos de este mundo vendrán a ser los reinos de Dios y de su Ungido, como revela Apocalipsis 22:5: «*... y todos los dominios le servirán y le obedecerán*» (*cf.* Apoc. 22:3).

2. El cuarto Imperio y el Reino de Dios en Daniel 2

A') *Naturaleza y significado del cuarto Imperio* (versículos 40-43).

Hemos dicho que el cuarto Imperio se refería a *Roma* (república, Imperio y despotismo absoluto). Tenía «*piernas de hierro y pies en parte de hierro y en parte de barro*». En el siglo VI a.C., cuando escribía Daniel, Roma no era más que una ciudad-estado. A partir de estos humildes orígenes, Roma se desarrollaría, después de un breve y frágil período monárquico, como una república progresivamente fuerte, y luego se tornaría el más grande de los Imperios, por la fuerza de las armas.

El hierro es el metal más idóneo para describir la fuerza militar romana con la que impuso su Imperio.

Los poetas latinos describían el bronce como metal pasado de moda.

Así lo que define a Roma es la *fuerza* bruta: «*Y el cuarto reino será fuerte como hierro.*»

No obstante, Roma será «un reino dividido», con unos pies en los que hay parte de hierro y parte de barro. Los versículos 41-43 describen la división y la debilidad internas, que no eran visibles inmediatamente, pero que con el correr del tiempo darían lugar a la división del Imperio en dos partes (Roma y Bizancio; Occidente y Oriente), y luego a la fragmentación medieval de reinos, por el empuje arrollador de los bárbaros. Estos versículos 41-43 describen la naturaleza de Roma en términos que sólo un contemporáneo hubiera sido capaz de relatar.[3]

B') *Naturaleza del Reino de Dios* (el reino mesiánico —vers. 44-45. *Cf.* vers. 34-35—). Se le compara a una piedra, a una Roca (Is. 28:16; Mat. 21:44; Luc. 2:1, 2). Aparecerá «*en los días de estos reyes*». ¿Qué días y qué reyes son éstos? Veamos dos interpretaciones distintas:

---

3. Según algunos, las dos piernas serían las dos mitades en tensión, que luego habrían de dar lugar a la división del Imperio. Los pies y sus dedos (los dedos, sin embargo, no se mencionan explícitamente), en parte de hierro y en parte de barro, serían considerados como los muchos reinos en que se dividiría Europa a lo largo de la Edad Media y en la época moderna, pero sin que hubiera completa fusión de latinos y germanos (vers. 43), de hierro y de barro, del poder imperial férreo y del barro de la voluntad popular (Scofield). A pesar de no haber fusión, sí se produjo una interacción que formó el núcleo de la Europa moderna y de América (colonizada por europeos).

Todos estos desarrollos, en germen ya en la descripción de los versículos 33-35 y 41-43, no se habían producido todavía cuando apareció el Reino de Dios (vers. 44), si por la expresión «Y en los días de estos reyes el Dios del cielo levantará un reino que no será jamás destruido» entendemos los cuatro imperios. Si, por el contrario, y con Scofield, este versículo 44 se interpreta como haciendo alusión a diez reyes sacados de los diez dedos de los pies del versículo 42 en un desarrollo posterior, el Reino de Dios es futuro (*cf. Biblia Anotada de Scofield*, pp. 862, 863).

a) *Interpretación dispensacionalista y premilenial.* Dice la Biblia Anotada de Scofield en nota a Daniel 2:44: «Este pasaje determina de manera autorizada el TIEMPO relativo a otros eventos proféticos, cuando el reino de los cielos será establecido. Esto sucederá "en los días de estos reyes", es decir, los días de los diez reyes (comp. Dan. 7: 24-27) que se simbolizan por medio de los dedos de la imagen. La situación que estos reyes representan no existía en el tiempo de la primera venida del Mesías, ni fue posible su existencia hasta la desintegración del imperio romano y el surgimiento del presente sistema nacionalista mundial... El v. 45 repite el MÉTODO por el cual el reino será establecido.»

b) *Interpretación amilenial.* A diferencia de los dispensacionalistas, que interpretan los pies de la imagen como haciendo referencia a diez dedos (diez reyes) en una época futura cuando el Imperio romano volverá a revivir y será parcelado y dividido en diez reinos, instante en el cual aparecerá Cristo para instaurar su Reino; a diferencia de esta interpretación —digo—, los demás cristianos asumen que el Reino mesiánico aparecerá (apareció ya de hecho) con la venida de Cristo *después* del apogeo de los cuatro grandes reinos (imperios) descritos: Babilonia, Persia, Grecia y Roma, pero *dentro del tiempo de uno de ellos* («En los días de estos reyes» —Imperios—). Dado que el Mesías no vino en los días de los tres primeros imperios, tiene que haber venido en el cuarto (Roma).

La piedra cortada no con mano (vers. 34, 45) representa al Mesías y el poder del reino mesiánico, así como su extensión, su eternidad y su origen divino (vers. 44), en contraste con los imperios humanos y temporales. Veámoslo:

1) Origen del reino (vers. 34, 44): *divino.*
«*El Dios del cielo levantará un reino...*» (vers. 44).
«*Una piedra fue cortada, no con mano...*» (versículo 34).

2) Extensión y desarrollo (vers. 35, 44): *irresistible.*
«*La piedra que hirió a la imagen fue hecha un gran monte que llenó toda la tierra*» (vers. 35).
«*Un reino que no será jamás destruido, ni será el reino dejado a otro pueblo*» (vers. 44).

3) Duración (vers. 35, 44-45): *eterna.*
«Desmenuzará y consumirá a todos estos reinos, pero él permanecerá para siempre» (vers. 44).
«La piedra llenó toda la tierra» (vers. 44).
«Un reino que no será jamás destruido» (vers. 44).

Todo esto contrasta con los reinos humanos, que son frágiles y temporales. El Mesías desmenuzará todos los demás reinos, en un proceso que va desde la primera a la segunda venida de Cristo, denominado en la Biblia «el último tiempo».

Daniel 2:44 ha de leerse a la luz de Daniel 7:13, 14; el reino vendrá por medio de *«uno como un hijo de hombre».*

La imagen de varios metales que soñó Nabucodonosor estaba en pie a lo largo de todo este período de los cuatro grandes imperios que representan el poder gentil dominando el mundo. Pero en los mismos días de estos reyes —en el reinado de uno de ellos— la «Piedra» mesiánica herirá a la imagen en sus pies y ésta comenzará a tambalearse.

Todos estos reinos son temporales en duración, humanos en cuanto a origen, frágiles en cuanto a poder. El Reino de Dios, o de los cielos, es divino de origen, eterno en duración e invencible en poder. Mientras a cada uno de los cuatro imperios se le describe de una vez, abarcando con una mirada su naturaleza, el Reino de Dios es presentado como en perpetuo crecimiento, desde algo pequeño hasta llegar al infinito.

El poder mundial se deteriora; la corrupción inherente autodestruye los reinos. Pero el Reino de Dios no progresa por desarrollo meramente humano; se trata de una intervención divina («piedra cortada no con manos») para desplazar aquello «que es nacido de la carne» y sustituirlo por lo «que es nacido del Espíritu». Cuando Cristo le dice a Pilato que su Reino no es de este mundo, se está refiriendo, sobre todo, al origen del mismo y al poder inherente al mismo.

Los judíos del tiempo de Cristo pensaban que ellos, la simiente natural de Abraham y de David, poseerían el Reino de los cielos, o de Dios; pero Juan el Bautista —al igual que los profetas de antaño (por ej. Amós y Miqueas, entre otros)— les demuestra que están muy equivocados (Mat. 3:1, 2, 7-9).

Finalmente, es Cristo mismo quien reafirma la enseñanza del Bautista: «*Por tanto os digo que el Reino de Dios será quitado de vosotros, y será dado a gente que produzca los frutos de él. Y el que cayere sobre esta piedra será quebrantado; y sobre quien ella cayere, le desmenuzará*» (Mat. 21:43-44); alusión clara a la «*piedra cortada no con mano*».

3. El Reino invencible

En Daniel 2 se nos revelan cuatro hechos sobre el Reino de Dios que sería imposible aplicar a ningún otro reino. Estos hechos son confirmados por el Nuevo Testamento:

A) El Reino no será jamás destruido.

B) El Reino no será dejado a otro pueblo.

C) El Reino desmenuzará y consumirá a todos los demás reinos.

D) El Reino permanecerá para siempre (Dan. 2:44).

Estos cuatro puntos vienen confirmados en el Nuevo Testamento:

A) *El Reino indestructible.*
«Habiendo recibido nosotros un Reino inconmovible...» (Heb. 12:28).

B) *El Reino es herencia perpetua.*
«Recibirán el Reino los santos del Altísimo y poseerán el Reino hasta el siglo, eternamente y para siempre» (Dan. 7:18).
«... edificaré mi Iglesia..., y las puertas del infierno no prevalecerán contra ella» (Mat. 16:18, 19).
«Es judío el que lo es en el interior, y la circuncisión es la que es del corazón» (Rom. 2:29).

«No todos los que descienden de Israel son israelitas, ni por ser descendientes de Abraham son todos hijos...; no los que son hijos según la carne son los hijos de Dios, sino los que son hijos según la promesa» (Rom. 9:6-8).
«Porque nosotros (los cristianos) somos la circuncisión...» (Fil. 3:3).
Si el Reino no tiene que ser dejado a ningún otro pueblo, se deduce de ello que hay un solo pueblo de Dios (no dos): el verdadero Israel de Dios, la Iglesia.

C) *El Reino obtendrá la victoria final.*
«Los reinos del mundo han venido a ser de nuestro Señor y de su Cristo y él reinará por los siglos de los siglos» (Apoc. 11:15).

D) *El Reino es eterno.*
«Y reinará sobre la casa de Jacob para siempre; y de su Reino no habrá fin» (Luc. 1:33).
«Y pondré a la coja como remanente, y a la descarriada como nación robusta; y Jehová reinará sobre ellos en el Monte de Sión desde ahora y para siempre» (Miq. 4:7).
Cf. Apoc. 22:3-5.

Apocalipsis 22:3-5 se refiere a los cielos nuevos y la tierra nueva como la consumación perfecta del Reino de Dios.

Este Reino de Dios fue ya vislumbrado cuando el Señor habló a Moisés (Ex. 19:3-6). El antitipo de este texto de Exodo lo hallamos en la realidad actual que describe 1.ª Pedro 2:9, 10.

El concepto del pueblo de Dios como «real sacerdocio», «pueblo peculiar», etc., se halla igualmente en muchos textos del Nuevo Testamento (Tito 2:14; Apoc. 5:9, 10).

El nacimiento espiritual del Israel de Dios en el Reino de Dios fue predicho por el profeta Ezequiel (37:4-6), quien anunció el método divino para la regeneración: la Palabra y el Espíritu de Dios (Jn. 5:25 y, sobre todo, Jn. 3:3, 8, 11). El resultado de la profecía de Ezequiel se nos da en 37:10: los huesos revivieron, y vemos el cumplimiento de todo ello en Hechos 2:41, 47; 5:14; 6:7; 11:24; etc.

Así el Israel de Dios (Gál. 6:16) es levantado de la tumba del pecado y de la muerte, y colocado en la verdadera tierra de promisión, la Canaán celestial, de la cual la terrena era sólo tipo (Ef. 2:1, 5, 6).

4. Las fases del Reino de Dios

El Señor enseñó a los judíos que el Reino de Dios había llegado y que estaba entre ellos; un Reino invisible, espiritual, poderoso y real (Luc. 17:20, 21).

Este Reino queda revelado en tres fases:

A') El Reino de los cielos *se ha acercado* (Mat. 3:2; 4:17; Mar. 1:15). El Reino vino con el Rey.

B') El Reino *vino con poder* en Pentecostés, con el derramamiento del Espíritu Santo (Mar. 9:1; Luc. 24:29; Hech. 1:8. *Cf.* 1.ª Cor. 4:20).

C') El Reino de Dios *vendrá con gloria* en la segunda venida de Cristo. En la actualidad el Reino es un misterio, pero también una fuerza espiritual poderosa; sólo espera su plena manifestación en majestad.

Cristo divide los tiempos con la medida del Reino: «*La ley y los profetas eran hasta Juan; desde entonces el Reino de Dios es anunciado, y todos se esfuerzan por entrar en él*» (Luc. 16:16).

CUESTIONARIO:

1. ¿Cuál es la cuarta bestia de Daniel 7:7, a la luz de Daniel 2 y Apocalipsis 13? — 2. ¿Quién es el Hijo del Hombre del que se nos habla en Daniel 7:13? — 3. ¿Quién es el Rey de reyes de Daniel 7:27? — 4. Naturaleza y significado del cuarto Imperio en Daniel 2:40 ss. — 5. Diversas interpretaciones del Reino de Dios, según aparece en Daniel 2:44, 45. — 6. Análisis de Daniel 2:44 a la luz de Daniel 2:34, 35; 7:13, 14 y Mateo 21:43, 44. — 7. ¿Qué lugares del Antiguo y Nuevo Testamento confirman que el Reino de que se habla en Daniel 2:44 es un Reino invencible? — 8. ¿Cuáles son las fases del Reino de Dios y qué lugar de los Evangelios marca claramente su separación?

LECCION 12.ª EL CRISTO Y EL ANTICRISTO EN DANIEL 7

1. Naturaleza del Anticristo

En Daniel 7 la figura de los diez cuernos que surgen del cuarto Imperio ofrece la revelación inspirada de este siniestro personaje.

Paralelamente a Daniel 2, en el capítulo 7:19-26, se nos dice de Roma que era una *bestia espantosa, terrible y en gran manera fuerte* (indescriptible).

El carácter de cada uno de los imperios es bestial por naturaleza: león que devora, oso que aplasta, leopardo que se abalanza sobre su presa. Pero la cuarta es una bestia tan horrible y brutal, que resulta imposible describirla ni siquiera mediante la figura de un animal.

Daniel presenta esta cuarta bestia con cierta solemnidad (espantosa y terrible) y «*muy diferente*» (vers. 7 y 19).

La interpretación nos es dada en los versículos 23-26:

A) Hará lo que los otros animales juntos hicieron (vers. 23).
B) Será un reino más grande que los anteriores (vers. 23).
C) Será un reino diferente de los anteriores (versículos 7 y 19).
D) Será un reino cruel («*las sobras hollaba con sus pies*», vers. 19).
E) Engendrará otros reinos (vers. 7 y 24: «*de aquel reino* (Imperio) *se levantarán diez reyes*»).[4]

---

4. Para un estudio más amplio del tema, véase mi libro *Las profecías de Daniel*, Apéndice 2 («La gran apostasía y el Hombre de Pecado, en Pablo»).

2. ¿Qué significan los diez cuernos?

Como comenta Young: «El simbolismo de los diez cuernos hace referencia a una segunda fase en la historia de la bestia... El énfasis no está tanto en la sucesión como en la *contemporaneidad:* los diez cuernos existen durante una segunda fase de la historia de la bestia (Roma).»

Esta segunda fase de la historia de Roma se caracteriza por:

1) Diez cuernos en la cabeza (vers. 7, 24) }
2) Un cuerno pequeño (vers. 8, 24-26) } Dan. 2:41

Los diez cuernos (= diez reyes) serían el Imperio dividido por los bárbaros en sus diversas ramificaciones que, sin embargo, quisieron siempre guardar de alguna manera el título —y el recuerdo, con el espíritu— del llamado «Sacro Imperio Romano».[5]

Un cuerno pequeño que, aunque pequeño, tiene un poder muy grande; es el Anticristo, que surge en la segunda fase de la historia de la cuarta bestia.

La exégesis tradicional, tanto católica como protestante,[6] identifica «el cuerno pequeño» con el Anticristo de Juan (1.ª Jn. 2:18; 4:3) y el «Hombre de pecado» de Pablo (2.ª Tes. 2:1-12).

La exégesis de los prerreformadores medievales y de los reformadores del siglo XVI identificó el «Cuerno» con el Anticristo y con el Hombre de pecado, y ambos con el Papado.

Los otros tres cuernos pequeños que este cuerno arranca (vers. 8), o lo que es lo mismo, los tres reyes que derriba (vers. 24), eran interpretados como los tres reyes italianos que el Papado desplazó (Lombardía, Ravena y Roma) al comienzo de su reinado temporal que dio lugar a los llamados «Estados Pontificios», entregados por reyes francos ignorantes y supersticiosos al obispo de Roma el año 754 d.C.

---

5. *Cf.* J. Gonzaga, *Concilios,* I, pp. 23-36 y 181-188.
6. *Cf. Diccionario de la Biblia* (Herder), art. «Anticristo».

Hoy esta interpretación ha sido abandonada por grandes sectores del Protestantismo, debido, por un lado, al movimiento ecuménico y, por el otro, a la interpretación dispensacional promovida por la Biblia de Scofield.

3. Características del «cuerpo pequeño»

He aquí las características del «cuerno pequeño», del Anticristo y del Hombre de pecado:

Vers. 8 y 20: 1) Tiene ojos como de hombre; gran discernimiento y astucia.

Vers. 11, 20, 25: 2) Tiene boca que habla blasfemias y grandezas, y decreta persecuciones contra los santos.

3) Merece un juicio especial de Dios. En la visión de Daniel es significativo que primero cae el juicio sobre la cuarta bestia (vers. 11); parece como si la bestia (Roma) fuera culpable de lo que dice el cuerno y hubiera de ser destrozada como si sobre ella cayera el juicio que el cuerno merece. Ello no tiene nada de extraño si, como dice Young (y, con él, otros), el cuerno representa una segunda fase de vida de la misma bestia.

4. Las otras bestias

¿Qué decir de las otras bestias?

A las otras bestias se les quitó el señorío, pero su destrucción no es tan fulminante. Se les concede vida «hasta cierto tiempo».

La verdad es que el espíritu semita (Babilonia), ario (Persia) y helénico (Grecia) perdurará mucho tiempo. Pero no hemos de olvidar que se trata de bestias, y que sólo el Rey y el Reino mesiánicos merecen nuestra lealtad absoluta e incondicional.

En el capítulo 8 de Daniel se dan más detalles acerca de los persas y de los griegos, bajo las figuras de dos animales distintos: un carnero y un macho cabrío; son los reinos de plata y de bronce, representados, respectivamente, por el oso y el leopardo en Daniel 7.

Las notas de la Biblia de Scofield a Daniel 8 son aceptables para todos los evangélicos, tanto dispensacionalistas como de cualquier otra escuela, en contra de los modernistas, que desearían clasificar los imperios de Daniel 2 y 7 como limitados exclusivamente a los que describe Daniel 8. Deben relacionarse los capítulos 7 y 9 juntamente (el Imperio romano es lo que destaca) y los capítulos 8 y 11 (el Imperio seléucida, en Oriente).

5. Correspondencia entre Daniel y Apocalipsis

Se da una estrecha correspondencia entre los dos libros proféticos más importantes de la Biblia: Daniel y Apocalipsis. Juan echó mano del lenguaje de Daniel. Su Apocalipsis es más inteligible después de un estudio del libro de aquél. Véanse algunas correspondencias:

Daniel 7	*Apocalipsis 13*
Daniel vio la cuarta bestia con diez cuernos.	Juan vio una bestia con diez cuernos coronados (diez reyes) y siete cabezas.
El cuerno pequeño tenía ojos y una boca que hablaba blasfemias.	A la bestia le fue dada una boca con la que blasfemaba.
El cuerno hablaba contra el Altísimo.	La bestia blasfemaba contra Dios.
El cuerno perseguirá a los santos.	La bestia hizo guerra a los santos.
El dominio del cuerno será un tiempo, y tiempos y medio tiempo.	La bestia tiene poder durante 42 meses (3 años y medio).[7]

7. *Cf. Biblia Anotada de Scofield*, nota a Apocalipsis 13:16.

6. Una figura excelsa: El Hijo del Hombre («un hijo de hombre»)

En Daniel 7:13 ss. aparece una figura excelsa, que viene *«en las nubes del cielo»*, lo cual contrasta con el versículo 3 (las bestias suben del mar). Con ello se quiere dar a entender el origen divino del que viene en las nubes, para juzgar (*cf.* Is. 19:1; Sal. 104:3; 18:10-18; Mat. 24:30; Mar. 13:26; Apoc. 1:7).

Young comenta: «"Un Hijo de Hombre" significa "uno parecido a un hijo de hombre, como un hijo de hombre".» No se dice, al menos aquí, explícitamente, que fuera hombre, sino que lo parecía.

Siguen los contrastes (vers. 13, 14):

a) es una figura humana, no bestial;

b) celeste, no terrena (lo que sale del mar es terreno, humano);

c) universal, no nacional ni imperial;

d) eterna, no temporal.

¿Podemos identificar esta figura con Israel, o con los santos del Altísimo?

Los que sostienen esta tesis apelan a los versículos 18 y 27.

Pero observamos que los «santos» reciben del Hijo del Hombre el reino *después,* como encomienda que les es confiada.

El Hijo del Hombre es sobrenatural; pero los santos no lo son; más bien reinan como reyes, bajo el Hijo del Hombre, en el Reino.

Además, los santos del Altísimo no pueden limitarse sólo a los judíos.

CUESTIONARIO:

1. ¿Qué tiene de peculiar la cuarta bestia descrita por Daniel? — 2. ¿Qué significan los diez cuernos de la bestia? — 3. ¿Tiene el «cuerno pequeño» alguna relación con el Anticristo de Juan y el Hombre de pecado de Pablo? — 4. ¿Cuáles son las características del «cuerno pequeño» de Daniel 7? — 5. ¿Por qué se les concede cierto tiempo de vida a las otras bestias? — 6. ¿Qué correspondencias más notables pueden encontrarse entre Daniel 7 y Apocalipsis 13? — 7. ¿Qué significa la expresión «un hijo de hombre» en Daniel 7:13? — 8. ¿Puede identificarse al «hijo de hombre» con Israel o con los «santos»?

LECCION 13.ª UN CAPITULO POLEMICO: DANIEL 9

1. Oración y confesión de Daniel (Dan. 9:1-23)

«Yo Daniel miré atentamente en los libros el número de los años de que habló Jehová al profeta Jeremías, que habían de cumplirse las desolaciones de Jerusalén en setenta años» (Dan. 9:1, 2).

Por el estudio de Jeremías, Daniel sabe que el período del exilio durará 70 años. Se vuelve entonces al Señor en súplica intercesoria por el pecado del pueblo entre el que él mismo se incluye (vers. 4-14), y apela a la gracia y al perdón divinos (vers. 15-19).

Mientras ora, acude Gabriel para darle sabiduría y entendimiento (vers. 20-23): *«Al principio de tus ruegos fue dada la orden y yo he venido para enseñártela»*, dice el ángel. ¿A qué principio de ruegos se refiere? Los versículos 1 y 2 muestran claramente la preocupación de Daniel por la asolación de Jerusalén y su término. Luego de haber leído las profecías de Jeremías (25:12; 29:9, 10), ora con la carga del pueblo en su corazón: confiesa los pecados de Israel y suplica misericordia. Daniel inquiere, pues, el destino de su pueblo.

2. Las setenta semanas (vers. 24-27)

El tema general que se le revela —las setenta semanas decretadas por Dios— se nos introduce ya en el versículo 24, y los detalles se desarrollan en los tres versículos siguientes.

Una primera observación: el original hebreo no dice «semanas», sino «sietes» (liter.: «Setenta sietes están determinados sobre tu pueblo»). Los *sietes* representan períodos de tiempo divididos en fracciones de siete. Y durante este tiempo Dios realizará la redención mesiánica.

«*Setenta sietes están determinados...*» ¿Por quién? Por Dios, obviamente.

«... *sobre tu pueblo y sobre la santa ciudad*» (Jerusalén). Daniel, preocupado por su pueblo, recibe contestación a dicha inquietud. La revelación tiene que ver con la súplica. El tiempo del exilio tocaba ya a su fin. ¿Qué le esperaba luego al pueblo de Dios? En respuesta se le dice que en medio de su pueblo y en la santa ciudad serán hechas cosas gloriosas.

Cumplidos los 70 años del exilio profetizados por Jeremías, se abre una época de 70 sietes, en la que Dios llevará a cabo sus propósitos con seis consecuencias como resultado:

3 consecuencias negativas:	*3 consecuencias positivas:*
1) acabar con la prevaricación;	1) traer la justicia de los siglos;
2) concluir con el pecado;	2) sellar la visión y la profecía;
3) expiar la iniquidad.	3) ungir al Santo de los santos.

A) *Acabar con la prevaricación.* Una prevaricación es una transgresión evidente y manifiesta, a la faz de todo el mundo. Por esta prevaricación tuvieron que sufrir el exilio. Pero este exilio está llegando al final. Dios quiere terminar con la prevaricación y con sus resultados. En su oración, Daniel confesó esta prevaricación (vers. 12). Ahora se le dice que las consecuencias de la misma tocan a su fin. Esta es la voluntad de Dios.

B) *Poner fin al pecado, y* C) *expiar la iniquidad.* Dios odia el pecado, pero ama al pecador. ¿Cómo poner fin al primero sin destruir al segundo? La justicia de Dios no puede ser pasada por alto, pero ahora esta justicia se ha puesto de manifiesto sin menoscabo del amor (es el tema de *Romanos*). El lenguaje indica claramente que se requiere un sacrificio expiatorio, sobre cuya base podrá ser perdonada la iniquidad, es decir: se pondrá término al pecado.

Se llama pasivos, o negativos, a estos tres aspectos, en el sentido de que se refieren a lo que Dios destruye: lo negativo (prevaricación, iniquidad y pecado), para dar paso a lo que positivamente va Dios a establecer.

A') *Traer la justicia de los siglos.* Lo que traducimos por «perdurable» es literalmente «de los siglos», es decir, «LA JUSTICIA ETERNA». Es la justicia que viene de Dios; es exterior a nosotros, viene de fuera, del Señor mismo, por medio del Mesías.

Esta expresión se relaciona con la primera («acabar con la prevaricación»), pues es su contrapartida. La transgresión manifiesta será sustituida por la justicia eterna y perfecta. Como nos enseña el Nuevo Testamento, el creyente recibe esta justicia por la fe solamente. *«El justo por la fe vivirá»* (Hab. 2:4; Rom. 1:17; Gál. 3:11); no por su propia justicia, sino por la que le es imputada en el Salvador y por el Salvador (2.ª Cor. 5:21).

B') *Sellar la visión y la profecía.* Esto constituye una clara referencia a la dispensación del Antiguo Testamento, en la que vivió Daniel. El profeta (Núm. 12:1-8) era el representante de Dios y su mensajero ante el pueblo, después de haber recibido él mismo la Palabra divina por medio de visiones y sueños; por eso era llamado desde sus orígenes mismos «vidente». La alusión al medio por el que Dios se revelaba a los profetas —la «visión»— es claramente descriptiva del carácter profético, de la naturaleza del misterio de los profetas.

Toda la institución profética era tipo del Gran Profeta que había de venir. La «visión y profecía» corresponde al carácter transitorio de la era *antigua*, que esperaba su perfecto cumplimiento en la *futura*. Y de este «futuro» es de lo que Daniel va a ser informado; pues se le dice aquí justamente que la dispensación del Viejo Pacto (Heb. 8:13) está llegando a su fin. Esto es lo que significa «*sellar* la visión y la profecía»: terminar una dispensación (comp. con Apoc. 22:10: «*No selles...*»). Ello no se refiere a los planes de Dios o a su voluntad, cosas todas ellas inmutables, sino más bien a los medios, a los instrumentos usados por Dios para llevar a cabo aquellos planes y aquella voluntad en el transcurso del tiempo. En la interpretación dispensacional, sin embargo, se enfatiza sobremanera la diferencia entre una dispensación y otra, hasta tal punto que casi se podría hablar de ruptura y oposición entre un período y otro, en lugar de continuidad. Este es uno de los puntos controvertidos entre los dispensacionalistas y quienes no aceptan el dispensacionalismo.

C') *Ungir al Santo de los santos*. Literalmente: «ungir una santidad de santidades», o sea: lo más santo, lo santísimo. Parece hacer referencia a la unción del Mesías con el Espíritu Santo. Se cumplió al ser bautizado por Juan (Mat. 3:13-17. *Cf.* Is. 42:1; 61:1) y se puso de manifiesto a lo largo de todo el ministerio del Salvador.

Los seis objetivos de las setenta semanas son todos mesiánicos, y se cumplieron todos ya. Como dice Young, cuando Cristo ascendió a los cielos no faltaba ni uno por cumplir.

3. Las setenta semanas en detalle

En Daniel 9:25-27 se nos dan los *detalles* del período de las setenta semanas. Leemos en el versículo 25: «... *sepas, pues, y entiendas...*». A Daniel se le insta a que ponga atención y se esfuerce por entender los detalles:

«... *desde la salida de la Palabra* (de la orden) *para restaurar y edificar a Jerusalén* (es decir, desde el final del exilio) *hasta el Mesías Príncipe* (el Ungido del versículo 24).»

Esto halló cumplimiento en el primer año del reinado de Ciro, por su decreto liberador promulgado en 538 a.C. y que permitió regresar a Jerusalén a los judíos. El punto de partida del cómputo es la fecha de la orden imperial (Esd. 3:1-3), que tenía como propósito la restauración de la ciudad y del templo de Jerusalén a su primitiva condición.

Luego «*habrá 7 semanas*
y 62 semanas; se volverá a edificar la plaza y el muro en tiempos angustiosos. Y después de las sesenta y dos semanas se quitará la vida al Mesías, mas no por sí; y el pueblo de un príncipe que ha de venir destruirá la ciudad y el santuario..., y hasta el fin de la guerra durarán las devastaciones (o desastres).

Y por otra — 1 — *semana confirmará el Pacto con muchos; a la mitad de la semana hará cesar el sacrificio y la ofrenda. Después con la muchedumbre de las abominaciones vendrá el desolador, hasta que venga la consumación, y lo que está determinado se derrame sobre el desolador*» (vers. 25-27).

Total . . . . 70 semanas (o sietes).

Las 7 semanas (o sietes) constituyen el período entre el primer retorno de los judíos del exilio, bajo Zorobabel, según relatos de Esdras y de Nehemías, y la culminación de las obras de estos siervos de Dios, cuando Jerusalén fue reedificada «*en tiempos angustiosos*».

Las 62 semanas (o sietes) abarcan el tiempo que media entre esta época y la primera venida de Cristo. Por lo que se refiere al versículo 25, hay unanimidad de opiniones; Scofield y Young, dispensacionalistas y no dispensacionalistas, todos concuerdan, excepto los modernistas,[8] en que

8. Véanse notas de la *Biblia de Jerusalén*, que no acierta ni siquiera a ver al Mesías en estos textos.

estas predicciones se cumplieron con el advenimiento y la manifestación de Jesucristo. La discusión surge cuando llegamos a los versículos 26 y 27.

Según Young, el versículo 26 trata de lo que tendrá lugar después de las sesenta y dos semanas, que es el tiempo que va desde la restauración de Jerusalén hasta la muerte del Mesías.

Se mencionan dos eventos: *a*) se quitará la vida al Mesías; y *b*) el pueblo de un príncipe destruirá la ciudad; pero sin precisar si acontecerán inmediatamente después, o pasado cierto tiempo en el transcurso de la semana septuagésima.

Ateniéndonos a la exégesis simplemente, los dos eventos son fácilmente interpretables:

a) *se quitará la vida al Mesías, mas no por sí* (versículo 26).
Se trata del «Ungido» (hebreo «Mesías»), que aparece ya en los versículos 24 («ungir al Santo de los santos») y 25 («el Mesías Príncipe»), y constituye una clara referencia a la crucifixión de Cristo.

b) *el pueblo de un príncipe destruirá la ciudad.*
Una no menos clara profecía sobre la destrucción de Jerusalén por las tropas de Tito en el año 70 de nuestra era.

Scofield ve, a partir de aquí (última frase del vers. 26: «*y hasta el fin de la guerra durarán las devastaciones* [o desastres]»), un período no determinado, que —afirma— «ha durado ya casi 2.000 años». Es el célebre *paréntesis* que caracteriza a la doctrina dispensacional y que inserta a la Iglesia y los misterios del Reino de los cielos, en oposición al Reino de Dios (para judíos). «Cuándo llegará a su fin la edad de la Iglesia y cuándo comenzará la semana septuagésima, no se revela en ninguna parte de la Escritura... El versículo 27 trata de la última semana.»[9] A partir de aquí todo hay que referirlo a la última semana, interpretada en términos de final de los tiempos, después que

9. *Biblia Anotada de Scofield*, notas a Daniel 9:24-27.

la Iglesia haya sido arrebatada. «Entre la semana sesenta y nueve, después de la cual se le dio muerte al Mesías,[10] y la semana setenta, en la cual el "cuerpo pequeño" de Daniel 7 efectuará su carrera espantosa, interviene la presente era de la Iglesia. El versículo 27 trata de los últimos tres años y medio de los siete que forman la semana setenta y que son idénticos con la gran tribulación, y el tiempo de angustia y la hora de la prueba (Apoc. 3:10).»[11] Así que, según los dispensacionalistas, sólo hasta este versículo trata el Apocalipsis de cosas que conciernen a la Iglesia; el resto del libro pertenece al tiempo del fin; es el salto que hay que dar para dejar sitio al paréntesis dispensacional.

Contrariamente a lo que imaginan algunos, la controversia dispensacional versa sobre este paréntesis de la Iglesia más que sobre ningún otro punto. Ni siquiera el milenio es lo más característico de la escuela dispensacional. Hay premileniales que no son dispensacionalistas; casi siempre por la cuestión de la Iglesia. Como los hay que no son pretribulacionistas, es decir, que no aceptan que la tribulación afecte sólo a los judíos, sino a todo el pueblo de Dios. La doctrina dispensacional tiene consecuencias que afectan a un buen número de cuestiones, pues entraña una concepción propia de la Iglesia como «paréntesis», que es impugnada por las demás escuelas de interpretación, e incluye dos venidas de Cristo al final de los tiempos (la segunda venida para buscar a los santos, y la tercera con sus santos), en vez de una sola y única segunda venida.

En este momento el estudiante debería estudiar a fondo la doctrina bíblica de la Iglesia, y luego la del Reino. Más tarde, ver la relación entre ambas.

---

10. Según los dispensacionalistas, pues para los demás intérpretes la muerte de Cristo tuvo lugar dentro ya de la semana setenta o última.

11. *Biblia Anotada de Scofield,* mismo lugar.

4. ¿Cómo interpretan Daniel 9:26-27 los creyentes no dispensacionalistas?

Versículo 26b: «*Y su fin será con inundación* (cataclismo o desastre espantoso), *y hasta el fin de la guerra durarán las devastaciones* (o el desastre).»

Este versículo 26 termina con referencias a la destrucción de Jerusalén. Esto no lo consiguió Tito en un solo día. Fue algo espantoso el sitio de la vieja ciudad, y puede consultarse a Flavio Josefo para enterarse de los horrores de aquella guerra. El final del versículo 26 relata la extensión de los sufrimientos hasta el fin, cuando el general y futuro emperador Tito arrasó la santa ciudad después de mucho tiempo de desastres y horrores.

Versículo 27: «*Y por otra semana confirmará el Pacto con muchos*» (liter.: «*... hará prevalecer el Pacto...*», es decir, el Pacto ya existente). Lo que se subraya es que ahora sus términos y condiciones serán hechos efectivos. ¿Quién hace prevalecer el Pacto? Es imposible imaginar que el sujeto de esta afirmación sea el príncipe pagano del versículo 26. Todo el pasaje (vers. 24-26) presenta al Mesías como el personaje principal, activo y destacado en esta sección. Es, pues, lógico que la exégesis tradicional cristiana haya visto aquí también al Mesías como Aquel que confirma el Pacto y lo hace prevalecer (*cf*. Mat. 26:28).

¿Qué Pacto prevalecerá? El de gracia; no puede ser otro. Dios no hace más que pactos de gracia con su pueblo. Mediante este Pacto el Mesías fue ofrecido en expiación por el pecado, y ahora del fruto de su labor redentora verá resultados de vida eterna (*cf*. Is. 53:10). La última semana es interpretada como haciendo referencia al tiempo que sigue a la muerte, resurrección y ascensión de Cristo. Es el tiempo de la Iglesia, hasta que el Mesías venga en su segunda venida.

«*A la mitad de la semana hará cesar el sacrificio y la ofrenda.*» El culto judío cesa definitivamente después de la destrucción del templo de Jerusalén y a pesar de algunos intentos de corta duración de reemprenderlo en el exilio (en Egipto). El simbolismo judío que apuntaba al Mesías ya no tiene sentido (Heb. 8:13); es el mismo Mesías, aunque sirviéndose de las circunstancias históricas, quien hace cesar el sacrificio y la ofrenda.

Versículo 27b: *«Después, con la muchedumbre de las abominaciones, vendrá el desolador.»* Aparece Tito y destruye el templo, pero no sin antes haber practicado muchas abominaciones en su interior y en la santa ciudad Jerusalén. Este estado de destrucción durará hasta la consumación determinada por Dios.

Según Taylor, Mauro, Young y los demás representantes de la Teología del Pacto, el versículo 27 tiene como centro los resultados de la obra redentora de Cristo y las consecuencias del rechazo del Mesías por parte de Israel. Estos autores afirman que las setenta semanas constituyen un período continuado de tiempo y que es imposible separar, por espacio de siglos, la última de la penúltima semana.

Mauro arguye que el príncipe del versículo 27, quien confirmará el Pacto, no puede ser sino el Mesías del versículo 26, y no el «cuerno pequeño» (o Anticristo), y desafía a los dispensacionalistas a que le prueben: 1) que un futuro príncipe romano hará un pacto con los judíos; 2) que el supuesto pacto será de una semana de duración; 3) que tendrá como propósito permitir a los judíos reemprender sus antiguos sacrificios en el templo; 4) que el supuesto príncipe quebrantará el pretendido pacto a la mitad de la semana, lo que provocará el cese de los sacrificios. Mauro afirma que no hay pruebas bíblicas para ninguno de estos puntos.[12]

Resumiendo: Según estos autores, y en una línea tradicional hasta mediados del siglo XIX, las setenta semanas de Daniel se distribuyen de la siguiente manera:

Vers. 24: Resumen de acontecimientos que tendrán lugar en estas setenta semanas. El centro es la obra de Cristo.

12. Ph. Mauro, *The 70 Weeks*, caps. VI y VII.

Vers. 25: 7 semanas que cubren el tiempo del retorno de los judíos a Palestina y reedificación del templo.

Vers. 26: 62 semanas que abarcan desde la reedificación de Jerusalén hasta el advenimiento del Mesías (*cf.* vers. 25: *«desde la salida HASTA*
—— *EL MESIAS habrá 7 semanas y 62 semanas»*,
69 es decir: 69 semanas.

Y después de las 62 (+ 7 = 69) se quitará la vida al Mesías, es decir: en la septuagésima semana Tito destruirá la ciudad y el santuario. El versículo 26 se refiere a la semana setenta, en la que Cristo lleva a cabo la redeción anunciada en el versículo 24.

Vers. 27: Ph. Mauro escribe: «La versión "Y *por* otra semana confirmará el Pacto" (Dan. 9:27) ha sido causa de confusión para muchos. Esta expresión podría dar pie a pensar que no se trata del pacto eterno (Heb. 13:20), el cual es "eterno" y eternamente confirmado. Pero apenas puede concebirse que *ningún* pacto, de ninguna clase, y menos uno de tanta importancia en esta profecía, fuera confirmado sólo por tan breve tiempo; solamente por una semana (es decir: 7 años). ¿Quién firmaría un pacto de esta naturaleza? Incluso si supusiéramos (aunque sin pruebas bíblicas para apoyarlo) que la profecía se refiere a algún hipotético pacto de un supuesto "príncipe" al final de los tiempos, para restaurar los sacrificios del templo por 7 años, ¿sería posible que semejante pacto fuera limitado al insignificante plazo de 7 años?

»En vista de estas dificultades, presentadas por la expresión "*y por otra semana*", consulté a un erudito hebreo y le pregunté si en el original había la preposición "por" o alguna otra cosa que la implicara. Su respuesta —y la de otros consultados— es que no hay tal preposición "por" en hebreo, ni nada que la sugiera o implique. Esta información se amplía con el resto del versículo, cuya traducción literal es: "*Una semana* confirmará el pacto con muchos; a la mitad de la semana hará cesar mi sacrificio..." Ahora el sentido de la primera cláusla del versículo 27 es fácilmente inteligible.

»"Una semana confirmará el pacto" —continúa Mauro— es lo mismo que decir: "En esta semana de que estamos hablando (versículo 26) será confirmado el pacto", es decir, en la última semana. En virtud de lo que ocurrirá en dicha semana, será establecido firmemente el pacto.» El resto del versículo 27 lo explica así Mauro: «A la mitad de la semana (35 años, edad aproximada del Salvador) se producirá la muerte del Mesías; al cabo de la otra mitad (35 años más = 70 años) Tito asolará Jerusalén, produciéndose "la abominación desoladora" citada por Jesús en Mateo 24:15. El sentido del pasaje es, pues, el siguiente: la última semana verá la confirmación del pacto, pues no solamente se cumplirán las seis predicciones del versículo 24, sino todos los gloriosos resultados salvíficos que emanan de la cruz y que constituyen el clímax de todos los tiempos. En medio de la última semana Cristo hará cesar los sacrificios de la ley mosaica al ofrecerse El mismo en la cruz por nuestros pecados. Jerusalén, no obstante, será asolada luego de haber rechazado al Mesías. El cumplimiento es mesiánico y fue totalmente realizado en la primera venida de Cristo.»

Antes de inclinarse por una u otra escuela, el estudiante deberá orar mucho, buscando la luz de Dios y pidiéndole «sabiduría y entendimiento» (Dan. 9:22).

Aunque en los detalles las interpretaciones puedan ser muchas más, en lo fundamental el estudiante tiene ante sí tres escuelas básicas, una de las cuales no podrá aceptar si se toma en serio la Biblia como Palabra de Dios:

1) La postura de los que no aceptan la absoluta y única autoridad de la Biblia (nos referimos a su absoluta veracidad y a su autoridad divina). Estos suelen referir el pasaje a Antíoco Epifanes. La desolación descrita en el versículo 27 es la causada por Antíoco. El ungido del versículo 25 es el sacerdote Onías III (*cf.* 2.° Mac. 4:30-38), depuesto hacia el 175 a.C. y asesinado por gentes de Antíoco. El es también el Príncipe de la Alianza de 11:22. A todo el pasaje se le priva de su carácter mesiánico. Nos extraña comprobar cómo la *Biblia de Jerusalén*, la *Biblia de Montserrat* y otras versiones católicas modernas aceptan esta clase de interpretación. Las objeciones a esta postura son muy serias, no sólo desde el punto de vista doctrinal del creyente que acepta la absoluta veracidad y autoridad divina de la Biblia, sino incluso por los reparos de orden textual, histórico y exegético. Estos reparos son tan importantes que hacen imposible la aceptación de esta postura, a menos que uno se halle imbuido de fuertes prejuicios.

2) La postura dispensacional, ya expuesta. (*Cf. Biblia Anotada de Scofield.*)

3) La interpretación mesiánica tradicional.

CUESTIONARIO:

1. ¿Qué motivó la revelación de «las setenta semanas» a Daniel? — 2. ¿Quién determinó esos «setenta sietes»? — 3. ¿Cuáles son las seis consecuencias de los propósitos de Dios respecto a tal tiempo? — 4. ¿Cuál es la explicación, en detalle, de las setenta semanas? — 5. Postura dispensacionalista. — 6. Enfasis e importancia de la controversia dispensacionalista. — 7. Interpretación no dispensacionalista. — 8. Aclaraciones de Ph. Mauro sobre el versículo 27. — 9. Resumen de las tres posturas hermenéuticas acerca de la última semana.

LECCION 14.ª EL SISTEMA DISPENSACIONAL Y LAS 70 SEMANAS DE DANIEL

1. Teoría dispensacional sobre las 70 semanas de Daniel

De las notas de la *Biblia Anotada de Scofield*[13] se desprende la siguiente teoría:

A) Se alega que «en el tiempo de estas "semanas" el castigo nacional sobre Israel habrá de terminarse, y esta nación será restablecida en la justicia perdurable (versículo 24)».[14]

B) Se afirma que: «Es obvio que el versículo 26 se refiere a un período indeterminado. La fecha de la crucifixión no se especifica. Solamente se dice que sucederá "después" de las sesenta y dos semanas. La crucifixión es el primer evento mencionado en el versículo 26. El segundo evento es la destrucción de la ciudad, lo que se cumplió en el año 70 d.C. Entonces se usa la expresión "hasta el fin", la cual indica un período que no es determinado, pero que ha durado ya casi 2.000 años... Entre la semana sesenta y nueve, después de la cual se dio muerte al Mesías, y la semana setenta, en la cual el "cuerno pequeño" de Daniel 7 efectuará su carrera espantosa, interviene la presente era de la Iglesia. El versículo 27 trata de los últimos tres años y medio de los siete que forman la semana septuagésima... Cuándo llegará a su fin la edad de la Iglesia y cuándo comenzará la semana septuagésima, no se revela en ninguna parte de la Escritura. La

13. Páginas 876-877.
14. Nota 1 (9:24) de la p. 876.

duración de la semana septuagésima no puede ser sino de siete años.»[15]

C) Se sostiene que: «El versículo 27 trata de la última semana. El que "confirmará el pacto con muchos", según el versículo 27, es "el príncipe que ha de venir", mencionado en el versículo 26, y cuyo pueblo (el pueblo romano) destruyó el templo en el año 70 de nuestra era.»[16]

D) En la misma línea, se dice que: «El es el mismo personaje (es decir: el príncipe romano) presentado como el "cuerno pequeño" en el capítulo 7. El hará un pacto con los judíos para restaurar los sacrificios del templo por una semana (siete años), pero a mediados de esta semana romperá el pacto y cumplirá Daniel 12:11; 2.° Tesalonicenses 2:3, 4.»[17]

2. Objeciones que presenta la Biblia a este esquema

A') Scofield resume el total de los seis propósitos de Dios, expuestos en el versículo 24, como meramente la restauración de la «nación (Israel) en justicia perdurable». El «Día de salvación», los presentes beneficios del Nuevo Testamento, la actual exaltación de Cristo, todo esto no tiene, al parecer, relación con los seis propósitos de Dios revelados en el versículo 24. El Nuevo Testamento enseña que no hay bendición para nadie, judío o gentil, excepto bajo el Nuevo Pacto y bajo las condiciones de arrepentimiento, fe y obediencia. Más aún, el mismo Nuevo Pacto revela que, desde la cruz, las genealogías, la raza, el pasado, de nada sirven para obtener salvación, pues ésta es algo personal, prescindiendo totalmente de quiénes hayan sido nuestros antepasados, aun cuando éstos fuesen Abraham y Moisés.

El versículo 24 no contiene ni la más ligera alusión al final de ningún «castigo», ni tampoco a ninguna «nación restablecida a justicia perdurable» dentro de la última se-

---

15. Mismo lugar.
16. Mismo lugar.
17. Mismo lugar.

mana. Por cierto que el supuesto pacto con un príncipe impío para restaurar el sistema de sacrificios en el templo (sistema que Dios ha abolido ya y rechazado) está lejos de ser lo que el versículo 24 llama «traer la justicia perdurable».

B') No hay ningún «período indeterminado» entre las primeras siete semanas y las restantes sesenta y dos, como tampoco lo hay entre la semana sesenta y nueve y la setenta. La misma palabra «determinadas» (liter. «están cortadas —determinadas— setenta semanas sobre tu pueblo», vers. 24), o «cortadas», denota un período que es a la vez definido y completo para un propósito dado. La semana setenta no puede ser futura, porque hasta el mismo Scofield tiene que admitir que fue después de la semana sesenta y nueve cuando el Mesías fue «cortado»: «La fecha de la crucifixión —dice— no se especifica. Solamente se dice que sucederá después de las sesenta y dos semanas. La crucifixión es el primer evento mencionado en el versículo 26. El segundo evento es la destrucción de la ciudad, lo que se cumplió en el año 70 d.C.» Entonces, las sesenta y dos semanas del versículo 26, más las siete del versículo 25, suman un total de sesenta y nueve semanas, de modo que la crucifixión del Mesías tiene lugar después de la semana sesenta y nueve; y cuarenta años después de la crucifixión la ciudad fue destruida. De modo que la semana setenta, la última, había comenzado ya, y los eventos predichos tuvieron lugar. Esta es la conclusión lógica, la que presta atención al texto, sin imponerle ningún sentido forzado.

C') Es totalmente injustificado, hermenéutica y exegéticamente, el separar al «pueblo» del «príncipe» y afirmar que en este siglo xx aquel pueblo (el pueblo romano) es cosa del pasado, mientras que el «príncipe» es un desconocido personaje del futuro. Pueblo y príncipe deben ir juntos. La Palabra de Dios a Daniel fue simplemente: «El pueblo de un príncipe que ha de venir destruirá la ciudad.» Se trata de una venida solamente y en la que vendrán juntos el pueblo y el príncipe. De otra manera, el texto lo habría aclarado. De hecho los dispensacionalistas no hacen una lectura del texto, sino que introducen en él elementos de su esquema previo, que sobreponen a la sencillez del versículo 26. Sostener que median 2.000 años ya entre la venida del pueblo y la venida del príncipe, es una interpretación fantástica y demasiado frágil para apoyar ninguna teoría.

D') Se supone que hay un «príncipe romano» por venir. Pero ni un solo versículo de la Biblia lo afirma explícitamente. La hipótesis de que este «príncipe», además, hará un pacto con los judíos para restaurar los sacrificios del templo por siete años, no recibe tampoco confirmación bíblica. Las dos referencias que se dan (Dan. 12 y 2.ª Tes. 2:3, 4) no pueden apoyar esta hipótesis, a no ser que estos personajes sean leídos también a través de otros esquemas previos, impuestos asimismo al texto. Ninguna parte de la Biblia contiene referencias directas a un supuesto período futuro de siete años, ni a este «príncipe».

En relación con 2.ª Tesalonicenses 2:3, 4, no hay que olvidar que Pablo suele usar el vocablo «templo» para indicar la comunidad de los redimidos, la Iglesia en el conjunto de sus miembros, con preferencia al edificio. El apóstol emplea la palabra «templo» nueve veces en el Nuevo Testamento: la primera en Hechos 17:24, para decir que «Dios no mora en templos hechos de manos». En todas las demás ocasiones utiliza el vocablo para referirse a los cristianos, a la Iglesia como comunidad de redimidos. Sería realmente extraño que el significado dado a la palabra en 2.ª Tesalonicenses 2:3, 4 no sólo contradijera lo dicho en público (Hech. 17:24) sobre la no necesidad que tiene Dios de templos, sino que además fuese el único caso en que, saliéndose del sentido que generalmente daba a esta expresión, Pablo hiciera una excepción y por una vez hablara del templo material; y del templo de Jerusalén, además. Y no sólo esto, sino que también lo aplicase a un período al que nunca, en ninguno de sus escritos, hace alusión, es decir, a un futuro de siete años.

Una lectura imparcial del Nuevo Testamento no nos permite suponer que el mensaje del Evangelio precise de la reconstrucción de un Templo único, un templo material, como centro de nuestra fe y como lugar exclusivo de la manifestación divina. Esto pertenece al Antiguo Testamento. Por otro lado, tampoco podemos creer que los sacrificios del Antiguo Testamento, a base de la sangre de los animales rociando los altares judíos, sean algo que pueda ya deleitar al Señor o satisfacer necesidades humanas. Sobre esto, Hebreos 8:13 es bien explícito: «Al decir: Nuevo pacto, ha dado por viejo al primero; y lo que se da por viejo, y envejece, está próximo a desaparecer.» La manera dispensacional de hacerlo desaparecer es muy ingeniosa, pero sin apoyo serio en la Biblia. Consiste en hacer desaparecer el viejo pacto durante un período de tiempo, el intervalo de la hipotética «edad de la Iglesia», para volver a reaparecer en una futura semana setenta, y luego por mil años. Todo un milenio en el que Dios tendrá que volver a aceptar como fragancia los sacrificios de animales y la sangre vertida en el altar judío.

Un autor pretribulacionista —G. B. Stanton—, dentro de la más radical línea dispensacional, escribe:

> «... la muerte de Cristo no puso fin al sacrificio de animales, porque estos sacrificios continuaron hasta la destrucción del templo en el año 70 d.C., cuarenta años después de la crucifixión.»[18]

¡Por favor, señor Stanton! No querrá usted decir que los sacrificios judíos, realizados por los que dieron muerte a Jesús, hasta la destrucción de Jerusalén, fueran cosa aceptable al Señor. ¿O sí quiere afirmar esto? Todos los cristianos creemos que los sacrificios judíos terminaron a los ojos de Dios con la muerte de Cristo en la cruz. De ahí que el velo del templo fuera partido en dos. Terminaron entonces, y para siempre. Al continuar con sus ritos en el templo, después del sacrificio de Cristo, los judíos no hicieron más que perpetuar su condenada incredulidad.

---

18. G. B. Stanton, *Kept from the Hour*, p. 29.

El señor Stanton asevera:

> «El principio de la semana setenta va a ser señalado por un pacto público, confirmado por el Anticristo con la nación de Israel, de acuerdo con Daniel 9:27. El pacto debe ser público, porque implicará el restablecimiento de Israel y la restauración de su antiguo culto.»[19]

La sugerencia de que la terminación de los sacrificios en el año 70 fue solamente algo temporal, para ser reanudado luego que la Iglesia sea «arrebata», es algo fantasioso en extremo. Y por lo que se refiere a la idea de un pacto establecido entre el futuro «príncipe» de los romanos y los judíos, el Dr. Edward J. Young, profesor de Antiguo Testamento y especialista en lenguas semítimas del Westminster Theological Seminary de Filadelfia, escribió en su libro *The Messianic Prophecies of Daniel*, p. 79:

> «Observemos que el texto no hace mención de ningún pacto que sea firmado, o establecido entonces. Por ello, nos resistimos a aplicar este texto a Antíoco Epifanes ni a ninguno de los posibles arreglos a que llegó con los judíos durante su reinado. También el «paréntesis dispensacional de la Iglesia falla aquí, porque supone que la referencia es a un pacto que el príncipe romano hará con las masas. Estos puntos de vista, sin embargo, deben ser rechazados porque proceden de la hipótesis de que *va a hacerse un pacto*. Scofield escribe: "El hará un pacto con los judíos para restaurar los sacrificios del templo" (p. 876). La expresión hebrea: "Otra semana *confirmará el pacto con muchos*" (vers. 27) significa que hará prevalecer un pacto ya existente, ya en vigor, no iniciado entonces ni menos suscrito, sino un pacto ya hecho y que ahora se hará efectivo, se cumplirá; es decir: sus condiciones se impondrán y se realizarán sin más demora. Esto es precisamente lo que el Mesías, y sólo el Mesías, ha hecho. La referencia, creemos, es

19. En la obra citada, p. 185.

al Pacto de Gracia, que Dios hizo con el hombre pecador. Ahora el Mesías cumplirá las exigencias de ese pacto al adquirirnos la salvación en la cruz. Debemos recordar que la acción de confirmar el pacto, y hacer cesar el sacrificio y la ofrenda, debe entenderse todo ello como teniendo una misma referencia y un mismo eje.

»Las setenta semanas, pues, deben ser identificadas con el período en que fue llevado a cabo el trabajo mesiánico. Incluyen el período entero de la humillación de Jesucristo, cuando, en su calidad de Dios-Hombre, obtuvo para su pueblo salvación eterna. Su obediencia fue el medio por el cual confirmó, hizo efectivas, las condiciones del Pacto de Gracia. En los términos de este pacto Dios concede libre y soberanamente la vida y la salvación a los pecadores que con fe y arrepentimiento acuden a él. Esta vida y esta salvación, sin embargo, tenían que ser ganadas, y lo fueron por Cristo al cumplir por nosotros con toda justicia; Cristo hizo efectivas las condiciones del pacto, y así lo confirmó e hizo prevalecer dichas exigencias como causa de eterna redención. Esta interpretación es la única que se adapta perfectamente bien al texto hebreo.»

3. Conclusión

En medio de los detalles de las setenta semanas, el hecho de mayor importancia y trascendencia no es que «Israel sea restablecido como nación a la justicia perdurable»,[20] sino que la salvación mesiánica haya sido realizada. Una vez que el verdadero sacrificio del Calvario ha sido efectuado, el templo de Jerusalén deja de ser el templo de Dios y se convierte en una abominación como lugar de sacrificios. Todos los sacrificios se desvanecen en el olvido como cosas «rudimentarias», elementos vacíos y caducos. La desolación invade la ciudad rebelde, y el velo del templo, al partirse en dos, no presagia nada bueno para

20. *Biblia Anotada de Scofield*, p. 876.

aquel lugar. En lugar de lo antiguo queda lo nuevo. Un nuevo pacto, un nuevo pueblo y una nueva dimensión de las cosas, en la que desaparece lo racial y lo nacional. El apóstol Pedro así lo escribe en su primera carta (1.ª Ped. 2:5-10).

Destaquemos, por amor a la claridad y porque consideramos importante subrayarlo, que los premilenialistas no siempre son, por necesidad, dispensacionalistas-futuristas. El Prof. D. H. Kromminga escribe:

> «Un premilenial no se halla forzado a creer, juntamente con los judaizantes de la Biblia Scofield y demás allegados al dispensacionalismo, los postulados sionistas extremos que ellos postulan. No es necesario que el premilenialismo sea dispensacional, como lo demuestra la historia.»[21]

Efectivamente, entre los premileniales que rechazan el dispensacionalismo se hallan Alford, Bickersteth, Bonars, Elliot, Guinnes, Tragellers, Ladd, etc. De ahí que Hal Lindsay oscurece, más que aclara, la verdad cuando escribe:

> «Premilenialismo. La interpretación más antigua... Los premilenialistas creen también que Dios hizo muchas promesas y pactos incondicionales con Israel y... que Dios cumplirá literalmente todas sus promesas durante el reino milenial. Los creyentes de la era de la Iglesia y de la tribulación también recibirán estas promesas en su calidad de hijos adoptivos de Abraham.»[22]

El lector observará que en esta cita se confunden y se interrelacionan, indivisiblemente, dispensacionalismo y milenialismo. Que el premilenialismo sea la interpretación más antigua, es cosa que habría que estudiar, pero aun suponiendo que así fuese, se trataría de un premilenialismo que apenas se parece en nada al que propone el señor

21. En *The Millennium*, pp. 57, 58.
22. En *La odisea del futuro*, p. 332.

Lindsay en sus libros. Y lo que es más grave, la «antigüedad» del premilenialismo se traspasa, implícitamente, al dispensacionalismo: «era de la Iglesia», «tribulación», etc., cosas típicamente dispensacionales, pero no necesariamente premileniales; con lo que los lectores sacan la conclusión de que los innovadores somos nosotros, los críticos del sistema dispensacional, que apenas si tiene algo más de un siglo de vida. Lo que parece olvidar también el señor Lindsay —o acaso lo ignora— es que su interpretación futurista del Anticristo, incorporada por Scofield y los dispensacionalistas a su sistema, fue un invento de los jesuitas Ribera y Belarmino para salir al paso de la exégeiss de los reformadores y demás discípulos; invento que luego pasó a la Iglesia Anglicana, de esta Iglesia a Darby y, por vía Darby, llegó luego hasta la *Biblia Anotada de Scofield*. Ciertamente, llamar a todo este sistema «la interpretación más antigua» entraña bastante atrevimiento, por no decir otra cosa...[23]

CUESTIONARIO:

1. ¿Cómo puede resumirse la teoría dispensacional sobre las setenta semanas de Daniel? — 2. Objeciones que, desde la Biblia, se presentan contra este esquema. — 3. Aseveraciones de G. G. Stanton sobre la futura restauración del culto judío. — 4. ¿Puede haber sacrificios de animales, gratos a los ojos de Dios, después de la obra del Calvario? — 5. Observaciones de E. J. Young respecto a un supuesto futuro pacto. — 6. ¿Es todo premilenarista, por necesidad, dispensacionalista? — 7. ¿Es cierta la antigüedad que Hal Lindsay parece conceder al dispensacionalismo?

23. Véanse las lecciones 22.ª, 23.ª, 24.ª y 25.ª.

LECCION 15.ª LAS PROFECIAS DE EZEQUIEL

1. Ezequiel, el sacerdote profeta

Aparte de lo que el mismo Ezequiel dice, nada sabemos de su padre, Buzi, excepto que era de familia sacerdotal. Sin embargo, el respeto mostrado hacia Ezequiel por los ancianos del pueblo en el exilio (8:1; 14:1; 20:1) y el hecho de que su padre fuese considerado tan importante como para ser llevado al exilio con el rey Joaquín (2.° Rey. 24:14), sugieren que su familia se contaba entre las más importantes de entre los linajes sacerdotales.

En sus profecías se hace evidente que desde la más temprana edad se había saturado de las tradiciones y costumbres sacerdotales, y había aprendido todos los detalles del servicio del templo. El curso de su vida fue bruscamente interrumpido a la edad de 25 años (597 a.C.), al ser llevado cautivo a Babilonia.

2. El simbolismo en el libro de Ezequiel

Para comprender el texto de Ezequiel conviene recordar que su autor era sacerdote, y, sobre todo, tener en cuenta el uso que hace del simbolismo. Si lo hallamos en exceso minucioso y rebuscado, no debemos olvidar que todo el ritual del templo era simbólico. El simbolismo llegó a ser para él algo así como un segundo idioma. Todo en él era simbólico, incluso sus gestos y los mismos avatares de su existencia. A diferencia de la mayoría de profetas que recibieron principalmente mensajes a base de conceptos —proposicionales—, Ezequiel es recipiente, asimismo, de visiones innumerables, dentro de cuyo marco Dios se le revela y le habla. A no ser por medio del simbolismo. no hubiese podido transcribir estas vsiones (comp. con Juan en Apocalipsis). La mayor dificultad estriba en lo arduo que resulta describir a Dios, incluso a base de símbolos.

En su estilo simbólico, no sólo echa mano Ezequiel de la imaginería del ritual levítico y de los querubines grabados en las paredes interiores del templo, sino que posiblemente le sirven también como elemento de lenguaje las figuras aladas, tan frecuentes en los templos mesopotámicos (10:4, 19; 11:23; 43:2; etc., en donde el carro-trono de Yahveh viene del norte —residencia de los ídolos babilónicos— como Señor de todas las tierras y en señal de que las falsas divinidades del norte no son nada).

En Ezequiel se combinaron: *a*) el sentido de la santidad, propio del sacerdote; *b*) la fidelidad al mensaje revelado, propia del profeta; y *c*) el sentido de la responsabilidad del pastor en relación con su pueblo.

3. Los últimos capítulos de Ezequiel (38-48)

El lenguaje de estos capítulos pertenece al género llamado «apocalíptico»; es altamente simbólico y, a veces. deliberadamente oscuro o difuso; tal vez porque sería imposible para nosotros captar todos los detalles y profundidades de estos mensajes. Pero si los detalles son vagos, las verdades centrales están claramente expuestas.

Nos será útil en el estudio de estos y parecidos pasajes tomar una actitud de sobriedad exegética y no de especulación ingenua.

A) *Dos grupos de textos:*

1.ª sección: Ezequiel 38:1 - 39:29: *Profecía contra Gog.*
2.ª sección: Ezequiel 40:1 - 48:35: *Planes para la nueva Jerusalén.*

La 1.ª sección narra la gran rebelión final en contra de Dios, que se predice también en Apocalipsis 20:7 ss. Esto se infiere de versículos como 38:8, 11, 12, 14, 17.

La 2.ª sección (publicada por separado ya en la antigüedad, según testimonio de F. Josefo) presenta la «nueva Jerusalén». De ahí que muchos la consideren como una composición independiente de Ezequiel y no como la continuación de lo que precede. Más tarde, Ezequiel escribiría 29:17 ss., que sería el último escrito del profeta. No obstante, su colocación al final del libro es lógica conclusión del mismo, su clímax adecuado, aun cuando es posible que no indique una exacta cronología profético-histórica.

B) *Las escuelas de interpretación:*

Recordamos lo dicho en otro lugar. La interpretación de estos capítulos de Ezequiel dependerá de la actitud que se tome frente a toda la problemática escatológica en general; y así tenemos:

a) la interpretación literal inmediata,

b) la interpretación literal futurista, y

c) la interpretación simbólica cristiana y apocalíptica.

a) *La interpretación literal inmediata*. Según esta escuela, tendríamos en estos capítulos el diseño del templo que había de ser construido cuando los deportados regresaran a Jerusalén. Se trataría, pues, de planos arquitectónicos.

Hengstenberg ha señalado que los defensores de esta hipótesis olvidan que Ezequiel no era un arquitecto, sino un profeta. De haber sido arquitecto habría dado más detalles acerca del material por emplear y no hubiese silenciado infinidad de cosas que se echan en falta a pesar de tantas medidas como enumera. Hasta tal punto es verdad esto, que cuantos han intentado fabricar una maqueta del templo de Ezequiel han hallado dificultades sin cuento y jamás han podido lograrlo completamente.

Las objeciones más serias a esta interpretación son: 1) la colocación del templo en lo alto de una montaña; luego, estaría fuera de Jerusalén (40:2); 2) las fuentes del río sagrado surgen de un lugar imposible, si han de admitirse literalmente, y también es imposible el curso del río (47:1-12); 3) lo irreal de los límites de las tribus, inimaginables desde el punto de vista estrictamente geográfico.

b) *La interpretación literal futurista.* Puede ser, además de literal y futurista, dispensacional. El mejor exponente de esta escuela es la *Biblia de Scofield* y demás obras de este autor. Dicha interpretación cuenta con un siglo de existencia, según hemos dicho en la lección anterior. Remitimos a los comentarios de la citada Biblia, especialmente al que se hace sobre 38:2 (p. 846), en el sentido de que los capítulos 40-48 describen la situación de Israel en la tierra durante el Reino milenial.

c) *La interpretación simbólica cristiana.* Fue durante siglos la tradicional de la Iglesia. En la actualidad es adoptada por quienes prestan gran atención al elemento apocalíptico como estilo y guía para la lectura y comprensión de esta clase de libros.

En esta interpretación —como en cualquier otra— pueden extremarse los puntos o se puede guardar un cierto equilibrio. La postura básica aquí es que cuanto se dice en los capítulos 40-48 se ha venido cumpliendo a lo largo de la historia de la Iglesia, y hallará su cumplimiento final en el último día. El apóstol Juan empleó la imaginería de Ezequiel para describir la nueva Jerusalén del Apocalipsis. Una interpretación extrema sería suponer que Ezequiel tenía conciencia de estar hablando a un nuevo pueblo de Dios, compuesto de judíos y gentiles: la Iglesia. Una interpretación moderada es que Ezequiel ve la futura gloria del «pueblo creyente», sin más especificaciones, y que, siendo judío y sacerdote, tenía que verla a base del simbolismo descriptivo, numérico y futurista propio de un hebreo, y de un hebreo de su tiempo.

Esta escuela tiene serias objeciones contra la interpretación literal futurista (dispensacionalista):

1.ª No hay ya un lugar preferido donde adorar a Dios. ¿Representará el milenio un retroceso espiritual al constituir y considerar una ciudad mejor que otras?

2.ª ¿Cómo es posible retroceder desde el «sacerdocio universal» al sacerdote levítico otra vez?

3.ª ¿Cómo se explica la reanudación de sacrificios y ofrendas por el pecado (43:19-25; 45:17, 18-25) después del sacrificio único de Cristo? ¿Se trata de sacrificios memoriales? Tal tesis no tiene apoyo en el texto mismo; la expresión «sacrificio memorial» es tan incomprensible —aunque por otras razones— como la que da la Iglesia de Roma en su explicación sacrificial de la misa: «sacrificio incruento». Por otra parte, si ahora es suficiente el pan y el vino, retrocedamos al volver a sacrificios de animales.

4.ª El río de Ezequiel 47:1-12 debe entenderse simbólicamente y como «sagrado» (*cf.* 40:2).

La única alternativa que se ofrece es la siguiente interpretación:

El conjunto de 40 - 48 es simbólico, y expresa una gran realidad espiritual: un pueblo redimido, en medio del cual mora Jehová (43:2-5; 48:35), no puede estar organizado al azar. Aun en los menores detalles de la vida comunitaria el pueblo de Dios debe hacer la voluntad divina. Como es natural, Ezequiel está pensando en términos de un templo literal restaurado, una ley perfectamente observada, y unos sacrificios en pleno funcionamiento ritual. Pero en la visión del profeta el *tipo* o figura se diluye en el cumplimiento, la sombra desaparece ante la realidad, lo terreno acaba en lo celestial. Tanto el presente como el «milenio», el Israel de Dios como la Iglesia de Dios, la Jerusalén terrena como la celestial, la ley escrita en tablas de piedra como la escrita en los corazones de los hombres, todo, absolutamente todo, se mezcla en una combinación única de literalismo y simbolismo. El futuro no verá jamás el cumplimiento literal físico de cuanto aquí se describe —afirman Ellison y Young, entre otros—; pero, sin embargo, el presente es testigo ya, parcialmente, del cumplimiento espiritual de esta profecía, que verá su total y gloriosa realización en el futuro.

John B. Taylor, en un reciente comentario, resume así, adoptando la interpretación simbólico-apocalíptica, la enseñanza de estos capítulos:

1) La perfección del plan de Dios para su pueblo restaurado, simbólicamente expresada en la impecable simetría del templo.

2) La centralidad de la adoración, dirigida únicamente a Dios y expresada como de suma importancia en los escrupulosos detalles del ritual.

3) La presencia continua del Señor en medio de su pueblo.

4) Las bendiciones que fuirán de la presencia de Dios y regarán las arideces espirituales (el río de la vida).

5) El orden y disciplina en la ejecución de los diversos ministerios, lo que responsabiliza a todo el pueblo de Dios y le llama al orden y al buen gobierno; todo ello ejemplarizado en los servicios del templo y en el reparto de la tierra (este tema fue recogido también por Juan en Apocalipsis 7:4-8).

Hay mucho más, desde luego, en estos capítulos. Aquí se señalan solamente algunas enseñanzas.

El ministerio de estos capítulos al pueblo deportado fue para consolarles y abrirles los ojos al futuro de gloria que esperaba al pueblo de Dios. Como después dirá Hageo, lo que aguarda en el futuro templo es mucho más glorioso que todo el pasado de Israel.

Como última observación, téngase en cuenta que la interpretación simbólico-cristiana no descarta al pueblo de Israel, sino que lo incluye (es decir, al Israel convertido y hecho pueblo de Dios), a diferencia de la interpretación dispensacional, que incluye a Israel, pero a expensas de excluir de este cuadro a la Iglesia.

Hemos de repetir lo dicho en otras lecciones: el estudiante procurará enfocar con espíritu de oración y humildad estos problemas de interpretación y tratará de sacar sus propias conclusiones con imparcialidad y objetividad, sin prisas ni ofuscaciones.

CUESTIONARIO:

1. Nobleza familiar de Ezequiel. — 2. El estilo simbólico de Ezequiel. — 3. Lenguaje característicos de los últimos capítulos de Ezequiel. — 4. Grupos de textos en la última parte del libro. — 5. Escuelas de interpretación. — 6. Objeciones a la interpretación literal inmediata. — 7. Objeciones a la interpretación literal futurista. — 8. ¿Cuál es la interpretación correcta? — 9. ¿Cómo puede resumirse la enseñanza de estos capítulos? — 10. Algunas observaciones importantes.

LECCION 16.ª EL REINO DE DIOS EN LOS EVANGELIOS

1. El Reino de Dios y Juan el Bautista

Antes que Cristo mismo, Juan el Bautista predicaba: «Arrepentíos, porque el reino de los cielos se ha acercado» (Mat. 3:2). Jesús, luego, se hace cargo de este mensaje (Mat. 4:17). La expresión «Reino de los cielos» en el judaísmo contemporáneo de Juan y de Jesucristo recogía la expectativa de un futuro en el que, mediante la intervención decisiva de Dios, Israel sería liberado de sus enemigos y restaurado al lugar de prominencia entre las naciones. La venida del Reino es la gran esperanza del futuro que vendrá con la persona misma del Mesías.

Evangelio y *Reino* no aparecen como cosas distintas en los relatos sinópticos de los tres primeros Evangelios, más bien todo lo contrario: forman parte de un solo y mismo anuncio: «Jesús vino a Galilea predicando el *Evangelio del Reino de Dios*, diciendo: El tiempo se ha cumplido y *el Reino de Dios se ha acercado;* arrepentíos y creed en el Evangelio» (Mar. 1:14, 15). V. Apéndice 1.º.

En tiempos de Cristo la esperanza escatológica había tomado diversas formas en el judaísmo rabínico. En unos prevalecía la idea nacional, entre otros el elemento cósmico o apocalíptico. Esta esperanza, desde luego, se remonta a los profetas del Antiguo Testamento y se alimenta tanto de la restauración del trono de David como de la venida del Mesías para restaurar el estado de cosas del mundo caído. La soberanía real de Dios, compartida por su Mesías-Rey, es uno de los conceptos clave de la fe y la esperanza del Antiguo Testamento. Hay elementos prominentes en esta fe y en esta esperanza; basta comprobar el desarrollo de las profecías mesiánicas desde los más antiguos videntes hasta llegar a Isaías, a Jeremías o a la aparición del Hijo del Hombre en el libro de Daniel.

Cuando Juan el Bautista —y luego Jesús mismo— proclaman que el Reino está cercano, dicha proclamación fue entendida como algo verdaderamente «revolucionario» y lleno de significado universal; era la proclamación de algo sorprendente, importante y decisivo para la historia del mundo. Hasta entonces los judíos —y con ellos muchos «prosélitos» gentiles— habían estado esperando aquel momento crucial de la historia, la gran restauración de todas las cosas (Luc. 1:68-79; 2:25-28). Fuere cual fuere la manera como unos y otros concebían ese momento crucial, el hecho es que Juan, primero, y Jesús después, les anuncian a las gentes que ya ha llegado, que ya está aquí. Es, pues, muy importante al estudiar el Nuevo Testamento (y particularmente la predicación que en el mismo encontramos) que tengamos en cuenta este elemento de la venida del Reino condicionante.

Así, en la predicación del Bautista el juicio divino adquiere un relieve especial, ya que se da por supuesto que se trata de una realidad muy cercana. El hacha ya ha sido puesta en la raíz de los árboles. La venida de Dios como Rey es, sobre todo, una venida para purificar, para juzgar y de la que nadie podrá evadirse. Tampoco servirán entonces los privilegios, ni siquiera el pertenecer a la raza de Abraham. Al mismo tiempo, Juan predica de Aquel que viene detrás de él y del cual se declara Precursor. En vista de la venida del Señor, el pueblo hará bien si se arrepiente y se somete al bautismo del arrepentimiento para perdón de pecados. Con ello evitará la ira que está próxima a venir, al propio tiempo que participa de la salvación que el Reino trae en la persona del Rey y del bautismo del Espíritu que por él será posible (Mat. 3:1-12).

2. El Reino en la enseñanza de Jesús

A) *El aspecto presente del Reino.*

La proclamación de Jesús sigue a la de Juan el Bautista, pero añade a ella una mayor profundización y extensión.

Después de haber esperado durante mucho tiempo, y aunque había dado testimonio de él, el Bautista vaciló y tuvo sus dudas de si realmente Jesús era Aquel que todos esperaban (Mat. 11:2 y ss.). A partir, pues, de este momento se observan dos aspectos en los que la proclamación de Jesús difiere de la del Bautista.

Mientras que Juan ponía el énfasis en el juicio y en el llamamiento al arrepentimiento, Jesús (sin restar nada a estos dos aspectos) añadía y colocaba como lo más significativo el hecho de la salvación que él traerá consigo.

En segundo lugar, Jesús anunciaba el Reino no meramente como una realidad cercana que iba a aparecer en un futuro inmediato, sino como *una realidad presente* manifestada en su propia Persona y ministerio. Entre los textos en que Jesús habla del Reino como una realidad presente podemos enumerar los siguientes: Mateo 6:9, 10; 12:28 y sus paralelos Marcos 1:14; Lucas 11:20; y hemos de subrayar que toda la predicación y ministerio de Jesús se caracterizan por la importancia dominante que adquiere la idea del *Reino presente en él y por medio de él.* En Cristo, el grande y anhelado futuro se ha convertido ya en «tiempo presente».

¿Cómo se manifiesta este aspecto presente del Reino? En muchas y varias maneras: De manera palpable y visible, al arrojar a los demonios (Luc. 11:20) y, de modo general, en todos los milagros que hace Jesús. Al curar a los poseídos, es obvio que Jesús invade la casa «del fuerte» y es capaz de dominarle (Mat. 12:29), porque el Reino de los cielos ha invadido el dominio del maligno. El poder de Satán es así quebrantado. Jesús lo ve como un rayo que cae del cielo. Como resultado de todo ello, no hay nada imposible para los que salen al mundo investidos con el poder de Jesús para ser testigos de su

Reino (Luc. 10:18 y ss.). Toda la actividad milagrosa de Cristo es prueba contundente de que el Reino ha llegado. Lo que los profetas y hombres piadosos desearon ver y no vieron (el inicio de la gran eclosión de Dios mismo para salvar y conquistar), los discípulos de Jesús pueden verlo y oírlo (Mat. 13:16; Luc. 10:23). Cuando el Bautista envía a sus discípulos a preguntar al Señor si El es verdaderamente el que había de venir o si tenían que esperar a otro, Jesús no contesta la pregunta directamente, sino que les remite a Juan, para que le enumeren los milagros que por doquier está ejecutando y en los cuales (de acuerdo con los profetas) el Reino de Dios ya se estaba manifestando: ciegos que veían, cojos que andaban, sordos que oían, leprosos que eran sanados, muertos que eran resucitados y pobres a los que les era anunciado el Evangelio (Mat. 11:2 y ss.; Luc. 7:18 y ss.). En la última de estas manifestaciones (el anuncio del Evangelio a los pobres) se hace igualmente evidente la inauguración del Reino prometido por los profetas. En efecto, la salvación se anuncia y se ofrece como un don que se halla al alcance de todos: de los pobres de espíritu, de los hambrientos de paz y de justicia, etc., y esta salvación les promete que el Reino es de ellos. Asimismo se les concede el perdón de los pecados, y ello no simplemente como una realidad del futuro cuando estén en el cielo, ni siquiera como una posibilidad presente, sino como una certidumbre para ahora y aquí, como una dispensación ofrecida a toda la tierra en Jesucristo, ahora, porque el Hijo de Dios tiene poder para perdonar los pecados (Mar. 2:1-12).

Como se deduce del último pasaje citado, todo lo que está ocurriendo se apoya en el hecho de que Jesús es el Cristo, el Hijo de Dios. El Reino ha venido en El y con El; Es es la *autobasileia*: la autorrevelación del Reino, porque es al mismo tiempo la autorrevelación del Mesías, el Hijo del Hombre, el Siervo de Jehová.

Es imposible interpretar estos dichos de Jesús en sentido futuro, como algunos han intentado, haciendo aparecer al Mesías como un Mesías futuro; el Hijo del Hombre que en un próximo día lejano vendrá sobre las nubes. Por supuesto que queda un aspecto futuro en la obra del Redentor, pero no podemos olvidar el hecho de que en los Evangelios la mesianidad de Jesús aparece como algo presente aquí y ahora. No solamente es proclamado como tal en el bautismo y en el monte de la transfiguración —el amado y único del Padre (títulos mesiánicos todos ellos)—, sino que es investido con todo el poder del Espíritu Santo (Mat. 3:16) y con la suprema y absoluta autoridad divina (Mat. 21:27). El evangelio se halla lleno de sus declaraciones y pretensiones de autoridad absoluta e indiscutible. El es el enviado del Padre que viene a cumplir todo lo que fue dicho por los profetas. En su venida se cumplen las Escrituras que los oyentes contemporáneos están escuchando (Luc. 4:21). El no vino para destruir, sino para cumplir (5:17 y ss.), para anunciar la venida del Reino (Mar. 1:38), para salvar, buscándolos, a los perdidos (Luc. 19:10), para servir a los demás y para dar su vida en rescate por muchos (Mar. 10:45). El secreto para pertenecer al Reino es de aquellos que le pertenecen a El (Mat. 7:23; 25:41).

La persona de Jesús como Mesías constituye el centro de todo lo que el Evangelio anuncia concerniente al Reino. El Reino se concentra, y se reduce, a Cristo mismo tanto en su aspecto presente como futuro.

Aplicación para nosotros: El Reino vino ya en Cristo. Ha venido, pues, y lo que hoy vivimos es el momento que Cullmann define acertadamente como el «*ya y todavía no*» del Reino. Vivimos, por lo tanto, inmersos en la realidad del Reino que *vino, está viniendo y vendrá* para su consumación al final de los tiempos.

Nuestra oración, siguiendo el modelo que nos dejó Cristo, debe ser: «*Venga tu Reino* en los corazones de los hombres; ayúdanos para extender este Reino tuyo y que así pueda cumplirse tu voluntad. *Hágase tu voluntad* en la tierra como en el cielo...» ¡Esto es «buena nueva»!

B) *El aspecto futuro del Reino.*

Queda un cumplimiento final del Reino. Cierto que el Reino se manifiesta aquí y ahora por medio de la predicación y la vivencia del Evangelio, pero al mismo tiempo resulta evidente que el Reino se proyecta sobre el mundo solamente de manera provisional. De ahí que la proclamación de la actividad presente en palabras tales como las que hallamos en Mateo 11:6 y Lucas 7:23, sobre los ciegos que recobran la vista, los muertos que resucitan y los pobres a los que es anunciado el Evangelio, vayan seguidas de la advertencia: «Bendito los que no se escandalicen en mí.» ¿En qué consiste este escándalo? En el carácter oculto del Reino en nuestra época de espera hasta que llegue su culminación. Los milagros son todavía para nosotros «señales» de otro orden de cosas muy distinto a la realidad presente, insluso comparado con la realidad del pueblo creyente. Todavía no ha llegado el tiempo en que los demonios sean arrojados definitivamente a las tinieblas eternas (Mat. 8:29). El *Evangelio del Reino* es todavía una simiente que se siembra. En la parábola del sembrador, la semilla crece en secreto al mismo tiempo que la cizaña en medio del trigo. El grano de mostaza y la levadura quieren igualmente ilustrar este aspecto escondido del Reino, al propio tiempo que su realidad presente entre nosotros hoy; pero ésta es una realidad provisional que aguarda una más tatal y completa manifestación futura.

En un sentido —sólo en un sentido, pues las realidades que trae Cristo por Su Evangelio y el Espíritu Santo que nos es dado son bendiciones trascendentales— nos encontramos, como el pueblo de Israel, viviendo dentro de la realidad del Reino, pero esperando su manifestación plena. Ahora bien, en comparación con los creyentes del Antiguo Testamento, nosotros vivimos ya en la manifestación plena, pero sólo dentro de su fase inicial. Nosotros no esperamos algo totalmente nuevo sino en lo exterior, pues interiormente las facilidades del Reino son ya una bendita realidad en nuestro corazón.

C) *La triple dimensión del Reino.*

Con el objeto de ilustrar a sus discípulos, Jesucristo explicó las varias parábolas del Reino en las cuales es dable encontrar esta realidad misteriosa, oculta, del Reino. Es el mismo Hijo de Dios —y esto hace de la presente dispensación algo *nuevo* en relación con el Antiguo Testamento— investido de todo el poder del Padre, el que siembra la Palabra de Dios y envía su Espíritu Santo a los corazones. Y será el mismo Hijo de Dios —Hijo del Hombre al mismo tiempo— el que vendrá en su segunda venida sobre las nubes del cielo.

Lo oculto del Reino se manifiesta todavía en otros aspectos. Por ejemplo, el Reino es de un Rey que viene en forma de esclavo; los pájaros tienen nidos, El no tiene donde reclinar su cabeza. Par obtener la soberanía en todo y sobre todo, debe antes darse y darlo todo. Luego recuperará con creces lo que es suyo por derecho divino y por derecho de conquista. Pero antes deberá dar su vida en rescate, porque es el Siervo de Jehová de Isaías 53.

¡El Reino! ¿Dónde está el Reino? *Ha venido, está viniendo, vendrá.*

3. Pero ¿cómo vendrá el Reino?

El Reino viene por medio de la cruz.

Antes de que la autoridad del Hijo del Hombre sea ejercida sin cortapisas sobre todos los reinos del mundo (Mat. 4:8; 28:18), debe andar el camino de la obediencia al Padre para cumplir toda justicia (Mat. 3:15), lo que equivale a decir: toda humillación. La manifestación del Reino tiene su propia historia dentro de la historia de este mundo. El Reino debe ser proclamado a toda criatura; y esta proclamación es su historia. Como la maravillosa simiente debe ser sembrada la semilla de la Palabra (Mar. 4:27), pero nadie sabe *cómo* crecerá. El evangelista Juan nos dirá que el «viento —el Espíritu— sopla como quiere». Es la misma enseñanza: el Reino es misterioso, oculto, humilde y silencioso. Pero es eficaz. Se trata de una fuerza interior que se abre camino en medio de todos los obstáculos y los vence a todos. Estos obstáculos le salen al paso porque el campo donde se hace la siembra es el mundo (Mat. 13:38 y ss.). El Evangelio del Reino deberá ser oído en todas partes (Mat. 28:19). El Rey del Reino es también el Señor del Espíritu. Su resurrección inaugura un nuevo tiempo, una época en que la proclamación del Reino y del Rey abarcará la totalidad del orbe, se extenderá hasta los confines de la tierra. Es el sueño de los profetas convertido en realidad.

La decisión ha sido ya hecha por el Señor tocante a estas realidades del Reino; su cumplimiento aguarda por algún tiempo.

Las fronteras de este Reino no son paralelas a las fronteras de Israel, ni siquiera son paralelas las etapas de sus historias respectivas. El Reino abraza todas las naciones y llena todas las épocas hasta el final del mundo.

CUESTIONARIO:

1. ¿Qué significa la expresión «Reino de los cielos» en Mateo 3:2; 4:17 y Marcos 1:15? — 2. Resonancia de estas expresiones en la esperanza escatológica del judaísmo veterotestamentario. — 3. Aspectos universalistas del «Reino» en la predicación del Bautista. — 4. ¿Qué añade a la predicación del Bautista la predicación de Jesús sobre el Reino — 5. ¿Cómo se manifiesta en Jesús el aspecto PRESENTE del Reino? — 6. ¿Cuál es la raíz de esta manifestación presente? — 7. ¿En qué sentido queda por cumplir un aspecto del Reino? — 8. Lo oculto y lo manifiesto del Reino. — 9. ¿Qué significa la expresión de Cullmann «ya pero todavía no»? — 10. ¿Por qué medio ha dispuesto Dios que venga el Reino?

LECCION 17.ª LA IGLESIA Y EL REINO

1. Reino e Iglesia

La historia del Reino está relacionada con la historia de la Iglesia. Y también con la historia del mundo.

Existe una relación estrecha entre el Reino y la Iglesia, pero ambos no son idénticos, ni siquiera en la época presente.

El Reino abarca la totalidad de la acción e influencia de Cristo en el mundo; la Iglesia es la asamblea o congregación de los que creen en Jesucristo, le pertenecen y le siguen.

Podríamos explicar la conexión entre Reino e Iglesia mediante dos círculos concéntricos, de los que la Iglesia es el menor y el Reino es el mayor. Cristo es el centro de ambos. La relación entre ambos quedará más clara examinando sus respectivas esferas.

2. La Iglesia

La Iglesia es la congregación de todos los que han aceptado por fe el Evangelio del Reino, los cuales participan de la salvación que el Reino brinda: la salvación mesiánica del Rey, que comporta el perdón de los pecados; la adopción por parte de Dios como hijos en su familia; la morada del Espíritu en los corazones, y la posesión de la vida eterna. En la Iglesia, el Reino halla visible expresión; los miembros de la Iglesia son la luz del mundo, la sal de la tierra, los que han tomado sobre sí el yugo del Reino, viven conforme a las normas del Rey y aprenden constantemente de él (Mat. 11:28-30). La Iglesia, como órgano del Reino, es llamada a confesar a Jesucristo por medio de la tarea misionera, la predicación y el testimonio ordinario. La Iglesia es asimismo la comunidad de los que esperan la venida del Señor, pero que, mientras esperan, saben que han de «negociar» con unos talentos recibidos con miras a ser utilizados de inmediato y, al mismo tiempo, con vistas al futuro. La Iglesia recibe del Reino su propia constitución; en todos los sentidos es orientada y dirigida por la revelación del Reino, el progreso del Reino y la esperanza de la venida del Reino en gloria. Pero en ningún tiempo puede la Iglesia identificarse en su totalidad con el Reino.

3. El Reino

El Reino no se limita, pues, a las fronteras de la Iglesia. El señorío de Cristo es supremo sobre todo y sobre todos. Allí donde prevalece y es reconocido, no sólo encuentran libertad los individuos, sino que se transforma todo el talante de la existencia; desaparece el maleficio satánico y el temor a unas fuerzas hostiles. El cambio que el Cristianismo comporta entre los pueblos dominados por el panteísmo, el animismo, el naturismo, etc., es prueba elocuente de lo que el poder del Reino tiene de extensión e intensidad. No sólo opera en las estructuras exteriores, sino que trabaja desde el interior de los elementos y, con su poder transformador, se abre paso por entre las diversas culturas de la humanidad. Lo trágico de nuestra época estriba en no comprender esta tremenda influencia del Evangelio del Reino y del Reino del Evangelio, mientras la gente va en busca de cisternas rotas. No tienen ojos para ver todo lo que el Cristianismo ha hecho en la vida y en la historia de aquellos pueblos que se han dejado influir por él.

4. El «Ya» y el «Todavía no»

Fue un error de la Iglesia oficial, ya desde Agustín, en toda la Edad Media y buena parte de la Moderna, el concepto de «*civitas Dei*», en que la idea de Iglesia se identificaba enteramente con la de Reino, hasta el punto de que el poder espiritual permeaba y dominaba todos los aspectos visibles de la vida social, política y económica. Tal identificación resultaba peligrosa, por confundir los conceptos de *Iglesia* (bajo el señorío espiritual de Cristo) y *Reino* (señorío total sobre todas las esferas de la creación y sobre todas las estructuras de la sociedad. Así se explica la equivocada interpretación de la parábola del trigo y de la cizaña, y la antibíblica simbiosis de lo espiritual y lo temporal. Acertadamente señala H. Bürki que «el mundo nunca ha sido llamado cuerpo de Cristo, privilegio que pertenece solamente a la Iglesia». (V. Ef. 1:23.) «La Iglesia tiene su lugar propio en esta economía del Reino de Dios —afirma Ridderbos—. Lo que el Reino de Dios significa para todo el mundo debe ser visto en la Iglesia. Esta es la distinción y la relación entre la Iglesia y el mundo, entre el círculo más reducido y las más amplias esferas del Reino.» Comentando estas palabras añade H. Bürki: «La Iglesia no es el mundo, porque el Reino de Dios *ya está presente* en ella. Tampoco es el Reino, porque el Reino *no ha alcanzado todavía* en ella su plenitud.»[24]

Incluso dentro del mismo pueblo creyente, el Reino no ha alcanzado todavía dicha plenitud. Pero dondequiera que el Evangelio se proclama y van siendo salvos seres humanos, allí Cristo quiere y debe ser reconocido como Señor supremo sobre todo y sobre todos.

5. Desarrollo de la escatología del Reino

Ya dentro de la escatología judía, el concepto de Reino de Dios se desarrolló en la expectación de que había de llegar el día en que Dios destruiría todos los poderes nocivos, tanto en el cielo como en la tierra, otorgando un *clima* redimido a su pueblo redimido. Jesús hizo también de la proclamación del Reino el punto de arranque (V. Mar. 1:15) y el tema central de su predicación, pero su escatología

24. En *El cristiano y el mundo* (EEE, Barcelona, 1971), pp. 38 y ss.

difería radicalmente de la judía, como hace notar Bürki, «en que Jesús enseñó que el Reino había venido juntamente con El, que se hallaba cercano y que *ya estaba empezando*». Ridderbos distingue entre una dimensión intensiva y otra extensiva del Reino. El elemento intensivo tiene que ser visto en la salvación *presente*, es decir, en el perdón y la reconciliación del ser humano, que no es asunto del futuro, sino «una realidad escatológica del presente». El Hijo del Hombre perdona pecados *en la tierra* (Mar. 2:10; Luc. 5:24). Doquiera en el mundo tenga lugar el perdón de los pecados, allí está el Reino de Dios, presente sobre esta tierra, y allí es implantada la voluntad de Dios en el corazón humano por el Espíritu Santo. Pero la dimensión extensiva del Reino ha de ser vista en su futuro advenimiento. Ahora bien, la venida del Reino no es algo sin relación con el presente, sino que es un futuro que ya en el presente avanza continuamente hacia nosotros. Es la realidad de Dios que era, que es y que ha de venir (Apoc. 1:8), y su Reino tiene las mismas características. «*En la venida y obra de Cristo* —como señala Ridderbos— *los poderes del futuro han entrado en el tiempo presente y están todavía entrando.*» Cristo es el Señor, el Rey, la vida y el centro del Reino. La obediencia amorosa a Cristo es lo que llena a los cristianos de esta bendita seguridad de que los poderes de la edad futura están ya irrumpiendo en este mundo ded muerte y de pecado como torrentes de vida, de luz y de salvación. Las aguas vivificantes fluirán de este modo de lo más íntimo de cada cristiano y de cada manifestación visible de la Iglesia; esto es una señal presente del avance del Reino.

El Reino, pues, abarca la totalidad de la acción de Dios en el mundo, mientras que la Iglesia es la asamblea de los que ya son de Cristo. Vivimos en el «ínterin», entre las dos grandes épocas de la manifestación del Reino. La resurrección de Cristo arroja luz a ambos lados, al pasado y al futuro. Es la prueba de lo que ha ocurrido *ya*, y la garantía de lo que acontecerá en el porvenir. De ahí que se alternen los tiempos «presente» y «futuro» en el lenguaje evangélico del Reino, para así expresar la presente situación paradójica del «*ya y todavía no*» del Reino. Vivimos, en cuanto Iglesia, con los talentos que Dios nos ha dado para ser usados aquí y ahora; tenemos la responsabilidad de ser luz y sal del mundo, pero vivimos también cara al futuro, esperando la manifestación plena del Señor y preguntándonos: «¿Me hallará fiel el Señor cuando venga? ¿Se agradará de mi trabajo realizado con sus dones?

Como las vírgenes prudentes de la parábola del Señor, hemos de tener las lámparas encendidas, siempre a punto, para iluminar con su luz las realidades terrenas y también para salir al encuentro de Jesucristo. De ahí que la Iglesia (nosotros) anticipa el Reino en el mundo y su Evangelio es el Evangelio del Reino.

6. Hacia el triunfo final del Reino

El último libro de la Biblia, que dibuja la realeza de Cristo en la historia del mundo, y sus avances hasta llegar al final culminante y pleno, ilumina de modo especial la antítesis entre el Cristo triunfante (Apoc. 5:1 y ss.) y la derrota final de Satán y del Anticristo, cuyos poderes todavía ejercen dominio en la tierra para contender en contra del Señor y de su Iglesia.

Por más que el Reino invada la historia del mundo con sus bendiciones y su liberación de toda suerte de tiranías; por más que se presente como un poder salvador de todas las alienaciones —ateas, humanistas, religiosas, etc.— y de todas las esclavitudes, será solamente al final, por medio de una crisis universal y definitiva, cuando el Reino de Dios establecerá unos nuevos cielos y una nueva tierra en donde morarán la justicia, la belleza, la sabiduría y el amor. Y todo ello será entonces notorio y manifiesto, porque el Rey de reyes habrá vencido definitivamente a todas las fuerzas enemigas y habrá inaugurado la fase final y perenne de su reinado de paz.

Recordemos que Dios es soberano sobre todo. El reino del mal será definitivamente aplastado y los reinos de este mundo pasarán a ser los reinos de nuestro Rey y Salvador.

El futuro, pues, es nuestro, si nosotros somos de Cristo, el único que tiene la clave del final de la historia y del triunfo perenne del Reino por toda la eternidad.[25]

CUESTIONARIO:

1. Conexión entre «Reino» e «Iglesia». — 2. La Iglesia como aceptación del Evangelio del Reino. — 3. La Iglesia como expresión visible del Reino. — 4. Influencia del Reino en la vida y en la cultura. — 5. El funesto error de identificar el Reino con la Iglesia. — 6. Diferencia entre la escatología predicada por Jesús y la escatología judía. — 7. Dimensiones extensiva e intensiva del Reino, según Ridderbos. — 8. ¿Cómo irrumpe el Reino en la historia de la salvación? — 9. ¿Qué luz arroja la resurrección de Cristo sobre ambos lados de la escatología del Reino? — 10. El triunfo final del Reino de Dios, y su manifiesta resonancia en el Apocalipsis.

25. La comprensión de las relaciones «Iglesia - Reino» resulta difícil sin una adecuada inteligencia de la conexión entre los llamados «orden de la creación» y «orden de la salvación». (Véase H. Bürki, *o. c.*, y también mi ensayo *Goza de la vida*, EEE, Barcelona, 1973.)

LECCION 18.ª EL «AHORA» DEL REINO

1. Enseñanza de las parábolas acerca del Reino

Las parábolas nos revelan la *naturaleza* del Reino, el cual, en su modo de obrar y en su esencia, es un misterio. ¿En qué consiste este misterio? En el hecho de que el Reino de Dios viene como una semilla, aparentemente una de las cosas más insignificantes e indefensas; puede ser arrebatada por las aves, pisoteada por los caminantes, destruida por las tormentas o por el ardiente calor del sol. Por otra parte, a menudo, apenas se diferencia de las otras semillas. Este es el gran secreto del Reino en su forma presente. Y tras este misterio hallamos otro todavía más sorprendente, si cabe: Quien trae el Reino —Jesús— es asimismo el Sembrador con apariencias de debilidad, dependencia y hasta impotencia; el Hijo del Hombre es el sufriente Siervo de Yahveh. ¡He ahí el gran misterio del Reino de Dios: la persona de su Rey!

Ahora bien, el poder y el dinamismo del Reino se hallan totalmente en la persona de Jesucristo. La humilde y vejada (y aun vilipendiada) figura del Sembrador lleva escondida la secreta grandeza de la regia mesianidad de Jesús. La oculta grandeza de Jesucristo es el tema de los Evangelios, y en esta grandeza radica la real significación del Reino, pues determina su misma naturaleza.

2. El gran error de la teología liberal

El teólogo liberal del siglo pasado Adolf von Harnack afirmó que el Evangelio del Reino es el Evangelio del Padre, no del Hijo. Por desgracia, ha tenido muchos repetidores. Pero ahí está —como señala Ridderbos— el gran error de la teología liberal: el retrato que hace de Jesús es incompleto y su concepto del Reino es totalmente inexacto. En efecto, el carácter y el propósito del Reino vienen determinados por la persona y la obra de Jesús. El es «*autobasileia*», como escribió Orígenes. Y, así, en su existencia terrena se produce una curiosa tensión: *Revelación* y *Misterio* al mismo tiempo (las parábolas explican, pero también ocultan, los misterios del Reino); una tensión entre la *grandeza escatológica* y la *humana debilidad*. Lo primero pertenece a la «*exusía*» (facultad, dignidad, autoridad) con que Cristo habla en el Sermón del Monte, donde expone los principios del Reino y hace las más radicales demandas al hombre que quiera ser su discípulo, amor perfecto y completa entrega a Dios, y también cuando perdona los pecados y cuando hace milagros «señales» —según Juan— del gran tema de la salvación). Paradójicamente, ruega, al mismo tiempo, a quienes le rodean, que no vayan contando las cosas que han visto en lo que se refiere a tal grandeza. Su mesianismo gusta de un cierto secreto, porque quiere hacer su entrada en los corazones sin la aparatosa espectacularidad del «triunfalismo». Esta paradoja de revelación y misterio, de grandeza y debilidad, se resume y centra en el mismo nombre favorito de Jesús, el «Hijo del Hombre», en cuanto que trata de expresar la humanidad del Salvador en medio de los humanos, como hombre entre los hombres, a quienes viene a servir y salvar. Sin embargo, no podemos olvidar que el título «Hijo del Hombre», de acuerdo con la profecía de Daniel 7, es sustancialmente una figura celestial, que recibe todo poder y autoridad de manos del Altísimo. Y es a través de El como el Padre ejecuta sus maravillosas obras. Más aún, como ha demostrado E. J. Young, este Hijo de Hombre es *divino*. Suprema paradoja del Rey del Reino de Dios.

3. La cruz en el misterio del Reino

Al proclamar el Reino, debemos recordar cuanto llevamos aprendido. Añadamos a ello que la cruz forma parte de la revelación del Reino y, por lo tanto, también de su proclamación. Leemos en el Evangelio que el Hijo del Hombre *tenía* que ir a Jerusalén; lo exigía la obra divina de la redención. En ninguna otra parte es tan profundo el misterio del Reino como en la cruz del Calvario. El Sembrador se convierte allí en la semilla. Pero al propio tiempo se abre así un proceso escatológico. La dimensión del Reino se hace visible ya en las señales que rodean la muerte expiatoria de Cristo y que conmueven a la creación misma. Todo ello se hace aún más manifiesto en la resurrección, porque es entonces cuando el Hijo del Hombre entra en su futuro de gloria y recibe el poder descrito en Daniel 7. En Cristo, el Reino borra y trasciende los límites de las categorías terrestres. A partir de aquel momento, lo que fue escuchado al oído deberá ser proclamado desde las terrazas (Mat. 10:27).

4. La resurrección de Jesús como nueva perspectiva

La resurrección de Cristo marca los límites entre secreto y revelación del Reino, porque en ella coinciden los dos tiempos: el presente y el futuro. Tal es el concepto que del Reino tienen los sinópticos. La resurrección es presencia del poder del Reino entre nosotros. Pablo lo recordará y enfatizará al escribir a los efesios (1:17-20). Así, el Reino se hace presente en el *ahora* de nuestro tiempo. El «*éschaton*» ha llegado ya en Cristo; el futuro se ha hecho presente. El mundo ha sido abierto para dejar al Reino de Dios libre acceso; y ello ha ocurrido en este nuestro planeta, en nuestro universo concreto. El «fuerte» ha sido vencido en su propia casa («el príncipe de *este mundo*»). No obstante, la resurrección pertenece también al orden de las futuras realidades. El Salvador resucitado y ascendido a la diestra del Padre ya no pertenece a las categorías terrenas; es el Hermano mayor —según la terminología de Hebreos— que presenta a sus otros hermanos ante el Padre como las primicias de la gran cosecha del futuro. De ahí que quede todavía un tiempo, un «*éschaton*» por cumplirse. La fase final del Reino, los nuevos cielos y la nueva tierra, son cosas que todavía están por venir.

Antes debe ser sembrada la semilla. No sólo Israel, sino todo el mundo, tiene que vivir ahora bajo la responsabilidad de lo que ha visto y oído acerca de Cristo y de su Reino.

En los sinópticos, el significado presente y futuro del Reino coinciden en gran parte. Antes de la resurrección de Cristo las perspectivas son algún tanto imprecisas, de acuerdo con la naturaleza misma de la profecía. Se hace mención de la venida del Hijo del Hombre y del Reino como si fueran eventos inmediatos; se hace referencia a los últimos tiempos dentro de un contexto judío, en el mismo marco de la tierra de Palestina. Como si todo convergiera hacia un solo punto, resurrección y «parusía», manifestación definitiva del Rey y del Reino, una vez por todas. No obstante, la resurrección abre una nueva perspectiva, más de acuerdo con el sentido profundo de la profecía veterotestamentaria; esta perspectiva de la resurrección nos enseña a distinguir entre lo que ha acaecido y lo que va a suceder; entre el punto de partida de la manifestación del Reino en la tierra y la eclosión final del mismo al fin de las edades. El *ahora* —esta dispensación que comenzó con la venida de Cristo— es el punto de partida de la «generación» que vive inmersa en las realidades del Reino y espera el futuro de plenitud del mismo.

CUESTIONARIO:

1. ¿Qué nos enseñan las parábolas de Jesús acerca de la naturaleza del Reino? — 2. La paradoja del gran misterio del Reino: la persona, poderosa y débil, de su Rey. — 3. Opinión de Harnack sobre el Reino. — 4. El gran error, en este punto, de la teología liberal. — 5. La tensión entre la grandeza escatológica y la debilidad humana con que aparece la irrupción del Reino según los sinópticos. — 6. Densidad bipolar del título «Hijo del Hombre». — 7. La cruz como exigencia de la redención para la implantación del Reino. — 8. La cruz como la gran apertura del proceso escatológico. — 9. La resurrección de Jesús inaugura el poder del «éschaton» en la perspectiva del Reino. — 10. Resurrección y «Parusía» de Cristo como puntos sucesivos entre la esperanza y la expectación.

LECCION 19.ª EL REINO EN LA HISTORIA

1. El «eón» actual

El Reino de Dios no significa el final de la Historia. Tampoco representa un abandono de las realidades presentes para ocuparse únicamente en las cosas últimas de la escatología. Ello equivaldría a una deserción de nuestro compromiso cristiano en el «aquí y ahora» en los que se inserta el acontecer del Reino.

En efecto, el Reino de Dios ha entrado en la historia y ha irrumpido en la creación. Dios es soberano en ambos aspectos: la creación y la historia. Tanto el espacio como el tiempo le pertenecen. Ya hemos señalado que la soberanía de Dios sobre la creación y sobre el devenir histórico constituye una de las manifestaciones del gobierno de Dios en el Universo, y en el Antiguo Testamento se equipara esto al Reino del Señor. Es una manera de ejercer su realeza. Pero la creación fue sujeta a vanidad, y la historia es el tiempo en que se realiza la rebelión y el pecado del hombre. El hecho de que Cristo haya establecido el Reino e intervenga constantemente con el fin de darle una mayor manifestación y efectividad, debe significar para la Iglesia el tomar conciencia de sus deberes respecto a las esferas de la creación y a la marcha general del mundo y de la historia.

2. La expansión del Reino en medio de los obstáculos

Las parábolas del sembrador y de la cizaña continúan siendo de vital importancia para el recto entendimiento del modo como el Reino de Dios ha irrumpido en el mundo.

Allí se nos advierte contra la tentación de querer arrancar la cizaña antes de tiempo para proteger al trigo. Solemne aviso contra toda clase de *sectarismos* y de falsos *perfeccionismos* angelicales. Es, además, una advertencia para cuantos construyen una teología o un sistema de vida cristiana que no toma en cuenta suficientemente la realidad del Reino. Dice Ridderbos: «Habiendo entrado el Reino de Dios en el mundo, hemos de confesar que este mundo se halla lleno del poder redentor de Dios.» ¿Cómo y en qué sentido? Por una serie de factores nuevos que precisamente el Reino (o mejor dicho, el Rey) ha introducido entre nosotros: la continua acción del Espíritu Santo, la presencia de la Iglesia, el dinamismo de la Providencia, etc. La cruz de Cristo fue plantada en esta tierra nuestra, no en alguna otra parte; y Cristo fue levantado aquí y resucitó de una tumba terrena.

El poder del Reino se ha manifestado de modo efectivo en nuestra historia, y es este poder real y efectivo lo que constituye la temática de las parábolas del grano de mostaza y de la levadura. La primera tiene que ver con el poder *expansivo* del Reino; el grano es muy pequeño al principio, pero luego crece y se hace árbol grande.[26] Da cobijo a los pájaros y las gentes buscan su sombra. El Reino no se mantiene alejado del mundo, sino que lo busca para redimirlo o, al menos, iluminarlo. Busca a todas las gentes hasta lo último de la tierra. Sin embargo, el Reino es también como la levadura, que penetra el todo y trata de condicionar el conjunto. Esto tiene que ver con su *in-*

---

26. A. Kuhn, F. Lacueva y otros opinan que dicha parábola comporta un fenómeno de «gigantismo» anormal, notorio en las iglesias de *multitudes* inconversas. En este caso, las «aves del cielo» son «pájaros de cuenta».

G. Vos, H. Ridderbos, J. Stott, G. E. Ladd, W. Hendriksen y G. Gander, entre otros, sostienen la interpretación aquí expuesta. En cualquier caso, hay que tener en cuenta el contexto inmediato del pasaje (¿qué entendieron los discípulos?, ¿qué quiso decirles Jesús?) y el más amplio de la doctrina del Reino en sus líneas principales (especialmente el «*ya y todavía no*» del Reino).

Tanto la parábola de la semilla de mostaza como la de la levadura, presentan el contraste entre un pequeño comienzo y un gran resultado final; y ello no en virtud de un triunfo espectacular, externo y violento, sino operando desde dentro como una corriente sub-

tensidad: penetra todos los campos de la vida, se introduce en todas las estructuras.[27] Ahora bien, la historia de esta penetración tiene sus momentos altos y sus momentos bajos, y también puede comprobarse cómo en unas culturas ha penetrado más, y en otras apenas si ha llegado a dejar sentir su anuncio verbal. En unas esferas ha producido más impacto que en otras y, como siempre ocurre cuando se proclama el Evangelio, unos le han dado mayor acogida que otros. Esto vale en el plano individual y en

---

terránea. Es como si Jesús nos dijera: «Vosotros sois la levadura del mundo.» Ambas parábolas se refieren a una misma causa mínima que producirá importantes y grandes efectos.

«La levadura, en el lenguaje de Jesús, es sinónimo de doctrina, de mensaje, de vivencia espiritual; buena o mala. Su maldad o su bondad dependerá si se trata de la "levadura" (doctrina) de los fariseos (Mat. 16:6) o de la del Reino. En un sentido, Jesús mismo puede considerarse como la Levadura de toda la masa del mundo —puesto que el Reino viene con el Rey—; "la imagen de la levadura —ha escrito J. Schniewind— pudo resultar chocante a los oyentes acostumbrados al lenguaje de la Pascua, en la cual la levadura es la imagen de algo desagradable y pecaminoso (*cf.* Mar. 8:15). La imagen no busca sino sorprender a los oyentes. Hay que pensar que la levadura fermenta; y el mensaje del Reino es un fermento por la acción del Evangelio". P. Bonnard insiste en que la noción de levadura en este texto no es peyorativa, sino, al contrario, laudatoria, puesto que se aplica al Maestro y a su Reino y, por extensión, a sus discípulos. Y es que la Pascua, la liturgia y el ritual judíos son una cosa, pero la vida de todos días es otra cosa muy distinta. Ahora bien, la acción del Evangelio no se producirá mediante el ritualismo, a la manera judía, sino en la vida cotidiana, como algo vivo y sabroso para los hombres, algo que penetrará y transformará la existencia de cada día. Restituye a la noción de levadura su pleno valor para la vida, en contraste con la levadura de los fariseos, y reivindica así la acción del Reino en el mundo. Tal es, en nuestra opinión, la levadura del Reino, ¡bien distinta de la de los fariseos!» (Georges Gander, *L'Evangile de l'Eglise*, Etudes Evangéliques Labor et Fides, Aix-en-Provence y Génève, 1967, pp. 145-147.) Véase la nota siguiente, n.º 27.

27. Hay también algunos expositores que entienden la parábola de la levadura en sentido peyorativo, como elemento corruptor (véase F. Lacueva, *La Iglesia, Cuerpo de Cristo*, CLIE, Tarrasa, 1974, pp. 70-71, y *Etica cristiana*, CLIE, Tarrasa, 1975, pp. 218-219).

Véase lo que ya se ha dicho en la nota n.º 26.

George Eldon Ladd escribe: «El pan sin levadura fue preparado en tiempo de Exodo, no porque la levadura significara algo malo,

el colectivo, en la vida de los individuos y en la de los pueblos.

No es éste el lugar para hacer historia y aportar ejemplos de lo que ha hecho el Reino al dejar sentir su influencia. Digamos solamente que la ciencia moderna —y su escuela: la tecnología— sería inconcebible sin la irrupción de la comunidad cristiana en el mundo, portadora del mensaje y de la presencia del Reino. Digamos asimismo que conceptos como democracia y libertad fueron transformados desde su pobre origen griego hasta pasar al que en la actualidad les concedemos. Derechos del hombre, justicia social, emancipación de la mujer, etc., significan algo de lo mucho que el Reino ha venido haciendo posible du-

---

sino más bien como símbolo de *prisa*, de *apresuramiento* (Ex. 12:11, 39; Deut. 16:3; *cf.* Gén. 18:6; 19:3); por otra parte, los panes *con* levadura eran ofrecidos en la Fiesta de las Semanas (Lev. 23:17) como "primicias para Yahveh" y como símbolos del sustento ordinario del común de las gentes» (G. E. Ladd, *A Theology of the New Testament*, Grand Rapids, 1974, pp. 98-99). En nota al pie de página, G. E. Ladd aporta varios testimonios para probar que ni siquiera entre los rabinos la levadura significaba siempre algo pecaminoso; su sentido peyorativo o positivo dependía de varios factores, pero no iba implícito en el mismo significado de la palabra, aunque a nivel popular, y debido a la Pascua, pudiera tener más bien la connotación negativa.

Creo que tanto el contexto inmediato del pasaje como toda la enseñanza del Reino en el Nuevo Testamento apoyan la interpretación que ve en las dos parábolas (el grano de mostaza y la levadura) la intención de asegurar a los discípulos que aunque ahora el Reino sólo encuentra oposición, y éxitos parciales, o intermitentes, sin embargo obtendrá también victorias esporádicas y, finalmente, triunfará abarcándolo todo dentro de su esfera en la segunda venida. Al principio el Reino será insignificante y solamente un puñado de discípulos serán sus súbditos fieles, hombres vulgares sin influencias mundanas; pero esto no debe desanimar a los seguidores del Rey, porque al final, en la consumación de los planes de Dios, el Reino será un gran árbol, o la levadura que leuda toda la masa. La forma futura del Reino no tiene que medirse por su insignificancia inicial. El énfasis más bien radica en su presencia discreta, prudente e inesperada. La levadura que cabe en tres medidas de harina es casi imperceptible, pero finalmente se verán los resultados de su acción cuando todo, y todos, quedarán afectados por el Reino.

Como escriben A. Edersheim y H. Ridderbos, la parábola del grano de mostaza trata de explicar la acción *extensiva* del Reino y la de la levadura *intensiva*.

rante los últimos veinte siglos en el plano secular. Como lo expresa J. H. Yoder: «*Eso es lo nuevo: la presencia misma de esta comunidad* (cristiana), que tiene las características que señalé antes, una manera nueva de actuar con el dinero, el poder, las distinciones sociales. ¡La misma presencia de esta comunidad es el cambio! Una civilización que tiene en su seno una comunidad así, es una sociedad cambiada, aunque no lo sienta o no se dé cuenta de ello. Es la presencia de una *alternativa.* Aun en los contextos de otras ideologías se reconoce que el elemento más básico en el cambio social es la presencia de *una nueva conciencia,* la capacidad de pensar una nueva alternativa. La presencia del pueblo de Jesús dentro de la sociedad palestinense, y en seguida dentro del Imperio Romano, es en sí misma una nueva situación social, y es la *contestación* más profunda a largo plazo y más eficaz a la preocupación por el cambio social rápido, básico; cambio con caracterización social.»[28]

De ahí que el «escatologismo», es decir, la escatología convertida en un «ismo» obsesivo, sea tan antibíblico como el concepto inmanente del Reino, que lo convierte en una mera realidad presente, tomando prestadas las categorías de la filosofía de la inmanencia. Dicho «escatologismo» no aprecia el poder de la resurrección «aquí y ahora», ni tiene en cuenta la acción del Señor a la diestra del Padre por medio de su Palabra y de su Espíritu. Olvida el hecho de que el campo donde hay que echar la simiente es el mundo. Por esta razón, Cristo es la única esperanza del mundo; concretamente, de *este* mundo.

3. La tensión de la esperanza

Ahora bien, esta presencia del Reino en medio de nosotros ahora, se halla asimismo condicionada por el futuro. Más aún, la presencia del Reino se hace sentir con intensidad y eficacia sólo en la misma medida en que es impulsada y gobernada por la esperanza futura. Aquí es

28. En «Revolución y ética evangélica», artículo publicado en la revista *Certeza,* n.° 44, 1971, pp. 104 y ss.

donde la fe cristiana (la teología bíblica también) tiene que librar una batalla a vida o muerte en contra de la secularización, en contra de la «humanización», en sentido de banalización, del Reino de Dios. Tanto la secularización radical, puesta de moda por recientes escuelas seudoteológicas,[29] como el pretendido humanismo liberal, son antibíblicos y anticristianos, ya que consideran a la creación y a la naturaleza como entidades independientes y, por tanto, autosuficientes frente a Dios y su Reino. Sartre llega a decir que «si Dios existiera, habría que matarlo igualmente» en aras de la libertad del hombre. Hamilton, Altizer y otros «teólogos radicales» escriben en el mismo sentido.[30] Según esta concepción, la ley de la naturaleza, el orden del mundo y del universo son algo cerrado e inamovible, del que el hombre mismo forma parte y está sujeto a él en su existir natural, siendo todo ello independiente de Dios y estando fuera totalmente de su control. Con esta concepción del Reino la resurrección es una mera idea simbólica: la manera mitológica de expresar una realidad, no concreta ni encarnada, sino abstracta y espiritual. En estas escuelas de pensamiento el futuro del Reino de Cristo se ha volatilizado; en dichas esferas Cristo ya no es por más tiempo la esperanza del mundo futuro y el modelador del «nuevo hombre»; ya no es Aquel que renovará la creación y hará suscitar de la muerte la vida.

Esta secularización del concepto del Reino ha sido llevada a cabo por la teología liberal americana y por la interpretación existencialista del Evangelio a la manera de R. Bultmann. El punto de vista teocéntrico ha desaparecido en ambas escuelas. Lo único que queda de la trascendencia de Dios es lo suficiente para que el hombre pueda seguir siendo humano. El Reino es, pues, simplemente un sinónimo más para denominar la «libertad» que hace del hombre un agente libre como ser espiritual. Esta libertad, entiéndase bien, habrá de venir del «otro lado», de Dios, por medio de la instrumentalidad del mismo ser

29. Existe una comprensión de lo secular que es cristiana y se apoya en la Biblia, en los órdenes de la creación de Dios.

30. Véanse J. M. Martínez y J. Grau, *Iglesia, sociedad y ética cristiana*, 2.ª Parte.

humano al confrontarse con la Palabra de Dios. Esto es la trascendencia; una trascendencia limitada a lo meramente humano, a lo que hace del hombre algo realmente humano y nada más, pues es una trascendencia interpretada a la manera de la filosofía existencialista. Dios es Dios sólo en la medida en que es necesario para que el hombre se realice como tal. Es decir, Dios se ha convertido en un instrumento del hombre; Dios existe *sub specie hominis*. Siendo esto así, el hombre puede, cuando lo crea conveniente, decretar la muerte de Dios. Tal es el Dios del existencialismo. Y tal es la humanización del concepto bíblico del Reino de Dios.

4. Concepto evangélico del Reino de Dios

En contraste con el concepto existencialista tenemos el concepto impresionante, grandioso, que los Evangelios nos ofrecen del Reino de Dios. Dios es el Señor de toda la creación. Su Reino viene en, y por medio de, Jesucristo. Como Señor y Soberano, Cristo no se halla indefenso, ni impotente, dentro de este circuito cerrado en que los secularistas y los humanistas existencialistas pretenden haber explicado el mundo. ¿Queremos una prueba del poder de Dios en el universo? Ahí está el hecho inconcuso: Cristo resucita de entre los muertos y es hecho primicias de los hombres salvados. Ahí radica la explicación de que Cristo sea la esperanza, la única esperanza, del mundo. El Reino que inauguró Jesús de Nazaret es el mismo Reino que ha de venir y que viene ya. Aquel hecho salvífico «central» no fue más que el anuncio, la primera prorclamación de lo que en el definitivo «Día del Señor» hallará perfecto y cabal cumplimiento.

La Iglesia vive, insistimos, en el «ínterin»; entre las dos grandes épocas de la manifestación de su Salvador y Señor. La resurrección de Jesús arroja luz tanto al pasado como al futuro; es la prueba de lo que ha ocurrido *ya*, y la garantía de lo que acontecerá en el futuro. Aquí tenemos el sentido profundo de la alternancia que encontramos, en los Evangelios y en el resto del Nuevo Testamento, entre los tiempos «presente» y «futuro».

CUESTIONARIO:

1. ¿Cómo se manifiesta el Reino de Dios en el actual «eón»? — 2. ¿Qué comporta esto para la conciencia del creyente? — 3. ¿Cómo ayudan las parábolas a comprender correctamente la irrupción del Reino en este mundo? — 4. La penetración extensiva y la penetración intensiva, a la luz de dichas parábolas. — 5. Influencia de esta penetración en el cambio de las estructuras individuales y sociales de la humanidad. — 6. La equivocación del «escatologismo». — 7. Tensión de la esperanza cristiana en pugna con la falsa «humanización» del Reino de Dios. — 8. Sartre y los teólogos de la «muerte de Dios». — 9. ¿Adónde conduce la interpretación existencialista de la trascendencia divina, en orden al concepto de Reino de Dios? — 10. Concepto evangélico del Reino de Dios.

LECCION 20.ª
EL REINO SEGUN LAS DIVERSAS ESCUELAS

1. El Reino en la teología católico-romana

Tras referirnos al secularismo, a la teología radical y al existencialismo, nos resta considerar otros sistemas donde el concepto del Reino de los cielos (o Reino de Dios) ha sufrido varias y dispares influencias. La historia de este concepto, ya desviado del Evangelio, va en un principio ligada a la historia de la teología de Roma.

En la teología católico-romana una característica sobresaliente es la identificación de la Iglesia (la *civitas Dei*) con el Reino. Fue Agustín de Hipona el principal promotor de dicha identificación. Por medio de la jerarquía eclesiástica Cristo es temporalmente actualizado y se hace presente, a lo largo de la Historia de la Iglesia, como Rey del Reino de Dios. La Jerarquía eclesiástica es la manifiesta representación vicaria y visible de la presencia de Cristo Rey en el mundo, y tiene la exclusiva en la administración autorizada de la Palabra y, especialmente, de los sacramentos que confieren la gracia salvífica (regeneración espiritual, carácter que marca indeleblemente a los miembros de la Iglesia, gracia infusa, perdón de los pecados, etc.). La mediación de la Jerarquía en la salvación (la pertenencia al Reino) se hace esencialmente *necesaria*. El territorio del Reino abarca los mismos límites que las fronteras de la Iglesia. Donde se halla el poder y la autoridad de la Iglesia jerárquica y sentimental, allí, y sólo allí, existe el Reino.

2. La Reforma

En su resistencia a la jerarquía romana los reformadores enfatizaron el aspecto espiritual e individual del Reino y citaron muchas veces Lucas 17:20 y ss. El Reino de los cielos —afirmaron— es una soberanía espiritual que Cristo ejerce mediante la predicación de su Palabra y la operación de su Espíritu.

Si bien, al comienzo, la Reforma no perdió de vista las grandes dimensiones del Reino y sus conexiones con la extensión del Evangelio, pronto olvidó el carácter dinámico del mismo. Es de señalar la gran aportación de Calvino con su énfasis en la soberanía de Dios, lo que condujo a una teología teocéntrica que forzosamente prestó atención a la idea del Reino de Dios. No obstante, los reformadores no fueron típicos teólogos de la teología del Reino. Su punto de vista era teocéntrico, pero excesivamente estático (casi exclusivamente centra en la Soteriología). Los aspectos históricos y escatológicos de la Revelación bíblica no fueron suficientemente estudiados.[31]

3. Posteriores desviaciones

Mientras en el catolicismo el Reino de Dios quedaba oculto tras las impresionantes fachadas de las grandes catedrales, en las iglesias de la Reforma se debilitó su fuerza por culpa de los prejuicios de la llamada «Ilustración» y, luego, por la reacción pietista, que se fue al otro extremo. En ambos casos, aunque en tan diferentes ambientes, el Reino de Dios fue concebido únicamente en un sentido individualista (la soberanía de la gracia en los corazones de los individuos creyentes). Nada de proyección comunitaria, cultural o social. Sólo las iglesias estrictamente reformadas —sobre todo en Holanda— conservaron la idea del Reino dentro de perspectivas más bíblicas.

En la teología liberal posterior el concepto iniciado

31. Así se explican las distintas y equivocadas concepciones de los reformadores acerca de la relación entre lo espiritual y lo temporal: el estilo teocrático de Calvino, la iglesia *nacional* de Inglaterra, el papel de los príncipes seculares en el luteranismo, etc.

durante la «Ilustración» evolucionó hacia una postura meramente moralista, especialmente bajo la influencia de Kant: el Reino de Dios es el reino de la paz, el amor y la justicia; nada más.

En los círculos pietistas, por otra parte, se mantuvo durante mucho tiempo una sana actitud de «expectación» en relación con el Rey y el Reino que vienen. Pero desgraciadamente casi todo el énfasis se hacía en el futuro, y nada, o muy poco, se decía del presente; hasta el punto de que no se veía ningún sentido positivo en el mensaje del Reino para la vida de aquí y ahora. El Reino quedó diluido en mera escatología y, lo que es peor, en «escatologismo», con el correr del tiempo.

Surgen también en las esferas liberales conceptos dualistas, entre los que cabe destacar el concepto social del Reino, cuyo énfasis —en oposición al pietismo— se coloca solamente en el aspecto visible y comunitario. Estas ideas adquieren un cierto radicalismo social en algunos escritores, por ejemplo en el «cristianismo basado en el Sermón de la Montaña» de Tolstoi, y en otros (para quienes el mensaje de la cruz es una invención de Pablo), o en la interpretación «religioso-social» de Kutter y Ragaz en Suiza. También se echa de ver dicha influencia en la creencia optimista acerca de la evolución indefinida del progreso, y en el «Evangelio social» americano. La venida del Reino, según todas estas corrientes, estriba en el avance social y el desarrollo económico. Su sentido es totalmente horizontal, sin que sea necesaria ninguna verticalidad que comunique al hombre con el cielo.

4. La vuelta al concepto evangélico del Reino

En contraste con la espiritualización, moralización, individualización y evolución progresiva de las antedichas escuelas de interpretación, el Nuevo Testamento ha sido estudiado también por eruditos fieles en todo a la Palabra de Dios, adheridos únicamente a la verdad bíblica. Se da incluso el caso de investigadores honestos que, por encima de sus opiniones particulares, se interesaron por lo que el Nuevo Testamento dice exactamente, y no por lo que ciertas escuelas quieren hacerle decir. Estos eruditos han afirmado y mantenido reiteradamente el contenido esencial de la predicación primitiva del Reino de Dios y su significado: un significado controlado por la historia de la salvación, de la que forma parte, y de la escatología.

Entre estos eruditos hemos de mencionar a Oscar Cullmann y a Joaquim Jeremias. El radicalismo escatológico que hallamos en Albert Schweitzer y en J. Weiss, entre otros, para quienes Jesús habría sido meramente un iluminado que creía en el inminente fin del mundo, pero a quien fallaron los cálculos, halla cumplida respuesta en las obras de Cullmann y de Jeremias. En el campo estrictamente conservador destaca la labor de eruditos como Stonehouse, Vos, Ladd, Ridderbos, etc. Todos estos investigadores señalan el significado presente del Reino, dentro de la perspectiva de la historia de la salvación: la perspectiva del progreso de la actividad dinámica de Dios en la Historia, que tiene su meta en la consumación final de todas las cosas.

Cualquier estudio sobre el tema del Reino de Dios sería incompleto si no se prestara atención especial a los mensajes de los profetas del Antiguo Testamento. Por eso, hemos anticipado en anteriores lecciones el análisis de los grandes textos proféticos de la revelación veterotestamentaria, particularmente de Daniel y Ezequiel.

Hoy día se da un consenso general entre los eruditos evangélicos en torno a la doctrina bíblica del Reino. Esto se puso de manifiesto en la «Conferencia Europea de Teólogos Evangélicos» celebrada en Heverlee (Bélgica) la primera semana del septiembre de 1976, sobre la temática *El Reino de Dios y el hombre moderno,* desarrollada por John Sttot (Inglaterra), Klaus Bockmül (Suiza), Klaas Runa (Holanda), Agne Nordlander (Suecia), Paul Toaspern (Alemania), Henry Blocher (Francia), Peter Beyerhaus (Alemania) y José Grau (España). Todas las ponencias presentadas rechazan el esquema dispensacionalista y siguen la línea que acabamos de presentar.

CUESTIONARIO:

1. Concepción católico-romana del Reino de Dios. — 2. El papel mediador de la Jerarquía y del sacramentalismo en la Iglesia de Roma. — 3. Enfasis de la Reforma en el aspecto espiritual e invisible del Reino. — 4. ¿Dónde radican las deficiencias de dicho concepto? — 5. Influencia de la «Ilustración» en la teología liberal. — 6. La desviación pietista. — 7. El «Evangelio social», desde Tolstoi hasta el compromiso socialista americano. — 8. Albert Schweitzer y su radicalismo escatológico. — 9. La vuelta al concepto evangélico del Reino, mediante la investigación honesta de eruditos bíblicos. — 10. ¿Qué contexto ha de tenerse siempre en cuenta en cualquier estudio sobre el tema del Reino de Dios?

Tercera parte

El Dispensacionalismo

LECCION 21.ª ORIGENES DE LA ESCATOLOGIA DISPENSACIONALISTA

1. Margaret McDonald

Los orígenes de la escatología dispensacionalista se remontan a una pretendida «revelación» que una joven escocesa de 15 años, Margaret McDonald, tuvo el mes de abril de 1830 en Port Glasgow, su ciudad natal. Según esta «revelación», la segunda venida de Cristo tendría lugar en dos etapas: la primera, para recoger a un grupo selecto de creyentes, que sería arrebatado al cielo para ir al encuentro del Señor *antes* de la aparición del Anticristo, antes de la gran tribulación. Un amigo de la familia, R. Norton, escribió el relato de la «visión», insistiendo en que era la *primera vez* que alguien dividiese en dos la segunda venida. Estos escritos han estado fuera de circulación durante mucho tiempo, hasta que la labor infatigable de investigadores como Dave McPherson dio su fruto con el hallazgo de los documentos que prueban de modo irrefutable el verdadero origen de lo que constituye el núcleo mismo del dispensacionalismo: el arrebatamiento secreto de la Iglesia, para dar paso al cumplimiento final de todas las profecías relativas a Israel.

2. John Darby

Las «visiones» de Margaret McDonald fueron notorias en toda Escocia, y muy especialmente entre los grupos interesados en los fenómenos «carismáticos» que allí se manifestaban. Entre los visitantes de Port Glasgow se hallaba John Darby, el fundador de los «Hermanos Cerrados», aunque por entonces no se había separado todavía de otros dirigentes de las Asambleas —tales como Newton, Chapman y Tregelles—, quienes diferían de él en varias cosas; entre ellas los nuevos conceptos escatológicos, los cuales llegaron, sin embargo, a alcanzar luego un enorme grado de penetración en los Hermanos.

3. Expansión de la «nueva doctrina»

Los primeros partidarios del pretribulacionismo, punto que, juntamente con el «paréntesis» entre la semana sesenta y nueve y la setenta de Daniel, constituye la premisa básica del dispensacionalismo, los primeros partidarios, repetimos, solían llamarlo «una nueva doctrina». Como escribe Dave McPherson: «Los partidarios del punto de vista pretribulacional no pueden nombrar ni siquiera a una sola persona que, desde los tiempos de Jesucristo hasta el año 1830, hubiese enseñado tal doctrina.»[1]

Existe un marcado contraste entre la rapidez con que este nuevo esquema profético se impuso entre los Hermanos de Inglaterra y U.S.A. —como lo había hecho bajo los auspicios de la llamada «Iglesia Apostólica»— y la oposición que al principio halló de hombres tan piadosos y eruditos como Newton, Tregelles y Müller. Este último dijo: «Llegó un día en que tenía que tomar una decisión: o bien me apartaba de la Biblia, o me alejaba de Darby .Escogí quedarme con mi preciosa Biblia.»[2]

Y en un editorial del número de julio de 1972 de la revista evangélica británica *The Witness* podía leerse lo siguiente:

---

1. En *The Incredible Cover- Up*, The True Story of the Pre-Trib Rapture (Logos International, New Jersey, 1975), p. 96, nota 1.
2. Citado por L. R. Thomas, *The Restitution of All Things* (Ravensthorpe, Australia, 1960), p. 87. Este libro, que constituye un ataque enérgico contra el dispensacionalismo, fue elogiado por F. F. Bruce, de los Hermanos de Gran Bretaña.

«Lo que nos llama la atención sorprendentemente es la ligereza con que doctrinas totalmente desconocidas antes de Darby fuesen tan ampliamente aceptadas y consideradas como casi fundamentales para la fe cristiana. Sin duda, desde el principio hubo muchos hombres de influencia que desintieron de Darby. Baste mencionar tan sólo a B. W. Newton o a R. Chapman, para demostrar que aún había muchos que sostenían otros puntos de vista sobre la profecía. Si no hubiese sido por la dominante personalidad de Darby y sus dotes oratorias, los otros puntos de vista hubieran coexistido al lado de los de Darby. El resultado hubiese sido una menor intolerancia en relación con las opiniones distintas de las popularizadas por Darby. El hecho es que el propio Darby vaciló, al principio, antes de tragarse el esquema que luego impuso tan tenazmente a los demás. Pero, vencidas sus propias dudas, se aferró a la idea de que el Evangelio de Mateo era judío y de carácter dispensacional. Por fortuna, hoy en día, un número creciente de pensadores entre los Hermanos de las Asambleas se sienten con libertad para sustentar otras opiniones proféticas muy distintas de las de Darby, sin el temor de ser tildados de herejes.»

¿Estaba pensando el editorialista de *The Witness* en el profesor F. F. Bruce de Manchester, uno de los eruditos bíblicos más importantes de nuestro siglo, que pertenece a las Asambleas de Hermanos y es amilenial en su escatología? ¿O pensaba quizás en otros, como Ellison y tantos otros miembros de las Asambleas que han dejado de ser dispensacionalistas al profundizar más en el estudio de la Biblia?

En la sección «Answers to Questions» de la revista de los Hermanos en Gran Bretaña *The Harvester* (abril de 1964) le preguntaron a Bruce «si hay algún soporte bíblico para la idea de un arrebatamiento secreto de la Iglesia», a lo que contestó, muy a la inglesa: «Quizá lo haya, pero aún no lo he encontrado...» En otra ocasión el mismo Bruce manifestó que «la influencia combinada Darby - Scofield no ha sido para bien en el Movimiento de los Hermanos. Hay muchos Hermanos —precisó— que no son ni futuristas ni dispensacionalistas. Si uno acaba con el dispensacionalismo, acaba también con la Biblia Scofield.»[3]

Y en un reciente número —mayo de 1976— pudimos leer en *The Harvester*: «Nunca sabremos cuánto ha dañado, tanto como haya podido ayudar, la Biblia Scofield a las Asambleas.»

Otro de los que han abandonado la interpretación pretribulacional es O. J. Smith, de la famosa Iglesia del Pueblo de Toronto (Canadá), quien en un folleto titulado *Tribulation or Rapture, Which?* escribe:

> «Ahora, después de muchos años de estudio y oración, estoy absolutamente convencido de que no habrá tal cosa como un arrebatamiento secreto de la Iglesia antes de la tribulación; sino que, por el contrario, la Iglesia es llamada a enfrentarse con el Anticristo, y que Cristo vendrá al final, y no al comienzo, de ese terrible período. Yo creí en otro tiempo en la teoría pretribulacional; fui enseñado en ella a través del libro de W. E. Blackstone *Jesús viene,* de la *Biblia Scofield,* de las Conferencias Proféticas y de ciertos Institutos Bíblicos. Pero cuando comencé a escudriñar las Escrituras por mí mismo, llegué al convencimiento de que no hay un solo versículo en toda la Biblia para defender la teoría pretribulacional; al contrario, la enseñanza uniforme de la Palabra de Dios aboga por una postura postribulacional.»[4]

4. Las investigaciones de D. McPherson

Dave McPherson, en su libro *The Incredible Cover-Up,* recoge el resultado de sus investigaciones sobre las fuentes del dispensacionalismo. De dicho libro ha escrito el ya citado profesor F. F. Bruce: «Se trata de un valioso y

---

3. Citado por L. R. Thomas, *o. c.*, pp. 86-87.
4. Citado por L. R. Thomas, *o. c.*, p. 144.

chispeante relato, que los estudiantes de la interpretación profética en el siglo XIX deberán considerar seriamente.»[5] J. B. Payne ha manifestado también: «Es el estudio más profundo a nuestra disposición, acerca de los orígenes históricos del pretribulacionismo.»[6] Y la ya mencionada publicación *The Witness*, una de las revistas más antiguas de los Hermanos de Inglaterra, tuvo que admitir en 1974, al comentar el libro de McPherson: «consigue establecer, con éxito, la prueba de que el punto de vista en cuestión fue primeramente propuesto por una tal Margaret McDonald».[7]

Además de haber investigado en los archivos de Inglaterra y Escocia, y haber escrito el libro definitivo sobre los orígenes del dispensacionalismo, McPherson afirma:

> «Dispongo de una lista de graduados del Seminario de Dallas (el único Seminario del mundo donde se enseña la interpretación dispensacionalista de la Biblia), que ahora son postribulacionalistas. Uno de ellos es presidente de otro Seminario. Recibo constantemente cartas de pastores que estudiaron en centros pretribulacionalistas y que luego adoptaron diferentes puntos de vista. Recientemente, un pastor de Virginia me escribió en estos términos: "Como graduado del *Philadelphia College of Bible*, acepté el arrebatamiento pretribulacional, pero a lo largo de estos años de estudio de las Escrituras he llegado a darme cuenta de que no existe base alguna en la Biblia para semejante teoría."»[8]

En el presente estudio nos servimos del libro de McPherson, con quien hemos mantenido además una interesante correspondencia sobre el tema. No obstante, hemos querido ampliar la perspectiva de nuestro trabajo remontándonos a la prehistoria del Movimiento (o Movimientos) que dio

---

5. En *Evangelical Quarterly*, enero de 1975.
6. En *Journal of the Evangelical Theological Society*, invierno de 1974-75.
7. Citado por D. McPherson, *o. c.*, p. 155.
8. *O. c.*, p. 145.

lugar, en el transcurso del tiempo, a lo que hoy se conoce como las características de la interpretación profética dispensacional.

5. ¿Tiene el dispensacionalismo una especie de «prehistoria»?

Aunque fue Margaret McDonald quien por primera vez anunció una segunda venida partida en dos, en medio de la cual situó, también por primera vez, el arrebatamiento de algunos creyentes, como resultado de sus «visiones» y «revelaciones» particulares, el hecho es que existe también una especie de prehistoria, es decir, de factores históricos, de corrientes peculiares, que preparaban el terreno para que finalmente hiciese eclosión todo el conjunto de circunstancias que, al darse cita en el siglo XIX, produjera la nueva interpretación profética con sus novísimos puntos de vista. Los religiosos condicionamientos de aquella época parecen haber hecho necesarias para algunos —entre ellos Darby— las nuevas ideas. El futurismo, el sionismo, el sectarismo de Darby en lo tocante a Eclesiología, etc., todo ello coadyuvó al alumbramiento de la nueva escuela en Port Glasgow en abril de 1830, y a su presentación pública en las Conferencias de Powerscourt a cargo de Darby, pocos años después.

Esta casi necesidad que se le imponía a Darby —dado su peculiar talante y las corrientes que le empujaban— explica que, a pesar de la animadversión que sentía contra la llamada «Iglesia Apostólica», acabara aceptando lo que esta Iglesia bendecía y propugnaba (las «revelaciones» de la McDonald), y también explica su posterior silencio acerca de las fuentes en que había ido a buscar los primeros elementos de la estructura que estaba componiendo. Se comprende igualmente el cuidadoso afán por ocultar los orígenes de muchas de sus ideas proféticas, y la insistencia en imponer, por el peso de su sola autoridad, algo cuyo nacimiento no estaba claro en modo alguno.

Es verdad que una doctrina no debe ser juzgada por su antigüedad o por su modernidad, sino por la Palabra de Dios; pero no es menos cierto que, como escribía

D. P. Fuller, «la ignorancia es una especie de felicidad, y bien pudiera ser que esta popularidad no fuese tan grande si los seguidores del sistema dispensacional conociesen los antecedentes históricos de lo que enseña».[9]

Vamos a indagar cuáles fueron estos antecedentes. Por las notas al pie de página podrá el lector darse cuenta de la extensa bibliografía consultada. Seguir los avatares históricos de esta escuela de interpretación nos lleva forzosamente a considerar la manera cómo la Biblia ha sido interpretada —precisamente en sus secciones más difíciles— y, por ello, el tema no se reduce simplemente a un ejercicio de curiosidad, a una indagación de anticuario, sino que es de sumo interés tanto histórico como bíblico. Estudiaremos primero la prehistoria del dispensacionalismo, con sus factores concurrentes y sus personajes más sobresalientes, que estaban creando la atmósfera condicionante que halló expresión a comienzos del siglo XIX. Y después estudiaremos la historia propiamente dicha del dispensacionalismo, con especial atención a los sucesos que tuvieron lugar en Port Glasgow, donde entre lipotimias, trances místicos y arrebatos visionarios la joven Margaret McDonald daba a luz la nueva «revelación», convertida en *doctrina* básica de la fe cristiana no sólo por los discípulos de Irving (la Iglesia Apostólica), sino por Darby y sus seguidores.

La descripción de estos sucesos no intenta ser, en ningún instante, un ataque en contra de nadie. Discutimos unas doctrinas, su fondo histórico, pero en modo alguno es nuestro deseo atacar a quienes sustentan tales doctrinas. Precisamente por amor a estos hermanos, sentimos la necesidad de publicar estas páginas, esclarecedoras de unos hechos y de unas corrientes religiosas, que arrojarán luz sobre nuestra propia situación. Al escribirlas, se ha ido asegurando cada vez más mi firme convencimiento de que es en la lectura de la Biblia, meditada con oración

9. En *The Hermeneutics of Dispensationalism* (Tesis Doctoral, Chicago, 1957), p. 136. (Citado por Ryrie, *Dispensacionalismo, hoy*, Portavoz, Barcelona, 1975.)

y buscando la ayuda del Espíritu Santo, donde hemos de ir a buscar nuestra escatología —al igual que el resto de nuestra teología—, no en éxtasis, exaltaciones ni iluminismos fugaces.

CUESTIONARIO:

1. ¿Quién fue Margaret McDonald? — 2. Su influencia en J. Darby. — 3. ¿A qué época se remonta el nacimiento del dispensacionalismo? — 4. Expansión de la «nueva doctrina». — 5. ¿Qué opinaron de ella hombres tan piadosos y eruditos como Newton, Tregelles y Müller? — 6. Testimonio del profesor F. F. Bruce, de las Asambleas de Hermanos. — 7. ¿Qué dice otro desengañado, O. J. Smith? — 8. Las investigaciones de D. McPherson. — 9. ¿Nació el dispensacionalismo, por generación espontánea, de las «visiones» de la M. McDonald, o tiene una prehistoria? — 10. ¿Adónde hemos de acudir para clarificar nuestras ideas sobre la Escatología?

LECCION 22.ª
PREHISTORIA DEL DISPENSACIONALISMO

1. Consecuencias del literalismo radical

El premilenialismo radical —y literalista— de que hacen gala los modernos dispensacionalistas se aparta bastante, por no decir casi totalmente, del sistema de interpretación profética de los antiguos premilenialistas, también literalistas, de otras épocas. Como ha escrito LeRoy Edwin Froom, «debería tenerse en cuenta que no fue sino hasta la primera década del siglo XX cuando el dispensacionalismo, con sus doctrinas características (la teoría del arrebatamiento de la Iglesia, la separación de la semana setenta de las sesenta y nueve precedentes de Daniel 9, etc.), comenzó a extenderse y a generalizarse en ciertos sectores del ala fundamentalista del Protestantismo. Ello se debió, sobre todo, a la difusión que alcanzó la *Biblia de Scofield* y a las atrevidas y revolucionarias tesis de su autor, juntamente con el apoyo que a estas teorías prestó el *Moody Bible Institute* de Chicago. No olvidemos que esto ocurría a comienzos del siglo actual. Con ello se produjo un énfasis muy distinto del que había prevalecido en las primeras confesiones proféticas del siglo XIX». Los literalistas de comienzos del siglo XIX sostenían, en efecto, el punto de vista histórico de interpretación profética. Creían que el cumplimiento de las varias profecías bíblicas cubría todo el período de la Historia de la Iglesia. Por otra parte, éste había sido siempre el punto de vista tradicional del Protestantismo, así como de los primeros siglos de la Iglesia. La Iglesia primitiva, en efecto, era historicista. La interpretación futurista —tanto como la retrospectiva al pretérito— fue introducida por los jesuitas en la época de la Contrarreforma, como veremos luego más extensamente.

Como suele pasar en momentos de polémica, los literalistas, empeñados en combatir la que ellos consideraban extrema espiritualización interpretativa del postmilenialismo (en auge durante el siglo XVIII y parte del XIX), cayeron en extremos opuestos y radicales. Su literalismo, exagerado por mor de la discusión, tenía que conducir, a la larga, al futurismo. Si a ello se añade la introducción, en muchos sectores, de la mentalidad talmúdica, sionista, de interpretación, tenemos ya los factores básicos de la escatología dispensacionalista. La espera de un cumplimiento literal, terreno, de las profecías mesiánicas en una nación hebrea restaurada, condujo al milenialismo judaizante, que tanta aceptación tiene hoy entre un buen número de cristianos norteamericanos.

El énfasis en la restauración y conversión de los judíos —en conexión con la segunda venida de Cristo— llegó a ser una característica de los literalistas, en general. Begg, por ejemplo, esperaba una nación judía restaurada y preeminente, con hegemonía absoluta sobre las demás durante el milenio. Entonces sería reconstruido el templo de Jerusalén de acuerdo con la visión de Ezequiel, y serían restaurados también los antiguos sacrificios levíticos de manera «conmemorativa». El resto de las naciones haría una peregrinación anual con motivo de las fiestas de los Tabernáculos. Los postmilenialistas de aquel entonces, por el contrario, esperaban la conversión de los judíos sobre la misma base que los gentiles, es decir, mediante los métodos ordinarios de evangelización. El concepto de un reino judío redivivo llevó, más y más, al futurismo. Pero, insistimos, el futurismo representa una clase de premilenialismo totalmente diferente del que sostenían los antiguos literalistas.

2. Los factores concurrentes

Los factores que concurrieron en el nacimiento y expansión del dispensacionalismo son varios y diferentes. A través del movimiento catolizante de Oxford, cobró importancia dentro de las filas del anglicanismo la interpretación futurista de la profecía, sostenida en el siglo XVI por los jesuitas. Del anglicanismo pasó a ciertos clérigos que abandonaron la iglesia establecida inglesa, y a un buen número de disidentes o inconformistas, influidos por el judaísmo que les atraía. Además, Irving (y el Movimiento que tomó su nombre) dio el «visto bueno» a cuantos pretendieron haber recibido «revelaciones» celestiales para las innovaciones exegéticas y hermenéuticas que desembocaron en el moderno dispensacionalismo. Y, por extraño que parezca, el deseo de vindicar para los judíos según la carne las profecías mesiánicas, condujo a puntos de vista que arrebataron a la Iglesia la mayor parte de la Escritura, entregando al pueblo judío toda la esperanza profética y tomando prestado de los jesuitas el sistema de interpretación del Apocalipsis que éstos habían utilizado para enfrentarse a Lutero, Calvino y los demás reformadores. Para mayor paradoja, la hermenéutica futurista apenas si es aceptada hoy por ningún comentarista católico-romano.

CUESTIONARIO:

1. Diferencia entre los modernos y los antiguos premilenialistas. — 2. ¿A qué se debe este cambio de énfasis? — 3. Del literalismo al futurismo. — 4. ¿Qué influencia prestó el Movimiento de Oxford? — 5. Factores judaizantes. — 6. Contribución de los jesuitas de la Contrarreforma. — 7. ¿Cuál es el actual punto de vista católico-romano?

LECCION 23.ª CARACTERISTICAS DEL DISPENSACIONALISMO ACTUAL

1. Un futurismo «sui géneris»

El premilenialismo dispensacionalista moderno —tan diferente del premilenialismo inmediatamente anterior— es fundamentalmente un futurismo *sui géneris*, caracterizado por la teoría del «paréntesis de la Iglesia», con las sesenta y nueve semanas de Daniel desvinculadas de la última semana, un Anticristo futuro, un reino judío con el santuario y los sacrificios judíos restaurados, y una dominación política judía mundial. Todo ello acompañado del gobierno de Cristo desde Jerusalén sobre millones de seres humanos que interiormente no serán convertidos, pero que prestarán acatamiento externo.

Genuinamente dispensacionalistas son, asimismo, los siguientes rasgos: pretribulacionismo, con el arrebatamiento secreto de la Iglesia (el pueblo del «paréntesis»), y una segunda venida dividida en dos partes; lo que lleva prácticamente a la creencia de una tercera venida. Además, la Biblia tiene que ser dividida en varios compartimentos dispensacionales, y estudiada de tal manera que los cristianos sepan con certeza las porciones que son para ellos (la Iglesia) y las que son para Israel y que constituyen la mayor parte. En el plano ético se da un antinomianismo latente y siempre amenazante. Este es el sistema de doctrina promulgado por las últimas conferencias proféticas celebradas en Estados Unidos a comienzos de siglo, y también por algunos Institutos Bíblicos.

2. El «paréntesis de la Iglesia»

De todas estas características la más sobresaliente es la llamada el «paréntesis de la Iglesia» (conocida vulgarmente como la *gap theory*), según la cual todos los pasajes proféticos de la Escritura saltan por encima de la «dispensación cristiana» sin afectarla en lo más mínimo, dado que dicha dispensación —el período entre la cruz y la futura venida secreta del Señor en el arrebatamiento de la Iglesia— constituye un paréntesis en los planes de Dios; paréntesis que rompe la conexión entre la semana sesenta y nueve y la semana setenta de Daniel 9. Así, H. A. Ironside dice: «En el momento en que el Mesías murió en la cruz, el reloj profético se detuvo. Ni un solo tic se ha oído de dicho reloj, ni un solo movimiento de manecillas en diecinueve siglos. No volverá a funcionar de nuevo hasta que toda la presente era haya llegado a su fin, e Israel, una vez más, sea tomado por Dios.»[10] Scofield, por su parte, escribe: «La profecía no se interesa en la historia como tal, sino solamente en cuanto a la relación que ella pueda tener con Israel y la Tierra Santa.»[11] De ahí que consideren al libro de Apocalipsis como una obra que sólo tiene que ver con el tiempo que seguirá a la supuesta «tribulación», en la que no habrá de participar la Iglesia, la cual ya habrá sido arrebatada invisiblemente a los cielos, al tiempo del fin —que durará, en su opinión, unos siete años o más— y que media entre la dispensación cristiana y el milenio. Entonces las profecías mesiánicas y grandes porciones del Nuevo Testamento (como los Evangelios Sinópticos) se aplicarán a los judíos que vivirán en el reino milenial judaico.

3. Las «novedades» del actual premilenialismo dispensacionalista

Cualquier resumen que hagamos del premilenialismo actual, y luego lo comparemos con los premilenialismos que

10. En *The Great Parenthesis* (Zondervan, Grand Rapids, 1943), p. 23.
11. *Biblia Anotada de Scofield,* nota 1 a Daniel 11:35.

le precedieron, nos descubre las abismales diferencias que median entre ellos. Floyd E. Hamilton hizo un resumen[12] de diez puntos que, en síntesis, recoge objetivamente las «novedades» del dispensacionalismo en el campo de la interpretación profética:

1) La segunda venida se convierte en una esperanza doble; se divide en dos partes:

   a) Cristo vendrá *por* la Iglesia, en secreto e invisiblemente, al comienzo de la supuestamente diferida semana setenta de Daniel 9;

   b) Cristo vendrá *con* la Iglesia, siete años más tarde por lo menos, en una venida que concierne a Israel y al mundo.
   En resumen: una segunda y una tercera venidas de Cristo.

2) En la resurrección de los justos de todas las edades, los redimidos que estén vivos serán arrebatados para subir a estar con Cristo y participar en las bodas del Cordero durante siete años. La mayoría de autores dispensacionalistas sostiene que este arrebatamiento será en secreto.

3) La Iglesia escapará a la «gran tribulación» que sobrevendrá bajo la égida del Anticristo (unos pocos dispensacionalistas creen que la Iglesia tendrá que pasar también por esta tribulación final —son postribulacionistas—, siendo arrebatada arriba luego).

4) El Espíritu Santo será quitado del mundo en la segunda venida, es decir, en el momento del «arrebatamiento». Entonces los judíos que moren en Palestina seguirán en incredulidad, auque un remanente permanecerá fiel al Señor y predicará el Evangelio del Reino (no el Evangelio de la era cristiana. Scofield llega a enumerar hasta cuatro

12. En *The Basis of Millennial Faith*, pp. 23-26.

Evangelios, o cuatro «formas del Evangelio», en su *Biblia,* nota a Apocalipsis 14:6) durante la segunda mitad de aquella semana.

5) Después de los siete años los mártires de dicha tribulación serán resucitados (ellos no forman, sin embargo, parte de la Iglesia).

6) Se librará la batalla de Armagedón, en la que se enfrentarán los creyentes gentiles en contra del Anticristo y sus huestes. Cristo aparecerá con su Iglesia, hará el juicio para separar las ovejas de los cabritos (sobre la base del trato que las naciones hayan dado a los «hermanos de Cristo»: los judíos, según dicen los dispensacionalistas). Entonces el remanente vivo y las «naciones» gentiles inaugurarán el milenio con cuerpos no glorificados.

7) Los judíos mirarán a Cristo y serán salvos. También ellos entrarán en el milenio con cuerpos no glorificados.

8) Durante mil años el reino pertenecerá a los judíos, y serán ellos quienes dispondrán de toda autoridad y poder en la tierra, ejerciendo una hegemonía total sobre todos los pueblos. El templo será reconstruido, y los sacrificios levíticos restaurados de nuevo en Jerusalén. El pecado será castigado con mano firme; habrá una represión simbolizada por el látigo de hierro que define la normativa con la que serán regidas las naciones.

9) Satán, que había sido atado al término de los siete años, será desatado al final del milenio. Reunirá a los pueblos para la rebelión final, pero será destruido por fuego. Viene luego el juicio del gran trono blanco y el establecimiento del Reino eterno.

10) La relación entre la Iglesia glorificada y la tierra no queda clara, pues han existido gran diversidad de opiniones. Algunos dicen que la Iglesia partici-

pará en el milenio, pero la mayoría se inclina por creer que su hogar está en los cielos, aunque puede hacer visitas a la tierra.[13]

4. El milenio dispensacionalista será un reino judío

En el esquema que precede es evidente que los judíos ocupan un lugar prominente. Todas las profecías les tienen por objetivo. El milenio será un reino judío. Lo que tiene que pasarles a ellos es lo que ocupa mayormente a los profetas y a las porciones proféticas del Antiguo Testamento, así como la mayor parte de los Evangelios y otros escritos novotestamentarios. Si hacemos la cuenta, nos percatamos de que, según el esquema dispensacional, hay más páginas bíblicas para los hebreos que para la Iglesia cristiana. Pero el caso es que, según este esquema, ni siquiera los judíos que vivan en el milenio serán regenerados. En fin de cuentas, todo ello es el resultado de un literalismo extremo en conexión con el reino judío, identificado con el Reino del Mesías. La Iglesia es, siempre, un capítulo aparte. C. C. Ryrie afirma: «... lo que hace a la Iglesia distinta, y no un Israel espiritual... Los redimidos en el Cuerpo de Cristo, la Iglesia de esta dispensación, son la continuación de la línea de redimidos de otras edades, pero forman un grupo distinto en la Sión Celestial».[14] Ryrie cita seguidamente Hebreos 12:22-24, que, bien leído y a tenor de una exégesis seria, dice precisamente lo contrario de lo que él pretende afirmar en su defensa del dispensacionalismo. Pero, en esto como casi en todo, Ryrie sigue a Scofield.[15] Tal vez el lector, como yo, no

---

13. Hemos oído a algunos dispensacionalistas que, sin titubear, aseguran que la Iglesia estará en una especie de satélite artificial suspendido sobre la tierra durante el milenio.

14. En *Dispensacionalismo, hoy*, p. 172.

15. Véase nota a Hebreos 12:23 en la *Biblia Anotada de Scofield*, p. 1259. Se diría que Scofield excluye a los santos del Antiguo Testamento, a los que vivieron en el período de la «tribulación» que ellos suponen habrán de pasar los judíos y los gentiles —una vez «arrebatada» la Iglesia—, y a los del milenio, del cielo de los cristianos glorificados. En cualquier caso, Ryrie escribe: «forman un grupo *distinto* de la Sion celestial».

había pensado nunca que Dios pudiera hacer tales discriminaciones, o muros de separación, en la eternidad. Para mí, tal idea es del todo inaceptable. Pero veamos qué es lo que afirma el mismo autor: «Si el énfasis dispensacionalista en la distintividad de la Iglesia parece resultar en una "dicotomía", dejémosle estar en pie mientras sea resultado de una interpretación literal.»[16] En otras palabras, la interpretación literalista lo justifica todo. Al literalismo le está permitido todo, aunque llegue a conclusiones que chocan con la analogía de la fe y el consenso general del mensaje bíblico.

Mas, como ya indicamos, todos estos elementos genuinamente dispensacionalistas de la nueva manera de interpretar las profecían se apoyan, sobre todo, en una visión futurista del cumplimiento profético. Es decir: los grandes eventos profetizados se cumplirán al final, sin excepciones. Todo es para el final, luego que la Iglesia haya desaparecido del escenario terrestre. Es el esquema de los jesuitas Ribera, Bellarmino y Lacunza que sirvió a la Contrarreforma y que los dispensacionalistas toman prestado de ellos.

CUESTIONARIO:

1. ¿En qué consiste el «futurismo» dispensacionalista? — 2. ¿Cuáles son los rasgos genuinamente dispensacionalistas? — 3. ¿En qué consiste el llamado «paréntesis de la Iglesia»? — 4. «Novedades» del actual premilenialismo dispensacionalista. — 5. Carácter injustamente discriminatorio del reino judío durante el milenio dispensacionalista. — 6. ¿Dónde radica el fallo hermenéutico de todo este tinglado?

16. *O. ci.*, p. 173.

LECCION 24.ª UN ORIGEN TURBIO Y UNAS LECCIONES QUE APRENDER

1. El futurismo de la Contrarreforma

No sólo en el siglo xvi, sino a lo largo de toda la Edad Media, los reformadores de todos los países solían aplicar a la Roma papal la mayoría de las profecías bíblicas sobre el Anticristo. De las filas de los jesuitas, creados expresamente para la batalla contra la Reforma, surgieron dos homrbes decididos a levantar el estigma que los teólogos reformistas del medievo, y en especial los reformadores del siglo xvi, habían colocado sobre el Vaticano. Para ello decidieron interpretar los textos correspondientes de tal manera que no pudiesen aplicarse a ningún momento ni lugar de aquella época y, por añadidura, que fuera imposible relacionarlos con la Roma papal. La Contrarreforma estaba empeñada, no sólo en atacar a la Reforma, sino a las mismas bases de la posición profética sostenida unánimemente por todos los reformadores. La respuesta fue doble, y aun contradictoria: por un lado la escuela futurista, ideada por Francisco Ribera de Salamanca y utilizada especialmente por Belarmino. Por otro lado la escuela de interpretación pretérita, también de otro español, Luis del Alcázar, que es la que, con algunas variaciones, adopta mayormente el Catolicismo hoy. En la tesis de Alcázar los textos proféticos y, sobre todo, el libro del Apocalipsis tratan de hechos acaecidos ya en el pasado, en los días de la naciente Iglesia, en la Roma de los emperadores, la perseguidora de los primeros confesores de la fe. Por tanto, no puede aplicarse a la Roma del siglo xvi. Ribera, por el contrario, lanza el cumplimiento de los textos proféticos al lejano futuro, justo al momento que precederá al final de la Historia. La *gap theory* (la del «paréntesis de la Iglesia») hallaría aquí una mina de sugerencias incalculable.

2. Decisiva intervención del jesuita Lacunza

El futurismo que en el siglo XVI sirvió al jesuita Francisco Ribera (1537-1591) de Salamanca, y al también jesuita y famoso cardenal italiano Roberto Belarmino (1542-1621), para contrarrestar los ataques de los reformadores en torno al tema del Anticristo,[17] volvió a cobrar cierto interés por medio de otro jesuita, a comienzos del siglo XIX, Manuel Lacunza (1731-1801), quien escribió bajo el seudónimo de Juan Josafat Ben Ezra, y era oriundo de Santiago de Chile. Su obra, titulada *La Venida del Mesías en Gloria y Magestad* (sic), fue condenada por el *Index Librorum Prohibitorum* en 1824. Pero fue precisamente entonces cuando comenzó su influencia en ciertos ámbitos exaltados del protestantismo inglés. El libro de Lacunza conmovió profundamente a Edward Irving y halló pronto amplia circulación a través de la versión inglesa que el mismo Irving realizó en 1826, así como en la Conferencia Profética de Albury Park del mismo año.[18]

Lacunza tenía en común con Ribera la orientación futurista de su interpretación profética, aunque difería de éste en ciertos puntos que le valieron la prohibición de su libro. Para Lacunza, todas las profecías no cumplidas en la primera venida del Señor se cumplirían en la segunda

---

17. Dice la edición inglesa de la *Enciclopedia Católica*, vol. I, p. 598: «Para los reformadores, el libro del Apocalipsis muy particularmente era una fuente inagotable adonde ir en busca de invectivas que poder lanzar contra la jerarquía romana. Las siete colinas de Roma, los lujosos atuendos de color escarlata de los cardenales, y los desgraciados abusos de la corte papal, todo contribuía para facilitar una aplicación tentadora.»

18. M. Lacunza, *The Coming of Messiah*. Preliminary Discourse by the transl. by E. Irving (L. B. Seely and Son, London, 1827), 2 vols. (citado por L. E. Froom en *The Prophetic Faith of the Fathers*, vol. III, pp. 450-454, 519-520, 591.

venida premilenial. A diferencia de Ribera, no veía en el Anticristo a un individuo, sino al «cuerpo moral» de la apostasía que se encarnaría en la Iglesia —el templo de Dios, según Lacunza— al término de la presente dispensación. Con relación a su propia Iglesia, sus principios eran revolucionarios: el Anticristo colectivo (los cristianos infieles) sería destruido al comienzo del milenio, que él colocaba en un futuro cercano (no lejano, como Ribera), porque creía en la inminente venida del Señor, venida premilenial con resurrección general de los impíos al final del milenio. Las diferencias entre Ribera y Lacunza se explican por las épocas distintas en que vivieron, aparte de aspectos de talante personal.

Los seguidores de Lacunza en Inglaterra (Irving, Maitland, etc.) prestaron, sin embargo, más atención a la corriente futurista del sistema de este jesuita sudamericano que al concepto del Anticristo como «sistema de apostasía» entendido en el sentido de la Edad Media y de los reformadores del siglo XVI. Dicho radicalismo futurista, que recogía, en realidad, la herencia de Ribera y Belarmino y que era parte de la formación teológica de Lacunza, es lo que más impacto hizo en Irving y otros seguidores y lectores que tuvo el citado jesuita en la primera mitad del siglo XIX en Inglaterra y en Estados Unidos. Además, el hecho de que Lacunza hubiese tenido dificultades con la Curia de Roma y de que su libro fuese Puesto en el Indice de Libros Prohibidos, despertó la compasión y la simpatía de los protestantes en general.

3. Irving, Maitland, Newman

Edward Irving (1792-1834) fue, ante todo, un brillante orador que cautivaba a las masas. La figura de este escocés, famoso por su ministerio en la célebre capilla de la «Regent Square Presbyterian Church» de Londres, no sólo es interesante desde el punto de vista de la historia de las interpretaciones proféticas, sino que resulta mayormente importante por haber dado origen a uno de los primeros movimientos «carismáticos» de los últimos siglos, el denominado «Iglesia Apostólica», que suscitó no sólo curiosidad por sus puntos de vista proféticos, sino por lo que sus discípulos creían era una vuelta a los dones de la primitiva Iglesia: dones de lenguas, de sanidades, revelaciones nuevas, etc.

Parece ser que los seguidores de Irving fueron mucho más exaltados que él. Bien sea por una mala entendida prudencia pastoral, o porque creía también que aquellas voces, aquellos gritos y aquellos fanatismos crecientes eran la voz del Espíritu, lo cierto es que Irving —aunque personalmente nunca habló en lenguas ni asumió poderes curativos— se dejó arrastrar por el impulso que él había iniciado. Lo más grave, no obstante, es que tuvo por «revelaciones celestiales» una serie de premisas proféticas que, tomadas como de origen divino, llegaron a ser indiscutibles. Así, el entusiasmo profético y el carismático se dieron cita en aquel movimiento que acabó por considerar como tibio al propio Irving.

Después de Irving fue Samuel R. Maitland (1792-1866), anglicano, quien más contribuyó a la prehistoria del dispensacionalismo. Fue el primer autor protestante que aceptó la interpretación que del Anticristo diera Ribera. Nadie como él difundió tanto el sistema futurista de interpretación en las filas del clero anglicano. Maitland intervino en los debates de su tiempo acerca de la profecía, y escribió varios libros. Al mismo tiempo, sintió un gran interés por los judíos, y en 1828 realizó un largo viaje a través de Francia, Alemania, Prusia, Rusia y Polonia, para entrar en contacto con las juderías de todos esos países. Decía que le preocupaba grandemente la conversión de los hebreos; pero lo que se deduce de sus obras es que, más que influir él en los hebreos, fueron éstos —y sus sistemas talmúdicos de leer el Antiguo Testamento— los que dejaron profunda huella en su modo de pensar.

A los nombres de Irving y Maitland (así como de Todd y Burgh) debemos añadir el del famoso J. H. Newman, también anglicano como Maitland, Todd y Burgh, y que se convertiría después al Catolicismo, llegando a ser cardenal. El llamado «Movimiento de Oxford» alcanzaba su punto álgido en 1833. Sus objetivos eran hacer menos «protestante» la Iglesia de Inglaterra, puesto que la Reforma era considerada por los secuaces de este Movimiento como un «lamentable cisma». Naturalmente, adoptaron el punto de vista futurista del estudio profético en general y del Anticristo en particular. Ribera fue resucitado y vindicado en el camino abierto por Maitland, etc.

Así, a mediados del siglo XIX los expositores anglicanos se dividían en dos grupos principales por lo que atañe a la interpretación profética: por un lado, los que se inclinaban hacia Roma; y otros, arrastrados por premisas racionalísticas, se alejaban tanto del sector evangélico como del romanizante. Pero ambos —tal vez inconscientemente— ayudaron a la difusión del esquema de Ribera. Este esquema, además, se unía inseparablemente a los esfuerzos del «Movimiento de Oxford», que distribuyó cientos de miles de folletos en favor de Roma y desautorizando la interpretación protestante tradicional.

4. De Irving a Darby

El dispensacionalismo surge ya con historia propia en la sistematización que recibió en las conferencias del Castillo de Powerscourt, en Irlanda. A algunas de estas conferencias asistieron el mismo Irving y algunos de los «Hermanos», y no es de extrañar que —como señala Ironside, dispensacionalista[19]— que las novísimas doctrinas del «arrebatamiento de la Iglesia» fueran sacadas a relucir. La mención a los Hermanos —el llamado, en sus orígenes, movimiento de los «Plymouth Brethren»— es inevitable. Se ha escrito mucho sobre la relación entre el dispensacionalismo y ellos. Pero la idea generalizada de que fueron las Asambleas de Hermanos las que dieron origen a este nuevo sistema escatológico es del todo errónea. Incluso un dispensacionalista tan destacado como Ryrie tiene que admitir que «ni Darby ni los Hermanos originaron los conceptos comprendidos en el sistema».[20]

---

19. En *A Historical Sketch of the Brethren Movement* (Zondervan, Grand Rapids, Michigan, 1942), p. 23.

20. *O. c.*, p. 85. No obstante, Ryrie no hace mención de Irving ni de los condicionamientos teológicos y hermenéuticos que llevaron a las formulaciones típicamente dispensacionalistas.

Ahora bien, entre los asistentes a las conferencias de Powerscourt se encontraba John Nelson Darby, uno de los fundadores del movimiento de los «Hermanos de Plymouth», quien recibió el impacto de la predicación de Irving y sus discípulos. Ciertamente, los «Hermanos» constituyen un movimiento muy diferente del de los «irvingitas», pero es un hecho que algunos de sus principales líderes recibieron indirectamente la influencia de las ideas proféticas de Irving en las conferencias de Powerscourt y mediante los libros que sobre temas proféticos circulaban con profusión en aquellos días, atizados por la fiebre de curiosidad y el proselitismo de la escatología futurista, literalista y judaizante de moda.

A todo esto, entre los irvingitas cundían los entusiasmos carismáticos. Se hablaba de dones de sanidad en Escocia, así como de la restauración del don de lenguas y otros acontecimientos tenidos por sobrenaturales. La congregación de Londres pastoreada por Irving dio un informe favorable acerca de lo que ocurría en el norte del país. Pero no así Darby, ni Wigran, quienes siguiendo la sugerencia de Newton —como nos lo cuenta F. Roy Coad[21]— «habían investigado estos "dones" en el curso de varias visitas que hicieron al lugar donde primeramente se dieron, en Escocia, y los rechazaron». Pero, paradójicamente, Darby no lo rechazó todo, pues se trajo de Port Glasgow la «revelación» de Margaret McDonald.

¿Por qué no dejó constancia nunca Darby de la fuente de sus ideas proféticas específicas? La explicación es muy sencilla: habrían sido juzgadas más críticamente si de buenas a primeras hubiese admitido que las había recibido de Port Glasgow, cuyas manifestaciones eran unánimemente rechazadas por todas las Asambleas.[22]

---

21. En *A History of the Brethren Movement* (The Paternoster Press, London, 1968), p. 63.

22. Para una más amplia información sobre todo este tema de los orígenes de la escatología dispensacionalista, remitimos al lector a un libro que, sobre este importante asunto, y con el mismo título, aparecerá próximamente.

5. Algunas lecciones que debemos aprender

Esta breve historia de los orígenes de la escatología dispensacional arroja algunas lecciones importantes que haríamos bien en meditar, pues también a nosotros nos afectan:

A) La gran importancia del fundamento teológico, de unas buenas y sólidas bases bíblicas para edificar el Cuerpo de Cristo, que es su Iglesia. Sólo si existe tan apoyatura podemos tener alguna seguridad de que es el Señor quien edifica la casa. De lo contrario —como pasó a todas esas gentes que han desfilado a lo largo de las páginas de esta lección—, podemos estar viviendo de ilusiones, sin percatarnos de ello. Y lo que es peor, la calidad bíblica de otras partes de la construcción teológica acaba por resentirse gravemente, porque el edificio de la verdad revelada es un todo indivisible, y jamás alteraremos un punto sin que se resienta el conjunto de la edificación.

B) La importancia insustituible de tener opiniones propias; de saber lo que creemos y por qué lo creemos. Muchos aceptan ciertos postulados sin discernimiento bíblico, sin examen previo, porque sí. ¿Somos todavía el pueblo del Libro, la Iglesia de la Palabra, o simplemente seguimos algunas tradiciones denominacionales?...

C) La importancia de mantener el equilibrio entre cielo y ciencia. Las palabras de Pablo a los romanos (10:2) valen para muchos de aquellos exaltados del siglo pasado tanto como para algunos del nuestro. No hay que fiarse de los meros impulsos del corazón. Como escribía el profeta Jeremías hace tantos siglos, el corazón puede resultar engañoso.[23] Debemos estar alerta para que nuestras *experiencias* no cobren tal importancia que pretendan «iluminar» la misma Palabra de Dios; antes al contrario, hemos de buscar el ser iluminados y guiados por ella. El Espíritu no obra si no es a través de su Palabra. (V. Ef. 6:17.)

23. La fe es siempre una *obediencia*, una *respuesta* (V. Jn. 7:17; 9:35; Hech. 7:5; 13:46; Rom. 1:5; 16:26; Ef. 2:5; 5:6; 1.ª Ped. 3:20-21).

No vamos a juzgar aquí la buena fe ni de Margaret, ni de Darby, ni de nadie. Dios es el único que tiene derecho a examinarnos. A nosotros nos toca simplemente desconfiar de la simple «buena fe», porque no es suficiente para establecer las bases de la verdad divina. Con la mejor buena fe del mundo, miles de personas yerran y se extravían al negarse al escrutinio que la Palabra de Dios haría en sus corazones. Espero encontrar a Margaret en el cielo, pero ello no es obstáculo para que admita objetivamente su verdadero estado, tanto espiritual como psicosomático. Y de este reconocimiento sacar las oportunas lecciones.

CUESTIONARIO:

1. ¿Cuáles fueron las posiciones adoptadas por los teólogos de la Contrarreforma respecto a la escatología? — 2. Diferencias entre Ribera y Alcázar. — 3. ¿Cuál fue en el medievo y en el siglo XVI la línea tradicional de los reformadores? — 4. ¿Qué aportó al futurismo dispensacional el jesuita Lacunza? — 5. ¿Cómo influyó Lacunza en algunos medios anglicanos del siglo XIX? — 6. Seguidores de Lacunza en Inglaterra. — 7. Conexión con el llamado «Movimiento de Oxford». — 8. Las conferencias de Powerscourt. — 9. ¿En qué grado, y a través de quién, han sido influidas por el dispensacionalismo las Asambleas de «Hermanos»? — 10. Lecciones que debemos aprender en relación con todo esto.

LECCION 25.ª EL LENGUAJE DE LOS NUMEROS

1. Importancia del simbolismo numérico en la literatura semita

Gran parte de las equivocaciones que se cometen cuando se pretende una interpretación «literalista» (¡cuidado!, no se confunda con «literal») de la Biblia se basan en el desconocimiento de los géneros literarios de los semitas, tan distintos de los occidentales. Sin entrar en el tema (siempre importante) de los antropomorfismos, nos limitaremos al simbolismo de los números en la literatura judía, especialmente por la luz que esto arroja sobre los textos apocalípticos que parecen favorecer a la escuela premilenarista y, especialmente, a la escuela dispensacionalista. Por ello, tratamos de este tema, como orientación para el final de este estudio de la Tercera Parte de nuestra obra.

Era práctica común de los escritores religiosos del Antiguo Oriente el presentar muchas verdades morales y espirituales bajo el simbolismo de los números. En la Antigüedad, cuando el idioma era limitado y el vocabulario era insuficiente, el hombre recurría al uso de los números, —no sólo al de las letras— para expresar sus ideas. Y, así, los números venían a constituir *símbolos* de ideas, es decir, vehículos de expresión espiritual. Por supuesto, no debemos leer dichas cifras con la misma literal exactitud con que interpretamos las fórmulas aritméticas.

2. ¿Qué representan, a veces, en la Biblia ciertos números?

El simbolismo de los números tiene especial aplicación en las partes apocalípticas de la Biblia, aunque también tiene aplicación en partes típicamente históricas, como es notorio en el Evangelio de S. Juan, donde aparece un intencionado y reiterado uso del número 7. Nos ceñiremos especialmente al libro del Apocalipsis.

El número UNO representa la idea de unidad, de lo que es único, independiente, autoexistente. Dios es *uno*. Este número no aparece, sin embargo, en el Apocalipsis.

El DOS significa compañerismo, valor y fuerza. En medio de los peligros la amistad es una bendición: «Mejor son dos juntos que dos separados«, rezaba un refrán antiguo, recogido en formas varias en los libros sapienciales del Antiguo Testamento. Dos testigos confirman una verdad, pues la hacen más firme. La verdad de Dios es confirmada en Apocalipsis 11:3-12 por dos testigos. En el capítulo 13 hay dos bestias que mutuamente se ayudan. Dicho número significa también el poder que surge de una unión conjunta.

El TRES es un número *divino,* y siempre expresó ya la misma deidad, ya lo más sagrado. Es símbolo de la familia (padre, madre e hijo). En el siglo III de nuestra era, según dibujos de las catacumbas romanas (caso típico, el de Sta. Cecilia), los mártires solían morir extendiendo tres dedos como señal de su fe en la Trinidad. Pero ya antes de Cristo, en muchos pueblos, el 3 representaba la Divinidad.

El CUATRO es *cósmico.* Corresponde al concepto que tenía del mundo el hombre antiguo, para quien nuestro planeta era un plano de cuatro lados, como la casa en que habitaba. Cuatro eran los vientos que venían de los cuatro lados. De esta manera el 4 llegó a ser símbolo del mundo en que vivía. Cuatro eran también los elementos de la antigua filosofía: tierra, agua, aire y fuego. En el Apocalipsis hay 4 seres vivientes que representan toda la creación: 4 ángeles, en los cuatro extremos, controlando los vientos; otros 4 esperan el momento de la terrible masacre sobre la tierra, mientras se hallan retenidos en el Eufrates 9:14 y ss.). También hay 4 jinetes representando diversas fuerzas que irrumpen en la Historia. El 4 es siempre sinónimo de la creación visible.

El CINCO representa, para un judío, el Pentateuco: los cinco libros de Moisés. Es muy significativo que la samaritana de Juan 4 hubiese tenido *cinco* maridos legales, cuando sabemos que los samaritanos sólo admitían los cinco libros del Pentateuco. Este número no sale en Apocalipsis.

El DIEZ es uno de los números favoritos del Apocalipsis. En tiempos antiguos se daban muchos más casos que hoy de hombres que, ya por causa de guerras o de accidentes, perdían uno o más dedos de las manos. Eran, por tanto, hombres incompletos, mientras que quienes conservaban todos sus dedos eran hombres completos en su integridad física. La suma de los 5 dedos de cada mano llegó a simbolizar al hombre completo, e incluso creó el sistema decimal de contar con los dedos. No es, pues, extraño que todos los deberes humanos se hallen codificados en diez mandamientos. En Apocalipsis capítulos 12 y 13 el dragón y la bestia tienen cada uno diez cuernos. También la bestia escarlata del capítulo 17 tiene diez cuernos que son interpretados como reyes. Los diez cuernos son símbolo de poder completo y gobierno absoluto. En Apocalipsis aparecen también numerosos múltiplos del 10.

El SIETE es el número predominante en el Apocalipsis (como en otros muchos libros de la Biblia), donde aparece 54 veces. Es una combinación del 4 y del 3. El hombre aprendió pronto a combinarlos, por ser estos números símbolos, respectivamente, del mundo y de la Divinidad. La suma de ambos nos da el 7, como símbolo de perfección: la totalidad de los cuatro extremos de la tierra y la plenitud de la Divinidad. La tierra coronada por el cielo fue para los antiguos el símbolo de la suma perfección. Así lo consideraron ya los babilonios. Los sumerios empleaban el mismo vocablo para decir «siete» que para decir «todo». La torre de siete pisos de Babilonia representaba, en la intención de sus constructores, todo el Universo. El Apocalipsis, haciendo uso de este número para sus propios fines, se dirige a 7 iglesias, es decir: a toda la Iglesia Universal, representada por siete candelabros, y cuyos siete ángeles son siete estrellas. Hay 7 espíritus de Dios. El libro en las manos del Altísimo está sellado con 7 sellos.

El Cordero en el trono tiene 7 ojos y 7 cuernos. Hay 7 ángeles con 7 trompetas. Y otros 7 ángeles derraman las plagas. Hay 7 truenos, 7 copas, etc. El uso del número 7 por parte de Juan implica un bosquejo ordenado en su pensamiento, que no puede ser accidental, sino que forma parte de la estructura literaria del libro.

El DOCE sigue al 7 en frecuencia de alusiones. 12 equivale a 4 × 3. Es el símbolo de la religión organizada en el mundo. El Antiguo Testamento tenía 12 tribus, y el Nuevo Testamento 12 apóstoles. 12 estrellas coronan a la que da a luz al Cristo (12:1), y la Ciudad Santa tiene 12 puertas, así como 12 fundamentos sobre los que están escritos los nombres respectivos de los 12 apóstoles. El árbol de la vida lleva 12 frutos (22:2); etc.

El TRES Y MEDIO se da con frecuencia en Apocalipsis. La mitad de 7 equivale a 3 ½, que es algo imperfecto, puesto que parte por la mitad al número 7, que es número sagrado. Por eso, expresa: la interrupción del orden divino por los manejos de Satanás y la malicia de los hombres; esperanzas frustradas; los dos grandes testigos testifican por 3 años y medio (11:3); los atrios externos del templo serán hollados por los impíos durante 3 años y medio (11:2); los cadáveres de los dos testigos yacen en las calles durante 3 días y medio (11:11); los santos de Dios son perseguidos 3 años y medio (13:5); la Iglesia está en el desierto 3 años y medio (12:6, 14). Como dice Wishart, «siempre 3 y medio equivale a falta de reposo, insatisfacción, algo incompleto. La verdad llevada al cadalso, y la mentira reinando en el trono. Paciente espera hasta que amanezca el lucero del nuevo día».[24] Tratar de calcular la cronología de un período de tiempo descrito como 3 ½ es perder el tiempo en una tarea inútil. Tres y medio significa siempre la era de la persecución, tanto si ésta es corta como prolongada.

24. En *The Book of Day* (Oxford University Press).

3. Números múltiplos

En la Biblia se dan con frecuencia múltiplos de 7, de 10 y de 12.

Se tomaba el 10, símbolo de la humanidad completa (10 generaciones antes del diluvio; otras 10 desde el diluvio hasta Abraham) y de la perfección matemática, y se le multiplicaba por 7, símbolo de la perfección divina. El resultado es 70 = símbolo intensificado de perfección y plenitud, no sólo humanas, sino divinas. El número 70 era para el judío una cifra llena de significado: 70 ancianos para cuidar de las tribus en el desierto en calidad de supervisores y jueces en asuntos de menor importancia; el tribunal supremo de Israel constaba de 70 miembros. Los judíos creían que había 70 naciones, aparte de Israel, con sendos 70 idiomas y bajo el cuidado de 70 ángeles. Por supuesto, todo esto no era más que tradiciones rabínicas sin fundamento, pero ilustran el uso que de la cifra 70 hacían los antiguos, independientemente de lo acertado o desacertado de su uso. En el Nuevo Testamento Jesús mandó a 70 discípulos a predicar delante de El (Luc. 10:1 y ss.). Cuando quiso explicar la idea del perdón ilimitado, tomó el número 7, símbolo de perfección divina, y lo multiplicó por 70; por supuesto, no quería decir con ello que no se debe perdonar después de 490 veces. También resulta curiosa la mención de los 120 que se encontraban en el Aposento Alto esperando la venida del Espíritu Santo en Pentecostés; 12 × 10 nos da el número de los apóstoles como cabezas de sendas decenas de primeros discípulos, como cabos de pelotón de soldados. El número 120 de Hechos 1 no ha pasado desapercibido para los gnósticos de todos los tiempos.

Para expresar el concepto de aquello que está completo en grado sumo y último, el hombre primitivo —que no podía expresar dicho concepto en su limitado idioma— elevaba el número 10 al cubo, es decir, 10 × 10 × 10, y así tenía el número 1.000. Por eso, el hombre caído tras el pecado original, sin posibilidad de alcanzar por sí mismo el árbol de la vida (la inmortalidad que comporta la íntima comunión con el Dios viviente), nunca llega a vivir la cifra de 1.000 años; al más longevo (969 años de vida), le faltó cerca de una generación para llegar al número de la inmortalidad. 1.000 años, el «milenio» que se cita, por única vez en la Biblia, en un contexto altamente simbólico (Apoc. 20), no debe ser leído en un sentido literalmente matemático, según opinión de muchos y grandes exégetas, para quienes no significa exactamente mil veces 365 días, cinco horas, cuarenta y ocho minutos, cincuenta y cinco segundos y una fracción de segundo; no equivale a ningún período definido de tiempo. Según estos intérpretes, el aplicar aquí la exactitud matemática equivale a violar toda la ley de simbolismos y alegorías con la que escribieron sus visiones y oráculos Juan y los demás profetas. El milenio es para estos comentaristas plenitud de tiempo, en máximo y último grado. Un período que va más allá de toda duración medida con las manecillas de nuestros relojes. Incluso puede indicar la eternidad.

4. Números siniestros

Entre los judíos había también números siniestros, malditos, como lo es el 13 aun hoy día para mucha gente. El prejuicio que la gente de hoy tiene contra el 13 lo tenían los judíos contra el 6. Si el 7 es perfección, el 6 (número de hombre, que fue creado el sexto día), por no alcanzar el 7, es señal de imperfección y fracaso; es ineptitud para alcanzar la altura sagrada, y señal de maldición. Triplicado, consigue la triple maldición: 3 seises misteriosos, cuya misma enunciación lleva implicado el silbido de la serpiente. 666 es el número de la Bestia (13:18), nombre que no es un «criptógramo», ni una «adivinanza», sino un símbolo; equivale al mal elevado a su máxima expresión, así como al fracaso de cuantos se opongan al triunfo del Señor. Una potencia de maldad humanamente insuperable, pero que no puede prevalecer contra Dios y su Cristo y su Iglesia. No es el nombre, sino el número, lo importante y revelador. «Su número —dice Juan— es 666», no «Su nombre es...». El número 666 era suficiente para hacer temblar a los lectores de Apocalipsis. En esta cifra hay una profundidad de pecado y un peso de castigo que ningún ser humano puede imaginar, sino sólo aquel que ha cometido la iniquidad y participado de su castigo. El 7 es victoria, el 6 es derrota; el 7 es perfección, el 6 es fracaso, frustradición. El pecado se multiplica asimismo siempre al nivel de 6; nunnca alcanza el 7 que sería su perfección en la maldad. El principio bestial no alcanzará nunca su pleno desarrollo por la gracia de Dios. Por eso los últimos días serán acortados.

Muchos números, muchas cifras del Apocalipsis no pueden entenderse en su valor numérico real; no son números matemáticamente redondos; muchas veces —si no todas— tienen un valor ideológico, simbólico. El profeta, el apóstol, es un vidente, no un experto matemático.[25]

CUESTIONARIO

1. ¿Cuál fue el primitivo uso de los números? — 2. ¿Equivalen siempre a fórmulas matemáticas los números en la Biblia? — 3. ¿Qué simbolismo suelen encerrar en la Biblia números como el 1, el 2, el 3, el 4, el 5, el 6, el 7, el 10, el 12 y el 3 ½? — 4. ¿Qué simbolizan los múltiplos de 7, 10 y 12? — 5. Simbolismo especial del número 1.000. — 6. Números siniestros. — 7. El número de la Bestia (666) en Apocalipsis.

---

25. Véanse, para toda esta lección, F. Lacueva, *El hombre: Su grandeza y su miseria*, lecc. 3.ª; D. W. Richardson, *The Revelation of Jesus Christ* (John Knox Press), pp. 22-23; A. H. Baldinger, *Sermons on Revelation*, Chapter on The Arithmetics of Revelation; *International Standard Bible Encyclopedia*, art. «Revelation» (Apocalipsis); Tenney, *Interpreting Revelation, A General Introduction* (Eerdmans).

LECCION 26.ª LA UNIDAD DEL MENSAJE BIBLICO

1. El mensaje central de la Biblia

Suele decirse a menudo que, a veces, los árboles impiden ver el bosque. Quizás el tema del dispensacionalismo que hemos tratado en las lecciones anteriores sea una buena prueba de ello. Nimios detalles, tomados de una manera literalista, y más aún cuando se trata de profecía, pueden hacernos perder de vista el tema central de la Biblia, derrochar tiempo y energías en meras curiosidades, olvidar la espera expectante de la Iglesia en todo momento, retrasar nuestro crecimiento espiritual y enturbiar la comunión entre hermanos de la misma fe fundamental evangélica. Recordemos el sobrio final del capítulo 20 del Evangelio según Juan: «*Hizo además Jesús muchas otras señales en presencia de sus discípulos, las cuales no están escritas en este libro* (¡y cómo nos gustaría conocerlas!). PERO ESTAS SE HAN ESCRITO PARA QUE CREAIS QUE JESUS ES EL CRISTO, EL HIJO DE DIOS, Y PARA QUE CREYENDO, TENGAIS VIDA EN SU NOMBRE» (Jn. 20:30-31).

Por eso, tras la discusión sobre la escatología dispensacionalista, nos vendrá muy bien, tanto como refrigerio espiritual cuanto como punto de convergencia para una verdadera comunión fraternal de fe amor, volver nuestros ojos al final de la Tercera Parte de este libro, a la consideración del mensaje central de la Biblia.

¿Cuál es el mensaje central de la Biblia? El mensaje central de la Biblia lo constituye la ***historia de la salvación***. Todo queda subordinado a este objetivo. Quien no discierna esta finalidad del texto sagrado (como es la tragedia de las sectas y de muchas herejías) no lo podrá comprender jamás. Y la figura central de este mensaje es Jesucristo, el Hijo de Dios, la Revelación final, definitiva, del Padre, para nuestra iluminación, para nuestra salvación, para nuestra glorificación.

El profesor F. F. Bruce, de la Universidad de Manchester, observa tres aspectos básicos de esta *historia de la salvación*, que aparecen en ambos Testamentos y desarrollan y explicitan la misma:

A) El Dador de la salvación.

B) El camino de la salvación.

C) Los herederos de la salvación.

Este triple principio podría también ser descrito en términos del pacto (*diatheke*, vocablo griego que expresa mejor lo que en los países de cultura latina se tradujo por «testamento») de Dios con los hombres.

El mensaje central de la Biblia es el pacto de Dios con su pueblo. Y en este pacto aparecen también los tres elementos arriba citados: *a*) El Mediador del pacto. *b*) Las bases del pacto. *c*) El pueblo del pacto.

Dios mismo aparece siempre como el Salvador de su pueblo, el ejecutor de una salvación que siempre es por gracia. Es asimismo el Señor quien confirma su pacto de gracia en favor de una humanidad caída, a la que redime por nuevas sendas. Cristo, dador y artífice de la salvación, obra desde el principio con el Padre por el poder del Espíritu Santo para crearse un pueblo nuevo, celoso de buenas obras. Tal es el mensaje central de la Biblia. El Dador de esta salvación, el Mediador del pacto, es Jesucristo, el Hijo de Dios. El camino de la salvación —la base del pacto— se funda en la gracia de Dios que llama a los hombres al arrepentimiento y espera una respuesta de fe y obediencia. Los herederos del pacto, los que alcanzan la salvación, son el Israel de Dios y la Iglesia de Dios, por cuanto en ambos casos la respuesta dada al Dios del pacto ha sido por la fe.

El mensaje central de la Biblia, y su unidad básica, son, pues, resultado de esta voluntad salvadora de Dios Trino: *Dios Padre que llama a la salvación* a los hombres; *Dios Hijo que efectúa* esta salvación en su vida, muerte y resurrección; y *Dios Espíritu Santo que aplica* la salvación planeada por el Padre y obrada por el Hijo, haciéndola fructificar por el Espíritu para santificación de los elegidos (1.ª Ped. 1:2).

Ya hemos dicho algo de la idea del pacto. Se trata de un concepto bíblico básico, unificador del mensaje de la Revelación. La ley mosaica, la liturgia levítica, la piedad del Salterio y la sabiduría de los escritos «sapienciales» son otros tantos aspectos que contribuyen, cada uno en su medida, a expresar esta *historia de salvación,* este mensaje que presta unidad al contenido de la Sagrada Escritura. Estudiémoslo por partes, aunque sea someramente. Veremos que en todos ellos halla expresión la misma voluntad salvadora de Dios, la misma oferta de gracia, los mismos requisitos para obtener la salvación y las mismas promesas de paz, gozo y vida eterna.

Los instrumentos pueden variar, y varían, pero el objetivo salvífico de Dios no cambia jamás: El es siempre el mismo tanto en su carácter como en sus propósitos de salvación.

2. Los pactos de Dios

A) *El pacto prediluviano con Noé* (Gén. 6:18). En esta breve referencia ya se nos anuncia implícitamente lo que es y será a lo largo de las Escrituras un pacto con Dios: no se trata de un acuerdo entre Dios y el hombre, a la manera de los pactos humanos, sino que la iniciativa siempre parte de Dios, puesto que procede de su gracia soberana, y la estabilidad del pacto se funda en los *afirma* y *hace* Dios, no Noé. Pero Noé tiene que obedecer, ésta será su respuesta de fe.[26] Noé tiene que hacer todo lo que le manda Dios al revelársele en su pacto de gracia (Gén. 6:18b-21). Aquí no hay conflicto entre la soberanía de Dios y la obediencia de la fe, ni entre la gracia y las obligaciones que de ella se derivan.

B) *El pacto postdiluviano con Noé* (Gén. 9:9-17). Aquí también queda excluida cualquier idea de pacto bilateral. El pacto es unilateral: *«He aquí que yo establezco MI pacto...»* (Gén. 9:9). En este pacto todo depende de Dios; es universal y eterno.

C) *El pacto con Abraham* (Gén. 12:14; 15:8-18; 17:6-8). En Abraham serán benditas todas las naciones (Gén. 12:3); el pacto se hace perpetuo (Gén. 17:7, 8, 19) y es confirmado irrevocablemente (Gén. 15:9-17). El pacto con Abraham es, pues, divinamente ideado, administrado, confirmado y ejecutado. La respuesta de la fe es la obediencia que guarda el pacto (Gén. 17:10). Tampoco aquí existe contradicción entre la gracia y las obligaciones que ella engendra. Guardar el pacto equivale a dar expresión a la espiritualidad del pueblo que es llamado a perseverar en la comunión espiritual con el Señor.

D) *El pacto con Israel* (mosaico). Israel es elegido para ser un pueblo santo, separado para Dios (Ex. 2:25; Lev. 19:2; Deut. 4:37; 7:6-8; 9:4-6; Os. 13:5; Am. 3:2). Es, pues, *el pacto que Dios hace con su pueblo redimido* (Ex. 6:6-8; 15:13; 20:2; Deut. 7:8; 9:26; 13:5; 21:8). Israel fue admitido a una relación filial con su Señor y Salvador (Ex. 4:22; Deut. 8:5; 14:1; 32:6; 1.° Crón. 29:10; Is. 63:16; 64:8; Jer. 3:19; 31:9; Os. 11:1; Mal. 1:6; 2:10).

El pacto mosaico fue hecho con Israel como una ampliación del pacto concertado con Abraham (Ex. 2:24; 3:16; 6:4-8; Sal. 105:8, 12, 42-45; 106:45). Como en todos los demás pactos, la dispensación amorosa y soberana de la gracia divina aparece en primer lugar, así como el llamamiento a establecer una relación espiritual entre el hombre y su Salvador (Ex. 6:7; Deut. 29:13; Ex. 19:5-8; 24:3-4; Deut. 4:13-14).

Como en todos los demás pactos, la condición para gozar y disfrutar de las bendiciones divinas es la respuesta obediente y consagrada (Ex. 24:7; Lev. 19:2; Deut. 6: 4-15). El creyente no puede continuar en la gracia que el pacto dispensa si no persevera en su fidelidad (Rom. 11:22; Col. 1:23; Heb. 3:6, 14; 1.ª Ped. 1:5). Pero el mismo pacto mosaico provee asimismo para la limpieza y el perdón, mediante la liturgia levítica que anuncia veladamente la gran salvación del Calvario.

E) *El pacto davídico.* Se anuncia en pasajes como Salmo 89:3-4, 26-37; 132:11-18 (*cf.* 2.° Sam. 7:12-17). Las características más sobresalientes de este pacto son su estabilidad y la inmutabilidad de las promesas dadas (Sal. 89:3. *Cf.* 2.° Sam. 23:5) y, sobre todo, su carácter eminentemente mesiánico, ya que sus referencias últimas señalan siempre el Mesías que ha de venir del linaje de David (Is. 42:1, 6; 49:8; 55:3-4; Mal. 3:1; Luc. 1:32-33). El Mesías no sólo es la figura central en este pacto, sino que él mismo *es* el pacto, y todas las provisiones y bendiciones del mismo fluyen de su obra y de su persona. Nada nos certifica con mayor seguridad el hecho de la voluntad salvadora de Dios que el que haya dado a Aquel en quien todas las promesas son Sí y Amén, como pacto a su pueblo para asegurarle su presencia y su bendición.

F) *El nuevo pacto.* Es el llevado a cabo en el cumplimiento de los tiempos (Mar. 1:15; Gál. 4:4; Heb. 9:26) y, por esta razón, es el pacto eterno que los resume a todos y les da su cumplimiento (Heb. 12:28; 13:20). La gracia proclamada y dada por los demás pactos halla aquí su plenitud. Es el clímax de la revelación de la gracia que todos los pactos se esforzaron en ejemplarizar. Vemos, pues, una continuidad gradual y progresiva en la administración de los pactos a través de la historia (Gál. 3:17-22; Heb. 9:16, 17. *Cf.* Luc. 1:72).

El concepto central que entraña la idea del pacto fue aplicado en distintas circunstancias históricas y, por consiguiente, bajo diferentes condiciones, halló diferentes expresiones. Pero estas expresiones no son, en modo alguno, contradicciones. La idea central de la gracia de Dios derramada en favor de una razón caída, aparece continuamente en todos los pactos, y su aplicación *sólo está condicionada a las situaciones históricas.*

Desde Abraham, los pactos nos muestran su contenido eminentemente redentor y su propósito de gracia. Pero ello no significa que la gracia comenzase con Abraham.

Así, los pactos son correlativos, y su proclamación es la misma: revelan el amor de Dios y sus propósitos de salvación. Existe, pues, un progreso de enriquecimiento a lo largo de los sucesivos pactos. Este progreso no se desvía nunca de los aspectos básicos que rigen la idea del pacto: el amor de Dios y la gran salvación de Dios. El progreso equivale a una mayor plenitud de revelación, a un desarrollo de lo que en los primeros pactos ya estaba latente. De ahí que el clímax de la redención sea asimismo el clímax también de todo pacto. En sana exégesis no debemos nunca oponer unos pactos contra otros; esto ocurre solamente allí donde no existe una comprensión clara de las relaciones entre la ley y el Evangelio, entre la antigua y la nueva dispensación, entre el Viejo y el Nuevo Testamento.

3. La ley de Dios

La unidad de propósitos redentores que caracteriza el mensaje de la Biblia aparece igualmente en el concepto bíblico de la Ley (la *Torah*), es decir, la ley dada por medio de Moisés (Jn. 1:17), ya aludida en el párrafo 2 de la presente lección, D).

¿Cuál fue el propósito de la ley? Triple:

a) *La ley fue una disciplina,* un dique para contener el desbordamiento del pecado (Gál. 3:19; 1.ª Tim. 1:9).

b) *La ley fue el ayo para llevarnos a Cristo.* Por la ley es el conocimiento del pecado y el despertar de nuestra conciencia (Rom. 3:20; 5:20; 7:7-11; Gál. 2:19; 3:24). Por ello, nos hace conscientes de nuestra impotencia para salvarnos y nos conduce a Cristo, nuestro único Salvador. En este sentido es un medio de gracia.

c) *La ley es una norma para nuestra santificación,* al menos en su subyacente aspecto moral, pues expresa el carácter eternamente santo de Dios, y en este sentido es un instrumento del Espíritu Santo (instrumento potenciado por el amor) para llevar a cabo nuestra transformación conforme «a la imagen del Hijo de Dios» (Rom. 3:31; 8:29; 1.ª Cor. 7:19; 9:21; Sant. 1:25; 2:8-9; Jn. 14:15, 21; 15:10; 1.ª Jn. 2:3-5, 22, 24).

4. La liturgia levítica

La ley de Moisés no sólo contenía preceptos morales que desarrollaban lo proclamado en el Decálogo, sino que constaba además de una larga y compleja sección litúrgica (*cf.* Ex., Lev. y Núm.) que tipificaba en símbolos las grandes realidades de la salvación que el Mesías llevaría a cabo en el futuro. Todo el Antiguo Testamento nos habla de la sangre de los sacrificios, que es el símbolo de la sangre de Cristo (Heb. 9). Los creyentes piadosos sabían que sus pecados contra la ley moral —ley que no podían cumplir nunca en toda su perfección— les eran perdonados en virtud de los sacrificios de la misma ley, que en su aspecto litúrgico anunciaba ya la gran salvación obrada después en el Calvario. Aquellos creyentes de la Antigüedad se salvaban por fe en el Cristo que había de venir, así como nosotros somos salvos hoy por fe en el Mesías que vino ya (Heb. 11:24-26).

Nos encontramos, pues, con las mismas verdades reveladas en el Nuevo Testamento, pero que en el Antiguo eran exhibidas de una manera adecuada a la comprensión y al momento del *allí* y del *entonces*. Con todo, encontramos idénticos elementos de verdad redentora, porque la mente de Dios no cambia jamás y las necesidades de la creatura caída son siempre las mismas. Los actos litúrgicos del Antiguo Testamento, que constituían el alma de la religión de Israel, *no sólo ofrecían una gran profecía de la redención del Calvario, no sólo eran su representación tipológica, sino que, al mismo tiempo, eran su presentación salvífica mediante la experiencia espiritual que ofrecían y la fe que demandaban.*

El Nuevo Testamento afirma claramente que estos ritos levíticos eran tipos de la muerte de Cristo. Tenían un significado relacionado con dicha tipología. El adorador hebreo, tanto si podía intuir la relación que su liturgia tenía con un Salvador sufriente, como si todavía no lo vislumbraba (este discernimiento fue gradual y es dable percibir su evolución en el libro de los Salmos y en los profetas), podía presentar un servicio cultural aceptable a Dios. La liturgia levítica le ofrecía una triple experiencia:

1) Le llamaba a reconocerse pecador e indigno de las bendiciones del Altísimo, y le movía a acercarse a Dios con corazón humilde y contrito.
2) Le proclamaba que la única manera de renovar la comunión con Dios era aceptar las condiciones, o los medios, que Dios mismo ponía a su alcance.
3) Le anunciaba la «buena nueva» (¡Evangelio!) de que, al entregarse contrito y humillado en demanda de perdón, y por medio del sacrificio ordenado por la ley, se reintegraba a la comunión con Dios, era aceptado ante el Señor, perdonado y justificado.

Y esta triple experiencia estaba saturada del gran principio bíblico anunciado en ambos Testamentos: *«sin derramamiento de sangre, no hay remisión de pecados»*.

En la mente de Dios todo apunta al Evangelio. La obra y la persona de Cristo son la culminación del plan divino, el cual, sin embargo, ya antes de su cumplimiento, era proclamado, de diversas maneras, para salvación. Al mismo tiempo, Dios preparaba así al mundo para la venida del Mesías. Pero en todo momento el Señor ofrece al hombre pecador las mismas bases de salvación: experiencia de convicción de pecado, entrega a Dios por fe, y justificación ante el Señor, con lo que se logra la reanudación de nuestra comunión espiritual con El.

Existe, pues, una misma unidad de propósitos salvadores y una misma unidad en los tratos de Dios con el hombre. Todo ello contribuye a la unidad del mensaje de la Biblia.

5. La piedad del Salterio

La unidad del mensaje de la Biblia se hace también evidente en la piedad hebrea, tan estupendamente reflejada en el Salterio. El libro de los Salmos no sólo sirvió de elemento devocional a Israel, sino también a la Iglesia. En los Salmos la espiritualidad hebrea halla su más alta expresión; en ellos se expresa no sólo el creyente individual, sino todo el pueblo de Dios. Más aún, el Salterio es el libro del Antiguo Testamento que mejor conocen los cristianos. Si esto es así —y es evidente que estamos afirmando una verdad histórica incontrovertible—, es porque el Dios revelado en la Biblia es siempre el mismo y tiene las mismas exigencias sobre el hombre. El Salterio refleja esta continuidad dentro, claro está, de las diferencias de tiempo, lugar, circunstancias, etc.

Los Salmos enfatizan la disposición interior como algo básico para acercarse a Dios (40:6; 1:9) al participar de la liturgia levítica (4:5; 10:13; 51:19; 66:13-15). Quizás con ello ya apuntaban a la transitoriedad del ritual levítico y estimulaban a buscar su más profundo significado que habría de ser revelado de manera perfecta en el Nuevo Testamento. De ahí el énfasis en los sacrificios espirituales también (40:6 y ss.; 50:14-23; 51:16; 19:14; 141:2; 15:1 y ss.). El salmista cree en la omnipotencia de Dios, en su providencia, en su perdón; se regocija en su salvación y en su justicia, descansa en su fidelidad y siente cerca la presencia del que es Señor y Salvador de Israel.

Y el mismo significado tienen para la Iglesia primitiva: Mat. 21:16, 42; 26:30; 27:46; Luc. 24:44; Hech. 1:20; 2:25-28, 30, 34 y ss.; Ef. 5:19; Col. 3:16; Sant. 5:13. Desde entonces los Salmos han modelado la oración de la Iglesia, bien por su uso mismo, bien como inspiradores de la plegaria del pueblo de Dios.

6. El pueblo de la Biblia

El mensaje de la Biblia es primordialmente la historia de nuestra salvación. La unidad de su mensaje estriba en esta característica destacada y primordial. Pero también existe un pueblo de la Biblia: los herederos de esta salvación proclamada en, y por, las páginas de la Escritura. Este pueblo es el pueblo del pacto, el Israel de Dios, la Iglesia de Dios.

Como escribe F. F. Bruce:

> «La continuidad del pueblo del pacto, a partir del Antiguo Testamento y hasta el Nuevo Testamento, queda algo oscurecida porque en nuestras Biblias la palabra *«iglesia»* nos parece una palabra exclusiva del Nuevo Testamento, y pensamos en ella como en algo que dio comienzo en el período del Nuevo Testamento. Pero el lector del Nuevo Testamento griego no se encontró con una nueva palabra al leer *ekklesía* en sus páginas, porque ya se había familiarizado con la misma en la versión griega de los LXX cada vez que se refería a Israel como el *qahal* = *asamblea,* de Jehová. Por supuesto, al llegar al Nuevo Testamento, el vocablo adquiere un nuevo y más pleno significado. Jesús dijo: «Yo edificaré mi Iglesia» (Mat. 16:18), ya que el pueblo del antiguo pacto tenía que morir con él para resucitar con él a una nueva vida en la que las viejas restricciones nacionales habían de desaparecer. Pero Cristo provee en sí mismo la continuidad vital entre el antiguo Israel y el nuevo, y sus fieles seguidores son tanto el *remanente justo* de antaño como el núcleo nuevo de hogaño. El Siervo de Jehová y sus siervos ligan los dos Testamentos para presentar un único pueblo de Dios.»

La unidad de la Revelación queda perfectamente reflejada en la unidad del pueblo de Dios. Porque no es judío el que lo es en la carne, ni es válida la circuncisión que no lo sea, al mismo tiempo, del corazón. Dios puede levantar hijos de Abraham aun de entre las piedras, y todos los que son de la fe —todos los que creen en Cristo— son sus hijos, «simiente de Abraham son». Los pobres de Jehová, el remanente fiel, el Israel de Dios, es el pueblo que respondió (y responde) con fe obediente al llamamiento de la gracia de Dios, y este pueblo es hoy lo que llamamos «Iglesia», el «Israel de Dios» (Gál. 6:16).

CUESTIONARIO:

1. ¿Qué es lo que da unidad a todo el mensaje bíblico? — 2. ¿Cuál es el mensaje central de la Biblia? — 3. Importancia del concepto de diatheke = *«pacto», para la unidad de la Revelación bíblica. — 4. Los pactos de Dios en la historia de la salvación. — 5. Peculiaridades del pacto de Dios con Abraham. — 6. El nuevo pacto. — 7. Papel de la ley dentro del contexto de los pactos de Dios. — 8. La liturgia levítica dentro de su tipología soteriológica. — 9. Papel devocional del Libro de los Salmos. — 10. ¿Cuál es, en realidad, el «Israel de Dios»?*

Cuarta parte

La segunda venida de Cristo

LECCION 27.ª EL ESTILO PROFETICO

1. Variedad de profecías

Antes de acometer el tema de la segunda venida de Cristo, resulta forzoso resaltar las características del estilo profético, nada fácil por cierto. Hay diversidad de profecías, así como de estilos proféticos. Pero lo que, sobre todo, nos interesa discernir es la naturaleza de cada profecía, dentro de su propio y característico entorno histórico y contextual. A modo somero de bosquejo, ofrecemos las siguientes indicaciones:

A) *Profecías cercanas:*

a) *Inmediatas,* por ejemplo cuando Jeremías predijo el retorno de los judíos a Jerusalén para 70 años después del exilio babilónico.

b) *Próximas,* como, por ejemplo, las profecías de Miqueas 4:11-13; 5:7-9, después del cautiverio babilónico, bajo Esdras y Nehemías, que alcanza hasta la época de los macabeos.

A la varia naturaleza de las profecías corresponde, como hemos indicado, una lógica y consiguiente variedad de estilos, que se sirven de peculiares palabras o frases, dándoles su propio sentido particular. Así, por ejemplo, «el tiempo del fin», en Daniel 8:17-19; 9:26; 11:35, 40, 45; 12:4, 6, 9, señala el fin de Judá como nación, hecho acaecido el año 70 de nuestra era, como he demostrado en otro lugar.[1] Fue el tiempo de la gran tribulación del pueblo

1. En *Las profecías de Daniel* (EEE, Barcelona, 1976).

judío (Mat. 24:21). En cambio, en el Nuevo Testamento, expresiones parecidas —como, por ejemplo, «los últimos tiempos», «los postreros días», «los fines de los siglos», «el último tiempo»— significan algo muy distinto, pues aluden a todo el período que abarca la dispensación cristiana, desde la primera hasta la segunda venida de Cristo.

B) *Profecías escatológicas:*

a') Las que tratan de la primera venida de Cristo.
b') Las que versan sobre la segunda venida de Cristo.
(A veces aparecen juntas.)

c') Las que tratan del reino mesiánico («los últimos tiempos»).

¿Dónde situar cada una de estas profecías? Existen varias respuestas:

1) Respuesta *amilenial*: Entre la primera y la segunda venida (incluida ésta). Es el periodo de la Iglesia, en el que vivimos actualmente y que está a la espera del Señor y de los cielos nuevos y la tierra nueva donde more la justicia.

2) Respuesta *premilenial* (dispensacionalista). Dice L. S. Chafer: «Ninguno de los pactos que Dios había establecido con los judíos halló cumplimiento en el tiempo del primer advenimiento de Cristo. El regreso de Cristo a la tierra en su segunda venida traerá bendiciones a la nación judía, y éste es el *único tema* de las profecías del Antiguo Testamento.»[2]

La explicación dispensacional lo sitúa todo al fin, después de la segunda venida, y en un milenio predominantemente judío. La Iglesia habrá sido arrebatada antes al cielo, puesto que ella no tiene nada que ver con las promesas mesiánicas. El centro de la profecía no es la Iglesia, sino Israel.

---

2. En *Grandes temas bíblicos* (Portavoz, Barcelona, 1975), p. 89.

2. La múltiple perspectiva profética

Como ejemplo para ilustrar este tema nos serviremos de Joel 2:11-32, en especial los versículos 28-31.

Comienza el texto preguntando: ¿Quién podrá soportar el Día del Señor? (vers. 11). Sigue una invitación al arrepentimiento, y se muestran las misericordias de Dios.

Como en el primer capítulo de este mismo libro, la invitación al arrepentimiento ofrece la única solución (vers. 12-17).

Viene luego la réplica de Dios. Si el pueblo se arrepiente, El derramará bendición. Las bendiciones de Dios son dobles:

A) *Bendiciones materiales* (vers. 18-27). Según Romanos 8, la tierra misma participa de la ruina del pecado, y participará también, al final, de las bendiciones de la redención y renovación de todas las cosas. Incluso en los juicios temporales y parciales existe esta relación del hombre con la tierra. No sólo se nos prometen «cielos nuevos», sino «tierra nueva», si bien fundidas ambas realidades en una dimensión superior (V. Apoc. 21).

Dios es *Señor de la naturaleza* (en este caso, de los insectos y de las langostas) tanto como de las *fuerzas históricas* (los grandes imperios y sus terribles ejércitos), a quienes puede encomendar el cumplimiento de su sentencia. La creación está al servicio de Dios, ya sea para bendición o para juicio.

B) *Bendiciones espirituales* (vers. 28-32). Se trata de un gran pasaje mesiánico (nada menos que de la promesa del Espíritu Santo —V. Hech. 2:17-21—).

La llamada al arrepentimiento fue escuchada y Dios bendijo inmediatamente (avivamientos, al poco tiempo, bajo Ezequías y Josías), y luego en la época mesiánica, en los «últimos días» (Hech. 2:17), que comienzan con el advenimiento de Cristo (Hech. 1:2). Escribe Ellison:

«Así como el juicio de las langostas fue seguido de un regreso espiritual a Dios, así en los días mesiánicos habrá un tremendo derramamiento del Espíritu Santo. Por el Nuevo Testamento sabemos que esta promesa fue cumplida en Pentecostés (Hech. 2:16). Hay una tendencia (dispensacional) a sugerir que este derramamiento de Hechos 2 no fue el cumplimiento de la profecía de Joel, sino sólo una prefiguración de su verdadero cumplimiento en un día lejano que aún ha de venir. Pero no es esto lo que dice al apóstol Pedro en Hechos.»

Para comprender bien las dos etapas del tiempo mesiánico ayuda mucho el distinguir entre:

«los últimos días» o *etapa final* (desde la primera hasta la segunda venida de Cristo), y

«el acto final» de esta última etapa mesiánica, final de la historia, cuando Jesucristo vuelva otra vez.

La *etapa final* comenzó con el advenimiento de Cristo (los postreros días, los últimos días), y el *acto final* es la consumación definitiva, cuando se producirá la segunda venida, y en ella vivimos actualmente. Es la época que comenzó con el derramamiento pleno del Espíritu Santo. Pero el acto final será consumado en la segunda venida de Cristo. Ni el Antiguo Testamento ni los primeros cristianos tenían la perspectiva suficiente para separar ambos eventos; de ahí que esperasen una inminente segunda venida del Señor. El profeta del Antiguo Testamento lanza su mirada al futuro, y ante él se presenta una panorámica extensísima, formada a modo de sucesivas cordilleras de las que únicamente discierne con claridad las cimas más elevadas, pero no los valles intermedios. Así, en su visión agrupa y junta períodos de tiempo muy distanciados como son la primera y la segunda venidas.

Joel 2:28-29 y 30-31 ilustra claramente esta característica de la perspectiva profética; véanse en el cuadro las distintas etapas:

Joel (A.T.) — *Pentecostés* (N.T. Hechos; comienzo de la *etapa final.*) — *Historia de de la Iglesia* — *Segunda venida de Cristo* (La etapa final llega a su clímax, a su *último acto.*)

Se cumple Joel 2:28-29 — Se cumple Joel 2:30-31

De modo que entre Joel 2:29 y Joel 2:30 hay siglos de separación. De hecho, todo el tiempo que dura la historia de la Iglesia hasta que Cristo vuelva.

En Hechos 2:16-21, Pedro cita el capítulo 2 de Joel y ello significa que con la Iglesia la etapa final de la Historia ha sido inaugurada (Pentecostés) y que fue precedida (como en Joel 2) de un juicio que constituyó la muerte y la resurrección de Cristo, y al que siguió el arrepentimiento de muchos.

Pero Joel tiene una perspectiva «montañesa» de la cordillera de acontecimientos, y no ha dividido la etapa final del acto final, sino que los presenta uno detrás de otro, como si hubieran de sucederse inmediatamente sin ningún tiempo intermedio.

La venida del Espíritu Santo acabó con todas las barreras ded sexo, edad, posición social o racial, etc., dentro del pueblo de Dios. Vivimos esta etapa ahora (vers. 28-29) y esperamos el acto final (vers. 30-31). Nuestra reflexión debería llevarnos a preguntar si realmente, como creyentes de la etapa final de los propósitos de Dios, bautizados en la plenitud del Espíritu Santo, vivimos a la altura de todo lo que significa Pentecostés: testimonio, poder, abolición de toda discriminación contra la mujer, el anciano, el niño, el marginado, el explotado, el analfabeto, etc. La Iglesia debería esforzarse por vivir en plenitud todo lo que significó la venida de la plenitud del Espíritu Santo, descrita por Joel y citada en Hechos de los Apóstoles.

El versículo 32 de Joel 2 es un maravilloso resumen del plan de la salvación, válido para todas las edades. En el Nuevo Testamento todas las veces que se cita este versículo (V. Rom. 10:13) Jehová es sustituido por Jesús (el «Señor»), lo que prueba, una vez más, la divinidad de Cristo, así como el plan único de salvación para todos los hombres y todas las edades, y la profunda unidad de propósitos que late detrás de cada uno de los pactos.

¿Cuándo y cómo aplicar esta perspectiva de la «cordillera profética»? Dependerá, por supuesto, en cada caso, de las características del mensaje, de su mismo contexto y, sobre todo, de aplicar siempre una exégesis honesta que esté siempre alerta a una auténtica escucha de lo que dice el texto, y no de lo que le pueda gustar a una determinada escuela interpretativa. Así, por ejemplo, intentar aplicar esta perspectiva entre la semana sesenta y nueve y la setenta de los setenta sietes de Daniel es del todo injustificado, pues no lo pide ni el texto ni el contexto; y menos todavía su cumplimiento en el Nuevo Testamento y en la historia del primer siglo de nuestra era.

Pero tanto más importante que la perspectiva de la «cordillera» lo es la perspectiva y el estilo típicamente escatológicos de los profetas, cuando el final es contemplado a través de la «transparencia» de los hechos inmediatos, y la historia próxima es vista como un anticipo escatológico. Este es el tema de la próxima lección.

CUESTIONARIO:

1. Peculiaridades del estilo profético. — 2. Clases de profecías. — 3. Especifique las distintas profecías escatológicas y diga dónde las sitúan las diversas escuelas de interpretación. — 4. ¿En qué consiste la múltiple perspectiva profética? — 5. Ilústrese con el ejemplo de Joel 2:28-32 a la luz de Hechos 2. — 6. ¿Cuándo y cómo puede y debe aplicarse esta clase de perspectiva profética múltiple o «en cordillera»?

LECCION 28.ª LA PERSPECTIVA PROFETICA Y LA «ABOMINACION DESOLADORA»

1. Unos textos difíciles

«Cuando veáis en el lugar santo la abominación desoladora de que habló el profeta Daniel (el que lee, entienda), entonces los que están en Judea huyan a los montes...» (Mat. 24:15-16).

«Pero cuando veáis la abominación desoladora de que habló el profeta Daniel, puesta donde no debe estar (el que lee, entienda), entonces los que están en Judea...» (Mar. 13:14).

«Pero cuando viereis a Jerusalén rodeada de ejércitos, sabed entonces que su destrucción ha llegado. Entonces los que estén en Judea...» (Luc. 21:20-21).

No es difícil identificar *«la abominación desoladora»*. La palabra «abominación» (*bdélygma*) se emplea en el Antiguo Testamento (LXX) para hacer referencia a la idolatría. La misma frase aparece en Daniel 11:31; 12:11. En el primer caso se trata de la profanación del altar por el representante de Antíoco Epifanes el año 167 antes de Cristo (*cf.* 1.° Mac. 1:54, donde la frase se usa para describir dicho acto sacrílego). En el segundo texto, a pesar de que algunos comentaristas creen que se refiere al Anticristo escatológico, todo inclina a pensar que alude a la profanación de los ejércitos romanos el año 70 de nuestra era. Beasley-Murray ha defendido este punto de vista con tanta inteligencia que parece irrebatible.[3] George Eldon Ladd —autor de varios libros sobre escatología, de reconocida solvencia teológica— escribe también:

> «En cualquier caso, algunas de las advertencias que el Señor hace en el sermón del Monte de los Olivos encajan mucho mejor en la situación histórica concreta del año 70 que en un final escatológico. El consejo de huir a las montañas, apresuradamente; la esperanza de que la tribulación no ocurra en invierno cuando los alrededores de Jerusalén son más difícilmente transitables y los caminos de Palestina en general se hallan inundados por el agua de las lluvias, todo esto parece referirse más bien a una situación histórica, limitada al territorio judío, que no a una tribulación a escala mundial, producida por un Anticristo escatológico.»[4]

Por otra parte, una lectura paralela de los tres sinópticos nos descubre en seguida la solución que el mismo texto ofrece. Fijémonos que lo que para Mateo y Marcos es *«la abominación desoladora»*, para Lucas es *«Jerusalén rodeada de ejércitos»*, con sus estandartes paganos que pronto entrarían en la ciudad y llegarían hasta el templo, profanándolo con su presencia, lo que alcanzaría al mismo Lugar Santísimo.

2. ¿Qué intentaba el discurso de Mateo 24:15 y ss. y paralelos?

El discurso profético de Jesús trataba de contestar a dos preguntas: 1) ¿Cuándo sería destruido el templo? 2) ¿Qué señal habría de Su venida y del fin del mundo? (Mat. 24:3; Mar. 13:4). Sobre este punto hay unanimidad entre los mejores eruditos evangélicos. De la totalidad de la enseñanza del sermón del Monte de los Olivos se des-

3. En *A Commentary on Mark Thirteen* (1957), pp. 56-57.
4. En *A Theology of the New Testament*, p. 197. De la misma opinión es J. A. Broadus, *Mateo* (trad. de S. A. Hale, Casa Bautista de Publicaciones, El Paso, Texas, s.f.), pp. 620 y ss.

prende que Jesús se refirió tanto a la caída de Jerusalén el año 70, como a su propia parusía escatológica. La tarea del exégeta estriba en saber deslindar las secciones que corresponden a uno y a otro acontecimiento respectivamente.

Este trabajo exegético no siempre es fácil, porque, como ha señalado C. E. B. Cranfield,[5] en la perspectiva profética de Jesús lo histórico y lo escatológico se hallan a veces entremezclados. El acontecimiento escatológico final es cotemplado a través de la «transparencia» de los hechos históricos inmediatos. De igual modo, la historia próxima es vista como un anticipo escatológico.

Esta *perspectiva profética de Jesús* la encontramos también en los profetas del Antiguo Testamento, quienes igualmente interrelacionan las imágenes, el lenguaje y el estilo propiamente escatológicos y apocalípticos en sus relatos de los juicios de Dios sobre Israel. En Amós, por ejemplo, el Día de Yahveh es tanto un acontecimiento histórico (5:18-20) como el evento escatológico final (7:4; 8:8-9; 9:5). Isaías describe el día histórico y concreto de la visitación del Señor sobre Babilonia como si fuese el último Día, el Día de Yahveh escatológico y final (Is. 13:9-11; 34:1-15).

Sofonías (1:7, 14) describe el Día de Yahveh como si se tratara de un desastre histórico a manos de un azote desconocido (1:10-12, 16-17; 2:5-15); en cambio, también lo narra en términos de una catástrofe mundial, en la que desaparecen todas las creaturas que pueblan la tierra (1:2-3) y sólo quedan desolación y muerte (1:18). Lo próximo y lo escatológico se mezclan; el futuro inmediato y el Día final quedan así interrelacionados en una concatenación mutua.

Otro ejemplo es el que presenta el lenguaje de Ezequiel (32:6-10) para describir el juicio de Dios sobre Egipto, no al final de los tiempos, sino en un próximo futuro cuando la grandeza del Imperio de los faraones desaparecerá, y comenzará su inevitable y progresiva decadencia. Ezequiel profetiza contra Faraón: «Yo extenderé sobre ti mi red

5. En su artículo «St Mark Thirteen», en el *Scottish Journal of Theology*, 6 (1953), pp. 297-300.

—dice Yahveh— con reunión de muchos pueblos... Y te dejaré en tierra...; pondré tus carnes sobre los montes... Y *cuando te haya extinguido, cubriré los cielos, y haré entenebrecer las estrellas; el sol cubriré con nublado, y la luna no hará resplandecer su luz. Haré entenebrecer todos los astros brillantes del cielo... y pondré tinieblas sobre tu tierra... en el día de tu caída*» (Ez. 32:3-10).

Esta manera profética de ver la historia —la inmediatamente próxima y el futuro escatológico— expresa un punto de vista determinado, propio de los profetas de Israel. Como dice Cranfield: «En las crisis de la historia se nos anticipa lo escatológico. Los juicios divinos en la historia son, por así decirlo, como representaciones del juicio final, y las sucesivas encarnaciones de anticristos anuncian por anticipado la última y radical apoteosis de la rebelión y la maldad antes del Fin.»

Así pues, lo próximo y lo lejano están igualmente presentes en la mirada del Señor; Él contempla lo inmediato y lo escatológico abarcándolo todo en una misma mirada, la mirada del juicio. Porque es el mismo juez que juzgó a Egipto, a Babilonia y a Israel el que vendrá en juicio el último Día. Y el carácter de su acción es idéntico; la única diferencia estriba en la intensidad y universalidad del juicio.

Esto explica la naturaleza de sus juicios, tal como han sido recogidos por los Sinópticos.

El juicio —y no sólo la salvación (Mat. 3:12; 25:34, 41)— que el Reino de Dios, inaugurado por Jesucristo, trae consigo, queda decidido en la medida en que los hombres responden a las ofertas de gracia; y en esta misma medida queda determinado su destino escatológico (Mar. 8:38; Mat. 10:32-33). Esto está patente en los juicios sobre Corazín, Betsaida y Capernaum (Mat. 11:20-23; Luc. 10:13-15). Lucas y Mateo describen el juicio que caerá sobre Corazín y Betsaida en términos escatológicos: «Por tanto os digo que *en el Día del juicio*, será más tolerable el castigo para Tiro y para Sidón que para vosotras» (Mat. 11:22). Pero en los versículos siguientes (Mat. 11:23; Luc. 10:15) se describe el juicio sobre Capernaum en términos menos escatológicos, afirmando simplemente que esta orgullosa ciudad —centro del ministerio de Jesús en Galilea—, que había escuchado el mensaje del Reino repetidamente, sería entregada al Hades (en hebreo, la condición, el estado de los muertos). Aunque Mateo 11:24 añade una nota escatológica, es evidente que la misma hace referencia a un juicio en la historia concreta de Capernaum, dado que añade el comentario del Señor: «Si en Sodoma se hubiesen hecho los milagros que han sido hechos en ti, habría permanecido hasta el día de hoy» (vers. 23). Por cierto que en estas palabras de juicio sobre Capernaum el Señor se sirve del cántico de Isaías en contra de Babilonia (Is. 14:13-15), aunque no las cite explícitamente. Tenemos aquí otro ejemplo del uso indiscriminado de una misma clase de lenguaje —con estilos idénticos o paralelos— para describir los juicios de Dios, tanto de carácter histórico como escatológico.

3. Enseñanza que se desprende de estas consideraciones

Conviene, pues, subrayar la enseñanza que se desprende de todo esto: *el juicio que viene sobre los que rechazan el Reino, se cumple en la historia tanto como en el Día de Yahveh, el día escatológico.* Mateo y Lucas nos dicen que Capernaum, levantada en la cúspide de su vanidad, será arrojada a lo más bajo y vergonzoso; sufrirá la misma suerte que Sodoma: la aniquilación total. Esto explica la oportuna cita de Isaías 14, es decir, el uso del lenguaje de dicha profecía contra Babilonia; la altanera, cruel e impía Babilonia que, encumbrada también en lo más alto, sufrió el castigo divino y descendió a lo más bajo de la humillación y de la derrota. Capernaum, lo mismo que Sodoma y Babilonia, sería reducida a ruinas. Jesús, como los profetas del Antiguo Testamento, podía ver la visitación divina para juicio, tanto en términos escatológicos como en términos históricos. La destrucción de Capernaum constituyó un juicio del Reino de Dios que viene en Jesucristo.

También sobre Jerusalén lanzó Jesús sus palabras condenatorias en términos históricos, por su ceguera, por su falta de discernimiento al no distinguir las realidades del

Reino que estaba en medio de ellos. Jesús lloró sobre Jerusalén al comprobar que sus habitantes le rechazaban (Mat. 23:37-39; Luc. 13:34-35). El rechazo de la invitación que les hizo Jesús, significó para ellos —los judíos— que su «casa fuese dejada desierta» y desolada. Ellos que soñaban en una Jerusalén capital de un mundo redimido por el judaísmo, y en un templo convertido en el santuario de toda la humanidad, van a ser dejados por Dios. Jerusalén será asolada, y el templo será destruido.

La misma idea se repite en Lucas 19:41-44. Jesús lloró sobre Jerusalén porque sus habitantes no reconocieron «el tiempo de su visitación», es decir, cuando el Señor vino a visitarla. Porque Dios visitó a su pueblo en Jesucristo, para ofrecerle la salvación y la paz. Es así como llegó hasta ellos el Reino de Dios, en gracia y misericordia, pero Israel rechazó esta oferta de gracia y escogió el camino que conduce al desastre. La catástrofe fue literal, pues trajo muerte y destrucción sobre la ciudad y el templo en el año 70.

No es menester considerar otros ejemplos de este juicio que el Reino —y el Rey— trae en términos histórico-escatológicos sobre Jerusalén y sobre sus habitantes incrédulos (Luc. 21:20-24; 23:27-31), tanto como sobre las piedras del templo (Mar. 13:2. *Cf.* 14:58; 15:29).

Jesús puede contemplar el futuro de dos maneras diferentes: puede describir las futuras visitas de su ira en términos de una catástrofe histórica inminente y, por otra parte, también como un acontecimiento escatológico y trascendente. Tanto lo histórico como lo escatológico constituyen visitas divinas que arrojan sobre Israel el juicio divino por haber rechazado el Reino de Dios.

Dios volvió a manifestar su actividad en medio de la historia; visitó a su pueblo en la misión de Jesús, ofreciéndole las bendiciones del Reino. Mas cuando la oferta es rechazada, sigue inevitablemente una visita de juicio: *tanto un juicio en la historia como un juicio escatológico.* Ambos, el que cayó sobre Jerusalén el año 70, y el que será desplegado a la faz de todo el mundo en el último Día, son juicios del mismo Dios y expresan idénticamente su soberanía real.

Incluso cuando el juicio es inmediato —o cercano— y, por lo tanto, destinado a cumplirse históricamente, próximamente, antes del juicio final, *incluso entonces Jesús contempla este juicio como un hecho escatológico y emplea lenguaje escatológico.* Tal es el caso de Mateo 24:27-28, que muchos comentaristas consideran como el colofón adecuado de la gran tribulación que padeció la nación judía en el año 70. Los judíos esperaban —engañados por falsos profetas, como testifica Flavio Josefo— la venida súbita de su Mesías. No perdieron esta esperanza ni un solo instante. Pero estaban ciegos espiritualmente. Después de su rechazo del Hijo de Dios, no podían esperar sino el juicio del cielo. Así llegó el Mesías, pero no de la manera que suponían; llegó de la única manera que podía llegar: en juicio. Así, la ira de Dios halla expresión en los acontecimientos del año 70. Luego, el cadáver de Israel será notorio a todos los pueblos (Mat. 24:28), como el cadáver del Faraón lo fue para sus contemporáneos (Ez. 32:10).

De modo que, así como las bendiciones del Reino representan que el futuro se ha introducido entre nosotros, y que los poderes y las fuerzas del Reino venidero actúan ya en la actualidad en el mundo, de igual manera *podemos afirmar que el juicio final, escatológico, definitivo, queda anticipado en cada juicio parcial y local que ocurre en la historia.*

4. ¿Cómo entender el próximo futuro de Israel?

El próximo futuro de Israel, que Jesús anuncia en el sermón del Monte de los Olivos y en algunas de sus parábolas, será entendido solamente en la medida en que comprendamos el alcance y el significado del rechazo de Israel. Dice el Señor en Mateo 21:43: *«Por tanto os digo que el Reino de Dios será quitado de vosotros, y será dado a gente que produzca los frutos de él.»*

La interpretación dispensacional clásica[6] entendía el vocablo «gente» o «nación» en el sentido de «generación»;

6. Véase, por ejemplo, J. D. Pentecost, *Things to Come* (1958), p. 465.

el Reino es ahora quitado de los judíos de la generación de Jesús, pero será dado a una futura generación de judíos que creerán. Como señala G. Eldon Ladd: «Esto es, sin embargo, una interpretación forzada.»[7] Tan forzada que la misma *Biblia Anotada de Scofield,* en su nota a Mateo 21:43, no se atreve a ofrecerla como explicación del versículo, aunque en el fondo sigue el esquema que la exige, como lo prueba su referencia a la nota que escribieron en 1.ª Corintios 15:24 y que recomiendan leer.

Ya comprobamos cómo anticipó Jesús un juicio divino sobre Israel, a causa de su obstinación en contra del mensaje del Reino. Este juicio tendría que ser tanto histórico como escatológico; un juicio que caerá sobre Jerusalén y sus habitantes (Luc. 13:34 y ss.; Mat. 23:37-39; Luc. 19:41-44; 23:27-31) y a causa del cual el templo será destruido (Mar. 13:1-2). Sobre esta mala generación tiene que caer el castigo divino (Mat. 11:16-19; Luc. 13:1-5). El Reino de Dios será quitado de Israel y será dado a otros. En la parábola del padre de familia, Jesús enseñó que, debido a la deslealtad de los labradores, símbolo de la ingratitud criminal de Israel al rechazar a los profetas y al matar al Hijo de Dios, el Señor visitaría en juicio al que hasta entonces había sido su pueblo: «*¿Qué hará, pues, el señor de la vida? Vendrá, y destruirá a los labradores, y dará su viña a otros*» (Mar. 12:9). Esta parábola afirma sin ambages que Israel, en tanto que pueblo representado por sus líderes religiosos, ha rechazado la oferta del Reino que Dios le hizo en Jesucristo; por consiguiente —prosigue la lección—, Dios, a su vez, ha rechazado a la nación judía en tanto que pueblo de Dios, es decir, como nación. Su *status* como pueblo de Dios, ha sido entregado a «otros», a otra «gente».

Si tenemos en cuenta que Jesús consideraba a sus discípulos como el remanente del verdadero Israel, porque habían aceptado la oferta del Reino y al Rey de este Reino, los «otros», la otra «gente» a la cual le es entregado el Reino, no puede ser otra que el círculo de los discípulos de Jesús.

---

7. *O. c.*, p. 200.

5. El verdadedro «remanente» de Israel

Sí, Jesús consideraba a sus discípulos como el remanente del verdadero Israel. Todo esto nos lleva a estudiar la relación entre Jesucristo e Israel.

Cualquier lector de los Evangelios se da cuenta en seguida de que Jesús aparece como un judío que habla a su pueblo. Aceptó —y refrendó— la autoridad e inspiración de las Escrituras del Antiguo Testamento, se conformó a las prácticas y usos del templo, participó en los cultos de la sinagoga y en todo acomodó su vida a las costumbres de los judíos. En ningún momento se observa que él quisiera organizar algo independiente o desligado de Israel. Insistió en los comienzos de su ministerio en que su misión iba primeramente dirigida a «las ovejas perdidas de la casa de Israel» (Mat. 15:24). En aquellos momentos aconsejó a sus discípulos que predicaran sólo a Israel (Mat. 10: 5-6); porque, como es evidente, el núcleo de su misión tenía que ser judío, ya que «la salvación viene de los judíos», como le dijo a la mujer samaritana (Jn. 4:22).

Jesús surge del fondo del pacto del Antiguo Testamento y de las promesas de los profetas. Reconoce a Israel como el receptor de dicho pacto y de las promesas incluidas en el mismo; de ahí que llame a los israelitas «hijos del Reino» (Mat. 8:12). Cuando el Señor habla de sus compatriotas como «las ovejas perdidas de la casa de Israel», ello no significa que los gentiles no estuviesen perdidos también a los ojos de Dios; lo que quiere decir es que sólo Israel era, entonces, el pueblo de Dios y, por consiguiente, como a tal pueblo debe ir dirigido primeramente todo lo que concierne a las promesas del Reino.

Por consiguiente, Jesús tenía que ir primeramente al pueblo de Israel —a los «suyos» (Jn. 1:11)— para anunciarles que Dios estaba obrando ahora para cumplir sus promesas y conducir a su pueblo hacia el destino y la vocación trazados por el Señor. Israel había sido durante siglos el pueblo escogido de Dios; de ahí que el tiempo del cumplimiento de las promesas mesiánicas, iniciado con la presencia de Jesús, fuera ofrecido en primer lugar a los hijos del pacto, y no al mundo en general. El apóstol Pablo hará lo mismo: incluso en su misión a los gentiles, entrará primero en las sinagogas.

En Génesis 12:3 se nos dice que «en Abraham serán benditas todas las familias de la tierra». De modo que, en aras del amor universal de Dios, que abarca a todos los pueblos y gentes, el Señor tiene que despertar a los «hijos de Abraham» a su vocación e identidad espirituales, antes de poder bendecir al resto del mundo. De ahí que el núcleo inicial del mensaje del Evangelio del Reino se forme, lógicamente, dentro de Israel. En efecto, aunque es cierto que Israel, como nación, rechazó la oferta del Reino, un buen grupo de personas lo aceptó y se adhirió a él de todo corazón. Esta adhesión, por cierto, consistió en algo más —mucho más— que el simple discipulado a los pies de un rabí. Los rabinos —como los apóstoles luego, y después los ministros del Evangelio a lo largo de los siglos— querían que la fidelidad de sus discípulos estuviera dirigida a las Escrituras más bien que a ellos mismos; los maestros judíos señalaban a la *Torah* (la ley); pero Jesús se señala a sí mismo como el centro de la fe. El rabí ofrecía algo fuera de sí mismo; Jesús se ofrecía El mismo y sólo El como garantía de verdad y salvación, como cumplimiento de todas las promesas mesiánicas. Por eso exigió de sus seguidores una lealtad incondicional, un sometimiento absoluto a su autoridad. De modo que se convertían no ya simplemente en discípulos, sino también en *duloi* = = esclavos (Mat. 10:24 y ss.; 24:45 y ss.; Luc. 12:35 y ss., 42 y ss.). Esta relación a una persona, a un maestro, a un rabí, no tenía precedentes ni paralelo en Israel, ya que esta clase de fidelidad era precisamente la que se pedía para solo Dios. El discipulado para Jesús implicaba más que una simple adhesión a sus doctrinas, o un mero seguimiento; significaba nada menos que una entrega completa, un sometimiento total y personal, tanto a la persona de Jesús como a su mensaje. La razón de esto se encuentra en el hecho de la presencia del Reino en la persona y el mensaje de Jesús. Porque, al hallarse frente a Jesucristo, los hombres se sienten confrontados con Dios mismo. Y porque la autoridad de Jesús es la misma autoridad de Dios.

Se sigue, pues, que si Jesús proclamó la salvación mesiánica —ofreciendo a Israel el cumplimiento de su verdadero destino histórico—, entonces *este destino se cumplió realmente en aquellos que recibieron el mensaje del Reino.* Los recipientes de la salvación mesiánica se convirtieron en el verdadero Israel, los auténticos representantes del pueblo de Dios. Los discípulos de Jesús son estos recipientes, los nuevos representantes del verdadero Israel, el pueblo del Reino, la nación nueva en quien se cumplirán las promesas del Antiguo Testamento.

CUESTIONARIO:

1. ¿Cuándo tuvo lugar la «abominación desoladora» de que hablan Mateo 24:15 y paralelos? — 2. ¿Qué sugiere todo el contexto? — 3. ¿Qué intentaba Jesús con su doble perspectiva profética en dichos lugares? — 4. Ejemplos de la misma clase en Sofonías, Ezequiel y otros profetas del Antiguo Testamento. — 5. La doble perspectiva en los juicios sobre Corazín, Betsaida y Capernaum, en Mateo 11 y paralelos. — 6. ¿Cuál es la enseñanza nuclear que se desprende de este modo de hablar? — 7. Interpretación correcta de Mateo 21:43. — 8. ¿Qué luz arroja Marcos 12:9 sobre dicho texto? — 9. ¿Cuál es el verdadero «remanente» de Israel? — 10. ¿Qué tiene de absolutamente singular la persona de Cristo en relación con la presencia del Reino y la predicación de su mensaje mismo?

LECCION 29.ª EL RECHAZO DE ISRAEL

1. Un rechazo con rebote

De la lección anterior se desprende que Israel según la carne ha sido rechazado sin ningún género de dudas. ¿Por qué?

Israel como nación, mediante sus dirigentes y la gran masa del pueblo, rechazó tanto a Jesús como a su mensaje del Reino. Hasta el final el Señor estuvo llamando a un pueblo rebelde y contradictor (V. Rom. 10:21). Hasta sus últimos días Jesús se dirigió a sus compatriotas. No obstante, no se hacía ilusiones (contra lo que la teología liberal opina); sabía la respuesta de los «suyos», de los «hijos del Reino» según la carne y según las carnales pretensiones que abrigaban. De antemano no se le ocultaba la imposibilidad de ser aceptado por la nación judía en su intento de establecer un reino de moralidad y justicia, que hubiese llevado a los judíos a la conquista moral de Roma, como Grecia había conseguido la conquista artística y cultural. Esta presciencia, no obstante, de ningún modo debe suponer que Jesús fuese insensible al rechazo de su pueblo; nada más lejos de la verdad. El dolor que sintió ante esta repulsa fue muy vivo, como testifican los evangelistas (Mat. 23:37 y ss.), y aun en el momento de profetizar su destrucción se hace patente (Luc. 19:42 y ss.).

Aunque debido a la naturaleza literaria de los Sinópticos, como señala G. E. Ladd entre otros, sea imposible reconstruir la cronología exacta o el orden de las etapas del rechazo de Jesús por parte de Israel, podemos afirmar que este rechazo se observa ya desde el principio del ministerio del Salvador. Así, deliberadamente, Lucas lo sitúa al comienzo de su Evangelio en Nazaret (Luc. 4:16-30. *Cf.* Mar. 6:1-6) y hace notar los datos del cumplimiento mesiánico y del rechazo por Israel en los primeros días del ministerio de Jesús.[8] Marcos describe el conflicto que condujo al rechazo de los judíos, también desde el comienzo, y nos ha conservado unas palabras del Señor que probablemente contienen una velada alusión al final que sabía que iba a venir irremisiblemente: «Pero vendrán días cuando el esposo les será quitado, y entonces...» (Mar. 2:20). Las razones de este rechazo son complejas, y no es nuestra intención estudiarlas aquí para no apartarnos más del tema que nos hemos propuesto. Pero, como han señalado algunos intérpretes, el conflicto entre Jesús y las autoridades judías gira en torno al Reino que Jesús proclamaba y que dichas autoridades rechazaron, así como en torno al arrepentimiento y la conversión que Jesús exigía y su Reino comportaba.[9] La proclamación del Reino y el llamamiento a la conversión fueron características del ministerio de Jesús desde el principio. Histórica y psicológicamente es comprensible y lógico que dicha oposición fuera creciendo desde sus orígenes al comienzo mismo de la misión de Jesús, alcanzando luego una progresiva intensidad que desembocó en la crucifixión.

Vemos, por lo tanto, un mutuo rechazo. Israel menosprecia el mensaje del Reino; y el Señor, a su vez, rechaza a Israel como pueblo de Dios: *«el Reino será quitado a vosotros, y será dado a gente que produzca los frutos de él»* (Mat. 21:43).

Así la relación entre Cristo e Israel queda aclarada. El rechazo de Israel conducirá al juicio del año 70, profetizado por Daniel y recordado por el Señor en el sermón profético del Monte de los Olivos. Jesús considera al grupo de sus discípulos como el verdadero Israel, el remanente fiel que prosigue la historia del auténtico pueblo de Dios a través de los siglos. De modo que podemos hablar de una ruptura entre Jesús a Israel, pero entendiendo por

---

8. Véanse G. E. Ladd, *A Theology of the New Testament*, p. 107; N. B. Stonehouse, *The Witness of Luke to Christ*, pp. 70-76; N. Geldenhuys, *Luke*, p. 170.
9. Véase Taylor, *The Life and Ministry of Jesus*, p. 89.

Israel el carnal —el que es «según la carne», como escribe Pablo en sus Cartas—, pero no entre Jesús y el Israel verdadero, que se prolonga en la vida y misión de sus discípulos. De este modo, los discípulos de Cristo vamos hacia adelante, hacia el cumplimiento de las promesas inherentes al Reino, mientras caminamos hacia la gran consumación final, cuando venga el cumplimiento definitivo.[10]

2. ¿Ha desechado Dios a Israel?

Es evidente que la misión de Jesús consistió en inaugurar un tiempo de cumplimiento profético, previo a la gran consumación escatológica. El Reino de Dios —cuyas bendiciones en plenitud nos parecen futuras— se ha introducido en nuestra historia a partir de Jesucristo. Por lo tanto, los que recibimos la proclamación del Reino somos considerados no sólo como el pueblo que heredará el futuro Reino escatológico, sino también como el pueblo del Reino en estos últimos tiempos (ahora); y si somos el pueblo del Reino en el momento presente —dado que constituimos la Iglesia—, ello indica que las promesas mesiánicas se cumplen y seguirán cumpliéndose hasta la consumación escatológica en el nuevo Israel —el Israel de Dios como lo denomina Pablo—, es decir, la Iglesia. Los

10. Entre los críticos radicales los hay que han sostenido el punto de vista de que Jesús no tenía intención de crear una Iglesia. sino instaurar el Reino tan sólo. Alfred Loisy, en su libro *The Gospel and the Church*, expuso esta hipótesis modernista en 1908: Jesús se habría equivocado; propuso el Reino de Dios, pero fue la Iglesia lo que surgió. (Aunque parezca sorprendente, un punto de vista muy similar (pero motivado por razones muy distintas) es el del dispensacionalismo: Jesús ofreció a Israel el milenio terrenal en cumplimiento de las promesas del Antiguo Testamento tocantes al Reino de Dios (el Reino eterno prometido a David), pero al ver que los judíos lo rechazaban, introdujo un nuevo propósito, rehizo sus planes y así se decidió por formar su Iglesia. En este punto de vista no hay continuidad entre Israel y la Iglesia, entre las promesas del Reino y los discípulos de Jesús (así, por ejemplo, en las obras de J. F. Walvoord, J. D. Pentecost y L. S. Chafer). Parece como si —según este esquema— los propósitos de Dios no fuesen inmutables, y como si tampoco Jesús fuese el mismo «ayer, hoy y por los siglos».

poderes del siglo venidero vienen, por anticipado, hacia nosotros, sin gozar aún de la plenitud del Reino; no obstante, estamos dentro de este Reino porque formamos parte del mismo; aún más, lo constituimos nosotros.

Meditando en estas cosas, el apóstol Pablo exclamó: «¿Ha desechado Dios a su pueblo? ¡En ninguna manera! Porque también yo soy israelita, de la descendencia de Abraham...» (Rom. 11:1 y ss.).

Desde el principio Jesús se preocupó de sus compatriotas. Mateo 10 sigue a Marcos 6 y Lucas 9, para relatarnos una campaña de predicación, llevada a cabo por los Doce, limitada exclusivamente a las «ovejas perdidas de la casa de Israel» (Mat. 10:6). No obstante, la nota de universalidad se halla siempre presente; incluso en esta misión durante el curso de la cual no tenían que ir a los gentiles. Así, Mateo inserta un pasaje que Marcos sitúa en el sermón profético del Monte de los Olivos (Marc. 13:9-13) y que anticipa la misión a los paganos. Los enviados de Jesús serán entregados a las autoridades, a los concilios, a los reyes, por su causa (Mat. 10:17; Mar. 13:9; Luc. 21:12). Es dentro de dicho contexto donde Marcos ofrece el dicho del Maestro: «Y es necesario que el Evangelio sea predicado antes a todas las naciones» (Mar. 13:10). Mateo incluye una extensión de este versículo en su relato del mensaje del Monte de los Olivos: «Y será predicado este Evangelio del Reino en todo el mundo, para testimonio a todas las naciones; y entonces vendrá el fin» (Mat. 24:14). Como escribe G. E. Ladd: «Esto no tiene que interpretarse como una profecía de la actual misión mundial de la Iglesia; sino que definitivamente anuncia una misión mundial llevada a cabo por los mismos discípulos de Jesús, es decir, sus contemporáneos.»[11] En efecto, como ya vimos en la exposición del mensaje del Monte de los Olivos, en el capítulo anterior, esta labor de expansión misionera fue llevada a cabo antes del año 70 (V. Col. 1:6, 23; Rom. 1:5, 8; 10:18).

En su discurso misionero Mateo incluye una frase cargada de significado para el tema que nos ocupa: «De cierto os digo que no acabaréis de recorrer todas las ciu-

11. *O. c.*, p. 200.

dades de Israel, antes que venga el Hijo del Hombre» (10:23). Esta perícopa va más allá de la inmediata misión de los Doce, y contempla su futura proclamación en términos similares a los que conserva Juan 17:20: «No ruego solamente por éstos, sino también por los que han de creer en mí por la palabra de ellos» en todas las generaciones. O sea, Mateo 10:23 intenta decirnos que la misión de los discípulos de Jesús en Israel durará hasta la venida del Hijo del Hombre. Indica que, a pesar de su ceguera, Israel no ha sido olvidado por su Dios. El nuevo pueblo de Dios —el Israel de Dios— sentirá siempre, a lo largo de los siglos, una constante preocupación por Israel, hasta que el Señor vuelva.

Encontraríamos otras muestras del interés de Jesús por una misión a los judíos, tanto como a los gentiles. Por ejemplo, cuando derrama lágrimas por Jerusalén, y añade: «Porque os digo que desde ahora no me veréis, hasta que digáis: Bendito el que viene en el nombre del Señor» (Mat. 23:39). Esto anticipa el arrepentimiento de Israel. Cuando el Señor vuelva al final de la Historia para hacer juicio sobre las naciones, muchos israelitas se arrepentirán y darán la bienvenida a su Redentor, Salvador suyo y nuestro.

Una idea similar se halla implícita en un versículo que Lucas incluye en el sermón del Monte de los Olivos. Después de predecir la destrucción de Jerusalén y la dispersión del pueblo, Lucas cita estas palabras de Jesús: «Y Jerusalén será hollada por los gentiles, hasta que los tiempos de los gentiles se cumplan» (Luc. 21:24). Aquí también Jesús anticipa un tiempo intermedio entre la caída de Jerusalén y la *parusía,* que denomina como final o cumplimiento de «los tiempos de los gentiles». No existe unanimidad entre los exégetas y comentaristas de la Teología del Pacto acerca de una futura restauración literal del pueblo de Israel como nación convertida al Señor. Según algunos, este versículo —y otros, por ejemplo la sección de Pablo en Romanos 11— exigiría una futura posesión de Palestina, y de Jerusalén, por parte de los judíos convertidos, una vez que «los tiempos de los gentiles» hayan terminado. En cualquier caso, estos judíos, este Israel, no tendrá nada que ver con la naturaleza agnóstica, descreída, del moderno Estado de Israel. Israel volverá al Señor en términos de cristianismo, no de sionismo.[12]

Lo que resulta obvio es que para todos los escritores del Nuevo Testamento el pueblo de Dios es en la actualidad la Iglesia, y que será así hasta que Cristo vuelva. Aunque «olivo silvestre» en un tiempo, ahora los gentiles que han pasado a ser miembros del Cuerpo de Cristo «han sido injertados en lugar de ellas» (las ramas naturales del olivo de Israel) y han venido a ser participantes de la raíz y de la rica savia del olivo, según el lenguaje alegórico de San Pablo (Rom. 11:17 y ss.). Y observemos que si las ramas (Israel según la carne) quieren volver a ser pueblo de Dios, tendrán que ser injertadas de nuevo, pues ahora carecen de la raíz y de la rica savia del olivo que fueron antaño; mas «poderoso es Dios para volverlos a injertar» (Rom. 11:23). Cierto, al final serán injertados en su propio olivo (vers. 24) cuantos judíos se conviertan al Señor, pero de ello se sigue con lógica aplastante que, mientras tanto, no son pueblo de Dios, ni lo serán hasta que se arrepientan. Imaginar que puedan volver a cumplirse en ellos las antiguas promesas de los profetas del Antiguo Testamento, en virtud solamente de sus «méritos raciales», por el simple hecho de que son hebreos, hijos de Abraham, equivale al olvido de toda la enseñanza de Juan el Bautista, de Jesús y de Pablo sobre el particular; supone volver a la mentalidad de los fariseos del tiempo del Señor, regresar a un sionismo totalmente incompatible con el Evangelio que es capaz de hacer hijos de Abraham

---

12. Hay quienes interpretan Romanos 11:26 como si implicase la conversión de todos y cada uno de los israelitas cuando el Señor venga; pero el griego original no favorece esta opinión, porque no dice *holós* = entero, sino *pas* = todo, es decir, *toda clase de Israel* (gentiles y judíos), como lo confirma la partícula de enlace: *útos* = = así. No dice «entonces» o «después», sino que enlaza con el *pléroma* o «plenitud» de los gentiles, los cuales, como es obvio, *no todos* se habrán salvado, pero *unos y otros habrán sido puestos en estado global de reconciliación* (comp. Rom. 11:26-32 con 2.ª Cor. 5:19; 1.ª Tim. 2:4-6; 1.ª Jn. 2:2).

de las mismas piedras, y que rechaza la filiación basada únicamente en motivos de carne y sangre (Jn. 1:11-12).

Si hubo un apóstol racial y temperamentalmente judío, éste fue Pedro. ¿Hemos comprobado cómo habla él de los gentiles? «Los expatriados de la *dispersión* ("diáspora", término que designaba las colonias judías diseminadas por todo el mundo greco-romano, pero que aquí es aplicado a los cristianos gentiles) ... *elegidos* (otro término que el Antiguo Testamento aplica a los judíos creyentes)» (1.ª Ped. 1:1-2). Todavía más claramente: «Vosotros sois *linaje escogido, regio sacerdote, nación santa,* pueblo adquirido por Dios...», etc.; expresiones todas ellas que, hasta entonces, habían sido patrimonio exclusivo de Israel (1.ª Ped. 2:9). Y prosigue, con mayor claridad aún, si cabe: «vosotros que en otro tiempo no erais pueblo, pero que *ahora sois pueblo de Dios;* que en otro tiempo no habíais alcanzado misericordia, pero *ahora habéis alcanzado misericordia*» (vers. 10). Inequívocamente, Pedro incorpora los gentiles al nuevo Israel que Cristo inaugura con su Reino; y es interesante notar que modifica ligeramente la cita de Oseas 2:23, dado que los lectores nunca habían sido antes pueblo de Dios, pero ahora lo eran. Tan estrecha y real es la vinculación de estos paganos convertidos al Israel de Dios que, sin vacilar, les escribe en estos tonos: «Baste ya el tiempo pasado para haber hecho lo que agrada a los gentiles...» (1.ª Ped. 4:3); ahora ellos ya no pertenecen a la gentilidad, sino al Israel de Dios, en quien las promesas mesiánicas están hallando cumplimiento, y mediante las cuales el Señor está formando su «linaje escogido, real sacerdocio, nación santa...».

3. En pie de igualdad

«No seáis tropiezo ni a judíos, ni a gentiles, ni a la Iglesia de Dios» (1.ª Cor. 10:32), escribe Pablo, colocando en pie de igualdad a los judíos, los gentiles y la Iglesia. ¿Dónde están las distinciones, y diferencias, dispensacionalistas? ¿Requieren esta clase de textos una lectura que recuerde constantemente (ya que no lo recuerda el texto mismo) que hay programas separados para los gentiles, los judíos y la Iglesia, amén de un arrebatamiento de ésta, y su total ausencia en las tribulaciones finales del mundo, antes de que Cristo vuelva? ¿Se apoyan en las Escrituras todas estas sutilezas pretribulacionistas y dispensacionalistas?

¿Tan distintos son los santos de la tribulación y los miembros del Cuerpo de Cristo, es decir, la Iglesia?

Tanto la Iglesia como estos santos que deberán sufrir la tribulación (sin ser Iglesia, de acuerdo con el esquema dispensacional) son un pueblo terreno (2.ª Cor. 5:1-4; 1.ª Ped 3:10 y ss.; Apoc. 18:24). Ambos pueblos son mundiales (Gál. 3:8-9; Apoc. 7:9) y ambos son, asimismo, celestiales (Fil. 3:20; Apoc. 7:15-17). Los dos pueblos son salvos por gracia y por la sangre de Jesucristo (Ef. 1:7; Apoc. 7:14). Ambos son templo del Espíritu Santo (Hech. 1:8; 1.ª Cor. 12:3; Mar. 13:11). Ambos tienen que esforzarse en guardar los mandamientos de Dios y retener el testimonio de Jesús (Jn. 14:21; Apoc. 1:9; 12:17; 14:12). Ambos son llamados santos (1.ª Cor. 6:1-2; Apoc. 13:7; 14:12; 17:6; 19:8) y siervos de Dios (Rom. 6:22; 1.ª Ped. 2:16; Apoc. 7:3; 19:2). Ambos están unidos al Hijo del Hombre (Mat. 24:30; 25:31; Hech. 7:56; Apoc. 1:13, 20) y ambos tienen sus nombres escritos en el Libro de la Vida (Fil. 4:3; Apoc. 3:5; 13:8; 17:8). Si en todo son iguales, ¿por qué hablar de dos pueblos? ¿No es más lógico adoptar la actitud de los intérpretes de la Teología del Pacto que contemplan a un solo, y único, pueblo de Dios?

Walvoord afirma que la doctrina que uno sostenga acerca de la Iglesia, determina si la Iglesia habrá de pasar por una gran tribulación al final o se verá libre de ella.[13] En la página 16 de este libro dice que la doctrina sobre la Iglesia condiciona todo el problema, *más que éstos o aquellos pasajes bíblicos que tratan del final de los tiempos*. En la edición de 1957, Walvoord admitía que el meollo del sistema dispensacionalista —es decir: el arrebatamiento de la Iglesia (o sea, una venida secreta del Señor para buscar a su Iglesia y llevársela consigo a los cielos antes de la tribulación final, que ella no tendrá que sufrir, etc.)—,

13. En *The Rapture Question*, p. 148.

el pretribulacionismo no se hallaba explícitamente enseñado en las Escrituras.[14] Las posteriores ediciones de este libro no llevan ya tan franca admisión de que el dispensacionalismo no puede deducirse de manera directa y explícita de los mismos textos bíblicos, sino que se trata de un sistema superpuesto a la revelación bíblica. La esperanza de la Iglesia no es un «rapto», un arrebatamiento secreto, invisible a todo el mundo. La esperanza cristiana estriba en la aparición visible de la gloria de Dios en el retorno de Cristo (Tit. 2:13). La revelación plena, pública y universal, de Nuestro Señor a todo el mundo, cuando venga con sus santos ángeles (2.ª Tes. 1:7).

Otro dispensacionalista, en cambio, Payne, contradice a Walvoord, al afirmar que los estudiantes deberían ir primero a los pasajes que hablan del fin, y luego revisar toda su definición de lo que es la Iglesia.[15]

Pero ¿son la Iglesia e Israel dos realidades tan absolutamente distintas como sugieren los pretribulacionistas? Afirman que, siendo la Iglesia un «organismo celestial» —a la manera de los 144.000 «espirituales» de las disparatadas teorías de los «Testigos de Jehová»— y, en cambio, Israel un «cuerpo terreno», es imposible que la Iglesia se halle en la tierra en el tiempo de las grandes tribulaciones finales.

La Biblia, sin embargo, enseña que los santos del Antiguo Testamento albergaban en sus corazones una esperanza tan celestial como pueda serlo la nuestra (Sal. 49:15; Heb. 11:13-16), y que la Iglesia, a su vez, puede tener también esperanzas terrenas (1.ª Ped. 3:10 y ss.; Apoc. 2:26; 21:1 y ss.). Los santos del Antiguo Testamento eran creyentes nacidos de nuevo, guiados por el mismo Espíritu que habita en nosotros (Ez. 36:26-27), porque, según la Escritura, no puede haber otra clase de creyentes (Jn. 3:5, 7). ¿Es la Iglesia como una Novia? Novia fue también Israel, antes de rechazar al Mesías (Os. 2:20; 3:1-3). ¿Fue Israel una Esposa? También lo es la Iglesia (Apoc. 19:7). Tanto los santos del Antiguo Testamento como los del Nuevo encontraron salvación, por fe, en Jesucristo, y en nadie

14. *O. c.*, p. 148.
15. En *The Imminent Appearing of Christ*, pp. 124-125.

más (Heb. 9:15). Moisés formaba parte de «la Iglesia en el desierto» (Hech. 7:37-38), y a la misma Iglesia se la describe como «simiente de Abraham» (Gál. 3:29) y «ciudadanía de Israel» (Ef. 2:12).

Un pretribulacionista, por muy radical que sea, admitirá que el derramamiento del Espíritu en Pentecostés (Hech. 2:16-21) fue un cumplimiento de las profecías de Joel 2:28-32, a pesar de que Joel no utilizaba la palabra «Iglesia» en sus mensajes. Ya sé que el hermano pretribulacionista nos dirá que el cumplimiento fue parcial —allá él; Pedro era de otra opinión (Hech. 2:16); yo me quedo con el criterio de Pedro—, pero aun así, parcial o total, es cierto que se cumplió algo que estaba anunciado por los profetas, y que este «algo» tenía que ver mucho con la Iglesia, a pesar de que Joel no la llamase por su nombre.

También habrán de admitir —y, generalmente, lo admiten— nuestros hermanos que el nuevo pacto predicho por Jeremías (31:31-34) se cumplió al pie de la letra en la Iglesia, según Hebreos 8:8-12; 10:16-17, y esto a pesar de que la promesa fue dada a «la casa de Israel» y a «la casa de Judá». ¿Son realmente tan diferentes la Iglesia y el verdadero Israel?

Los pretribulacionistas insisten en que el vocablo «Iglesia» no aparece en ninguna de las escenas de tribulación en el libro de Apocalipsis. Pero no se dan cuenta de que tampoco aparece en ninguna de las escenas celestiales, en ningún versículo desde el capítulo 4 al 19. ¿Es que tampoco está, por consiguiente, en el cielo? ¿No es éste un literalismo absurdo? Los argumentos basados en el silencio son peligrosos.

Al comentar el capítulo 9 de Daniel, D. Pentecost —al igual que otros escritores pretribulacionistas— afirma que, dado el silencio que sobre ella guarda toda la sección, y como que no se la describe en las primeras sesenta y nueve semanas (de las setenta que presenta Daniel), ello debe llevarnos a la conclusión de que ya no estará en la tierra en la semana setenta de la gran tribulación final. Pero el hermano Pentecost no advierte que tampoco Daniel 9:24-27 dice nada de santos gentiles, que es lo que él pretende ver en el texto. Insistimos, pues, en que los argumentos basados en el silencio son de poco peso. Pero la cuestión básica es ésta: la Iglesia existía cuando Jerusalén y su templo fueron destruidos (Dan. 9:26) y no hay razón (ni texto alguno) para afirmar que Dios cortará la presencia de la Iglesia en el mundo antes de la tribulación.

El argumento del silencio suele aplicarse a Jeremías 30.7 («tiempo de angustia para Jacob»), que no menciona ni la Iglesia ni los gentiles. Al parecer, habría que llegar a la conclusión de que nacerán más gentiles que se llamen Jacob que miembros de la Iglesia que lleven dicho nombre. ¡Todo sea por el literalismo radical y por los argumentos basados en el silencio!

Como escribe McPherson, «Aparte del razonamiento bíblico, si los pretribulacionistas aman realmente a Israel y a los judíos, ¿por qué no quieren estar junto a ellos, para animarles en el «tiempo de angustia para Jacob», y regocijarse juntamente con ellos en el Señor? Por nada del mundo desearía perdérmelo; ni siquiera por un rapto pretribulacional».[16]

«La doctrina del arrebatamiento pretribulacional *secreto* de la Iglesia —escribe otro autor— es realmente tan secreta, que la Iglesia nunca oyó tal cosa durante más de 1.800 años.»

CUESTIONARIO:

1. ¿Por qué fue rechazado por Dios el Israel según la carne? — 2. ¿Cuándo comenzó este rechazo? — 3. ¿Puede decirse, por ello, que Dios ha desechado a Israel? — 4. ¿Qué nos dice sobre ello la campaña de evangelización que Jesús encomendó a los Doce, según Mateo 01 y paralelos? — 5. ¿Qué se deduce de Mateo 23:39 y Lucas 21:24? — 6. ¿Cuál es la correcta exégesis de Romanos 11:17 y ss.? — 7. Evidencia del lenguaje de Pedro en su 1.ª, capítulos 1 y 2. — 8. Textos que ponen en pie de igualdad a todos los creyentes, judíos o gentiles. — 9. ¿Qué resonancia comporta en todo este tema el concepto que se tenga sobre la Iglesia? — 10. ¿Qué me dice de los argumentos basados en el silencio, o en un literalismo que insista en la ausencia del vocablo «Iglesia»?

16. En *The Incredible Cover- Up*, p. 114.

LECCION 30.ª LOS TERMINOS DEL NUEVO TESTAMENTO PARA LA SEGUNDA VENIDA

1. La segunda venida de Cristo ¿será un solo acontecimiento?

La enseñanza uniforme del Nuevo Testamento es que la segunda venida de Cristo será un solo evento, que ha de traer bendición eterna a los hijos de Dios y destrucción eterna a los impíos. El Día del Señor es *desconocido*, y será *inesperado* y *repentino*.

La teoría dispensacional —popularizada por la *Biblia Scofield*— mantiene que Cristo vendrá no sólo *repentina*, sino *secretamente* en el aire, para tomar a la Iglesia consigo. Este encuentro en el aire —afirman los dispensacionalistas— durará siete años, durante los cuales tendrá lugar el juicio de Cristo para recompensar a sus santos, y también las bodas del Cordero. A este período le llaman «el día de Cristo». Después de los siete años el Señor bajará a la tierra para juzgar a las naciones; a este juicio se le llama «Día del Señor». Scofield escribe: «El día de Cristo se relaciona enteramente con la recompensa y bendición de los santos en la venida de El, así como "el día del Señor" corresponde al juicio.»[17] Pero en una nota anterior dice algo más Scofield: «... los dos advenimientos de Cristo».[18] De modo que, según él, tendríamos no sólo una segunda, sino también una tercera venida de Cristo.

---

17. *Biblia Anotada de Scofield*, nota 2 a 1.ª Corintios 1:8 (p. 1169).
18. *Biblia Anotada de Scofield*, nota 1 a 1.ª Corintios 1:7 (p. 1169). Los textos que cita evidencian que ambos advenimientos se refieren al final de los tiempos.

Comparemos esta teoría con lo que acerca de la segunda venida del Señor dice el Nuevo Testamento.

2. Términos que el Nuevo Testamento usa para expresar la segunda venida

Solemos usar varias expresiones para decir que «alguien viene», es decir, para referirnos a la llegada de una persona. Si queremos precisar la *acción* en curso, decimos que «vienen». Una vez que se hallan ya entre nosotros, decimos que «han llegado». Y, como ya no están ausentes, decimos que están «presentes». Al estar presentes y poderlos ver, decimos que se han «revelado», o «manifestado», a nosotros. En consecuencia, también podríamos decir que dichos visitantes se «han aparecido» a nosotros. Ante una visita de Tito, exclamó Pablo con alegría: «Dios, que consuela a los humildes, nos consoló con la venida de Tito» (el original dice *parusía,* es decir, «presencia personal» de Tito). Compárese este texto de 2.ª Corintios 7:6 con 1.ª Corintios 16:17 («la venida de Estéfanas») y Fil. 1:26 (la propia «venida» de Pablo a Filipos). Al emplear el término «presencia», Pablo hubiera dado a entender lo mismo que «venida», pues fue la «aparición» de Tito este «estar presente». Esto fue lo que consoló al apóstol: esta «parusía» fue, a la vez, presencia personal, manifestación y aparición visible de Tito.

En relación con la segunda venida del Señor, las Escrituras usan los términos de manera intercambiable, como *sinónimos.* No crean una división dentro del evento de la segunda venida, como si ésta hubiera de producirse en *dos etapas,* sino que la presentan como un solo y único acontecimiento, sin fisuras de ninguna clase. Toda la Escritura habla de *una* «parusía», no de «dos advenimientos» (según la citada frase de Scofield).

Examinemos ya los términos bíblicos:

A) VENIR (*érkhomai*) significa trasladarse de un lugar a otro; enfatiza la *acción*:

> «... y verán al Hijo del hombre *viniendo* sobre las nubes del cielo, con poder y gran gloria» (Mat. 24:30).
>
> «¡Aquí *viene* el esposo; salid a recibirle!... *Vino* el esposo, y las que estaban preparadas, entraron con él a las bodas; y se cerró la puerta. Después *vinieron* también las otras vírgenes... ¡No os conozco! Velad, pues, porque no sabéis el día ni la hora en que el Hijo del Hombre ha de *venir*» (Mat. 25:6-13).
>
> «Mas como en los días de Noé, así será la *venida* (*parusía*) del Hijo del hombre... Por tanto, también vosotros estad preparados; porque el Hijo del Hombre *vendrá* (*érkhetai*)[19] a la hora que no pensáis» (Mat. 24:37-44).
>
> «El Día del Señor *vendrá* así como ladrón en la noche» (1.ª Tes. 5:2).
>
> «Cuando *venga* en aquel día para ser glorificado en sus santos» (2.ª Tes. 1:10).
>
> «He aquí, yo *vengo* pronto» (Apoc. 22:7, 12, 20).

Jesucristo *viene* a todos, para todos, bien sea como bendición o como condenación. Y esta única venida es tanto visible como inesperada. Se exhorta a *todos* para que estén preparados. Todos hemos de estar prestos para aquel día, todos tenemos que velar.

B) LLEGAR (*heko*) significa literalmente «llegar» y señala el punto de destino, como la frase «acabo de llegar» o «he llegado». En nuestras Biblias suele traducirse, sin embargo, como «venir»:

> «Y entonces *vendrá* el fin» = «llegará el fin» (según dice literalmente el original de Mateo 24:14). El hecho de que aquí aparezca el verbo *heko* muestra que es sinónimo de *érkhomai*, si se compara con 2.ª Pedro 3:10, que repite la frase de 1.ª Tesalonicenses 5:2, a pesar de que Pedro emplea *heko* y Pablo usa *érkhomai*.

---

19. Literalmente: «*viene*».

«Porque aún un poquito, y el que ha de venir vendrá, y no tardará» (Heb. 10:37. Literalmente: «el que ha de *venir* [verb. *érkhomai*], *llegará* [verb. *heko*]»).

«Pero lo que tenéis, retenedlo hasta que yo *venga*» (Apoc. 2:25. Dice literalmente: «hasta que yo llegue»).

Hay *una llegada* de Cristo, una sola: y esta llegada del Señor se nos ofrece como la esperanza del creyente y la evidencia suprema para el inconverso.

C) PRESENCIA PERSONAL (*parusía*) denota tanto la llegada como la presencia de quien llega:

«Nosotros que vivimos, que habremos quedado hasta la *venida* del Señor, no precederemos a los que durmieron» (1.ª Tes. 4:15).

«Como el relámpago... así será también la *venida* del Hijo del Hombre» (Mat. 24:27).

«... aquel inicuo, a quien el Señor matará con el Espíritu de su boca, y destruirá con el resplandor de su *venida*» (2.ª Tes. 2:8).

«Mas, como en los días de Noé..., así será también la *venida* del Hijo del Hombre» (Mat. 24:37-39).

«Esperando y apresurándoos para la *venida* del día de Dios, en el cual los cielos, encendiéndose, serán deshechos, y los elementos, siendo quemados, se fundirán» (2.ª Ped. 3:12).

El término *parusía* se utiliza para la segunda venida, no sólo para referirse a lo que significará de bendición para los santos y destrucción del Hombre de Pecado (2.ª Tes. 2:8), sino también para denotar la visibilidad del acontecimiento, la realidad aplastante de su presencia. La *parusía* es una venida para bendición y, a la vez, para juicio. Indica la segunda venida de Cristo como un acontecimiento único, inmediatamente después del cual, Dios establecerá «cielos nuevos y nueva tierra» (2.ª Ped. 3:12, 13 —texto que no puede ser más claro—).

D) REVELACION (*apokálypsis*) significa desvelar (= retirar un velo), y expresa la manifestación de algo oculto, velado, hasta entonces:

«La *revelación* del justo juicio de Dios» (Rom. 2:5).

«La *manifestación* de los hijos de Dios» (Rom. 8:19).

«Esperando la *manifestación* de nuestro Señor Jesucristo» (1.ª Cor. 1:7).

«Y a vosotros que sois atribulados, daros reposo con nosotros, cuando se *manifieste* el Señor Jesús desde el cielo con los ángeles de su poder, en llama de fuego, para dar retribución a los que no conocieron a Dios» (2.ª Tes. 1:7-8).

«... vuestra fe, mucho más preciosa que el oro, el cual aunque perecedero se prueba..., sea hallada en alabanza, gloria y honra cuando sea *manifestado* Jesucristo» (1.ª Ped. 1:7).

«La gracia que se os traerá cuando Jesucristo sea *manifestado*» (1.ª Ped. 1:13).

«Para que también en la *revelación* de su gloria os gocéis con gran alegría» (1.ª Ped. 4:13).

«Mas el día en que Lot salió de Sodoma, llovió del cielo fuego y azufre y los destruyó a todos. Así será el día en que el Hijo del Hombre se *manifieste*» (Luc. 17:29-30).

«... soy también participante de la gloria que será *revelada*» (1.ª Ped. 5:1).

«La salvación que está preparada para ser *manifestada* en el tiempo postrero» (1.ª Ped. 1:5).

Vemos, una vez más, que otro término empleado para indicar la segunda venida o Parusía, sirve no sólo para expresar el juicio que vendrá sobre los impíos, sino también el momento en que se iniciará el tiempo de paz, descanso y alabanza de los santos probados.

E) APARICION (*epipháneia*) significa la irrupción súbita, la aparición repentina:

«El resplandor de su *venida*» (2.ª Tes. 2:8).

«Hasta la *aparición* de nuestro Señor Jesucristo» (1.ª Tim. 6:13-14).

«Jesucristo, que juzgará a los vivos y a los muertos en su *manifestación* y en su Reino» (2.ª Tim. 4:1. Lit.: «en su irrupción —o aparición— y en su Reino»).

«A todos los que aman su *venida*» (2.ª Tim. 4:8. Lit.: «aparición»).

«Aguardando la esperanza bienaventurada y la *manifestación* gloriosa de nuestro gran Dios y Salvador Jesucristo» (Tit. 2:12, 13).

Al igual que en las demás expresiones, este término es también usado para la segunda venida en el sentido de bendición y destrucción, y hace referencia tanto a conversos como a inconversos; hace alusión a una sola venida, y conviene destacar el hecho de que la «aparición», de la «parusía» o presencia personal del Señor, tiene lugar en el tiempo de la «manifestación», o «revelación», del Señor. Los vocablos son intercambiables, sin ningún género de duda.

El comentario de la *Biblia Scofield*, al pie de 1.ª Corintios 1:7, no tiene apoyo bíblico. Se dice allí que habrá «dos advenimientos de Cristo», y se afirma que sólo el término *epipháneia* (aparición) «*se usa tocante a los dos advenimientos de Cristo* (2.ª Tim. 1:10; 2.ª Tes. 2:8; 1.ª Tim. 6:14; 2.ª Tim. 4:1, 8; Tit. 2:13)», con lo que se da a entender que los demás términos (*apokálypsis* = manifestación o revelación, y *parusía* = venida o presencia personal) no se refieren a estos dos supuestos advenimientos indistintamente, sino que, más bien, *apokálypsis* denota visibilidad con preferencia a *parusía*. No acertamos a encontrar soporte bíblico ni para «dos advenimientos», ni para dejar de ver que todos los términos estudiados aquí son intercambiables, sinónimos, y que aun cuando describan diversas facetas del mismo acontecimiento, se refieren a una sola segunda venida de Cristo, sin etapas, ni fisuras, ni intervalos de ninguna clase.

El Nuevo Testamento enseña que el Señor «viene» (érkhomai) *y «llega»* (heko) *a nosotros, de modo que quien había estado ausente se manifiesta, se revela* (apokálypsis) *y pone de manifiesto su «presencia personal»* (parusía) *de manera repentina, con el resplandor de su «aparición»* (epipháneia).

CUESTIONARIO:

1. ¿Cuál es la enseñanza uniforme del Nuevo Testamento acerca de la segunda venida del Señor? — 2. ¿Cuál es la opinión de los dispensacionalistas en esta materia? — 3. ¿Qué nos indica la terminología general —variada— del Nuevo Testamento como guía para el tema que nos ocupa? — 4. ¿Qué términos usa el original griego para expresar la segunda venida del Señor? — 5. ¿Cómo puede demostrarse que dichos términos son intercambiables o sinónimos? — 6. ¿Da pie alguno de los textos citados por la Biblia Anotada de Scofield, *para pensar que habrá dos advenimientos finales de Jesucristo?*

LECCION 31.ª EL DIA DE CRISTO Y EL DIA DEL SEÑOR

1. Variedad de expresiones para indicar el acontecimiento final

Se ha querido especular con la diferencia terminológica entre las expresiones «el día de Cristo» y «el Día del Señor»; pero ambas se refieren al grande, y único, acontecimiento que tendrá lugar al final de los tiempos. Observemos la variedad terminológica que encontramos en la Sagrada Escritura:

1. El Día del Hijo del Hombre (Luc. 17:24, 30).
2. El Día del Juicio (Mat. 10:15).
3. El Día de la Ira (Rom. 2:5).
4. El Día de Nuestro Señor Jesucristo (1.ª Cor. 1:8).
5. El Día de Jesucristo, o el Día de Cristo (Fil. 1:6; 2:16).
6. El Día del Señor (1.ª Cor. 5:5; 1.ª Tes. 5:2; 2.ª Ped. 3:10).
7. El Día de la Visitación (1.ª Ped. 2:12).
8. El Día de Dios (2.ª Ped. 3:12).
9. El Gran Día (Jud., vers. 6).
10. El Día de la Redención (Ef. 4:30).
11. El Día de la Venganza (Is. 61:2).
12. El Día (Mat. 24:36 —«Aquel Día»—; 1.ª Cor. 3:13; Heb. 10:25).

Cada uno de estos términos ofrece alguna característica de aquel «Día» último. Algunos arguyen que «el Día del Señor» no puede ser la esperanza del cristiano, porque se trata de un día de juicio.[20] Es verdad que el término incluye juicio, pero no en sentido único y exclusivo; comporta también el cumplimiento de la esperanza gloriosa del cristiano; porque es en el Día del Señor cuando el antiguo orden cede su lugar a los «cielos nuevos y la tierra nueva» (2.ª Ped. 3:10-13). Nosotros, los cristianos, hemos de esperar, y hasta apresurar, dicho Día en que recibiremos nuestra herencia eterna.

Es imposible leer 2.ª Pedro 3:10-13 como limitado únicamente a «Israel», o «las naciones», o el «milenio», o al «Día de juicio» y sólo de juicio. El Día del que habla Pedro aquí es la segunda venida para bendición y recompensa de los justos, y condenación para los perdidos. Exactamente en la misma perspectiva, y en la misma línea, de los profetas del Antiguo Testamento (*cf.* Miq. 4:1-3).

¿Qué pensar, pues, de afirmaciones como las que hace Scofield al comentar 1.ª Corintios 1:8: «La expresión "el día de Cristo" ocurre en los siguientes pasajes: 1.ª Cor. 1:8; 5:5; 2.ª Cor. 1:14; Fil. 1:6, 10; 2:16. El "día de Cristo" se relaciona enteramente con la recompensa y bendición de los santos en la venida de El, así como el "día del Señor" corresponde al juicio»?[21]

2. El período de siete años

Citemos de nuevo a la *Biblia Scofield*: «Cuándo llegará a su fin la edad de la Iglesia y cuándo comenzará la semana septuagésima, no se revela en ninguna parte de la Escritura. La duración de la semana septuagésima no puede ser sino de siete años... El versículo 27 (de Daniel 9) trata de los últimos tres años y medio de los siete que forman la semana septuagésima y que son idénticos con

20. *Biblia Anotada de Scofield*, notas a Apocalipsis 19:19; 20:11-12.
21. Curiosamente, el original de 1.ª Corintios 5:5 dice escuetamente «el día del Señor», con lo que se agrava el fallo de Scofield. V. lecc. 32.ª y la larga cita de E. G. Ladd al final de la misma.

la "gran tribulación" (Mat. 24:15-28), el "tiempo de la angustia" (Dan. 12:1) y "la hora de la prueba" (Apoc. 3:10).»[22]

En ninguna parte enseña el Nuevo Testamento que la venida del Señor se extenderá por un período de siete años. Por el contrario, se repite constantemente que será un acontecimiento inusitado, repentino y rápido como el relámpago (Mat. 24:27 y Apoc. 22.11-15, donde la venida —*parusía* y *érkhomai*, respectivamente— se afirma que será veloz y rápida. *Cf.* Luc. 18:8).

El período de los siete años enseñado por los dispensacionalistas se apoya en la hipótesis de que la última de las setenta semanas de Daniel —la septuagésima— es futura y comenzará cuando tenga lugar el «arrebatamiento» de la Iglesia. Esta semana se interpreta como una «semana de años». Esta suposición —dicen los dispensacionalistas— queda confirmada por el hecho de que Noé estuvo siete días en el arca (Gén. 7:1, 4, 10) antes de que comenzaran las lluvias, y estos «días» de Noé tipifican los «días del Hijo del Hombre», es decir: la *parusía* de siete años en el aire, antes de que venga en juicio.

Pero esta interpretación es poco seria, sin soportes hermenéuticos de calidad; de hecho, se parece mucho a la «exégesis» russellista. ¡Lamentable![23] Por otra parte, la expresión *«los días del Hijo del Hombre»* se refiere a las condiciones prevalecientes en la tierra antes de la venida del Señor, la cual es, precisamente, descrita como *«el día»* (Luc. 17:24-30).

Además, la conjetura futurista y dispensacional de que los siete días de Noé en el arca, antes de que se produjera el diluvio, constituyen un tipo de los siete años que habrán de transcurrir entre la venida del Señor en el aire y la venida del Señor en juicio sobre las naciones, no se corresponde precisamente con lo que dice el texto. En cam-

22. Nota a Daniel 9:24.

23. Resulta curioso el paradójico maridaje de literalismo radical y de alegorismo fantástico que se da en este tipo de personas. No hace mucho, un amigo y colega mío escuchó a un predicador de este género decir que el hierro del hacha que se menciona en 2.° Reyes 6:5, 6 simbolizaba *el Espíritu Santo*. ¡El Espíritu Santo, prestado y manipulado! Añadamos que las setenta semanas de Daniel fueron ya examinadas en la 2.ª Parte de este volumen.

bio, el «tipo» que aparece en este capítulo va más bien en contra de la teoría dispensacionalista, por cuanto después que Noé entró en el arca no quedó ya una «segunda oportunidad» para los que permanecieron fuera; estando fuera del arca, ninguno de ellos se salvó«

El día en que Lot dejó Sodoma, el juicio cayó sobre todos y ninguno escapó. De la misma manera, la entrada de Noé en el arca terminó con la prueba de las gentes.

3. Los dispensacionalistas siguen alegorizando

Alegan también los dispensacionalistas que Cristo viene como la «Estrella de la Mañana» para la Iglesia, pero como el «Sol de Justicia» para las «naciones salvas» en «la revelación» y en «el día del Señor», estableciendo así más y más diferencias. Pero Cristo *es ya* la «raíz y el linaje de David y la estrella resplandeciente de la mañana» (Apoc. 22:16), ya que, al resucitar, quedó convertido en «*el primogénito de los muertos*», los «primeros frutos de la resurrección, de los que duermen». Resulta incomprensible cómo se puede deducir un período de siete años, o cualquier otro período, de estas metáforas. Semejante exégesis se acerca peligrosamente a la que hacen los «Testigos de Jehová», utilizando metáforas sin atenerse a las más elementales reglas de la exégesis y de la hermenéutica.[24]

En la parábola de las diez vírgenes, las cinco vírgenes prudentes fueron al encuentro del Esposo; pero *no para interrumpir, para detener, su viaje,* sino para escoltarle hasta su casa. La cena de las bodas tuvo lugar en el sitio junto al que todas habían estado esperando, y del que al final las vírgenes insensatas fueron despedidas. Toda la parábola es consecuente con la verdad de que la venida del Señor trae tanto bendición como condenación.

¿Cómo podría el «día del Señor» irrumpir como «ladrón en la noche», sin ser advertido, si el llamado «arrebatamiento de la Iglesia», y también el testimonio de los «mi-

---

24. Véase mi libro *Los Testigos de Jehová y la Biblia* (EEE, Barcelona, 1977).

sioneros judíos», estarían *advirtiendo y proclamando que el Señor viene dentro de siete años como Rey?* El Señor Jesús afirmó que, acerca del día y de la hora, ningún hombre lo conoce, ni los ángeles, ni siquiera el Hijo —como hombre, se entiende—, sino «solamente el Padre» (Mar. 13:32). Es de todo punto inconcebible que el mundo sea sometido a siete años de anuncio y advertencia, con una oportuna y adicional ocasión de «prueba».

¡No le demos vueltas! La Biblia enseña una sola segunda venida del Señor, y no los «dos advenimientos» que alegan el señor Scofield y demás dispensacionalistas.

CUESTIONARIO:

1. Expresiones que indican en la Biblia el acontecimiento final de los tiempos. — 2. ¿Es el «Día del Señor» un día sólo de juicio? — 3. ¿Es el «Día de Cristo» un día diferente del «Día del Señor», especialmente a la luz del original de 1.ª Corintios 5:5? — 4. ¿Qué me dice del paralelo que los dispensacionalistas establecen entre la septuagésima semana de Daniel y los siete días de Noé en el arca? — 5. ¿Y qué opina sobre la supuesta diversidad entre la «Estrella de la Mañana» y el «Sol de Justicia»? — 6. ¿Cómo se compagina Marcos 13:32 con la teoría de los siete años exactos de expectación del Señor?

LECCION 32.ª LA ESCATOLOGIA DE PABLO EN LAS CARTAS A LOS TESALONICENSES (I)

Además del estudio de los términos bíblicos que se utilizan para la segunda venida de Cristo, es importante considerar asimismo con cierto detalle aquellos pasajes más especialmente explícitos que encontramos en el Nuevo Testamento. Entre ellos, cobran peculiar relieve los que hallamos en las dos epístolas que Pablo escribió a los cristianos de Tesalónica.

1. La meta final de la conversión de los tesalonicenses

En su 1.ª Tesalonicenses el apóstol expresa su gozo ante el testimonio consecuente de los cristianos de Tesalónica, que habla por sí mismo de *«cómo os volvisteis hacia Dios desde los ídolos* —así dice el original—, *para servir al Dios vivo y verdadero, y esperar de los cielos a su Hijo, al cual resucitó de los muertos, a Jesucristo, quien nos libra de la ira venidera»* (1:9-10).

Por la gracia de Dios, puesta la mirada en Jesús, los tesalonicenses habían dado la espalda a los ídolos, volviéndose hacia el Dios verdadero, vivo y real. Aquí, todo el énfasis está en el carácter de Dios, como opuesto a todo lo que son los ídolos. Los ídolos son cosa muerta, pero Dios vive; los ídolos son vanidad vacía,[25] pura apariencia, figura alienadora, mientras que Dios es real, verdadero, integrador. Los ídolos son incapaces de ayudar, pero Dios es todopoderoso y presto a venir en nuestra ayuda, como lo ha demostrado en el Calvario. Es a este Dios vivo y

25. La palabra griega *eídolon* = ídolo, significa «mera figura».

verdadero, el único, al que los tesalonicenses se habían convertido. Y a El se volvían, para servirle y adorarle, sometiéndose a su señorío.

Pero volverse al Dios vivo y verdadero implica asimismo convertirse al Hijo; ambas cosas no son sino una sola misma experiencia, pues al Dios vivo sólo se le conoce a través de Jesucristo (Mat. 11:27; Jn. 1:18; 14:9), ya que todo lo que comporta la salvación y la esperanza de la redención final y total nos es dado únicamente por el Hijo. De ahí que en los versículos 9 y 10 se pasa con toda naturalidad del Padre al Hijo.

La conversión, pues, implicaba dos cosas bien definidas para los fieles de Tesalónica: 1) apartarse de los ídolos; 2) convertirse, o volverse a Dios y a su Hijo que viene de los cielos. ¿Se puede estar verdaderamente convertido sin gloriarse en esta maravillosa doctrina y sin esperar de los cielos a Jesús?

«*Esperar...*» conlleva aquí paciencia y confianza. Significa estar listos para su llegada, como cuando esperamos una visita importante y lo tenemos todo a punto para que el visitante se encuentre a gusto entre nosotros. Así, esperar al Hijo de Dios en sintonía con los consejos de Jesús mismo en el Monte de los Olivos, equivale a estar preparado en una vida de consagración al servicio del Señor (Mat. 24:42-51; 1.ª Ped. 1:14).

«*... de los cielos a su Hijo*». Este «Hijo» no es otro que el Jesús histórico, el cual, literal y físicamente, resucitó de los muertos (*cf.* Rom. 4:24, 25; 1.ª Cor. 15:15; Gál. 1:1; Ef. 1:20; Col. 2:12; 2.ª Tim. 2:8). Para Pablo, el Cristo de la fe es el de la historia.

«*Jesús, quien nos libra de la ira venidera.*» El Señor vendrá en juicio a este mundo (2.ª Tes. 1:7-10); será entonces el día de la manifestación de la justa ira de Dios sobre el pecado. Sin embargo, el creyente no tiene nada que temer; no tiene por qué sentir miedo. Jesús es para nosotros «el que nos libra de la ira venidera». Jesús, el Salvador (1:1), siempre hace honor a su nombre: salva, libera, redime.

2. La corona de Pablo en el Día del Señor

«*¿Cuál es nuestra esperanza, o gozo, o corona de que me gloríe? ¿No lo sois vosotros, delante de nuestro Señor Jesucristo, en su venida?*», dice el apóstol en 1.ª Tesalonicenses 2:19.

Pablo contempla el Día del Señor como el momento en que recibirá la corona como premio a su esfuerzo misionero. Ahora bien, la corona son los mismos convertidos de Tesalónica y de otros lugares a los que llevó el Evangelio liberador. Para Pablo son suficiente gozo y corona.

«*... delante de nuestro Señor Jesucristo, en su venida*». El vocablo «venida» (*parusía*) se ha usado a veces, en su sentido no técnico, como «presencia» (1.ª Cor. 16:17; 2.ª Cor. 10:10), como «venida», «llegada» (2.ª Cor. 7:6, 7; 2.ª Tes. 2:9). En otros pasajes, como en este que nos ocupa, el significado obvio no es otro que *«retorno» o «arribada» de nuestro Señor con el objeto de bendecir a su pueblo con su presencia* (1.ª Tes. 3:13; 4:15; 5:23; 2.ª Tes. 2:1, 8. *Cf.* Mat. 24:3, 27, 37, 39; 1.ª Cor. 15:23; Stg. 5:7, 8; 2.ª Ped. 1:16; 3:4, 12; 1.ª Jn. 2:28). Este sentido le viene a la palabra por paralelismo con la llegada, o visita, de algún rey o emperador a algún lugar, y comporta la doble idea de presencia y venida. Presencia y venida que, por supuesto, tienen que ser personales y visibles, porque representan la manifestación, la revelación, del monarca a sus súbditos.

3. La discusión en torno a 1.ª Tesalonicenses 3:13b

Dice más adelante el apóstol: «*Y el Señor os haga crecer y abundar... para que sean afirmados vuestros corazones, irreprensibles en santidad delante de Dios nuestro Padre, en la venida de nuestro Señor Jesucristo con todos sus santos*» (1.ª Tes. 3:13).

El anhelo de Pablo es que los convertidos de Tesalónica abunden en amor y dedicación al Señor, para estar así siempre listos para el gran momento: el día en que venga el Santo de los Santos con sus santificados.

El último miembro de la frase con que se cierra este versículo ha provocado mucha discusión. En primer lugar, volvemos a toparnos con la palabra —famosa dentro de la terminología teológica— *parusía,* que más arriba hemos definido, de acuerdo con los mejores comentaristas y en desacuerdo con los llamados «Testigos de Jehová», de la siguiente manera: «llegada de nuestro Señor con el objeto de bendecir a su pueblo con su presencia».

Para los «Testigos de Jehová», «*Parusía* no quiere decir que El esté en camino o que ha prometido venir, sino que El ya ha llegado y está presente... No es necesario que Cristo sea visible en su presencia».[26] Esta explicación es obligada para los russellistas, puesto que no creen que Jesucristo resucitase físicamente, sino tan sólo espiritualmente. Es, pues, imposible que su venida sea visible y que todo ojo le vea.[27] De modo que, por prejuicios, no se acepta una verdad acerca de la cual testifica todo el Nuevo Testamento.

Lo extraño y triste es que haya hermanos —muy amados— que, por otras razones, también vean en 1.ª Tesalonicenses 3:13 una venida invisible, puramente espiritual, mediante la cual el Señor procederá a lo que ellos llaman el «arrebatamiento de la Iglesia».[28] Este «arrebatamiento», en la escatología dispensacionalista, será invisible, de modo que sólo se enterarán los afectados por el mismo: la Iglesia elevada a las nubes para estar con el Señor, lejos de esta tierra que se convertirá luego en el escenario de la «gran tribulación» final, de la cual los miembros del Cuerpo de Cristo quedan fueran, por estar ya en los cielos con Jesús. Dicho esquema exige una venida invisible del Señor, exactamente como la de los «Testigos». Paradójica y triste coincidencia.[29] La escuela dispensacionalista habla de dos advenimientos de Cristo, de modo que no sólo hay que es-

---

26. Véase, entre otros, su libro *Sea Dios veraz,* p. 194.
27. Véase *o. c.,* p. 38.
28. Véase *Biblia Anotada de Scofield,* p. 1225, referencia en la columna central con la letra *u* (alusión a 2:19).
29. Véase nota a 1.ª Corintios 1:7 de la *Biblia Anotada de Scofield* (p. 1169). Para una discusión de todos los vocablos que aluden a la segunda venida, nos remitimos a la lecc. 30.ª de este mismo volumen.

perar una segunda venida, sino también, lógicamente, una «tercera venida», visible y patente a todo el mundo, puesto que aquella «segunda» es invisible.

Pero ¿no enseña este versículo en 1.ª Tesalonicenses 3:13 que Cuando Cristo venga lo hará *con* sus santos, para atraer también a quienes, «irreprensibles en santidad», aguardan su venida?

La respuesta exegética a esta pregunta y, sobre todo, para obtener la recta inteligencia de dicho versículo 13, debemos servirnos del pasaje paralelo en 4:13-17, dado que la enseñanza es la misma, aunque expuesta con más extensión y detalle.

Cuando Cristo vuelva, Dios traerá *con* El (4:14) a los que durmieron en el Señor. Es decir, en su venida, nuestro Señor Jesucristo aparecerá *con todos sus santos* ya glorificados. Estos santos son todos aquellos que a lo largo de los siglos han vivido su fe con seriedad y consecuencia. Fueron separados por Dios —santificados, puestos aparte para su servicio— mediante el poder santificador del Espíritu Santo (1.ª Ped. 1:2), de modo que, estando en la posición de santos, llegaron a serlo también por la experiencia; al morir, entraron en la mansión de los glorificados, en la misma presencia del Señor. Estos son los *santos* con los cuales el Señor aparece. Ni uno solo de ellos será dejado en el cielo; todos los que, al morir, fueron al cielo —y, por consiguiente, se encuentran ahora allí con el Señor—, dejarán sus moradas celestiales en el mismo momento en que Jesucristo venga a la tierra en su segunda venida. Rápidamente, en un abrir y cerrar de ojos, las almas de estos santos glorificados irán a reunirse con sus cuerpos (*«los muertos en Cristo resucitarán primero»* —4:16—), los cuales se convertirán en cuerpos gloriosos de resurrección. Entonces, inmediatamente, y junto con los hijos de Dios que todavía estén en la tierra y que, asimismo, serán cambiados en un momento, en un abrir y cerrar de ojos, ascenderán todos conjuntamente para recibir al Señor.

Esta es la única interpretación de 1.ª Tesalonicenses 3:13 que no fuerza el texto, ni viola ninguna ley gramatical, dando a las palabras el verdadero sentido; y, sobre todo, es la única que armoniza perfectamente con 4:13-18, que luego estudiaremos más detenidamente. De modo que no hay necesidad —ni base exegética seria para ello— de sostener, como lo hacen nuestros hermanos dispensacionalistas—, la teoría según la cual Cristo vendrá primero *por* sus santos, y siete años más tarde —¡exactamente!— volverá *con* sus santos. La venida expresada en este versículo es una e indivisible como en todos los pasajes en que se habla de la segunda venida, pero es precisamente el pasaje de 4:13-18 el más frecuentemente citado para enseñar un arrebatamiento pretribulacionista de la Iglesia. Dave McPherson escribe que «algunos recitan estos versículos, los repiten una y otra vez, como si la repetición pudiese efectuar el milagro del traslado de los santos al cielo antes de que sobrevenga la tribulación final». En vez de ello, en vez de llamar a este pasaje el texto clave de la enseñanza pretribulacional y del arrebatamiento, tendríamos que denominarlo con más propiedad el pasaje de la resurrección; los personajes de esta sección son los muertos en Cristo. En los primeros cinco versículos no se habla de nadie más. Y en el último se sobreentiende que es de ellos, asimismo, de quien se trata. Solamente en el versículo 17 se nos habla de «arrebatamiento», pero no del «rapto» dispensacional, sino de la transformación final en el momento de la resurrección, cuando Cristo vuelva en su única e indivisible segunda venida:

> *«... el Señor mismo descenderá del cielo...»* (versículo 16).
>
> *«... y los muertos en Cristo resucitarán primero. LUEGO, nosotros los que vivimos, los que hayamos quedado, seremos arrebatados JUNTAMENTE con ellos en las nubes para recibir al Señor en el aire, y así estaremos siempre con el Señor»* (vers. 17).

4. El contexto posterior (1.ª Tes. 5)

El capítulo 5 continúa el tema con que termina el capítulo 4. Con mejor tino que en otros casos, las Sociedades Bíblicas no han separado 1.ª Tesalonicenses 4:18 de 1.ª Tesalonicenses 5:1 y ss., sino que lo han impreso todo seguido, constituyendo toda una sección con tema único. Y así es de hecho, puesto que el capítulo 5 comienza con un «*pero*» («*Pero acerca de los tiempos y de las ocasiones...*»), lo cual indica la conexión entre el final del capítulo anterior y este capítulo. Cualquiera que lea los dos capítulos sin interrupción, puede fácilmente comprobar que el capítulo 5 continúa describiendo lo que 1.ª Tesalonicenses 4:13-18 comenzó, denominándolo «el día del Señor», el tiempo de la destrucción repentina sobre el mundo impío, con la venida de Cristo en juicio; todo lo cual significa que el «arrebatamiento» en todo caso tendría que ser postribulacional; porque si la destrucción repentina tiene que acaecer durante o antes de la tribulación, ¿cómo podría haber una tribulación?

El retorno del Señor queda dividido en dos partes en el esquema dispensacional, como ya hemos considerado en otras partes de este estudio. Esta división en dos de la segunda venida de Cristo es para dar lugar a la doctrina más típicamente dispennsacional —el arrebatamiento de la Iglesia antes de la gran tribulación—, lo cual exige una venida secreta del Señor para recoger a los suyos de manera invisible, al modo como lo creen también los «Testigos de Jehová» (¡qué lamentable y triste parentesco!). Al término de dicha tribulación —según el mencionado esquema— el Señor aparecerá en gloria para traer salvación a Israel y establecer su Reino milenial. Estas dos venidas suelen denominarse, en el lenguaje de los dispensacionalistas, el «arrebatamiento» y la «revelación». George Eldon Ladd —premilenial, pero no dispensacionalista— escribe:

> «Mientras los dispensacionalistas se empeñan en sostener su peculiar punto de vista sobre las dos venidas de Cristo, la mayoría de sus "argumentos" exegéticos han sido derrotados. De hecho, Walvoord llegó incluso a admitir que el "pretribulacionismo" (es decir: la venida de Cristo en secreto antes de la gran tribulación) no está enseñado explícitamente en la Escritura (J. Walvoord, *The Rapture Question*,

1957). Este reconocimiento que apareció en la primera edición del libro, fue eliminado en las posteriores reimpresiones. He ahí, sin embargo, una admisión significativa. El hecho es que la Iglesia no tuvo jamás otra esperanza que la segunda venida visible, en poder y en gloria. La iglesia no puede depositar su esperanza en una venida invisible, y secreta, para el mundo. Lo que Pablo encomienda a Tito que guarden los cristianos es "la esperanza bienaventurada y la manifestación gloriosa de nuestro gran Dios y Salvador Jesucristo" (Tit. 2:13), cuando venga con sus santos ángeles (2.ª Tes. 2:1-7). Se ha argumentado, a veces, en defensa de la doble venida de Cristo que si tiene que venir "*con* todos sus santos" (1.ª Tes. 3:13), por necesidad debe haber venido antes "*a por ellos*". Y esta venida por sus santos es lo que se llama el arrebatamiento al comienzo de la gran tribulación para librar de ésta a su Iglesia; su venida "*con* sus santos" sería un acontecimiento posterior al final de la tribulación. Esta frase, sin embargo, no ofrece ninguna prueba exegética para defender dos últimas venidas de Cristo. Si los "santos" (*hagioi*) de 1.ª Tesalonicenses 3:13 son hombres redimidos, este versículo no añade nada nuevo a 1.ª Tesalonicenses 4:14, donde Pablo afirma que, en la segunda venida de Cristo, cuando el Señor arrebate a su Iglesia, "también traerá Dios con Jesús a los que durmieron con él". A pesar de todo, los "santos" de 1.ª Tesalonicenses 3:13 podrían muy bien ser los santos ángeles que acompañarán al Señor a su regreso (el vocablo *hagioi* se emplea para designar a los ángeles en la Septuaginta en Salmo 89:5-7; Daniel 4:13; 8:13; Zacarías 14:5). A los ángeles se les llama muy frecuentemente "los santos" en la literatura de Qumram. El fondo de lenguaje que se emplea para describir la segunda venida procede del Antiguo Testamento; es el lenguaje de las teofanías. El Antiguo Testamento concibe a Dios obrando en la historia para realizar sus propósitos redentores; pero también dirige su mirada hacia delante, al Día de la visitación divina cuando el Señor venga a juzgar y a traer salvación mediante la consumación de su Reino (*cf.* Is. 2:12-22 —especialmente versículo 21—; 26:31; 35:4; 40:10; 66:15 y ss.; Zac. 14:5). En el Nuevo Testamento esta teofanía divina se cumple con la venida de Jesucristo; y el glorioso retorno del Señor es necesariamente el Día de la salvación para su pueblo (1.ª Tes. 5:8-9), pero asimismo el Día del juicio para el mundo impío (2.ª Tes. 1:7-8). Es el Día del establecimiento definitivo del Reino (2.ª Tim. 4:1). La teología de la segunda venida es la misma en Pablo que en los Sinópticos. La salvación no es tan sólo algo que concierne al destino de las almas individuales; incluye consecuencias cósmicas y todo el devenir histórico de la humanidad como un todo. La venida de Cristo es un acontecimiento definido para *todos* los hombres; significa, o bien salvación, o juicio. Hay más, la salvación no es un asunto individual meramente; tiene que ver con todo el pueblo de Dios, e incluye la transformación de todo el orden físico por entero. Esta redención es toda ella obra de Dios. La venida de Cristo es un acontecimiento cósmico en el que Dios, que visitó en humildad a los hombres en la persona humilde de Jesús de Nazaret, volverá a visitarlos de nuevo en el Cristo glorificado. La meta de la redención es nada menos que el establecimiento del reinado, y del gobierno, de Dios en todo el Universo "para que Dios sea todo en todos" (1.ª Cor. 15:28).»

«La segunda venida se describe de varias maneras en el Nuevo Testamento: es el Día del Señor (1.ª Tes. 5:2; 2.ª Tes. 2:2. *Cf.* también Hech. 2:20; 2.ª Ped. 3:10); el Día del Señor Jesús (1.ª Cor. 5:5; 2.ª Cor. 1:14); el Día del Señor Jesucristo (1.ª Cor. 1:8); el Día de Jesucristo (Fil. 1:6); el Día de Cristo (Fil. 1:10; 2:16); Aquel Día (2.ª Tes. 1:10; 2.ª Tim. 1:18); el Día de Dios (2.ª Ped. 3:12). En vista del hecho de que el Cristo exaltado es para la Iglesia primitiva el Señor (Rom. 10:9; Fil. 2:11), resulta obvio que todos los esfuerzos realizados para distinguir, diferenciar y separar el Día del Señor del Día de Cristo —para hallar en ellos dos diferentes programas escatológicos: uno para Israel, y el otro para la Iglesia— son del todo inútiles y desorientadores. La venida de Cristo para recoger a su pueblo —tanto vivos como muertos— (1.ª Tes. 4:13-17) recibe el calificativo de Día del Señor (1.ª Tes. 5:2), exactamente como su venida para juzgar al Hombre de Pecado (2.ª Tes. 2:2).»[30]

Vayamos, pues, al texto mismo de 1.ª Tesalonicenses 4:13 - 5:11 sin prejuicios y recibamos lo que quiere enseñarnos objetivamente sobre la gloriosa segunda venida de Cristo. Un análisis detallado nos ocupará toda la lección siguiente.

CUESTIONARIO:

1. Importancia, en el plano escatológico, de las cartas de Pablo a los tesalonicenses. — 2. ¿Cómo se vislumbra el tema escatológico en el capítulo 1 de 1.ª Tesalonicenses? — 3. Contenido escatológico de la fraseología de 2:19. — 4. Correcta inteligencia de 3:13 a la luz de 4:13-17. — 5. ¿Qué luz arroja sobre todo este tema el capítulo 5, que empalma naturalmente con el contexto anterior? — 6. ¿Es incompatible, según pretenden los dispensacionalistas, el «con» de 3:13 con el arrebatamiento de 4:17?

---

30. G. E. Ladd, *A Theology of the New Testament*, pp. 557-559.

LECCION 33.ª LA ESCATOLOGIA DE PABLO EN LAS CARTAS A LOS TESALONICENSES (II)

1. Resumen de la enseñanza básica de 1.ª Tesalonicenses 4:13 - 5:11

Antes de pasar al análisis detallado de todo el pasaje, no estará de más el recalcar que toda la enseñanza del pasaje que nos ocupa puede básicamente resumirse en estas dos proposiciones:

1) CRISTO VOLVERA REPENTINAMENTE;
2) CRISTO VOLVERA EN UN SOLO TIEMPO PARA TODOS.

La venida de Cristo tomará al mundo por sorpresa; pero no debería ser así con los verdaderos creyentes, los cuales habrían de estar siempre listos para ir al encuentro del Señor. Y esto, no porque el cristiano esté en posesión de ningún calendario escatológico —con indicación de fechas y de «señales»—, sino porque tiene la posibilidad de prepararse espiritualmente para recibir al Señor cuando vuelva.

La venida del Señor no hará diferencias entre los que murieron en El y los que, fieles, siguen en este mundo su peregrinaje. Los que viven no tendrán ventaja sobre los que murieron, en lo que respecta a la resurrección. Ambos participarán de los beneficios que la misma traerá a los cuerpos.

Analicemos el versículo 4:13: «*... los que duermen*» (muerte = dormición; *cf.* Mat. 27:52; Jn. 11:11-13; Hech. 7:60; 1.ª Cor. 7:39; 15:6, 18; Apoc. 14:3). Esta expresión que identifica la muerte con una especie de sueño o dormición se apoya en el Antiguo Testamento (V. Gén. 47:30; 2.° Sam. 7:12).

Dormir no sólo significa *descanso* del trabajo duro, sino que conlleva la esperanza del glorioso *despertar* del creyente en la otra orilla de la vida. Dormido a este mundo (Job 7:9; Is. 63:16; Ecl. 9:6), pero despierto, no obstante, a su propio mundo (Luc. 16:19-31; 23:43; 2.ª Cor. 5:8; Fil. 1:21-23; Apoc. 7:15-17; 20:4). Por lo que respecta a la muerte del creyente, véase también Juan 11:11-13.

La palabra *cementerio* significa, en griego, «dormitorio». Los cristianos la utilizaron en vez de emplear el término pagano «necrópolis» = lugar de los muertos. El concepto de los primitivos creyentes viene expresado en estas frases de Minucio Félix: «Los cuerpos en el sepulcro son como los árboles en el invierno; ocultan su verdor bajo una ficticia aridez.»

El versículo 13 continúa: «... *como los otros que no tienen esperanza*», es decir, los paganos. Lo que distingue al cristiano del incrédulo es que tiene una esperanza gloriosa (1.ª Ped. 1:1-5), la cual debe prestar inspiración a toda su existencia. ¿Ignoraban esto los tesalonicenses? El apóstol empieza el versículo diciendo: *«Tampoco queremos, hermanos, que ignoréis acerca de los que duermen.»* ¿Ignoraban esto los tesalonicenses?

2. ¿En qué estribaba la ignorancia de los creyentes de Tesalónica?

Algunos comentaristas han supuesto que, con poca base doctrinal, aquellos cristianos imaginaron que los que de entre sus hermanos en la fe morían, estaban irremisiblemente perdidos; que sólo se salvarían los que vivieran en el día de la venida del Señor.

La mayoría de los exégetas, sin embargo, no acepta esta interpretación. Por mínima que fuese la instrucción recibida, el mismo anuncio del Evangelio apostólico incluía la proclamación de la vida eterna. Por otra parte, todo lo que dice Pablo de los tesalonicenses en sus cartas, da a entender que se trataba de buenos cristianos y que conocían los fundamentos de la fe.

La mejor interpretación parece ser la que supone que la tristeza de la iglesia de Tesalónica tenía que ver con dudas respecto a la resurrección de los cuerpos. Y a Pablo le interesaba dejar bien sentado el principio doctrinal que estaba implicado en la problemática.

No olvidemos que el mundo pagano no albergaba ninguna esperanza respecto a la resurrección de los cuerpos. Ello era consecuencia lógica de la filosofía predominante, según la cual el cuerpo era la cárcel del alma; algo tan esencialmente malo como todo lo material. Por otra parte, no había seguridad de en cuanto a la morada futura del alma. Las almas de los muertos no parecían tener un futuro demasiado halagüeño en la otra orilla, pues, al parecer, se perpetuarían allí —según ellos— muchas de las cosas bajas e imperfectas del presente mundo. El mundo pagano vivía sin esperanza verdadera (Ef. 2:12). El error de los tesalonicenses estribaría en suponer que no habría resurerección, o mejor, transformación de los cuerpos de los ya muertos, y que éstos sólo disfrutarían de la salvación del alma.

3. Para Pablo, los difuntos son personas muy reales

El versículo 14 dice: «*Porque si creemos que Jesús murió y resucitó, así también traerá Dios con Jesús a los que durmieron con él.*» Esto se sigue del hecho de nuestra incorporación a Cristo. Si creemos en la resurrección del Señor (1:10), tenemos que creer en nuestra propia resurrección. Para Pablo, los difuntos no son puras almas liberadas de sus cuerpos, sino seres humanos completos, personas totalmente reales.

«... *traerá* Dios con Jesús a los que durmieron con él.» ¿Qué significa esto de «traerá»? Significa que Dios hará que vengan con Jesús del cielo; traerá sus almas desde allí para que se reúnan con sus cuerpos (vers. 16), con los cuales —una vez recuperada la unidad total de su personalidad psicosomática— irán al encuentro del Señor en el aire, para estar con El siempre.

El vocablo «traerá» abarca todo lo que acontece a los que durmieron, desde su salida del cielo hasta que con sus cuerpos glorificados vayan de nuevo al encuentro del Señor.

4. No habrá discriminación entre los que vivan y los que ya murieron

El versículo 15 encabeza nuevas e importantes afirmaciones:

«... *Os decimos esto en palabra del Señor.*» Esta palabra pudo haber venido a Pablo de dos maneras:

1) O por revelación directa,
2) o por transmisión de la enseñanza de los otros apóstoles.

Pablo afirma que no habrá privilegios para los que queden aquí cuando Cristo vuelva: «nosotros no precederemos a los que durmieron». Cierto, ellos ya ahora gozan de la presencia del Señor; la salvación de su espíritu es cosa asegurada. Pero hay más: la esperanza cristiana aguarda más todavía, porque la redención obrada por Cristo tiene efectos para la totalidad de elementos que constituyen el ser humano integral.

Que no habrá discriminación, es lo que mueve al apóstol a desarrollar la exposición que sigue en los versículos 16 y 17. En estos versículos aparecen los mismos dos grupos que en el versículo 15:

Versículo 15	*Versículos 16 y 17*
«nosotros que vivimos»	«nosotros los que vivimos» (vers. 17)
«los que durmieron»	«los muertos en Cristo» (vers. 16)

Por tanto, el contraste no se da aquí entre creyentes e inconversos, sino entre:

«los muertos en Cristo» y
«luego, nosotros los que vivimos, que habremos quedado hasta la venida del Señor».

Todos juntos, ambos grupos, «seremos arrebatados juntamente» para recibir al Señor en el aire, y así estaremos siempre con el Señor (vers. 17).

La exégesis del texto da a entender que se trata de un solo evento. La venida de Cristo *con* y *para* buscar a sus santos coincide en este pasaje como una sola realidad que abarca simultáneamente a dos grupos de creyentes.

5. ¿Cuáles son las características de la venida de Cristo según este pasaje?

El versículo 16 añade: «... *con voz de mando*». Cristo regresa como Conquistador, como Soberano. Es la misma figura majestuosa del Apocalipsis. El vocablo que aquí se emplea (*kéleusma*) expresa la voz con que los oficiales arengaban a las tropas (*cf.* Jn. 5:25, 28).

«*con voz de arcángel*». Arcángel significa «jefe de ángeles». La palabra aparece en Judas, versículo 9, y en este texto que ahora comentamos. En nuestro pasaje se trata de Miguel. Sobre la figura de Miguel (en hebreo = = «¿Quién como Dios?») véase Apocalipsis 12:7, así como Daniel 10:13, 21; 12:1. Miguel es el dirigente de los ángeles buenos y el protector del pueblo de Dios. Así pues, tenemos que:

La primera VOZ procede de Cristo mismo («voz de mando»);

La segunda VOZ procede de su arcángel («voz de arcángel»).

Ambas voces llaman a los muertos a la resurrección (1.ª Cor. 15:52). Compárese con Josué 6:5 y Jueces 7:21, 22, donde también van juntas «voz» y «trompeta».

Al sonido de la trompeta los creyentes que viven son transformados en un instante (V. 1.ª Cor. 15:52). Nótese que en el Antiguo Testamento, cuando Dios descendía, su venida era siempre anunciada con trompetas (Ex. 19:16, 17; 19:19).

Véase también el momento de las bodas del Cordero (Apoc. 19:7. *Cf.* Sof. 1:16; Zac. 9:14). En cada uno de estos ejemplos la venida del Señor con sonido de trompeta era señal de *liberación, gozo y presencia del Señor.*

Tenemos, pues, que la venida del Señor será un acontecimiento:

1) PUBLICO Y UNIVERSAL;

2) VISIBLE, y

3) AUDIBLE.

No sabemos qué fuerzas de la naturaleza movilizará Dios para producir este sonido del que nos hablan los textos sagrados. Aquí se nos enseña: «con trompeta de Dios» (vers. 16). La idea parece ser que la voz de mando del Señor se manifestará mediante la instrumentalidad del arcángel y la trompeta de Dios. Notemos que la trompeta es *de Dios,* y el arcángel es también el ángel *de* Dios. Todo el mando es *del Señor.*

¿Y qué anunciará esta trompeta? QUE CRISTO ES REY DE REYES (Apoc. 19:16).

Sigue diciendo el versículo 16: «*El Señor mismo descenderá*» personalmente, visible y audiblemente, en majestad (Mat. 25:31-46), para juicio y liberación. Ya no habrá oportunidad para la conversión (2.ª Tes. 2:8. *Cf.* Mat. 25:31; 2.ª Cor. 6:2; 2.ª Ped. 3:9).

Versículo 17: «*arrebatados... para recibir al Señor*». El vocablo «recibir» es aquí el término usado en relación con la llegada de un alto dignatario a quien se da la bienvenida.

Versículo 18: «*¡Alentaos los unos a los otros con estas palabras!*» La aclaración sintética se halla en 5:11: ¿Cómo recibir aliento e inspiración los unos de los otros? Por el amor fraternal y la mutua edificación.

6. La conexión con el capítulo 5

Como ya dijimos en la lección anterior, es evidente la relación de 5:1-11 con 4:13-18. De ahí el acierto de la versión de 1960 al agrupar en un solo bloque ambas perícopas.

Esta agrupación está avalada por los mejores exégetas. En 5:1 y ss. el apóstol no empieza un nuevo tema, sino que continúa el que comenzó en 4:13.

Versículo 1. Parece ser que, además del problema concreto que entristecía a los tesalonicenses tocante a la muerte de sus difuntos, les preocupaba también el tiempo en que tendría lugar la segunda venida del Señor. ¿Cuánto tiempo todavía tendrían que esperar los lectores de su carta? ¿Cuándo iba a volver el Señor?

Versículo 2. Ahora bien, sobre este punto concreto el apóstol afirma que no tienen necesidad de que les escriba; debe bastarles lo que ya saben. ¿Qué saben? Lo que, indudablemente, les habría enseñado Pablo al evangelizarles y luego al instruirles en los rudimentos de la doctrina; seguramente les diría:

1) el dicho mismo de Jesús: «No toca a vosotros saber esto (Hech. 1:7);

2) la verdad revelada por el Señor de que ningún ser humano conoce el día ni la hora de la venida del Hijo del Hombre (Mat. 24:36), pues será como la irrupción de un ladrón en la noche (Mat. 24:43).

Nada más hay que añadir sobre «los tiempos» y «las ocasiones». Pablo, no obstante, contesta con amor; les llama «hermanos» (vers. 1).

Versículo 3. Hasta este momento el apóstol había discurrido sobre la segunda venida en relación con los creyentes. Era natural, ya que estaba contestando a preguntas que tenían que ver con ellos. Pero ahora dirige su atención a los inconversos, por vía de contraste, y para que se ponga más de manifiesto la luz de los hijos de Dios (vers. 5 y ss.).

«... que cuando digan: Paz y seguridad, entonces vendrá sobre ellos destrucción repentina». ¿Quiénes son ellos? Los inconversos.

Destacan aquí lo repentino y lo inesperado. Las gentes no estarán preparadas para este acontecimiento. La falsa paz y seguridad del mundo llega hasta el punto de mofarse de la esperanza cristiana del retorno de Cristo (2.ª Ped. 3:1-10). El versículo acaba diciendo: *«no escaparán»*. Es inevitable, así como la mujer encinta no puede volverse atrás, ni eludir los dolores de parto. El intento desesperado de los impíos para escapar se relata en Apocalipsis 6:12-17 de manera muy gráfica.

Versículo 4. Aquí se comprende que Pablo haya dirigido sus pensamientos a la suerte de los inconversos para contrastarlos con los creyentes; sus hermanos son *luz*, mientras que aquéllos son *tinieblas*.

Versículo 5. *«Hijos de luz.»* Son «luz en el Señor» (Ef. 5:9). Y como Dios es luz (1.ª Jn. 1:5) y Jesús es «la luz del mundo» (Jn. 8:12), ellos también son luces en el mundo (Mat. 5:14). En tanto que hijos de la luz y del día, contrastan con los hijos de este siglo (Luc. 16:8). *«... sois... no somos»*. El apóstol pasa de la segunda persona a la primera del plural, para incluirse a sí mismo. Seguidamente hará una advertencia; si en ella va incluido también él mismo, parecerá más digerible a los tesalonicenses.

Versículos 6-8. Si somos de la luz y del día, portémonos como tales: no durmamos, no nos embriaguemos, estemos vigilantes, sobrios y equipados convenientemente (V. 1.ª Cor. 16:13, 14). Sobre el equipo del cristiano ver Efesios 6:10-20.

Versículos 9-10. Dios nos ha redimido, no para derramar su ira sobre nosotros, sino para que alcancemos la salvación por Jesucristo (*cf.* 1:1).

La salvación es posible, dado que Cristo «murió por nosotros». El propósito de su muerte expiatoria a favor de los suyos tiede a esto: que cuando venga, tanto los que están velando como los que duermen (*cf.* 4:14-15 y 16-17) podamos vivir eternamente en comunión con El. Esta es la salvación total, desde el principio al fin, que Dios ha preparado para nosotros. Así pues, la resurrección para vida, siendo el término final, debe ser privilegio de todos, tanto de los que velan como de los que duermen el sueño de la muerte (V. Mar. 5:39). Obviamente, los que *velan* (están despiertos) hace referencia a los que, según

4:15, son los que habremos quedado hasta la venida del Señor; y los que *duermen* son los muertos, los que partieron ya (*cf.* 4:15) y descansan en el Señor.

Pero ¿no podría interpretarse la referencia a los que duermen, en el versículo 10, paralelamente al sentido que tiene en los versículos 6 y 7? ¡No! Aquí en el versículo 10 la alusión es a los creyentes, a aquellos por quienes murió Cristo, y entre los que se incluye Pablo. En los versículos 6 y 7 la referencia es a los inconversos, a los que están perdidos. Además, el verbo usado para «dormir» en el versículo 7 (*katheudo*) no es el mismo que se emplea en 4:13-15 (*koimao*). En este último texto hacía referencia a los que partieron para estar con el Señor, a los que murieron en Cristo. En contraste, aquí en 5:10 el verbo usado, aunque es el mismo del versículo 7, tiene un matiz diferente: el verbo *katheudo* implica el reposo físico en el sentido de *estar ocioso*, más que del sueño natural; implica, pues, un matiz *ético*; peyorativo (comp. con Ef. 2:1, donde va implícitamente ligado a *vekrós* = muerto) para los inconversos, en el versículo 7; meliorativo, semejante a *koimao*, en el versículo 10, donde se refiere a los creyentes (comp. con Jn. 9:4, donde «día» y «noche» tienen distinta resonancia de la implicada en 1.ª Tesalonicenses 5:5-8.[31]

Versículo 11. La relación entre los versículos 10 y 11 nos parece estrechamente paralela a la de 4:17 y 18. Si Pablo discurre de un tirón desde 4:13 hasta 5:11, y en ambos grupos de textos habla de la segunda venida, sin precisar más, hemos de tener muy fuertes razones para ver en 5:2 y ss. algo distinto de 4:13 y ss. Pero no es nuestro intento meternos en discusiones de escuela escatológica. Nuestro interés en este estudio es meramente exegético; y a eso nos hemos atenido en la presente lección, como lo haremos en la siguiente.

---

31. Véase L. Morris, *I and II Tessalonians* (Tyndale Press, London), sobre 5:11.

CUESTIONARIO:

1. ¿Cómo puede resumirse brevemente toda la enseñanza de 1.ª Tesalonicenses 4:13 - 5:11? — 2. ¿Qué significa «los que duermen» del versículo 13? — 3. ¿En qué consistía la ignorancia *a que se alude en dicho versículo? — 4. Importancia del* [illegible] *del versículo 11 en relación con el concepto bíblico —antimaniqueo— del ser humano. — 5. ¿Cómo sabía Pablo que todos los creyentes, vivos o muertos, habrían de ser arrebatados juntamente para recibir al Señor? — 6. ¿Cuáles son los atributos de soberanía expresados en el versículo 16? — 7. ¿Cómo empalma el final del capítulo 4 con el comienzo del 5? — 8. ¿Qué destaca en la seria advertencia de 5:3? — 9. ¿Qué contraste ofrecen con el versículo 3 los versículos 5-8? — 10. Diferencia radical en el sentido del mismo verbo (*katheudo*) en el versículo 7 y en el versículo 10.*

LECCION 34.ª LA ESCATOLOGIA DE PABLO EN LAS CARTAS A LOS TESALONICENSES (III)

1. El tema de la Segunda Carta de Pablo a los Tesalonicenses

Podríamos resumir el tema de esta epístola diciendo que es el enfoque en una gran esperanza, en medio de una gran tribulación. De ahí el talante triunfal que recorre toda la epístola, desde el comienzo hasta el fin. La acción de gracias de Pablo, sus advertencias, especialmente a los que le han entendido mal y se dedican a la holganza, todo va enhebrado por la «gracia» y «paz» con que comienza y acaba la epístola. Cierto que todo esto es habitual en las cartas de Pablo, pero en ésta hay algo peculiar que el versículo 7 expresa como objetivo primordial: *«y a vosotros que sois atribulados, daros reposo con nosotros, cuando se manifieste el Señor Jesús desde el cielo con los ángeles de su poder»*.

2. La manifestación del Señor Jesús

En este versículo 7, por «manifestación» encontramos *apokálypsis* (literalm. «revelación» = remover el velo, descubrir). Pablo usa esta palabra a menudo para referirse a la exposición de la verdad revelada (Rom. 2:5; 16:25; 1.ª Cor. 14:6, 26; 2.ª Cor. 12:1, 7; Gál. 1:12; Ef. 3:3). En esta ocasión, sin embargo, tiene que ver con la gloriosa manifestación del Señor en su segunda venida, como en 1.ª Corintios 7:7. Cuando el velo sea quitado, veremos al Señor descender desde el cielo (*cf.* 1.ª Tes. 4:16). Encontramos una expresión similar en 1.ª Pedro 1:7, 13.

La expresión significa: cuando el Señor Jesús sea revelado, o manifestado, viniendo desde el cielo. Jesús mismo habló del día en que el Hijo del hombre se manifieste (Luc. 17:30). Jesucristo se revela a sí mismo; en su misma autorrevelación, en la revelación de sí mismo, por sí mismo, reside toda la gloria de su segunda venida: para El y para nosotros. Por eso, se trata de una revelación (*apokálypsis*) en la que su gloria será plenamente manifiesta, porque se habrá removido el velo que cubría, o hacía invisible, su persona adorable. Es un término sinónimo de la *parusía* (su venida), que hallamos en 1.ª Tesalonicenses 2:19.

3. El Señor vendrá acompañado de sus ángeles

El versículo 7 empalma con el 8 para decirnos que el Señor vendrá *«con los ángeles de su poder, en llama de fuego...»*. Literalmente: «en fuego flameante» (contrastar con Hech. 7:30). El Señor, pues, en su venida será acompañado por sus ángeles (en los cuales se pone de manifiesto su poder), tal como dijo Jesús mismo (Mat. 13:41, 42; 25:31; Jud. 15; Apoc. 14:19). Su función será doble: *a*) recoger la cizaña en gavillas para ser quemada; *b*) recoger el trigo para el Señor. La alusión al «fuego flameante» indica la santidad del Señor, que se pondrá de manifiesto en el Juicio (*cf.* Ex. 3:2; 19:16-20; Is. 29:6; 66:15, 16; Sal. 50:3; 97:3). El pasaje que seguramente tenía muy presente, en toda su viveza, el apóstol sería el de Isaías 66:15, 16. Es un texto de gran viveza. Tanto Juan (Apoc. 20:11) como Pedro (2.ª Ped. 3:7, 11, 12) narran cómo, a la venida de Cristo, el cielo y la tierra pasarán, y el Universo entero será consumido por el fuego.

Las características de la segunda venida que se describen aquí son, pues, las siguientes:

1) Jesús vendrá desde el cielo;

2) con los ángeles de su poder;

3) en fuego llameante.

4. El propósito de la venida del Señor

El versículo 8 nos dice que el Señor se manifestará «... *para dar retribución a los que no conocieron a Dios, ni obedecen al Evangelio de nuestro Señor Jesucristo...*». El Señor viene con un propósito: dar retribución, hacer justicia (Deut. 32:35; Is. 59:17; Ez. 25:14).

¿A quién dará retribución el Señor? A los que atribularon a los creyentes de Tesalónica (vers. 6 y 7), quienes son descritos con dos rasgos fundamentales: 1.°, que no conocieron a Dios; 2.°, que no obedecen al Evangelio. Lo primero es consecuencia de lo segundo. A Dios sólo se le puede conocer de veras mediante el Evangelio; si rechazan este mensaje, pierden toda oportunidad de conocimiento verdadero de Dios. Mateo 11:27 y Juan 5:24 son bien explícitos al respecto.

El pecado de los perseguidores no fue *ignorancia* del Evangelio, sino *desobediencia* al mismo. ¿En qué sentido, pues, hemos de interpretar la frase «no conocieron a Dios»? Sin duda, no se trata aquí de desconocimiento intelectual. Lo que el texto afirma es que conocían a Dios como a *su* Dios; no invocaban su nombre. Tal era también la situación de los efesios antes de conocer (en el sentido bíblico del término) el Evangelio que iluminó sus mentes y sus corazones (Ef. 1:18) y, por medio de dicha «iluminación», los salvó (Ef. 2:12: «... sin Dios en el mundo», pese a sus muchos falsos dioses). Los perseguidores en Tesalónica no tenían al Señor por su Dios, no le invocaban como a tal, y odiaban su Evangelio (el Evangelio que proclama al Señor y que el Señor mismo proclama). *Cf.* Jeremías 10:25; Juan 7:17; Romanos 10:16; 2.ª Tesalonicenses 3:14.

5. La pena que sufrirán los perseguidores

El versículo 9 dice de los perseguidores de los tesalonicenses: «*los cuales sufrirán pena de eterna perdición, excluidos de la presencia del Señor y de la gloria de su poder...*». Quienes hicieron penosa la vida a los creyentes, sufrirán ellos eterna perdición. Esta perdición es *eterna*: no termina nunca (1.ª Cor. 5:5; 1.ª Tes. 5:3; 1.ª Tim. 6:9).

Si se dice que no termina nunca, ello significa que no se trata de aniquilación, como interpretan algunos.

En contraste, la vida eterna se manifestará mediante la bendita contemplación de la faz de Jesucristo, la dulce comunión con El, el hecho de estar cerca de El (Sal. 17:15; Mat. 5:8; Apoc. 22:4); una cercanía maravillosa la de estar junto al Señor (1.ª Tes. 4:17).

Lo opuesto a «vida eterna» es la «eterna perdición», resultado de la retribución que el Señor hace al juzgar a los impíos (*cf*. vers. 8). La presencia del Señor trae la vida; la exclusión de dicha presencia acarrea la muerte (V. Rom. 9:3). El lenguaje empleado aquí recuerda el refrán de Isaías 2:10, 19, 21; también el Salmo 73:27. La exclusión de la compañía del Señor conlleva necesariamente, no sólo la pérdida de la vida eterna, sino el ser excluido también «de la gloria de su poder». Esta gloria (radiante esplendor), visible en la salvación de los santos, se halla fuera del alcance de los condenados. Lejos del poder de Dios y de su gloria, solamente aguarda miseria sin fin, perdición total.

¿En qué estriba, concretamente, la perdición de aquellos a quienes Dios retribuye conforme a sus iniquidades? En lo siguiente:

1.° Su perdición *eterna*;

2.° son *excluidos* de la presencia del Señor;

3.° son excluidos de la *gloria* de su *poder*; esto es:

   a) excluidos del *poder divino* que da vida y que sustenta, salva y fortalece;

   b) excluidos de la *gloria* de ese poder divino, a saber: de la gloriosa visión del Señor en su majestad santa.

La idea central, la razón básica que explica en qué consiste la perdición es *la exclusión de la presencia del Señor*. Como dice el Kempis: «Donde Tú estás, Señor, es el cielo; donde no, el infierno. El infierno sería cielo si Tú estuvieras allí; el cielo sería infierno sin Ti.» La única presencia del Señor que conocerán los condenados será la de la llama de fuego del juicio (vers. 7 y 8), no la presencia consoladora que nos libra de la ira venidera (1:10).

6. ¿Qué traerá para los creyentes la manifestación del Señor?

El versículo 10 nos completa la gloriosa perspectiva que, según el versículo 7 («reposo»), espera a los creyentes: «*cuando venga en aquel día* —dice el versículo 10— *para ser glorificado en sus santos y ser admirado en todos los que creyeron (por cuanto nuestro testimonio ha sido creído entre vosotros)*».

Según el versículo 7, la manifestación del Señor Jesús traerá *reposo* a los atribulados cristianos. En este versículo 10 que ahora consideramos, se nos indica al mismo tiempo en qué consistirá dicho reposo: será algo que glorificará al Señor. En efecto, El quiere ser *glorificado en* (no simplemente «por», ni «en medio de») sus santos; es decir: que los que son del Señor, deben reflejar su luz, deben ser como un espejo en el que los demás vean algo de la gloria de Dios. En 2.ª Corintios 3:18 se entiende que la misión de glorificar al Señor en nuestra vida tiene que empezar ya ahora, aquí, antes de la venida del Cristo de los cielos en gloria. El salmista expresó la misma verdad muchos siglos antes:

> «Bienaventurado el pueblo que sabe aclamarte;
> Andará, oh Jehová, a la luz de tu rostro.
> En tu nombre se alegrará todo el día,
> Y en tu justicia será enaltecido;
> Porque tú eres la gloria de su potencia,
> Y por tu buena voluntad acrecentarás nuestro poder»
> (Sal. 89:15-17).

La segunda venida del Señor potenciará estas realidades al máximo. Como consecuencia, el Señor será «admirado en todos los que creyeron». Cada creyente se gozará al contemplar el reflejo de la imagen de Cristo en los otros redimidos. Y Dios se gozará en el gozo de sus santos (*cf.* Sof. 3:17; Jn. 12:28), y ello le glorificará.

En este versículo se dan dos nombres a los cristianos:

A) SANTOS: separados por Dios para su servicio. Indica que su salvación es básicamente la obra de Dios.

B) CREYENTES: personas que han puesto su confianza en el Señor. Indica que se hallan en comunión con Aquel en quien creen. Creen en El, personal, consciente y responsablemente.

La expresión parentética: «por cuanto nuestro testimonio ha sido creído entre vosotros» equivale a decir: cuando el Señor venga en «aquel día» (*cf.* Is. 2:11; 17:20; Mat. 24:36; 2.ª Tim. 1:12, 18; 4:8), retribuirá a los que no conocieron a Dios, y será glorificado en sus santos, lo cual despertará la admiración y la alabanza en todos los que creyeron. Este «todos» os incluye a vosotros, tesalonicenses, tanto a los que durmieron ya en Jesús como a aquellos que permanezcan en la tierra cuando el Señor venga. Incluye a todos los creyentes sinceros, sin excepción. Y os incluye a vosotros porque creísteis nuestro testimonio.

7. Una oración con objetivos muy prácticos

El versículo 11 nos dice: «... *oramos siempre por vosotros, para que nuestro Dios os tenga por dignos de su llamamiento y cumpla todo propósito de bondad y toda obra de fe con su poder.*»

Pablo, Silvano y Timoteo no solamente dan gracias (vers. 3) por la fe y el amor de los tesalonicenses, sino que oran por ellos «siempre» (*cf.* 1.ª Tes. 1:2) y recuerdan constantemente delante del trono de la gracia las necesidades de los creyentes.

Si en el día del juicio los tesalonicenses son contados dignos de heredar el Reino, deben ya ahora, y aquí, conducirse de tal manera que sean dignos del llamamiento que por el Evangelio han recibido. La palabra que aquí se usa para «llamamiento» (*klesis*), se emplea en el Nuevo Testamento para el llamamiento divino a la salvación (*cf.* Rom. 11:29; 1.ª Cor. 1:26; 7:20; Ef. 1:18; 4:1, 4; Fil. 3:14; 2.ª Tim. 1:9; Heb. 3:1; 2.ª Ped. 1:10). Si nuestra vida es Cristo, el futuro será ganancia.

Pero como el ser humano por sí mismo es incapaz de vivir de tal manera que Dios pueda tenerlo por digno, se añade inmediatamente la petición de que el Señor obre y cumpla en los creyentes su voluntad. Notemos la combinación: *propósito* y *obra.* Propósito de bondad y obra de fe. El primero es siempre incompleto sin la segunda, pero ésta es incapaz de hacer nada si no actúa por fe. Se trata de la obra que realiza, y sustenta, la fe (*cf.* 1.ª Tes. 1:3); la fe cobra energía para obrar del amor (como dice el original de Gálatas 5:6) y que, a su vez, es el motor dinámico de la existencia cristiana (Heb. 10:38 y paral.; 11:1 y ss.).

Ahora bien, si Pablo sabía ya por tantas evidencias —fe, amor, constancia y perseverancia (vers. 3 y 4)— que Dios, en el Día del Juicio, los tendría por dignos de entrar en la salvación completa y final, ¿por qué, ahora y con vistas al veredicto final, ora todavía por su perfecta santificación? La respuesta que han dado algunos es ésta: «Porque el apóstol, después de todo, temía que pudieran caer de la gracia y perder la salvación que les había sido anunciada.» Mas si esto fuera verdad, habría escrito lo que afirmó en elversículo 5?

No, no se trata de tal inseguridad. Sencillamente, Pablo sabía que, *como resultado de su constante oración* (sus oraciones, y las oraciones de otros por ellos), los creyentes de Tesalónica vivirían como es digno de la vocación recibida, y así Dios, en el Día del Juicio, los considerará dignos de entrar en el Reino. En la cadena de gracias que efectúan la salvación, dentro de los eventos providenciales, la oración y la santificación son como vínculos o peldaños imprescindibles. Dios obra por medio de ciertos instrumentos, y entre ellos se cuentan la oración y el progreso en madurez de los creyentes. Muchos falsos problemas bíblicos se esfumarían en seguida si recordásemos que Dios obra siempre, o casi siempre, por medio de la instrumentalidad de las personas y de los acontecimientos.

El versículo 12 expresa la alta cima de comunión a que debe llegar el creyente. El lenguaje parece recordar Juan 17:10, 22 y 15:4: «Jesucristo... en vosotros, y vosotros en él.» Este versículo encierra dos peticiones:

1.ª Que Cristo sea glorificado en los creyentes.

2.ª Que los creyentes sean glorificados en El.

En el versículo 10 ya estudiamos lo que significa que Cristo sea glorificado en sus santos. En el versículo 12 es el Nombre del Señor el que tiene que ser glorificado. El Nombre de Cristo equivale a Cristo mismo, exactamente como El mismo se ha revelado y puede ser conocido por los suyos: como el Ungido de Dios, como el Salvador, como el Señor, etc. Cuando aceptamos su salvación y compartimos su unción, cuando nos sometemos a su señorío y gozamos de comunión con él, entonces su Nombre es glorificado entre nosotros, y en nosotros.

La obra de Jesucristo en los corazones le glorifica a El y les glorifica a ellos. La gloria que reciben no es de acuerdo con el mérito humano; si así fuese, no habría gloria ninguna; se da «por gracia de nuestro Dios y del Señor Jesucristo». Esta gracia (1.ª Tes. 1:1; 2.ª Tes. 1:1) proviene del Padre y nos viene a través del Hijo, pero la construcción de la frase permite también afirmar que proviene del Hijo tanto como del Padre. El Hijo, al igual que el Padre, es la Fuente y el Autor de la vida (Jn. 5:26; Hech. 3:15).

En efecto, la gracia de Dios es el origen de todo, porque todo el proceso de salvación es enteramente un efecto de la iniciativa soberana y amorosa de Dios. Ello no quita para que las «obras buenas» del creyente tengan su *galardón,* pero no es un mérito que exige pago, sino una recompensa prometida.

CUESTIONARIO:

1. Tema de la 2.ª a los Tesalonicenses. — 2. Significado de la «manifestación» del versículo 7. — 3. Modo de esa manifestación según los versículos 7 y 8. — 4. Objetivo de dicha venida del Señor. — 5. ¿Cuál era el pecado específico de los que atribulaban a los tesalonicenses? — 6. Pena que sufrirán los perseguidores, según el versículo 9. — 7. ¿Qué traerá, en cambio, para los creyentes la venida del Señor? — 8. Pragmatismo de la oración expresada en el versículo 11. — 9. ¿Supone dicha oración que la salvación final de los tesalonicenses (o de cualquier otro verdadero cristiano) pueda estar en peligro de perderse? — 10. ¿Es tal vez incompatible la iniciativa soberana de la gracia divina con la instrumentalidad de la providencia en la oración, el curso de los eventos y la colaboración responsable del creyente?

LECCION 35.ª EL LIBRO DEL APOCALIPSIS Y LA ESCATOLOGIA

1. El género apocalíptico

Al tratar de Escatología es obligado mencionar el libro del Apocalipsis. Cuestiones como «la gran tribulación», el milenio, la batalla de Armagedón, etc., pertenecen de lleno al Apocalipsis, y es preciso conocer, al menos de una manera somera, este libro, para poder situarlas convenientemente dentro de la Escatología.

El Apocalipsis, como su propio nombre indica, pertenece al tipo de literatura llamada «apocalíptica», muy extendida entre los judíos en la época intertestamentaria. Es el único libro del Nuevo Testamento que pertenece a este género, si bien hallamos pasajes apocalípticos en otros libros (*cf.* Mat. 24). Las visiones de Daniel, en el Antiguo Testamento, son de esta clase de literatura.

Una característica primordial de la literatura apocalíptica es el reconocimiento de que *Dios es soberano* y que, al final, El intervendrá personalmente, y mediante grandes acontecimientos y catástrofes, para dar paso a su perfecta y buena voluntad. A Dios se le oponen fuerzas numerosas y poderosas; son expresiones varias del mal. Estas diversas potestades malignas suelen describirse como «bestias», «cuernos», etc., en un lenguaje simbólico y de mucha imaginación, el cual era perfectamente comprensible a los hombres de aquel tiempo —cuyas claves de interpretación les eran familiares—, pero que a nosotros se nos hace difícil, a veces, de comprender. Se nos describen visiones: los ángeles transmiten mensajes; asistimos a la colisión de enormes fuerzas antagónicas y, finalmente, los santos son vindicados.

2. Diferencia entre la apocalíptica bíblica y la profana

El autor inspirado daba por supuesto que los lectores entenderían sus imágenes literarias y sus alusiones. Pero, más tarde, en manos de falsos «entusiastas», algunas de estas imágenes sirvieron para fomentar fantasías grotescas. Lo que es fácil comprobar, en este sentido, al contemplar la pintura románica, lo es igualmente en el aspecto teológico de algunos escritores exaltados medievales. Y, no obstante, existe una marcada diferencia entre el Apocalipsis y la literatura apocalíptica contemporánea; el libro inspirado es sobrio en sus descripciones, comparado con las obras apocalípticas de los otros autores. En los libros de éstos sí que se daba prontno y fácilmente rienda suelta a toda suerte de extravagancias. La profecía bíblica, por principio, es siempre muy mesurada. ¡Esto es precisamente lo que les duele a ciertos aficionados a querer saber más de lo que está revaledo! La apocalíptica bíblica es serena y prudente. Otro punto de divergencia es que el Apocalipsis da el nombre del autor, mientras que la mayoría de páginas apocalípticas de entonces eran seudónimas. Los autores solían tomar nombres prestados de los grandes varones del pasado, y en ellos trataban de escudar sus fantasías.

El seudonimato de la literatura apocalíptica —desde el siglo II a.C. hasta el siglo II después de Cristo— está en relación con el hecho de que, según el sentir del judaísmo, la profecía se había extendido ya. Así, el «Apocalipsis de Baruc» 85:3: «Los justos se han reunido con sus padres, y los profetas se han echado a dormir... y ahora sólo tenemos al Omnipotente y la Ley.» Esto explica que nadie se atreviera a publicar un libro profético con su propio nombre. Todo ello contrasta con Juan y su Apocalipsis.

3. El mensaje del Apocalipsis

El Apocalipsis de Juan es un libro cristiano que predica, no menos que los restantes libros del Nuevo Testamento, a Jesucristo crucificado, Hijo eterno de Dios y Redentor de los hombres, que está ahora sentado a la diestra del Padre, y que aparecerá como Juez al fin de los tiempos.

El Espíritu Santo impulsó al apóstol Juan a que se valiera del género literario apocalíptico para producir su libro. Las verdades que le son reveladas las reviste el autor con el ropaje de imágenes, figuras y procesos. Es decir, traduce en símbolos visibles todo cuanto le ha sido enseñado por Dios. Para ello, se vale del material de ideas tradicionales, señaladamente de los escritos proféticos del Antiguo Testamento, emparentados con su propio libro; por ejemplo, el trono-carro de Ezequiel 1, y los cuatro animales de Daniel. Pero lo importante no es la configuración de las imágenes visionarias. Sería erróneo intentar figurarse plásticamente el Cordero con siete cuernos y siete ojos (5:6), y la bestia con siete cabezas y diez cuernos (13:1), y preguntarse, acaso, cómo estaban distribuidos los diez cuernos en las siete cabezas.

4. Significado de los símbolos del Apocalipsis

Hay que estudiar los símbolos del Apocalipsis desde un punto de vista intelectual, sin detenerse en estas figuras como si su literalidad o sus contornos reales fuesen lo verdaderamente importante. Se trata de un lenguaje ideológico, transmitido podr medios simbólicos. El número 7 indica plenitud; los siete cuernos y los siete ojos significan que el Cordero posee la plenitud del poder (cuerno) y de la inteligencia (ojo). Asimismo, hay que examinar desde el punto de vista ideológico cuanto atañe a colores: blanco, rojo, escarlata, etc. Todo tiene su particular significación simbólica. Sólo interpretando así la relación entre la visión y la cinfiguración literaria se comprende también la disposición del libro, en el que desempeñan un papel importante las hepdóadas o series de sietes (subdivididas a menudo en 4 + 3).

Este simbolismo es lo que perturba a muchos lectores modernos, y, en particular, la dificultad de representarse las complicadas piezas de la imaginería del Vidente. Además, en ocasiones, se tiene la impresión de que, plásticamente, unas piezas no encajan con otras. Es importante recordar que Juan es aquí un *artista que emplea las palabras* y que se sirve de un *género literario* específico; Juan no es un pintor, ni se sirve de materiales plásticos. Tenemos, pues, que buscar el significado literario de cada símbolo, no el tratar de representárnoslo en un espectáculo visual. El propósito del libro es comunicar *ideas,* y lo hace mediante *palabras* altamente simbólicos. Cuando el Vidente describe alguna visión, traslada en símbolos las ideas que le han sido sugeridas por Dios; y prosigue acumulando colores, números simbólicos, etc., sin pensar, no obstante, en los efectos plásticos de su obra. El no describe visiones coherentes, sino visiones inimaginables de un mundo cuyas dimensiones trascienden infinitamente las nuestras. Para seguir, pues, el pensamiento de Juan, *hemos de saber convertir en ideas los símbolos que presenta,* sin turbarnos demasiado por su incoherencia plástica.[32]

CUESTIONARIO:

1. Género literario del Apocalipsis. — 2. Resonancias escatológicas del libro del Apocalipsis. — 3. Diferencias entre la apocalíptica bíblica y la seudónima. — 4. ¿Cuál es el mensaje del Apocalipsis de Juan? — 5. ¿Cómo reviste Juan sus ideas en el Apocalipsis? — 6. Sentido de los símbolos del Apocalipsis. — 7. Observaciones que es preciso tener en cuenta para no confundirse con las aparentes incoherencias de los símbolos empleados.

32. Véanse las obras de Wickenhauser, L. Morris, M. Boissmard y A. Feuillet.

LECCION 36.ª LAS VARIAS ESCUELAS DE INTERPRETACION DEL APOCALIPSIS

1. Importancia del tema

Desde que Jesucristo dijo: «Id y haced discípulos a todas las naciones...» (Mat. 28:19) han pasado casi 2.000 años. La Iglesia no ha conquistado el mundo, y cada vez es más conflictiva su lucha contra el error, las tinieblas y la impiedad. En ocasiones parece como si el pueblo de Dios fuese presa fácil en las fauces del león. ¿Cuál es el significado de la presencia de la Iglesia en el mundo? ¿Qué características la configuran en su peregrinaje? ¿Cuál será el curso de su historia hasta que el Señor vuelva? El libro de Apocalipsis tiene la respuesta a estas preguntas. En ninguna otra parte encontraremos el sentido de estos 2.000 años de historia de la Iglesia —y del mismo momento presente que vivimos ahora— a menos que lo hallemos en el libro de Apocalipsis.

Pero ¿encontramos dicho significado en Apocalipsis? Es bien notorio que, desde hace algo más de un siglo, algunos cristianos han desplegado un gran esfuerzo para convencernos de que el Apocalipsis no tiene nada que ver con la Iglesia; o, al menos, muy poco con los últimos 2.000 años de su historia, a no ser unos breves resúmenes en los primeros capítulos. Las estanterías de cualquier librería evangélica se curvan hoy por el peso de taotos libros escritos con el objetivo definido de sacar de la cabeza de los cristianos cualquier pretensión de utilizar el Apocalipsis para la Iglesia. Se trata de demostrar, en toda esta cantidad de papel escrito, que el Apocalipsis no tiene ninguna aplicación para la Iglesia, para sus pruebas y para sus sufrimientos. ¿Es, pues, ésta la única época en la que Dios ha dejado a su pueblo sin la luz profética que brilla en lugar oscuro? El tiempo de la Iglesia es el más glorioso desde la fundación del mundo, y, sin embargo, al decir de esos autores, y a diferencia de la dirección profética que Dios dejó a los creyentes del antiguo pacto, el pueblo de Dios no posee ahora dirección en lo que respecta a sus avatares hasta que Cristo vuelva.

La interpretación del Apocalipsis ha conocido una gran variedad de escuelas a lo largo de los siglos; algunas han desaparecido, otras se han debilitado, y algunas nuevas —como el dispensacionalismo (que sólo es antiguo en lo que respecta a su premilenialismo, pero no al resto de su esquema)— han surgido con ímpetu. Las líneas principales de interpretación pueden, no obstante, resumirse en tres o cuatro corrientes generales que examinaremos a continuación.

2. Las escuelas de interpretación del Apocalipsis

A) *La escuela preterista.*

Según esta escuela, Apocalipsis describiría solamente los acontecimientos del pasado. Todas las visiones serían el resultado de las condiciones del pueblo de Dios bajo el Imperio Romano en los siglos primero y segundo de nuestra era. La mayor parte del libro, en esta hipótesis, se habría ya cumplido en los días de la caída del Imperio Romano, y en el subsiguiente establecimiento de una Iglesia fuerte. Sería la constatación de las posibilidades para el mal, que eran inherentes al Imperio. Al mismo tiempo, el libro afirmaría la convicción de que el Dios que intervino así en el pasado intervendrá también en el futuro. Pero más allá de esto no entraba en el propósito del autor.

Esta interpretación debe su existencia al jesuita Alcázar (c. 1614), el cual afirmó que el Apocalipsis se cumplió totalmente en el tiempo de Constantino, a comienzos del siglo IV de nuestra era. En términos generales, es la que siguen la mayoría de autores modernistas de teología liberal, así como un buen número de católico-romanos;

éstos la denominan más bien «histórico-temporal», y, en palabras de Wikenhauser, «el vidente no contempla el fin de los tiempos en un futuro lejano, sino que ve, en ciertas circunstancias y acontecimientos de la actualidad, claros indicios del fin inminente... Esta interpretación ve aquí predicha la inminente lucha, a vida o muerte, entre la Iglesia cristiana y el Estado romano con sus pretensiones de azsolutismo».

Lo único positivo de esta hermenéutica es que nos permitirá entender mucho del vocabulario, y del fondo histórico, de que se sirvió Juan al escribir el libro. Pero yerra en un punto fundamental: el mismo libro afirma de sí mismo que es *profecía* (1:3) y que algunas, al menos, de sus predicciones contemplan su cumplimiento en el futuro (por ejemplo, los caps. 21 y 22).

B) *La escuela futurista.*

Esta escuela mantiene que, a partir del capítulo 4, Apocalipsis sólo se ocupa de acontecimientos que tienen que ver con el final de los tiempos y con todo lo que está relacionado con la segunda venida de Cristo. Así, el libro no trataría problemas que afectasen al propio autor, o a la Iglesia de futuros siglos, sino tan sólo aquellos acontecimientos que van a producirse cuando vuelva el Señor.

Fue el jesuita Ribera (en 1603) quien dio origen a esta interpretación, para oponerla a la histórica de los reformadores. El dispensacionalismo la adoptó en el siglo pasado y, desde entonces, ha sido ampliamente expuesta y difundida mediante la *Biblia Anotada de Scofield,* lo que la ha hecho popular entre nosotros.

Para esta escuela, la mayor parte del texto del Apocalipsis es historia que todavía espera su cumplimiento, es decir, profecías no cumplidas. Pero profecías que ya comienzan a cumplirse en nuestro tiempo, tenido como el último, si nos atenemos a los escritos de Hal Lindsay y de otros expositores del mismo punto de vista. Ahora bien, según ellos, cuando todo lo que dice Apocalipsis comience a cumplirse, la Iglesia será arrebatada y, por lo tanto, casi todo el Apocalipsis carece de actualidad o relevancia para la Iglesia. Apocalipsis predice unos hechos que no tienen que ver con ella, sino más bien con Israel, con el pueblo judío y con lo que el mundo haga frente a este pueblo. En efecto, es Israel quien queda colocado en el centro de la profecía, después de un período de cerca de 2.000 años. Por supuesto, un enfoque tan radical afecta no sólo a las cuestiones proféticas, sino a la naturaleza misma de la Biblia, al concepto del Reino de Dios, a la comprensión de la ley y de la gracia (para el dispensacionalista el Evangelio representa la *suspensión de la ley* y se halla en vigor sólo durante el paréntesis de la dispensación de la Iglesia o de la gracia, después de la cual —al ser arrebatada la Iglesia— la ley volverá por sus fueros), la estructura de la historia de la salvación, de los decretos de Dios y, mayormente, la relación «Iglesia - Israel», etc.

D. C. Barnhouse, divulgador del dispensacionalismo-futurismo, escribe:

> «El gran principio para el estudio... es que la mayor porción de este libro pertenece enteramente a una época que no es la de la Iglesia, ya que es Israel el centro de la escena profética; la Iglesia ni siquiera aparece en la discusión.»

Ph. Mauro, quien al principio fue futurista, pero al que un estudio más profundo de la Biblia le llevó a plantear serias objeciones a este sistema, dijo:

> «Tal teoría tiende a quitar interés en este maravilloso libro, empujando todas las cosas que predice hasta muy lejos de nosotros, convirtiendo las trascendentales e importantes revelaciones que hace, en algo inoperante para nosotros, y sólo de interés para los que habrán de vivir en una futura dispensación, cuando la Iglesia ya no esté aquí, para los llamados "santos de la tribulación", de los que Scofield afirma: "Estos no pertenecen a la Iglesia, con la cual parecen tener una relación semejante a la de los levitas con los sacerdotes bajo el pacto mosaico (BS, p. 1293). A la época de la Iglesia corresponde el 'Evangelio de la gracia'; a la época de la gran tribulación co-

rresponderá el 'Evangelio del Reino'; y el 'Evangelio eterno' será predicado a los habitantes de la tierra cerca del fin de la gran tribulación e inmediatamente antes del juicio de las naciones. No es el Evangelio del Reino, ni tampoco el Evangelio de la gracia..." (BS, pp. 1299-1300). A todo esto Mauro comenta: "Nosotros, el pueblo del Señor, somos los santos de la tribulación (Jn. 16:33; Hech. 14:22)".»

De modo que, salvo los capítulos 2 y 3, que describen la historia de la Iglesia en sus siete grandes períodos hasta el último en que vivimos hoy, apenas hay nada en el Apocalipsis —según esta escuela— que interese a la Iglesia. En los capítulos 4 y 5 es el cielo y no la tierra la esfera de la acción que narra el libro, habiendo sido ya arrebatados los santos al cielo. Así, dicho arrebatamiento se coloca después del capítulo 3 y antes de la gloria del capítulo 4. Los eventos en torno a los sellos, las trompetas y las copas de ira, se sitúan después del arrebatamiento y antes de la segunda venida. Tal es el esquema futurista dispensacional. Algunos autores nos aseguran que el libro del Apocalipsis no puede ser entendido a menos que comprendamos bien este esquema. Por lo visto, antes de la primera mitad del siglo pasado, nadie había sabido leer el Apocalipsis correctamente. Ciertamente, resulta difícil rastrear las huellas de ningún arrebatamiento entre los capítulos 3 y 4, aparte del hecho de que Apocalipsis 16: 13-16 presenta la venida del Señor «como ladrón», en el momento mismo en que nuestros queridos hermanos dispensacionalistas colocan el final de la gran tribulación, es decir, después del arrebatamiento, cuando su hipótesis exige que sea al comienzo.

Leon Morris escribe en su Comentario: «La principal objeción es que esta escuela parece olvidar, y de hecho olvida muy a menudo, el fondo histórico del libro y los problemas de la Iglesia, previos a la segunda venida.» Esta escuela fomenta —sin quererlo— una actitud que parece más bien la de una Iglesia en estado de relajamiento que de combate. Apocalipsis se convierte simplemente en un rompecabezas del que hay que preocuparse sólo en descubrir las piezas dispersas; es cuestión de saber descifrar los misterios con un poco de habilidad y de imaginación. Pero olvida que Apocalipsis fue escrito para una Iglesia perseguida, desesperada, que no sabía incluso dónde encontrar una salida a sus problemas humanamente insolubles. ¡Poco consuelo habrían hallado los creyentes que, como Juan, sufrían bajo Domiciano si les hubiera sido dado un libro dedicado casi todo él a los hombres de una futura dispensación más relacionada con el judaísmo que con el cristianismo!

Digamos, finalmente, que es tan triste como interesante el comprobar que las diferentes variaciones que la escuela futurista —o finalista, como la llaman algunos— ha experimentado en los últimos cien años son las responsables de una gran variedad de sectas proféticas surgidas en el plazo de un siglo, tales como los Adventistas, los «Testigos de Jehová», los Cristadelfos y numerosos cuerpos pequeños. En menor grado, el mormonismo constituye otra forma de futurismo modificado.

C) *Las escuelas históricas.*

En realidad, no existe una única escuela histórica, sino varias.

En términos generales, estiman que el Apocalipsis presenta una amplia panorámica de la historia de la Iglesia, desde el siglo I hasta la segunda venida de Cristo. La Iglesia constituye el centro de la profecía. Desde la Antigüedad, pero muy particularmente durante la Edad Media —entre los movimientos reformistas, tanto dentro como fuera de la Iglesia de Roma— y hasta muy entrado el siglo XIX, fue la escuela que gozó de mayor popularidad en sus varias vertientes.

El libro que escribió el vidente de Patmos predice, en este esquema, todo el curso de la historia hasta el fin del mundo, en cuanto se refiere a la relación de la Iglesia con las potencias del mundo y con los poderes sobrenaturales, satánicos o celestiales, que intervienen en la marcha de los acontecimientos. En sus visiones se prefiguran las grandes épocas y los eventos culminantes de la historia del mundo y de la Iglesia, con sus figuras más descollantes y sus configuraciones más decisivas.

La llamada simplemente «escuela histórica» tiene en común con la denominada «escuela de la continuidad histórica» la idea de que el fin del mundo no ha de hacerse esperar, y de ahí la afición por echar cálculos sobre los años que faltan para que se cumplan las cosas predichas. Durante la Edad Media estos cálculos condujeron a fatales errores, exactamente como los de los modernos vaticinadores del fin del mundo que, ahora, pertenecen a la escuela futurista.

Al igual que en el esquema futurista, los históricos cometieron en el pasado el error de suponer siempre que su siglo era el último de la historia de la humanidad y que se hallaban viviendo en los últimos días. Esto ha obligado a ir rectificando constantemente, de siglo en siglo, los calendarios propuestos, ya que el esperado fin del mundo no acaba de llegar.

CUESTIONARIO:

1. Importancia de encontrar una interpretación correcta al libro sagrado del Apocalipsis. — 2. Variedad de escuelas de interpretación del Apocalipsis. — 3. La escuela preterista: su origen, su esquema y su yerro fundamental. — 4. La escuela futurista o dispensacionalista: su origen y su esquema inicial. — 5. Esquema del dispensacionalismo futurista, según la Biblia Anotada de Scofield. *— 6. Errores e incongruencias de la escuela dispensacionalista. — 7. Las escuelas históricas. — 8. Errores que cometieron en el pasado muchos de los adictos a tales escuelas.*

LECCION 37.ª
HACIA UNA CORRECTA INTERPRETACION DEL APOCALIPSIS

1. El enfoque preciso

El tema del Apocalipsis no es simplemente el presentar una fase limitada del Reino de Cristo en sus comienzos (como sugiere la escuela preterista), o al término del mismo (como hace la interpretación futurista), sino abarcar de manera total y general, aunque ciñéndose a las líneas principales y las cimas más prominentes, la dinámica histórica del Reino desde la primera venida de Cristo hasta la consumación final, cuando el Señor vuelva otra vez.

Este enfoque aprovecha lo mejor de las otras corrientes interpretativas: 1) la escuela histórica; 2) la escuela de la continuidad histórica, y 3) la escuela del dinamismo histórico del Reino.

2. Elementos aprovechables de la escuela histórica antigua

La escuela histórica considera el Apocalipsis como el libro que expone las principales etapas y fases de la historia de la Iglesia. Este punto de vista apareció ya en los primeros siglos del cristianismo. Los primeros escritores eran futuristas entonces, porque lógicamente no podían ser otra cosa; la Iglesia acababa de iniciar su marcha por el mundo; su expansión misionera y las visiones del Apocalipsis estaban justamente comenzando a cumplirse en aquel tiempo. Creían, pues, que las cosas predichas empezaban a tomar cuerpo entonces, en espera de la consumación final. Pero no eran absolutamente futuristas.

No creían que el Apocalipsis tenía que ver sólo con el final de los tiempos, sino con la marcha de la fe a lo largo de los siglos hasta que el Señor volviese. Desde su perspectiva, obviamente, consideraban que era poco lo que se había cumplido, porque la Iglesia daba sus primeros pasos expansivos. Con todo, aquellos primeros creyentes estimaban que el mensaje del Apocalipsis no pertenecía únicamente al final de este siglo. Lutero y los demás reformadores, en términos generales, siguien esta escuela.

3. Variantes que introduce la escuela de la continuidad histórica

La escuela de la continuidad histórica difiere de la anterior en que interpreta Apocalipsis como si fuese historia sin ninguna ruptura, sin ninguna laguna, de manera continuada, sin solución de continuidad y cubriendo todas las etapas sin fisuras desde la primera hasta la segunda venida del Señor en gloria. Según este punto de vista, no habría distancias de tiempo entre una sección y otra del libro; los sellos se seguirían cronológicamente en sus secuencias (¿acaso no incluye ya el séptimo sello —el último— a las siete trompetas que constituyen la sección siguiente?); las siete trompetas siguen, una tras otra, describiendo cierto curso de acontecimientos ininterrumpidos; y la séptima trompeta, la última, incluye ya, como dándole paso, la próxima serie de eventos: los siete vasos. De manera que desde el primer sello hasta la séptima copa 8:6, 7 - 16:17-21) se nos ofrece un relato histórico sin interrupción, que va del principio al final de la era evangélica. Muchos de los que sostienen esta interpretación estiman que nos hallamos viviendo ahora la época de la séptima copa y que nos encontramos, por consiguiente, cerca del final o consumación total.

4. La escuela del dinamismo histórico del Reino

La escuela del dinamismo histórico del Reino es llamada, a veces, también por algunos «simbólica» o «espiritual»; o mejor: «escuela de la filosofía de la historia». Creo que le cuadra mejor esta última denominación, o la de «escuela del dinamismo histórico del Reino», que no las designaciones que pretenden tildar a esta hermenéutica de extremo simbolismo o espiritualismo. Como veremos en seguida, no es así.

Esta escuela no toma el libro como si se tratara de la narración, escrita por anticipado, de toda la historia de la Iglesia ininterrumpidamente, sin faltar detalle, desde la primera hasta la segunda venida de Cristo, como lo hace la interpretación anterior. La escuela del dinamismo histórico del Reino considera el Apocalipsis «interesado en la amplia corriente que prosigue el Reino, deteniéndose especialmente en sus momentos culminantes, hasta el gran clímax de la segunda venida» (Stonehouse).

Estas tres escuelas tienen esto en común: que consideran el libro como una narración que abarca todo el curso de la historia del Reino de Dios en el mundo, y no solamente una de sus partes o fragmentos. En favor de esta interpretación está el hecho de que se halla de acuerdo con el resto del Nuevo Testamento y con el espíritu de los profetas del Antiguo. Los grandes profetas de antaño no ofrecieron jamás a Israel un calendario de hechos limitado a un solo punto de la historia, sino que casi siempre abarcaron con su mirada las altas cimas de los cumplimientos mesiánicos futuros.

5. Esta escuela concuerda con el resto del Nuevo Testamento

El Nuevo Testamento tiene una mirada especial para contemplar el futuro; lo hace desde una perspectiva escatológica en la que al final siempre está la gloriosa esperanza del segundo advenimiento de Jesús. Constantemente mantiene delante de nosotros la realidad de esta próxima venida del Señor. Pero al mismo tiempo enfatiza la importancia de la encarnación y el significado decisivo que tuvieron eventos tales como su muerte, resurrección y ascensión. Estos acontecimientos fueron —y son para nosotros— tan decisivos, que ellos señalan el comienzo del «último tiempo» (1.ª Cor. 10:11; Heb. 1:2; 9:26; 1.ª Jn. 2:18), los «postreros días», en los cuales el pueblo de Cristo se halla ya en posesión de la vida eterna y puede considerarse sentado a la diestra de Dios, en lugares celestiales, juntamente con su Salvador (Ef. 2:6).

En Mateo 28:18-20 se nos ofrece un claro testimonio de la naturaleza decisiva y el carácter especial que iba a tener para nosotros la muerte y resurrección de nuestro Señor. Cristo pretende en este pasaje estar investido de toda autoridad sobre todo el Universo, y sobre esta base ordena la gran comisión misionera a sus discípulos. Al mismo tiempo les promete su presencia hasta el fin del mundo, es decir, hasta el tiempo de la consumación de estos «últimos tiempos». En 1.ª Corintios 15 tenemos también un esbozo de lo que será el perfecto Reino de Dios en plenitud (espec. vers. 50-55), pero se enfatiza, al propio tiempo, que, mientras tanto, Cristo es ya Rey en no menor grado que lo será al final. El pugna por imponer esta autoridad y gobierno por medio de la dinámica de su pueblo y de su mensaje. El curso de esta epopeya espiritual seguirá hasta que ponga al último de sus enemigos debajo de sus pies: la muerte (vers. 24-26, 54). La muerte, último enemigo a vencer en el orden cronológico, será «sorbida en victoria» cuando acontezca la resurrección de los muertos.

Este es el énfasis que encontramos igualmente en Apocalipsis, de acuerdo con el resto del Nuevo Testamento; un énfasis que recae no sólo en los grandes acontecimientos catastróficos, apocalípticos (dando a esta palabra el sentido teológico que tuvo en el judaísmo tardío), que acompañarán al último acto del fin de este «siglo», sino también en el establecimiento y preservación de la Iglesia, hasta tanto que llegue dicha consumación final, y en la continua presencia y acción del Señor en la Historia y en medio de su pueblo.

6. Perspectiva panorámica del Apocalipsis

Lo que acabamos de decir se comprueba ya desde la primera página del libro. Comprobamos, en efecto, que Apocalipsis comienza con la visión del Hijo del Hombre. El Cristo exaltado en el capítulo 1 nos ofrece la perspectiva correcta para todo el resto del libro. El Señor se encuentra en medio de los siete candeleros —la Iglesia—, y dice tener las llaves de la muerte y del hades. Esta visión de Jesucristo glorificado se encuentra estrechamente relacionada con las siete cartas a las siete iglesias (caps. 2 y 3), pero sirve igualmente como introducción a todo el libro. Que esto es así lo advertimos en el hecho de que las características principales de la descripción del Señor en el capítulo 1 se repiten no sólo en los capítulos 2 y 3, sino en el capítulo 19 (vers. 12, 15, 21). El Señor es, pues, Aquel que constantemente se halla en medio de su Iglesia, y está exaltado sobre todo y sobre todos, con las llaves de todos los reinos en sus manos.

En el capítulo 1 vemos que el Reino de Cristo está ya presente en los días de Juan, dado que su pueblo puede decir: «*Nos ha hecho un reino...*» (así dice el original del vers. 6). Juan y sus compañeros eran miembros de su Reino (vers. 9) y, sin duda, sus problemas futuros y el curso de la historia de dicho Reino tenían que interesarles. En aquellos mismos momentos la existencia del Reino parecía amenazada por las persecuciones del emperador. Para su consuelo, el Señor mueve a Juan para que desarrolle en términos generales el amplio dinamismo que el Reino va a tomar en el futuro. Se le ordena que escriba «las cosas que has visto, y las que son, y las que han de ser después de éstas» (1:19); palabras que parecen indicar que el libro tiene que ver con la historia total del Reino de Cristo hasta la consumación final. Apocalipsis mantiene así la gloriosa esperanza, pero al mismo tiempo enseña lo que atañe a los presentes conflictos del cristiano. Le exhorta a que combata valientemente, y le consuela con el pensamiento de que Jesucristo sigue siendo soberano y continúa sentado en el trono. Así, el libro del Apocalipsis insiste en la tremenda importancia de todo cuanto Cristo va a hacer en el futuro; pero asimismo enfatiza «las cosas que has visto» (lo que Cristo ya hizo) y «las que son» (es decir, lo que el Señor está haciendo actualmente por medio de su pueblo en el mundo).

Si el Apocalipsis se ocupa de la historia del pueblo de Dios, de la narración de los avatares del Reino de Cristo en el mundo, ¿podemos entenderlo como «historia continuada», sin interrupciones ni lapsos de ningún género?

Parece claro al final del capítulo 11 que no es así. En los capítulos 10 y 11, bajo la última de las siete trompetas, se dice que «el tiempo no sería más» (10:6); y añade: «en los días de la voz del séptimo ángel, cuando él comience a tocar la trompeta, el misterio de Dios se consumará, como él lo anunció a sus siervos los profetas» (v. 7). Los creyentes son recompensados, y los impíos castigados (cap. 11). No obstante, el capítulo 12 nos devuelve de nuevo al primer advenimiento de Cristo: al nacimiento en Belén y, después, a su ascensión a los cielos, con la que culminó su ministerio terrenal. El Prof. Kromminga, uno de los últimos expositores de la escuela de la continuidad histórica, admite que aquí tenemos un retroceso en el tiempo, una vuelta hacia atrás, a los mismos comienzos de la era evangélica.

De hecho, hay tantos casos de esta clase de «retorno», de «cuenta hacia atrás», de un «regreso al pasado», así como de recapitulaciones y también de anticipaciones, al igual que de episodios aislados, que el punto de vista de la continuidad histórica, ininterrumpida, es del todo insostenible. En realidad, todo sistema que intente encajar los detalles del libro dentro del panorama de hechos históricos de un solo período, o de toda la historia sin rupturas y de manera perfectamente continuada, está abocado al fracaso. Es lo que le ocurre tanto al dispensacionalismo como a esta escuela de la continuidad histórica, lo mismo que al preterismo. La misma diversidad de interpretaciones entre los adeptos de la escuela de la continuidad histórica testifica en contra de ella.

El Apocalipsis presenta, en suma, el gran drama del conflicto de los siglos entre Cristo y su pueblo, por un lado, y el diablo y sus seguidores (conscientes o no) por el otro. Cubre el desarrollo de toda la Historia de la Iglesia, del fluir incesante de la dinámica del Reino, desde los inicios de la era cristiana hasta el gran acontecimiento de la segunda venida.

CUESTIONARIO:

1. Enfoque necesario para comprender el tema del Apocalipsis. — 2. ¿Eran futuristas los primeros escritores cristianos, incluyendo a los reformadores del siglo XVI? — 3. ¿Cómo entiende el Apocalipsis la escuela de la continuidad histórica? — 4. Esquema de la llamada «escuela del dinamismo histórico del Reino». — 5. ¿Qué tienen en común estas tres escuelas? — 6. Apoyo que el resto del Nuevo Testamento presta a la interpretación del «dinamismo histórico del Reino». — 7. Evidencia intrínseca que nos ofrece la contextura misma del libro del Apocalipsis. — 8. Razones que militan en contra de la interpretación del Apocalipsis como una «historia continuada». — 9. ¿Cuál es, en resumen, el cuadro general que presenta el tema del Apocalipsis?

LECCION 38.ª
LAS PRINCIPALES CARACTERISTICAS DEL LIBRO DE APOCALIPSIS

Al examinar más de cerca el libro del Apocalipsis, destacan particularmente algunas características que no podemos olvidar en cualquier lectura, o interpretación, del mismo. Señalaremos las principales.

1. El uso de los símbolos

El Apocalipsis es un libro de símbolos. Los símbolos cumplen una función didáctica. Por ejemplo, se nos dan algunas descripciones de la segunda venida, per los intentos para representarnos el hecho de una manera literal, ajustada punto por punto al simbolismo del texto, hace caer en una serie de problemas insolubles. Si admitimos, en cambio, el ropaje simbólico del estilo de Juan, todo se aclara. Se trata de un lenguaje de señales, en su mayor parte; y conviene llegar a familiarizarse con estas señales. Mucho de lo que escribió Juan le fue antes revelado a él por medio de visiones. El mismo dice: «Vine a estar en espíritu en el día del Señor, y oí...» (1:10 en el griego original). Fue entonces cuando le fue descubierto el mundo invisible y, a la manera de una gran representación dramática, pasaron ante sus ojos sucesivas visiones, varios cuadros, diversas escenas que —al estilo de Shakespeare y de los modernos autores de cine y teatro— no guardan la unidad clásica de «espacio-tiempo-lugar» en el proceso de las diferentes y progresivas secuencias.

Pensemos también en la visión de Pedro (Hech. 10). Fue como un trance. Aunque lento al comienzo, Pedro acabó por comprender que aquella visión tenía un profundo significado; iba a prepararle a él para que reconociera que Dios no hace discriminación de personas ni de razas, de modo que ello le llevara a recibir con los brazos abiertos a los gentiles tanto como a los judíos. Así ocurre con las visiones de Juan en Apocalipsis. Si las tomamos al pie de la letra, con la misma literalidad con que las imaginaron los pintores de la época románica,[33] el resultado será grotesco y lejos de la majestad y gloria de la *parusía*; abocaremos a situaciones fantásticas y extravagantes. Pero aun en el caso de que nuestro escaso gusto estético, o nuestra clase de formación literaria y artística, nos hagan pasar desapercibidos los detalles que se desprenden de un literalismo extremo, que olvida el uso y significado de los símbolos, esta clase de interpretación nos entregará tan sólo el esqueleto, pero no el cuerpo vivo; el envoltorio, pero no el significado profundo de los emblemas empleados por el estilo de Juan.

El mismo libro nos advierte en contra del literalismo. ¿No nos habla (17:9) de una mujer sentada sobre siete colinas? ¿Quién es capaz de representarse esto literalmente en su imaginación? No conozco a ninguna mujer que tenga tal capacidad para sentarse...

¿No presenta también el libro del Apocalipsis (cap. 12) a una mujer vestida del sol, con la luna a sus pies...? El mismo texto aclara que se trata de una gran señal, o maravilla, aunque el literalista se empeñe en entender algo normal, concreto y vulgar, que puede ser imaginado, punto por punto, y rehecho en todos sus detalles. Más tarde, en el mismo capítulo, se dice que esta mujer recibió dos alas de gran águila para que volase... ¿No nos advierten los mismos términos en que está compuesto el relato, en contra de una interpretación literalista?

En Apocalipsis 14:4 aparecen los 144.000 que, según el versículo 5, son «los que no se contaminaron con mujeres, pues son vírgenes». Incluso los más aferrados al literalismo —aun en el caso peculiar de los mal llamados «Testi-

---

33. Cualquiera puede comprobarlo visitando el Museo de Arte Románico en Barcelona, en Montjuich, que es el más importante del mundo en su especialidad.

gos de Jehová»—, cuando llegan a este punto se convierten en exagerados simbolistas, ¿por qué será...?

¿Es posible interpretar de otra manera que simbólicamente secciones como la de Apocalipsis 9:7-10, en donde aparecen «langostas, el aspecto de las cuales era semejante a caballos preparados para la guerra; en las cabezas tenían como coronas de oro; sus caras eran como caras humanas; tenían cabello como cabello de mujer; sus dientes eran como de leones; tenían corazas como corazas de hierro; el ruido de sus alas era como el estruendo de muchos carros de caballos corriendo a la batalla; tenían colas como de escorpiones, y también aguijones...»?

También leemos, en el mismo estilo: «y cayó del cielo sobre los hombres un enorme granizo como del peso de un talento —alrededor de 35 kilogramos—; y los hombres blasfemaron contra Dios por la plaga del granizo...» (16:21).

En otro lugar se describe una carnicería tan grande que las imágenes son las de un lagar: «Y el ángel arrojó su hoz en la tierra, y vendimió la viña de la tierra, y echó las uvas en el gran lagar de la ira de Dios. Y fue pisado el lagar fuera de la ciudad, y del lagar salió sangre hasta los frenos de los caballos, por mil seiscientos estadios» —cada estadio tiene aproximadamente 180 metros— (14:20).

Tomar literalmente cada una de estas figuras de lenguaje equivale a no comprender nada del sentido e intención del Espíritu al comunicar estas verdades al apóstol Juan. Los detalles son adornos que enfatizan ciertas realidades, de modo que impresionen y produzcan un efecto más directo: en el caso del granizo, se subraya lo espantoso de la plaga; en la imagen del lagar, lo terrible y enorme que será el castigo que el cielo depara a los inicuos.

No faltan, además, indicaciones del propio apóstol en el sentido de que él no está escribiendo literalmente, sino en imágenes. En Apocalipsis 19:11-21 nos presenta al Salvador como Rey de reyes y Señor de señores; viene sentado en un caballo blanco, con una espada, «y él pisa el lagar del vino del furor y de la ira del Dios Todopoderoso...

Y vi a un ángel que estaba en pie en el sol, y clamó a gran voz, diciendo a todas las aves que vuelan en medio del cielo: Venid y congregaos a la gran cena de Dios, para que comáis carnes de reyes y de capitanes, y carnes de fuertes, carnes de caballos y de sus jinetes, y carnes de todos, libres y esclavos, pequeños y grandes...»; es decir, las carnes de aquellos que han sido vencidos por el Señor. Se nos ofrece aquí un cuadro impresionante de victoria, para trazar el cual, Juan se ha servido de todos los recursos que la imaginería de la guerra le prestaba. Pero el pasaje contiene suficientes elementos para prevenir a cualquiera de que no se trata de una escena literal en la que todos los detalles tengan que aceptarse al pie de la letra; la lección es simplemente que Cristo triunfará sobre sus enemigos y que la victoria final le pertenece. En esta misma sección hay una advertencia, repetida dos veces, que nos conduce a dicha interpretación. En un par de ocasiones Juan escribe: «de su boca sale una espada aguda»; es decir, de la boca del Conquistador, de la boca de Jesucristo. Sería inconcebible imaginar a nuestro Salvador con una espada de acero, literal, que le saliera de la boca; más inconcebible aún, que el Rey de reyes tuviera necesidad de espadas para derrotar a sus enemigos, cuando basta una palabra suya para que su voluntad se cumpla. Cristo no tendrá que pelear, cuerpo a cuerpo, contra sus enemigos para derrotarlos. Le basta con pronunciar una palabra para aplastar la impiedad y la incredulidad. Con un «Yo soy», en Getsemaní (Jn. 18:6), hizo que sus enemigos cayeran al suelo. Por otra parte, en muchos pasajes de la Escritura la Palabra de Dios queda simbolizada, representada, sugerida o aludida mediante el símbolo de la espada (Heb. 4:12).

Es el mismo autor quien, en el capítulo 12, nos aclara que el «gran dragón escarlata que tenía siete cabezas y diez cuernos», y cuya «cola arrastraba la tercera parte de las estrellas del cielo», es un símbolo para describir al diablo. Las bestias del capítulo 13, a la manera de las bestias del libro de Daniel, exhiben el carácter de los poderes anticristianos que actúan en el mundo, poderes políticos y religiosos que se oponen al puro Evangelio de la gracia de Dios. La eficacia mundana de estos poderes para engañar a los hombres se describe en los primeros diez versículos como una fuerza irresistible; los restantes ocho versículos dan una idea de la presión, de la propaganda y de la coacción que emplearán para conseguir sus fines. Es la eficacia de las técnicas de tortura o del lavado de cerebro, de las represiones policíacas o las violaciones psicológicas, a las que tan acostumbrados nos tienen las dictaduras de todo color, que consideran al cristianismo como a un antagonista al que hay que eliminar o hacer enmudecer. Esto fue un hecho real en los primeros siglos, bajo la persecución de los emperadores romanos, y lo seguirá siendo bajo todos los tiranos y sistemas político-religiosos (bestia que sube del mar, y bestia que sube de la tierra) que se openen y se opondrán a la fe del Evangelio hasta el fin del mundo.

2. La progresión hacia la consumación final

En todo el libro se da un progreso impulsado hacia la consecución del gran clímax final: la regeneración universal, la consumación total y definitiva de los designios de Dios.

Las siete cartas (caps. 2 y 3) constituyen una sección bien definida. Y el resto del libro lo forman otras seis secciones, igualmente bien definidas. En cada una de dichas secciones el apóstol Juan nos conduce hasta el final y, luego, comienza de nuevo, pero desde otro punto de mira, desde otro ángulo, con distinto enfoque y diferente perspectiva. No obstante, a pesar de los horizontes plurales desde los que contempla la historia, siempre nos conduce hasta el mismo término o consumación final. Así, no es de extrañar que se produzca un considerable número de paralelismo entre las varias secciones, y que el libro se mueva con creciente ímpetu hacia el clímax que persigue el autor inspirado. Un breve bosquejo de las secciones nos revelará lo que acabamos de afirmar en cuanto al *crescendo* constante de los temas en la misma dirección:

A) El capítulo 6 nos conduce hasta casi el final mismo. Los últimos cinco versículos, en lenguaje típicamente apocalíptico (damos siempre a esta palabra el sentido teológico que tenía en el período intertestamentario entre los judíos), presentan el fin: «Y el cielo se desvaneció como un pergamino que se enrolla; y todo monte y toda isla se removió de su lugar. Y los reyes de la tierra, y los grandes, los ricos, los capitanes, los poderosos, y todo siervo y todo libre, se escondieron en las cuevas y entre las peñas de los montes; y decían a los montes y a las peñas: Caed sobre nosotros, y escondednos del rostro de Aquel que está sentado sobre el trono, y de la ira del Cordero; porque el gran día de su ira ha llegado; ¿y quién podrá sostenerse en pie?»

B) El capítulo 11, nuevamente, nos lleva hasta el final, con la última trompeta que proclama que ha comenzado la eternidad, pues el tiempo ya no existe más. Entre la sexta y la séptima trompeta se da una especie de interludio (10:1 - 11:14), que nos prepara para escuchar el mensaje de esta última. En este interludio se nos informa que «el tiempo no sería más, sino que en los días de la voz del séptimo ángel, cuando él comience a tocar la trompeta, el misterio de Dios se consumará, como él lo anunció a sus siervos los profetas» (10:6-7); en efecto, «el séptimo ángel tocó la trompeta y hubo grandes voces en el cielo, que decían: Los reinos del mundo han venido a ser los reinos de nuestro Señor y de su Cristo; y él reinará por los siglos de los siglos. Y los veinticuatro ancianos que estaban sentados delante de Dios en sus tronos, se postraron sobre sus rostros, y adoraron a Dios, diciendo: Te damos gracias, Señor Dios Todopoderoso..., porque has tomado tu gran poder y has reinado. Y se airaron las naciones, y tu ira ha venido, y el tiempo de juzgar a los muertos, y de dar el galardón a tus siervos los profetas, a los santos, y a los que temen tu nombre, a los pequeños y a los grandes, y de destruir a los que destruyen la tierra. Y el templo de Dios fue abierto en el cielo, y el arca de su pacto se veía en el templo. Y hubo relámpagos, voces, truenos...» (11:15-19).

C) El capítulo 14 presenta el fin bajo la figura del lagar, de la que ya nos hemos ocupado. Este símbolo describe una cosecha doble:

a) «Mete tu hoz, y siega; porque la hora de segar ha llegado, pues la mies de la tierra está madura...» (14:15).

b) «Mete tu hoz aguda, y vendimia los racimos de la tierra, porque sus uvas están maduras; ... y echó las uvas en el gran lagar de la ira de Dios...» (14:18, 19).

Así pues, el capítulo 14 nos emplaza delante del juicio de Dios, que siega la tierra y vendimia la viña de la tierra (14:16, 19).

D) El capítulo 16 nos conduce hasta aquel momento en que escucharemos la voz que sale del trono: «El séptimo ángel derramó su copa por el aire; y salió una gran voz del templo del cielo, del trono, diciendo: Hecho está. Entonces hubo relámpagos y voces y truenos, y un gran temblor de tierra... Y la gran ciudad fue dividida en tres partes, y las ciudades de las naciones cayeron; y la gran Babilonia vino en memoria delante de Dios, para darle el cáliz del vino del ardor de su ira. Y toda isla huyó y los montes no fueron hallados» (16:17-20).

E) El capítulo 19 lleva a la segunda venida de Cristo, victorioso sobre todos sus enemigos.

F) El capítulo 20 nos traslada hasta el gran trono blanco, delante del cual comparecerán todos los muertos para ser juzgados. Sigue luego el capítulo 21 con la descripción de los cielos nuevos y la tierra nueva, «porque el primer cielo y la primera tierra pasaron, y el mar ya no existía más». Nos hallamos abocados ya, definitivamente, a la consumación absoluta de todas las cosas.

De modo que, sin ningún género de dudas, el libro del Apocalipsis se halla estructurado de tal manera que, mediante sus varias secciones, quiere conducirnos en progresión continua hasta el clímax final.

3. El Apocalipsis dentro de todo el contexto bíblico

El unánime testimonio de los Evangelios, Hechos y las Epístolas es que la segunda venida irá acompañada de la resurrección general y del juicio final. Y esto es también lo que enseña el Apocalipsis.

¿Es, acaso, otro el mensaje de la séptima trompeta? Hemos visto cómo en el capítulo 10 Juan afirma que cuando el ángel haga oír el sonido de esta trompeta «el misterio de Dios se consumará»; y, después, en el capítulo 11, se nos describe el juicio final, en el que todos —absolutamente todos— deben comparecer para ser juzgados, y para que los santos reciban el galardón, en tanto que los impíos sufrirán su castigo. El libro del Apocalipsis habla de un juicio general para todos, exactamente como lo hace el resto de la Biblia.

En el capítulo 16:13-16 leemos: «Y vi salir de la boca del dragón, y de la boca de la bestia, y de la boca del falso profeta, tres espíritus inmundos a manera de ranas; pues son espíritus de demonios, que hacen señales, y van a los reyes de la tierra en todo el mundo, para reunirlos a la batalla de aquel gran día del Dios Todopoderoso. He aquí yo vengo como ladrón. Bienaventurado el que vela y guarda sus ropas, para que no ande desnudo, y vean su vergüenza. Y los reunió en el lugar que en hebreo se llama Armagedón.»

En la siguiente lección nos ocuparemos del significado de Armagedón. Ahora desearíamos subrayar más bien que, contrariamente a la enseñanza del moderno dispensacionalismo, que suele ver en la venida del Señor «como ladrón» lo que ellos denominan «el arrebatamiento» de la Iglesia, previo a la gran tribulación (Apoc. 16:13-16), oponiéndose a este punto de vista, enseña que el Señor vendrá «como ladrón» en el momento en que ellos —los dispensacionalistas— consideran el tiempo del fin de la «gran tribulación», ¡después del «arrebatamiento»!

Ya comprobamos en el capítulo 20 cómo todos los muertos, pequeños y grandes, tendrán que comparecer delante del trono blanco. Leamos de nuevo los versículos 11 al 15:

«y los libros fueron abiertos, y otro libro fue abierto, el cual es el libro de la vida; y fueron juzgados los muertos por las cosas que estaban escritas en los libros, según sus obras. Y el mar entregó los muertos que había en él; y la muerte y el Hades entregaron los muertos que había en ellos; y fueron juzgados cada uno según sus obras. Y la muerte y el Hades fueron lanzados al lago de fuego. Esta es la muerte segunda. Y el que no se halló inscrito en el libro de la vida fue lanzado al lago de fuego.» El gran defensor de la ortodoxia evangélica, el eminente teólogo Benjamín Warfield, comentó así este pasaje:

> «Que esto que aquí se describe es el *juicio general*, parece obvio. Los afectados son descritos como "los muertos, grandes y pequeños", lo que parece indicar una designación inclusiva. No son solamente los impíos los convocados a presentarse delante de Dios, ya que para ejecutar el juicio, no sólo se emplea "el libro de las obras", sino también el "libro de la vida", mencionado dos veces; únicamente aquellos cuyos nombres no fueron hallados en el libro de la vida fueron lanzados al lago de fuego; de donde se sigue que había allí otros cuyos nombres sí constaban inscritos en "el libro de la vida". La destrucción de "la muerte y el Hades" no quiere decir que el juicio sea solamente para los incrédulos, que sólo los enemigos de Dios son juzgados aquí. Esta expresión, al igual que la formula Pablo en 1.ª Corintios 15, significa que "la muerte ya no será más". Hay, sin duda, "la segunda muerte", pero esto es el lago de fuego, es decir, el castigo eterno. Así, aquí se presenta a nuestra contemplación el punto final, lo que implica la resurrección general y la preparación para la entrada en el goce del destino eterno.»

De esta manera el libro del Apocalipsis se une al unánime testimonio de toda la Escritura en lo que se refiere a la resurrección general y al juicio universal.

CUESTIONARIO:

1. Papel de los símbolos en el Apocalipsis. — 2. ¿Recuerda una similar visión simbólica en el libro de Hechos? — 3. ¿Sería posible interpretar literalmente, sin llegar a la más loca extravagancia, lugares como Apocalipsis 17:9; 12:1; 14:4; 9:7-10; 16:21; 19:11-21, etc.? — 4. Cuáles son los mensajes, o el contenido doctrinal y práctico, latentes bajo tal imaginería? — 5. Diversas formas en que las distintas secciones del libro expresan el proceso histórico en progresión hacia la consumación final. — 6. Evidencia que nos prestan lugares como Apocalipsis 16:13-16; 20:11-15, entre otros, de la unicidad tanto de la resurrección general como del juicio universal.

LECCION 39.ª LA BATALLA DE ARMAGEDON

Uno de los puntos conflictivos, tanto con los dispensacionalistas como con los «Testigos de Jehová», es la batalla de Armagedón, a la que se alude en Apocalipsis 16:16.

1. Historia de una interpretación literalista

En su excelente estudio sobre el Apocalipsis, el eminente exégeta William Hendriksen enumera una larga lista de interpretaciones que se han dado en cuanto al significado de Armagedón. También Adam Clarke, en su *Commentary and Critical Notes*, escribe atinadamente:

> «Durante los últimos veinte años, esta batalla de Armagedón ha sido peleada en varios lugares, de acuerdo a nuestros ciegos videntes y nuestros profetas autoinspirados. En una ocasión fue Austerlitz, en otra Moscú, en otra Leipzig, y ahora Waterloo. Y así ha ido y seguirán yendo, siendo confundidos y confundiendo a otros.»

Esto escribía A. Clarke en 1814. El tiempo transcurrido desde entonces le ha dado la razón. Acertó en sus previsiones. Cada generación ha creído que en su tiempo, y no en otro, iba a cumplirse el conflicto de Armagedón. Hendriksen detalla, por ejemplo, lo que se ha venido diciendo en nuestros días: así, se ha creído que la batalla de Armagedón sería librada, ya entre Rusia y las naciones mahometanas contra el mundo anglosajón; o entre Rusia, Italia y el Japón, contra Inglaterra, Francia y Estados Unidos; o entre Estados Unidos, Alemania y el Japón, contra Rusia, China, etc., etc.

Entre los literalistas la batalla tiene que ser librada por las naciones que sitian a Jerusalén, pero a las que Cristo y sus santos derrotarán cuando, de repente, desciendan para libertar a los judíos sitiados. Otra versión popular en nuestros días, dentro de esta línea de interpretación, es la que contempla Armagedón como el choque de las «fuerzas combinadas de la civilización occidental, unidas bajo la dirección de un dictador romano, y las vastas hordas de Oriente, probablemente formando la maquinaria de guerra de la China roja».[34] Los «Testigos de Jehová», con su peculiar hermenéutica, que mezcla lo simbólico y lo literal, a su gusto y capricho, han venido a engrosar la lista de lo que Clarke denominaba, hace más de 150 años, profetas de ciegos videntes y profetas autoinspirados que van y vienen, siendo confundidos y confundiendo a otros.

2. Cómo entender lo que la Biblia dice sobre Armagedón

El vocablo «Armagedón» viene de Megido (= monte, o meseta de Megido), ciudad de Israel que se menciona varias veces en el Antiguo Testamento. Lo encontramos, por ejemplo, en Jueces 4:2-3, cuando Israel se hallaba oprimido por el cananeo Jabín. Las huestes de este rey saqueaban frecuentemente, sin piedad, los sembrados y cosechas de los israelitas. Tan numerosas eran estas hordas cananeas, que los judíos llegaron a tener miedo de salir siquiera a los caminos (Jue. 5:6). El monarca cananeo y su general Sísara eran fuertes, y los oprimidos israelitas no podían hacer nada. ¿Qué hubieran podido ellos contra los novecientos carros de combate, bien herrados, de los cananeos? Apenas si tenían escudo o lanza (Jue. 5:8). De pronto, surge una mujer valiente: Débora. Ella sabe bien que, humanamente hablando, Israel no puede obtener ninguna victoria contra los cananeos, pero sabe también que Jehová sí puede (Jue. 4:5). Un día, Débora se presenta a Barac, el juez, y le dice: «Levántate, porque este es el día en que Jehová ha entregado a Sísara en tus manos...» (Jue. 4:14).

34. Esta es la opinión de Hal Lindsey en su libro *La agonía del gran planeta Tierra*.

Viene luego la batalla. ¿En qué lugar? En Megido (Jue. 5:19), donde todos los enemigos de Israel son derrotados. Jehová mismo aplasta a los opresores del pueblo de Dios (Jue. 5:21).

Armagedón es, pues, el símbolo de todas las batallas en las que el Señor manifiesta su poder cuando, humanamente hablando, el pueblo de Dios no tiene salida posible y se encuentra totalmente indefenso y oprimido. Pero también se nos anuncia para el final de los tiempos una decisiva y última batalla de Armagedón, que coincide con aquel período en que Satanás será «desatado un poco de tiempo» (Apoc. 11:7-11). Cuando el mundo, bajo la dirección de Satanás, de un fuerte poder anticristiano y de la religión universal anticristiana profetizados por el Apocalipsis —el dragón, la bestia y el falso profeta—, se halle presto para lanzarse contra la Iglesia y devorar lo poco que quede de ella, cuando los hijos de Dios sean perseguidos sin piedad, oprimidos por todas partes, cuando clamen por socorro y parezca que los cielos los han abandonado, entonces justamente aparecerá Cristo, de repente, sobre las nubes de gloria, para liberar a su pueblo. Dicha aparición final, con la intervención del Señor en favor de su pueblo, es lo que el Apocalipsis entiende por Armagedón. Será el conflicto decisivo entre las fuerzas de la impiedad y las de la justicia.

3. ¿Pueden ponerse fechas a este final?

Pero, en buena exégesis bíblica, lo que no se puede hacer es poner fechas —ni aun aproximadas— a este acontecimiento final. «He aquí yo vengo como ladrón», dice el Señor, en perfecta armonía con lo que enseñó en las parábolas del Reino: que su venida sería repentina e inesperada «como ladrón en la noche». Por eso dice el Apocalipsis: «Bienaventurado el que vela y guarda sus ropas, para que no ande desnudo y vean su vergüenza» (16:15).

Además de las gestas de Débora, Megido fue lugar de otros importantes eventos en la historia de Israel, tal como la narra el Antiguo Testamento. De ahí que se le haya escogido como tipo o símbolo de la gran batalla final. Pero es una prueba de inamdurez el ocuparse de teorías e hipótesis en cuanto al momento y lugar exactos de esta última y definitiva contienda de la historia humana, mientras ignoramos o no prestamos suficiente atención a la necesidad de estar preparados para la venida del Señor. Todavía es peor el conectar nuestra expectación vigilante, no en relación con nuestra fe y dedicación al Señor Jesucristo, sino el vincularla casi exclusivamente con la actitud guardada con respecto a la organización de los «Testigos de Jehová». ¡Suicidio total!

La Esposa del Cordero, la Iglesia y no otra organización, el pueblo de Dios en dirección a Jesucristo y no a Brooklyn, es quien tiene que vestirse de lino fino, limpio y resplandeciente, «porque lino fino son las acciones justas de los santos» (Apoc. 19:6-8).

El Cordero es Cristo (Jn. 1:29), y la Esposa es la Iglesia (Ef. 5:22-23), sin duda alguna. Si hemos aceptado a Jesucristo como Salvador y Señor de nuestra vida, entonces somos Iglesia, somos Esposa del Cordero, y participamos de las nupcias ocupándonos en obras de justicia y de amor, preservando así nuestra vestidura, para no andar desnudos y para que nadie vea nuestras vergüenzas (Apoc. 16:15). Tal es el mensaje vital, ineludible, el único importante, que tiene para todos los estudiantes sinceros de la Biblia la batalla de Armagedón. Preparémonos para el gran conflicto final. ¿Cuándo serán estas cosas? Nadie lo sabe, porque a Dios no le plugo revelárnoslo. En cualquier caso, Jesús advierte que vendrá sin previo aviso, como ladrón en la noche. Ello debería hacernos redoblar nuestra vigilancia espiritual.

CUESTIONARIO:

1. El debate en torno a la batalla de Armagedón. — 2. Historia de sus varias interpretaciones literalistas. — 3. Clave bíblica para una correcta interpretación de Apocalipsis 16:16. — 4. ¿Es prudente poner fechas al futuro y definitivo «Armagedón»? — 5. ¿Cuál debe ser la actitud permanente de todo fiel cristiano en la expectación de la segunda venida del Señor?

LECCION 40.ª LA NACION JUDIA Y LA GRAN TRIBULACION

Para muchos, hoy en día, la nación judía se ha convertido en el centro de la profecía. Y, para otros, no sólo es el tema profético central, sino que casi se ha transformado en el único tema verdaderamente importante de las profecías.

1. Las condiciones esenciales de la bendición a Israel

Desde los mismos comienzos de su vida nacional, Israel fue advertido, como nación elegida de Dios, que las bendiciones y la ocupación de la tierra que habían recibido como regalo del Altísimo dependían de su fidelidad al Señor que los sacó de Egipto e hizo de ellos una nación grande. Si, en lugar de fidelidad, no iban a responder sino con desobediencia y apostasía, su destino sería el rechazo de Israel como pueblo de Dios y la dispersión de los hebreos en medio de las naciones. Véase Deuteronomio 28:9-15, 63-64; 31:16. En estos textos la advertencia de Moisés a Israel es clara. Los judíos no podían llamarse a engaño.

2. La desobediencia y el rechazo de la nación judía

A lo largo de la historia la nación judía se apartó de Dios en numerosas ocasiones. Y experimentó las consecuencias en forma de juicios que el Señor profirió sobre el pueblo rebelde y contradictor. Pero una y otra vez, cuando el pueblo se arrepentía, Dios les perdonaba y restauraba. Sin embargo, la desobediencia, la rebeldía y la misma apostasía llegaron a su culminación cuando los judíos rechazaron al Mesías, de quien Moisés había escrito que sería el Profeta al que había que escuchar y obedecer (Deut. 18:18, 19).

El asesinato del Hijo de Dios a manos de la nación judía es minimizado hoy. Se piensa, equivocadamente, que recordar tal suceso es hacer propaganda antisemita y que si queremos demostrar nuestra tolerancia racial y nuestro buen ánimo en favor de los judíos, lo mejor es no volver a sacar a colación tan triste hecho, o bien suavizarlo.

Muchos profetas habían sido matados en el pasado, y ello es algo terrible; pero lo terrible, sin capacidad de medida posible, está en el rechazo del testimonio del Hijo de Dios. Este rechazo es el último acto de una serie de hechos parecidos en el pasado. Siendo el clímax de la apostasía, el juicio en que incurre difiere de los juicios del pasado en el sentido de que es un juicio irrevocablemente final. La Palabra de Dios ofrece este mensaje de juicio final sobre la nación hebrea por boca de Jesús mismo, el gran Profeta anunciado por Moisés. El texto clave es el que recoge las palabras de Jesús en Mateo 21:33-39. Los labradores malvados —tipo inequívoco de Israel— tomaron al Hijo, lo echaron fuera de la viña y le mataron. «Cuando venga, pues, el Señor de la viña, ¿qué hará a aquellos labradores?» Y los mismos judíos le respondieron con un razonamiento lógico, que confirmaba su propia condenación:

> *«Le dijeron: a los malos destruirá sin misericordia, y arrendará su viña a otros labradores, que le paguen el fruto a su tiempo»* (vers. 41).

Entonces Jesús prosiguió y les citó la Escritura, concluyendo así:

> *«Por tanto, os digo que el Reino de Dios será quitado de vosotros, y será dado a gente que produzca los frutos de él»* (vers. 43).

No hemos sido dejados a la duda, ni abandonados a la conjetura de investigar a qué gente se refiere el Señor aquí. Porque la misma Piedra que fue destructora para Israel, es constructora del Israel de Dios. Léase, sobre el particular, el precioso texto de 1.ª Pedro 2:6-10, a la luz del cual todo cuanto dice el señor Scofield en su Biblia (nota a Mat. 21:44) aparece como sumamente frágil (*cf.* también el comentario —nota a Mat. 21:43—).

El texto de 1.ª Pedro 2:6-10 es tan claro, que no podía decirse con mayor sencillez y claridad cuanto allí se afirma. La verdadera herencia que la nación judía rechazó fue el Reino de Dios, y no un hipotético milenio terrenal. La santa nación, la verdadera Iglesia, el Israel de Dios, «ve», «entra» y «hereda» el Reino de Dios, siendo cada súbdito renacido de arriba por la Palabra y el Espíritu.

La «santa nación», la gente a la que Cristo dio el Reino, deberá producir frutos en consonancia con su naturaleza (Jn. 15:8; Ro. 7:4; Ef. 5:9; Fil. 1:11; Col. 1:10; Sant. 3:17).

En relación con el rechazo de la nación que no producía fruto, la Biblia declara:

1. La nación fue advertida por Juan Bautista (Mat. 3:7-10).

2. Se le dio un período de prueba de «tres años» —el tiempo que duró el ministerio de Cristo antes de su crucifixión— (Luc. 13:7-9).

3. Jesús halló que la nación judía no había producido el fruto que esperaba cuando vino a recogerlo. Su condición queda simbolizada en la figura de la higuera estéril (Mat. 21:19).

4. No sólo fue cortada y maldita la nación judía, sino que fue dicho que nunca más produciría fruto en cuanto nación (no los individuos, sino la nación judía como tal), puesto que las raíces se le han secado y no podrá revivir (Mar. 11:14, 20).

5. La única esperanza de los judíos está en su incorporación a Cristo y al nuevo pueblo de Dios —la Iglesia—, que viene a ser como un injerto que produce el fruto deseado por el Señor (Rom. 11 y Ef. 2).

6. La maldición en que incurrió la nación judía (dejando a salvo las excepciones de personas individuales) al consumar su rebelión asesinando al Hijo de Dios, no es algo baladí; ello atrajo la ira de Dios hasta el máximo (Mat. 23:32, 35, 36, 38).

En el año 50 de nuestra era, Pablo predijo el próximo juicio que iba a caer sobre Jerusalén (1.ª Tes. 2:15, 16), y concluye así: «pues vino sobre ellos la ira hasta el extremo».

Algunos intentan interpretar todos estos textos como si el juicio de Dios no hubiera de caer en la generación contemporánea de Cristo, sino sobre los judíos de un futuro período después que la Iglesia haya sido arrebatada. Esto no puede ser así, porque la parábola de los labradores malvados enseña que los que mataron al heredero (tipo de Cristo) fueron destruidos. Así, Cristo, el Heredero, advirtió a sus contemporáneos que su propia generación era más malvada que las anteriores, y semejante al hombre poseído por «ocho espíritus» cuyo fin es irrevocable (Mat. 12:45). Lo que Jesús dijo de Jerusalén en Lucas 19:42, 43 se cumplió al pie de la letra cuando cayó la ciudad ante el asedio romano el año 70.[35]

3. La tribulación en el año 70 y después

La ira divina vino sobre la nación judía «hasta el extremo», tal como había sido profetizada antaño (Deut. 28: 49-57; Is. 51:17-20; Dan. 12:1), y por el mismo Señor Jesús (Mat. 24:15-22; Mar. 13:14-20) halló cabal cumplimiento.

La destrucción de Jerusalén fue claramente predicha por Cristo, no sólo como advertencia del inminente juicio, sino para dar instrucciones muy concretas a sus discípulos sobre lo que tenían que hacer en aquella hora (Luc. 21: 20-24). Todo el pasaje merece ser leído con atención. Observemos que en el versículo 22 se lee: «Porque estos son días de retribución, para que se cumplan todas las cosas que están escritas.» Los relatos de Mateo y de Marcos

35. *Cf.* Flavio Josefo, *Guerras de los judíos,* libro VII.

enfatizan la extrema severidad de la gran tribulación (Mat. 24:21; Mar. 13:19). Fijémonos en expresiones tales como «días de retribución», «ira sobre este pueblo».

Que tales cosas han ocurrido ya, es algo incontrovertible. La profecía de Jesús es ya historia. Nunca más tiene que ser hollada Jerusalén por los gentiles, hasta que los tiempos de los gentiles se cumplan (Luc. 21:24). El intento de convertir en futuro el juicio que se relata en Mateo y en Marcos es vano, porque nunca habrá en el futuro un asedio parecido al de Jerusalén, en el que los cristianos tengan la oportunidad de escapar, como lo hicieron entonces, avisados por los tres Evangelios sinópticos.

Esta fue *la única tribulación*, singular en su severidad y horror. Y también lo fue por lo que se refiere al camino de huida que fue otorgado a los cristianos de aquel tiempo (año 70 de nuestra era).

Quizás haya quien piense que los horrores de los campos de concentración de Hitler excedieron a las atrocidades de las huestes que sitiaron y luego arrasaron la ciudad de Jerusalén el año 70 de nuestra era. Nada más lejos de la verdad. Añádase que a estos horrores perpetrados por los vencedores deben sumarse los que cometieron entre ellos mismos los habitantes de la ciudad. Abandonados a su trágico destino y bajo la ira de Dios, nada quedó que pudiese detener la maldad intrínseca del hombre, y todos los diques fueron desbordados. Ocurrió lo predicho por Jesús en Mateo 12:45: «el postrer estado viene a ser peor que el primero. Así acontecerá *a esta mala generación*».

Con todo lo terrible que fue lo ocurrido en los campos nazis, el sitio y la caída de Jerusalén fueron todavía más horribles, y sólo porque el Señor mismo acortó aquellos días quedó algo del pueblo judío. El historiador Josefo —que no era cristiano— nos ha dejado el relato impresionante de la tribulación de aquellos trágicos días. Los excesos de los zelotes en el interior de la ciudad eran tan crueles como los de la soldadesca en las aldeas y otras ciudades de los alrededores. En los más recientes pogroms judíos han muerto quizá mayor número de personas, pero las torturas y los sufrimientos no pueden ser considerados mayores que los infligidos a los habitantes de Jerusalén en el año 70. Basta una lectura de Josefo, libro III de las *Guerras judías*.

4. ¿Qué dicen los dispensacionalistas?

En relación con la teoría de una futura tribulación judía, Alexander Reese, un premilenialista que no se considera dispensacionalista, escribió un libro de 320 páginas llamado *The Approaching Advent of Crist* para refutar la hipótesis dispensacional conocida bajo el nombre de «pretribulacionismo» (teoría que supone el arrebatamiento de la Iglesia antes de que sobrevenga la supuesta «gran tribulación al final de los días», una tribulación que sólo afectaría a los judíos, al decir de los dispensacionalistas). He aquí algunos de sus comentarios:

> «En algunas observaciones sobre la tribulación, Darby afirmó (*Collected Writings*, vol. xi, p. 251) que sólo sabía de seis textos que traten esta cuestión (Jer. 30:7; Dan. 12:1; Mat. 24:21; Mar. 13:19; Apoc. 3:10; 7:14). De manera similar escribe Kelly en su *Second Coming* (p. 235).
>
> »Pero yo podría sugerirles dos textos que, al parecer, les han pasado inadvertidos. ¿Cómo es posible? ¿No será porque esos dos textos destrozan y trituran sin compasión toda la hipótesis de la gran tribulación final judía? Me refiero a Apocalipsis 13:7: "Y se le permitió hacer guerra contra los santos y vencerlos. También se le dio autoridad sobre toda tribu, pueblo, lengua y nación." Y el otro texto es Apocalipsis 12: 12-17, del que citaré tan sólo el versículo á2: "El diablo ha descendido hasta vosotros con gran ira, sabiendo que tiene poco tiempo."
>
> »De acuerdo con Darby y sus seguidores, la gran tribulación es la ira de Dios sobre el pueblo judío por haber rechazado a Cristo. De acuerdo con la Escritura, es la ira del diablo en contra de los santos por haber éstos rechazado al Anticristo y haber continuado fieles a Cristo.

»Una vez que el lector ha visto la verdad bíblica sobre este punto, todo el tinglado darbista se viene abajo, como castillo de naipes, hecho con barajas de hipótesis; con suposiciones y nada más.»[36]

Haremos bien en observar la diferencia que hay entre «tribulación» y el concepto bíblico de «la ira de Dios». El Nuevo Testamento revela que la Iglesia, desde su comienzo, sufrió tribulación y no estará exenta de la misma hasta que Cristo ponga fin al estado de cosas en este mundo. Es una falsa ilusión, y muy peligrosa, el enseñar a los cristianos que quedarán a salvo de cualquier tribulación final, desencadenada por las fuerzas del mal (V. Mat. 13:21; 24:9; Jn. 16:33; Hech. 11:19; 14:33; 20:23; Rom. 5: 3-8; 8:35; 12:12; 2.ª Cor. 1:4; 4:17; 7:4; 8:2; Ef. 3:13; 1.ª Tes. 1:6; 3:3, 4, 7; 2.ª Tes. 1:4, 6; Heb. 10:33; Apoc. 7:14).[37] Lo que nunca se cierne sobre el justo es «la ira de Dios», la cual se manifiesta en su forma extrema tan sólo sobre los inicuos (Mat. 3:7; Luc. 21:23; Jn. 3:36; Rom. 1:18; 2:5, 8; 5:9; Ef. 2:3; 5:6; Col. 3:6; 1.ª Tes. 2:16; 5:9; Apoc. 6:16, 17; 11:18; 14:10; 16:19; 19:15). Es cierto que se puede sufrir tribulación al tiempo que se experimenta la ira y la retribución de Dios, pero nadie puede sufrir la ira de Dios por ser justo. Confundir la tribulación con la ira sólo conduce a erróneas interpretaciones del texto bíblico.

La nota del señor Scofield a Mateo 24:15-16 dice así:

«Véase Lucas 21:20-24. El pasaje en Lucas se refiere en términos evidentes a la destrucción de Jerusalén por Tito en el año 70 d.C. Mateo trata de una futura crisis en Jerusalén que tendrá lugar después que la "abominación" se haya manifestado... Debido a que las circunstancias en ambos casos habrían de

36. A. Reese, *o. c.*, p. 284.

37. Respecto de este último texto (Apoc. 7:14), es de suma importancia el notar que el texto original usa la preposición *ek* = de, en sentido de extracción de un lugar, en vez de *apó*: de, en sentido de separación o apartamiento.

ser similares, las advertencias también lo son. En el primero de estos casos, Jerusalén fue destruida; en el segundo, será liberada mediante la intervención divina.»[38]

Esta nota es inconsistente con lo que enseña la Sagrada Escritura, por lo menos en cuatro puntos:

1) Nada hay que indique en la Biblia que Jesús, en su discurso, se refería a dos asedios distintos de la ciudad de Jerusalén.

2) Los «días de retribución» y el «día de la ira», de los que nos habla Lucas, eran en cumplimiento de profecías (*cf.* Luc. 21:22). Incluso Scofield admite que el relato de Lucas se refiere a eventos del pasado, ya cumplidos. Es lo que acaeció a los judíos durante la destrucción de Jerusalén el año 70 de nuestra era.

3) No hay la más pequeña diferencia en Mateo y Marcos acerca de una supuesta intervención divina para preservar la ciudad de Jerusalén en ninguna ocasión.

4) Ninguna de las referencias bíblicas que da Scofield en su nota se refiere a esta supuesta liberación de la ciudad como tal.

CUESTIONARIO:

1. ¿Bajo qué condiciones fueron impartidas a Israel las bendiciones y las promesas de Dios? — 2. ¿Cómo respondió Israel a la fidelidad de Dios? — 3. ¿Cuál fue la culminación de la rebeldía de Israel como nación? — 4. ¿Qué nos enseñan lugares como 1.ª Pedro 2:6-10 en cuanto a la transferencia del pacto de Dios? — 5. ¿Pueden textos como Lucas 19:42-43 referirse a un futuro asedio de Jerusalén? — 6. ¿Podrán referirse a ello textos como Mateo 24:15

---

38. *Biblia Anotada de Scofield*, pp. 993-994.

y ss. y Marcos 13:14 y ss.? — 7. Luz que arroja Mateo 12:45 sobre la «gran tribulación». — 8. Testimonio de Alexander Reese. — 9. Diferencia entre «tribulación» y «la ira de Dios». — 10. ¿Es consistente con la Sagrada Escritura la interpretación que hace Scofield de Mateo 24:15-16; Lucas 21:20-24, como si el Señor se hubiese referido a dos asedios de Jerusalén, diferentes en cuanto al tiempo y en cuanto al resultado final?

LECCION 41.ª LA ESPERANZA DE ISRAEL

1. «¿Ha desechado Dios a Su pueblo?»

Esta es la pregunta que Pablo se hace en Romanos 11:1, y él mismo se responde: «En ninguna manera. Porque yo también soy israelita, de la descendencia de Abraham... ¿Qué dice la divina respuesta? Me he reservado siete mil hombres que no han doblado la rodilla delante de Baal. Así también aun en este tiempo ha quedado un remanente escogido por gracia. Y si por gracia, ya no es por obras; de otra manera la gracia ya no es gracia. Y si por obras ya no es gracia; de otra manera la obra ya no es obra. ¿Qué pues? Lo que buscaba Israel, no lo ha alcanzado; pero los escogidos sí lo han alcanzado, y los demás fueron endurecidos... Digo, pues, ¿han tropezado los de Israel para que cayesen? En ninguna manera; pero por su transgresión vino la salvación a los gentiles, para provocarles a celos. Y si su transgresión es la riqueza del mundo, y su defección la riqueza de los gentiles, ¿cuánto más su plena restauración?» (Rom. 11:1-12).

Mucha de la escatología-ficción que se vende y circula hoy tan fácilmente, se hubiera podido evitar tan sólo con una lectura seria y atenta de Romanos 11.

2. El remanente de Israel

En conformidad con el resto de la Sagrada Escritura, el apóstol nos recuerda que sólo *un remanente* de Israel sería salvado, no todo el pueblo sin discriminación. Es la doctrina constante del Antiguo Testamento; de ahí que Pablo cite a Isaías en su apoyo: «Si fuere el número de los hijos de Israel como la arena del mar, *tan sólo el remanente será salvo*»; y también: «Si el Señor de los ejércitos no nos hubiese dejado descendencia, como Sodoma hubiéramos venido a ser.» De nuevo: «Señor, ¿quién ha creído a nuestro anuncio? Así que la fe es por el oír, y el oír por la Palabra de Dios.» Finalmente, para nuestro propósito: «Así también aun en este tiempo *ha quedado un remanente* escogido por gracia» (Rom. 9:27-29; 10:16; 11: 3-5).

San Pablo mismo, y los demás apóstoles y conversos de la primera hornada, fueron miembros de este *remanente*. Mas la mayoría de los judíos se opone a este grupo de escogidos, ya desde entonces (*cf.* Hech. 13:38-48). La autoexclusión de los hebreos comporta la reconciliación de los gentiles (Rom. 11:15). Su transgresión es la riqueza del mundo (Rom. 11:12). Las ramas (Israel) fueron desgajadas, y los paganos convertidos al Evangelio, siendo olivo silvestre, fueron, con todo, injertados en lugar de ellas; de modo que los gentiles «hemos sido hechos participantes de la raíz y de la rica savia del olivo» (Rom. 11:17).

3. El verdadero «Israel de Dios»

Mediante la metáfora de las ramas y los injertos silvestres el apóstol explica, como hemos visto, la apostasía de los judíos y la conversión de los gentiles.

Es ahora cuando uno está en condiciones de comprender la afirmación de Pablo: «No todos los que descienden de Israel son israelitas» (Rom. 9:6). No se es judío, espiritualmente hablando, por el simple hecho de pertenecer a la raza judía. Lo asegura la Palabra de Dios. Los hijos de Dios no son los hijos de la carne (Rom. 9:8. *Cf.* Jn. 3:6). Es la fe la que justifica, y la gracia la que elige, derramando su bendición sobre todos los pueblos de la tierra, aprovechando el momento de la apostasía hebrea. Así, la antigua promesa dada a Abraham acerca de su simiente, se cumple en la gran multitud que nadie puede contar (Apoc. 7:9-14). Y el autor del gran capítulo 11 de Hebreos nos asegura asimismo que la perspectiva eterna de los patriarcas penetró los cielos (Heb. 11:12). De esta manera halla cumplimiento lo que fue dicho a Abraham: en su simiente serían bendecidas todas las naciones (Gén. 22:17, 18). Porque no es propiamente judío el que puede presentar un certificado de pureza racial, sino el que lo es en lo interior (Rom. 2:28, 29. *Cf.* Jn. 8:37-44; Mat. 3:9), y la verdadera circuncisión es la de los creyentes en Cristo (V. Fil. 3:3; Col. 2:11).

La tragedia de Israel estriba en no haber aceptado estas realidades profundas, que ya estaban latentes en el Antiguo Testamento y que el Hijo del Hombre vino a explicitar. Y así como los antepasados vendieron por envidia a José, rechazaron a Moisés y persiguieron a muerte a los profetas, así también los contemporáneos de Jesús le rechazaron y crucificaron, apedrearon a Esteban, encarcelaron a los apóstoles, resistieron al mismo Espíritu Santo y corrompieron la interpretación de la Escritura. Al obrar así, no sólo destruían sus almas, sino las de aquellos que les seguían como a líderes espirituales. Esta es la tragedia del pueblo judío, y esta actitud de incredulidad es la que ha hecho que las ramas naturales —según el símil de Romanos 11— sean cortadas y abandonadas. No obstante, Dios sigue teniendo misericordia de aquellos cuyos antepasados constituyeron antaño Su pueblo. El gran Rechazado, todavía se ofrece como su Libertador y Mesías: «Y aun ellos, si no permanecieren en incredulidad, serán tar» (Rom. 11:23). Esta debe ser nuestra oración: que se injertados, pues poderoso es Dios para volverlos a injer- apresure el día en que las ramas naturales sean injertadas en el olivo, lo cual seguramente representará no sólo la salvación de muchos judíos, sino también, por añadidura, una gran bendición para todo el mundo (V. Rom. 11:12).

4. ¿Cómo se llevará a cabo el injerto de las ramas desgajadas?

Al llegar a este punto, fuerza es preguntarse cómo se llevará a cabo el injerto profetizado por el apóstol.

Nótese que el principio fundamental de la alegoría paulina radica en la unión entre la rama y la raíz que permite el disfrute de la rica savia del olivo (Rom. 11:17). ¿Y en qué estriba dicha unión? Tanto si se trata de la rama natural como del olivo silvestre injertado, la unión se efectúa *por medio de la fe*. Las ramas naturales (Israel) fueron desgajadas *por su incredulidad*, y los injertos siguen manteniendo su posición de privilegio *por la fe*. Pero si los injertos (gentiles) no perseveran en su fe, también serán cortados (Rom. 11:21),[39] mientras que las ramas naturales que fueron desechadas, serán injertadas (*cf.* Jer. 11:16, 17), «si no permanecieren en incredulidad» (Rom. 11:23).

Aprendemos también que las ramas, bien sean gentiles o judías, se sostienen gracias a la misma y única raíz, y se alimentan ambas de idéntica savia. El meollo de toda la argumentación de Pablo en Romanos, capítulos 9 al 11, radica en este punto. Y no olvidemos que esta sección constituye el pasaje más importante de todo el Nuevo Testamento para comprender la relación entre el judío y el gentil, es decir, entre Israel y la Iglesia.

El apóstol desarrolla su argumento afirmando, una y otra vez, en armonía con otros textos suyos, que no es la simiente carnal de Abraham la que tiene asegurada la aceptación delante de Dios. Si así fuese, también las líneas de Esaú y de Ismael deberían ser canales de bendición en los divinos designios. Pero «en Isaac te será llamada descendencia», es decir, en el hijo de la promesa, el cual era el fruto y la coronación de la gran fe de Abraham. Esto demuestra claramente que «no son los hijos de la carne los hijos de Dios, sino los hijos de la promesa» (Rom. 9:6-8). Todo ello está absolutamente de acuerdo con el gran principio proclamado por el Señor en Juan 3:6-7.

5. La promesa va siempre unida a la fe

Así vemos que la promesa de Dios va siempre unida a la fe de Abraham. Y así debe ser forzosamente, pues sólo la fe conecta los corazones con las bendiciones que el pacto de Dios otorga a los creyentes, sean judíos o gentiles,

39. Esto no guarda relación alguna con el tema de la perseverancia final del creyente individual, sino con la posición global de los gentiles como «injerto silvestre» en el «olivo natural».

siervos o libres, varones o mujeres, sin discriminación: «Todos sois hijos de Dios por la fe en Cristo Jesús...; todos vosotros sois uno en Cristo Jesús. Y si vosotros sois de Cristo, ciertamente linaje de Abraham sois, y herederos según la promesa» (Gál. 3:26-29).

Existe progreso en los grados de revelación desde Abraham hasta los días apostólicos, pero no hay ruptura entre el pacto que Dios hizo con él y el que culmina en Cristo. Antes al contrario, se da una perfecta interacción y armonía entre ellos.[40] Tanto es así, que puede decirse de Abraham que fue evangelizado y que, deseando ver el día de Cristo, lo vio (Jn. 8:56; Gál. 3:8). Cuando el Señor dio la promesa al patriarca, tenía en mente, no sólo el crecimiento de las ramas naturales del olivo, sino, muy particularmente, el injerto de otras ramas de olivos silvestres (Gén. 17:6); por eso, Abraham recibe el título de «Padre de muchos pueblos» (en hebreo: *Ab-raham*); no sólo porque de su simiente nacerían varias naciones, sino, sobre todo, porque muchas naciones serían unidas a él por una idéntica fe y comunión espiritual con Dios. «Y la Escritura, previendo que Dios había de justificar por la fe a los gentiles, dio de antemano la Buena Nueva (literalmente: "evangelizó") a Abraham, diciendo: En ti serán benditas todas las naciones» (Gál. 3:8). De modo que la inclusión de los gentiles —el injerto de las ramas silvestres— no fue un nuevo propósito en los planes de Dios, un recurso expeditivo, al ser rechazado el Evangelio por los judíos, sino un propósito eterno y ya implícito en los términos del pacto establecido con Abraham. Este designio universal de salvación se encuentra en cada sección, y en cada libro, del Antiguo Testamento. Lo que permite a Pablo escribir: «Porque no hay diferencia entre judío y griego, pues el mismo que es Señor de todos, es rico para con todos los que le invocan» (Rom. 10:12). Tema constante en la carta a los Romanos, la cual, muy significativamente, bebe sin cesar de las fuentes veterotestamentarias (Rom. 9:15, 25, 26; 10:20, 21; 15:9-12 son textos que no cesan de citar a los profetas).

---

40. Véase J. Murray, *El pacto de gracia*. *Cf.* también art. «Covenant», en el *New Bible Dictionary*.

Concluimos, pues, que sólo un remanente será salvo, y ello mediante la sola fe, sin jactancias ni privilegios raciales o nacionales. Hay esperanza para los judíos: si creen, serán injertados (Rom. 11:23); en esto se muestra el amor de Dios. Esta es la esperanza de Israel y no hay otra.[41]

CUESTIONARIO:

1. ¿Ha desechado Dios definitivamente a Israel? — 2. ¿Quiénes forman el «remanente» de Israel? — 3. Sentido de la alegoría del olivo en Pablo. — 4. ¿Cuál es la manera de injertarse en el único olivo espiritual? — 5. ¿A qué va unida la promesa de participar del pacto establecido por Dios con Abraham?

---

41. Véase Ph. Mauro, *The Hope of Israel.*

LECCION 42.ª LAS PROMESAS A ABRAHAM Y LA TIERRA PROMETIDA

1. Doble dimensión de la promesa

Es evidente que una lectura atenta de Génesis, en todos aquellos pasajes que hablan del pacto concertado con Abraham (Gén. 12:2, 3; 13:16; 15:5, 17; 17:2, 6-8; 18:18; 22:17, 18), nos enseña que las promesas hechas al patriarca comportan una doble dimensión. Parte de dichas predicciones tiene que ver con bendiciones más próximas; otra parte, con bendiciones más lejanas; las unas son de carácter espiritual; las otras, de orden material. La naturaleza interna de ciertos elementos de estas promesas y la externa de otros es obvia.

Tenemos, pues, una doble dimensión y, asimismo, un doble cumplimiento. Es importante que nos percatemos de ello, porque las promesas de signo material, terreno, como el país de Canaán, hallaron su cumplimiento antes que las de naturaleza espiritual (ser fuente de bendición a todas las familias de la tierra, erigiéndose en padre de todos los creyentes), y, del mismo modo, las primeras —externas— se agotaron, tanto histórica como geográficamente, en un tiempo determinado, mientras que las segundas —las de carácter interno, espiritual— son eternas.

2. Cumplimiento de las promesas materiales

Dios prometió al linaje de Abraham —a su descendencia material— una rápida y gran multiplicación, cosa nada fácil en la Antigüedad, cuando se desconocían la medicina y la higiene, y la mortandad infantil alcanzaba cifras altas. Del patriarca saldrían generaciones que se multiplicarían como las estrellas del cielo y las arenas del mar (Gén. 12:2, 3; 13:16; etc.). Esto se cumplió literalmente a partir de los descendientes de los doce hijos de Jacob (Ex. 1:7; Deut. 1:11; 10:22; 26:5). Balaam, un pagano, testificó de ello (Núm. 23:10). Más tarde, Salomón expresa su admiración por este fenómeno (1.° Rey. 3:8). Esto, en lo tocante a la simiente carnal; ¿y por lo que respecta a la tierra de Canaán? ¿Cómo se cumplió la promesa sobre Palestina?

Se cumplieron al pie de la letra todas las promesas de Dios en relación con la tierra de Canaán, entregada a la simiente del patriarca. Al cabo de los cuarenta años de peregrinación por el desierto, los hebreos cruzaron el Jordán, bajo la conducción de Josué, y procedieron inmediatamente a la conquista de la tierra prometida. En esta tierra permanecieron más de ocho siglos (Israel estuvo 700 años; Judá, 800) y, después del exilio babilónico, los que regresaron de la cautividad permanecieron otros 600 años hasta la destrucción de Jerusalén por los romanos el año 70 de nuestra era.

Cuando el israelita dedicaba al Señor las primicias de sus cosechas, decía: *«Declaro hoy a Jehová tu Dios, que he entrado en la tierra que juró Jehová a nuestros padres que nos daría»* (Deut. 26:3). Con ello reconocía la fidelidad de Dios a las promesas hechas a Abraham.

Idéntico reconocimiento de la fidelidad de Dios en el cumplimiento de Su palabra lo hallamos en el libro de Josué: «De esta manera dio Jehová a Israel toda la tierra que había jurado dar a sus padres, y la poseyeron y habitaron en ella...» (Jos. 21:43-44).

Más aún, al establecer su pacto con Abraham, Dios mismo había fijado los límites de la tierra prometida: desde el Nilo hasta el Eufrates (Gén. 15:18). Estos límites fueron nuevamente recordados por Moisés (Ex. 23:31. *Cf.* Jos. 1:4). Al mismo tiempo, se les advirtió que no esperasen poseer toda la tierra inmediatamente después de entrar en Canaán, sino gradualmente. Las razones para esta conquista progresiva se dan en Ex. 23:29, 30. Finalmente, bajo Salomón, la promesa en relación con la tierra prometida halló cabal y pleno cumplimiento (1.° Rey. 4:20-25). De este modo, Dios cumplía la palabra dada a Abraham y repetida constantemente a la casa de Israel.

El salmo 105, ese bellísimo himno de alabanza y gratitud al Señor, celebra concreta y expresamente la manera maravillosa con que Dios ha realizado cuanto predijo en su solemne pacto concertado con Abraham. Dicho salmo —todo él— es extraordinario y forma un paralelo con el himno de David en 1.° Crónicas 16:7-36. Su relevancia para nuestro tema es evidente, ya que no se trata de una interpretación personal nuestra, sino de lo que el mismo salmo y el primer libro de Crónicas afirman sin ambages: «Se acordó para siempre de su pacto; de la palabra que mandó para mil generaciones, la cual concertó con Abraham... diciendo: A ti te daré la tierra de Canaán... Porque se acordó de su santa palabra dada a Abraham su siervo...» (Sal. 105:8, 9, 11, 42 y ss.).

Cuatrocientos años más tarde, al regreso de la cautividad, los levitas que acompañan a Nehemías declaran explícitamente que Dios había cumplido su palabra: «Tú eres, oh Jehová, el Dios que escogiste a Abraham..., e hiciste pacto con él para darle la tierra..., para darla a su descendencia; y cumpliste tu palabra, porque eres justo...» (Neh. 9:7, 9, 23-25).

Es así como las promesas materiales, terrenales, literalmente aplicadas a su simiente carnal, hallaron cumplimiento: la simiente se convirtió en una gran nación y, después, heredó la tierra prometida de acuerdo con los límites fijados por Dios y de manera progresiva, como se les había indicado.

¿Es una conclusión personal del autor? ¡En absoluto! Es lo que dicen los textos sagrados. Cada estudiante puede leerlos por sí mismo en su Biblia. Se trata de las conclusiones de la misma Escritura. Al pasar por alto este testimonio de la interpretación inspirada del mismo texto bíblico, hay hermanos —excelentes, piadosos y queridos hermanos— que llegan a conclusiones no demasiado acertadas en lo concerniente al futuro de Palestina y a la esperanza de los judíos.

3. ¿Y qué queda de la promesa de posesión eterna de la tierra?

A todo lo dicho anteriormente, los dispensacionalistas objetarán que la tierra fue prometida no sólo a la posteridad del patriarca, sino a él mismo como «*posesión eterna*». ¿Cómo, pues, es posible afirmar que Dios ha cumplido su palabra? Justamente en relación con este punto es por lo que comenzamos a introducirnos en la dimensión espiritual, profunda, del pacto con Abraham.

¿Qué quiso decirle el Señor al prometerle unos bienes eternos? Si entendemos la promesa en términos de adquisición terrena, hemos de admitir que el Señor no cumplió su palabra. Es evidente que la tierra de Canaán no ha sido una posesión eterna ni para Abraham ni para su simiente; en el mejor de los casos, puede hablarse de ocupación a intervalos. Por añadidura, ha estado casi diecinueve siglos, desde la invasión de las tropas romanas de Tito, en poder de los pueblos gentiles. ¿Vamos a culpar de informalidad a Dios? ¿Nos atreveremos a acusarle de incumplimiento de su palabra?

La base del pacto es, sin lugar a dudas, la gracia por parte de Dios y la respuesta de fe de Abraham; pero el disfrute de las bendiciones que dicho pacto conlleva, va unido a la fidelidad del creyente. Un pueblo desobediente e infiel no puede esperar el poder gozar de los beneficios del pacto. Moisés advirtió de ello muy solemnemente a los hijos de Israel (Deut. 4:23-27). Con parecidas palabras fue también advertido Salomón de que, si olvidaba la ley de Dios y servía a otros dioses, la ira del Señor sería sobre él (2.° Crón. 7:19-22). La historia subsiguiente demostró de la manera más clara posible que la apostasía de la nación judía privó del favor divino al pueblo. Los judíos que regresaron del exilio babilónico no se hacían ilusiones; admitían y reconocían la justicia del juicio divino sobre su pueblo (Neh. 9:33).

Pero si algo aprendieron los fieles desde Abraham hasta Daniel, es a no confiar en los medios materiales, en las posesiones terrenas, en los recursos carnales. La obediencia de Abraham le llevó lejos en una senda de austeridad y vicisitudes temporales sin fin, que contrastaban con las comodidades que dejó en Ur de los caldeos. Sin embargo, la tierra le fue prometida a él, individualmente, como «posesión eterna», a él que no fue sino un extranjero (Gén. 17:8). Pero este mundo es transitorio, temporal y, además, se halla bajo maldición (Rom. 8:22). Resulta difícil comprender que Dios prometiera por toda una eternidad algo sobre lo que pesa una maldición, algo tan efímero y grágil; algo que, además, resultaría demasiado corto y angosto si un día todos los judíos resucitados tuviesen que ocuparlo.

Abraham fue siempre un forastero en Canaán y, como acabamos de señalar, su posteridad sólo disfrutó de la tierra a intervalos, no ininterrumpidamente. Abraham sufrió en aquellos parajes, aunque él no se aferraba a lo terreno (Gén. 15:1; Heb. 11:9, 10) y, por tanto, su dolor halló resignación y consuelo en la esperanza alentada por su fe.

Entonces, ¿qué quiso decir Dios a Abraham al prometerle la tierra como posesión eterna? ¿No se hallará la interpretación de estas promesas en la misma línea del pensamiento de Pablo en 1.ª Corintios 3:21-23, cuando afirma que el cristiano, potencialmente, es poseedor de todo, porque todo es nuestro: el mundo, lo presente, lo por venir; todo, nuestro? Aquí, en la perspectiva cristiana, se nos de mucho más que una parcela o una nación; se nos ofrece todo el espacio y todo el tiempo; el aquí y el ahora, el Universo y la eternidad. ¿En qué medida poseemos nosotros estas cosas? O, mejor dicho, ¿hasta qué punto somos conscientes de tales posesiones?[42]

La Palabra de Dios, en muchas ocasiones, da por realizado lo que está aún en marcha y hasta lo que tan sólo es proyecto; suele dar por acabado lo que, desde nuestra perspectiva, es todavía incompleto. La razón es muy sencilla: la perspectiva bíblica es la perspectiva misma de Dios, para quien no cuentan nuestros agobiantes conceptos de tiempo y espacio. Por boca de Juan, puede afirmar que Jesucristo fue ya inmolado antes de la formación del Uni-

42. Véanse los capítulos 4 y 5 de mi libro *Goza de la vida*.

verso (Apoc. 13:8),[43] o que nosotros —ya ahora— estamos sentados en los lugares celestiales con Cristo Jesús (Ef. 2:6). Lo que, en nuestra breve experiencia actual, no pasa de ser una degustación anticipada de algunas de las muchas bendiciones venideras, una vivencia parcial de todo lo que representará la comunión perfecta con Dios en la gloria, para el Señor —desde la atalaya de su eternidad— no es cosa futura, sino ya cumplida, porque Dios no se halla condicionado, como lo estamos nosotros, a los límites de tiempo y espacio.

Esto explica el significado profundo de textos como los citados. También ayuda a comprender la pauta constante en las exhortaciones del Nuevo Testamento que nos instan a ser lo que ya somos; es decir, a devenir en nuestra experiencia actual lo que ya somos a los ojos de Dios. Vittorio Subilia lo ha señalado certeramente: «El Nuevo Testamento contiene numerosas afirmaciones y exhortaciones, en las primeras de las cuales se nos da a los creyentes la seguridad de que *somos* del Señor y *estamos* en El, mientras que en el segundo grupo, el de las exhortaciones, se nos llama continuamente a ser consecuentes y a convertirnos en lo que *debemos ser*: "... nuestro viejo hombre fue crucificado juntamente con Cristo" (Rom. 6:6); "consideraos muertos al pecado" (Rom. 6:11); "habéis resucitado con Cristo" (Col. 3:1; *cf.* vers. 9); "así también nosotros andemos en novedad de vida" (Rom. 6:4); "renovaos en el espíritu de vuestra mente"; "... revestidos del nuevo (hombre), el cual conforme a la imagen del que lo creó, se va renovando hasta el pleno conocimiento..." (Ef. 4:32; 5:2 y Luc. 6:36), entre otros. ¡Sois! ¡Pues sed lo que sois ya! El Nuevo Testamento une al *don* la *exhortación*... La Iglesia debe convertirse más y más en aquello que ya es en sí misma: ¿Sois ya? Luego ¡sed lo que sois!»[44]

Del mismo modo, la promesa hecha a Abraham implica la posesión latente de la tierra, pero no en términos de

43. Algunos comentadores piensan que esta frase final de Apocalipsis 13:8 pertenece gramaticalmente a la frase anterior, de acuerdo con Apocalipsis 17:8.

44. «L'unité de l'église sélon le Nouveau Testament», en *La Révue Réformée*, n.° 72, 1967/4, pp. 9-11.

simple propiedad como la entendería el mundo —un mundo caído, que no puede ir más allá de los conceptos jurídicos de propiedad—, sino como prenda de una posesión mejor, plena y eterna, cuando esta tierra quede fundida y confundida, para dar paso a los cielos nuevos y a la nueva tierra, cuando los reinos de este mundo vengan a ser los reinos de Dios y de su Cristo (Apoc. 21). Que esto no es fantasear, lo prueba la Escritura misma en Hebreos 11, cuando afirma: «Por la fe habitó (Abraham) como extranjero en la tierra prometida, como en tierra ajena, morando en tiendas con Isaac y Jacob, coherederos de la misma promesa; porque esperaba la ciudad que tiene fundamentos, cuyo arquitecto y constructor es Dios» (Heb. 11:9, 10). La verdad es que la promesa de una «posesión eterna» y el tremendo contraste que la misma ofrece con los avatares de su cotidiano vivir, iba dirigida a crear en él más altas aspiraciones espirituales, apartándole de la idea de ganar una simple herencia corruptible. «No temas, Abraham, yo soy tu escudo, y *tu galardón sobremanera grande*» (Gén. 15:1), le dijo el Señor, elevándole a más altos anhelos y al deseo de más sublimes goces: «Me mostrarás la senda de la vida; en tu presencia hay plenitud de gozo; delicias a tu diestra para siempre» (Sal. 16:11; *cf.* también Sal. 36:7-9). Lo que Abraham buscaba lo encontraría en Dios mismo y no en ninguna propiedad de tierras, legalmente extendida a su nombre. Y así adquirió la verdadera perspectiva del hombre de fe. Y no sólo Abraham, sino muchos otros como él: «Conforme a la fe murieron todos éstos sin haber recibido lo prometido, sino mirándolo de lejos, y creyéndolo, y saludándolo, y confesando que eran extranjeros y peregrinos sobre la tierra. Porque los que esto dicen, claramente dan a entender que buscan una patria; pues si hubiesen estado pensando en aquella de donde salieron, ciertamente tendrían tiempo de volver. Pero anhelaban otra mejor, esto es: celestial; por lo cual Dios no se avergüenza de llamarse Dios de ellos; porque les ha preparado una ciudad» (Heb. 11:13-16). Esta, y no otra, fue la esperanza de los patriarcas y de los grandes siervos de Dios del Antiguo Testamento.

4. Luz que aporta el mensaje de la Cena del Señor

Phillip Hughes, en la misma línea de pensamiento escatológico, sugiere que las realidades que esconde y proclama la Santa Cena ofrecen un buen ejemplo para entender el sentido profundo de las promesas divinas hechas a los patriarcas, referentes a la «posesión eterna» de la tierra de Canaán. Escribe el erudito inglés: «No acusamos a Cristo de inconsistencia o de insinceridad cuando la Escritura nos cuenta que, estando todavía en el cuerpo delante de sus discípulos, no obstante tomó pan y vino y les dijo estas palabras: "Esto es mi cuerpo" y "Esto es mi sangre". Si hubiera dado a entender que aquellas afirmaciones eran literales, ello habría supuesto que les estaba ofreciendo parte de su cuerpo y de su sangre, cosa inimaginable estando presente allí delante de ellos. Estas maravillosas palabras del Señor indican que estaba hablando en un sentido no carnal, sino espiritual. Los elementos visibles del pan y del vino no estaban allí simplemente como sustento del cuerpo, sino más bien como señales tangibles, como signos a modo de prendas, de lo invisible y espiritual, que es lo que realmente sustenta la vida del alma que se halla unida a Cristo y se alimenta de El mediante la fe. No acudimos a la Santa Cena para tomar una comida material, sino para que nuestros pensamientos y corazones sean transportados al cielo, donde está nuestro Salvador preparando lugar para nosotros. No buscaron otra cosa Abraham y los demás patriarcas en la visible tierra de Canaán que les fue dada como posesión eterna, ni tampoco interpretaron carnalmente las buenas cosas que el Señor les prometía. Si no hubiese sido así, habrían sufrido amargas desilusiones. Pero buscaban algo más que el goce temporal y anhelaban la plenitud de una eterna bienaventuranza, escondida a los ojos físicos, pero no menos real para la visión de la fe.»[45]

---

45. *The Divine Plan for Jew and Gentile* (The Tyndale Press, London, 1949), pp. 12-13.

5. ¿En qué se asentaba la esperanza de los patriarcas?

Si la Escritura no miente, la esperanza de los patriarcas no radicaba en Palestina, sino en la presencia misma de Dios en los cielos. Como Pablo, ellos también podían exclamar que «nuestra morada está en los cielos» (Fil. 3:20), y en la Jerusalén de arriba (Gál. 4:22-31).

Pero no sólo fue dada la promesa a los patriarcas en términos de eternidad, sino que la misma promesa, repetida a los descendientes de Judá, a la familia de David, quedó formulada en expresiones similares: «Y será afirmada tu casa y tu reino para siempre delante de tu rostro, y tu trono será estable eternamente» (2.° Sam. 7:16, comp. con Luc. 1:32-33). La promesa del Reino eterno exigió, finalmente, al Rey eterno para que la llevara a cabo y se cumpliese. Keil y Delitzsch escribieron: «El establecimiento del Reino y del trono de David *para siempre*, señala incontrovertiblemente una época que va más allá del reinado de Salomón y está indicando que se trata de la permanencia eterna de la simiente de David... No debemos reducir la idea de eternidad a la noción popular de un período de tiempo incalculablemente largo, sino que debemos tomarla en su sentido real absoluto, como fue evidentemente entendida la promesa por el salmista: "Pondré su descendencia para siempre, y *su trono como los días de los cielos*" (Sal. 89:29). Ningún reino terreno, ninguna posteridad de ningún hombre, son de duración eterna... La posteridad de David, por consiguiente, podía vivir siempre si se encarnaba en una persona que viviese siempre, es decir, si culminaba en el Mesías, que vive eternamente y cuyo Reino no tiene final.»

San Pablo resume esta realidad en las conocidas palabras de Gálatas 3:16: «A Abraham fueron hechas las promesas, y a su simiente. No dice: y a sus simientes, como si hablase de muchos, sino como de uno: *Y a tu simiente, la cual es Cristo*.» No es que Pablo se apoye en una cuestión gramatical para dar validez a su argumento; apela al uso del nombre en singular, para confirmarnos la verdad de su exégesis. Cierto que el nombre singular «simiente» —como «linaje»— puede tener una connotación colectiva, pero debemos recordar que Pablo no solamente tenía en cuenta esto, sino que añade en este mismo pasaje una interpretación basada en el sentido colectivo del término: «Todos vosotros sois uno en Cristo Jesús. Y si vosotros sois de Cristo, ciertamente *linaje* de Abraham sois, y herederos de la promesa» (Gál. 3:28, 29). La interpretación colectiva no contradice a la individual, ya que, como bien se indica en el argumento del apóstol, los creyentes cristianos son tenidos como la verdadera simiente de Abraham; ellos constituyen el linaje del patriarca sólo sobre la base de su identificación con Cristo por medio de la fe; ellos (el linaje colectivo) son contemplados y aceptados en El (el linaje individual, la simiente mesiánica que hereda y cumple las promesas veterotestamentarias). De modo que el término «linaje» —o «simiente»— debe entenderse tanto en su sentido colectivo como individual. Un significado sirve de complemento al otro, y no de contradicción. Pero lo colectivo debe entenderse siempre de manera única como resumido en la persona del Mesías: «*todos* vosotros sois *uno* en Cristo Jesús».

Es así como todas las promesas de Dios son en Cristo Sí y Amén (2.ª Cor. 1:20). En este punto nuclear —Jesucristo— las ramas del olivo (para usar la metáfora de Pablo en Romanos 11) consiguen su unión vital con el tronco y pueden aprovecharse de su savia renovadora. Todo depende de la unión con Cristo (Rom. 11:17).

Y estar en Cristo comporta muchas cosas; de hecho lo es todo para el creyente. Somos llamados en El a juzgar al mundo, a sentarnos juntamente con El en lugares celestiales, incorporándonos a su realeza y señorío. Todo por su gracia y en virtud del principio de identificación vital, que nos liga a El con vínculo indisoluble. De ahí que en El todo sea nuestro: «Así que ninguno se gloríe en los hombres; porque todo es vuestro; sea Pablo, sea Apolos, sea Cefas, sea el mundo, sea la vida, sea la muerte, sea lo presente, sea lo por venir, todo es vuestro, y vosotros de Cristo, y Cristo de Dios» (1.ª Cor. 3:21-23).

Nuestros queridos hermanos dispensacionalistas, al leer estas páginas, nos acusarán de espiritualizar excesivamente los textos. Sin embargo, les rogamos prudencia y objetividad. Nuestra interpretación es la del Nuevo Testamento. Es decir: hemos leído las promesas de Dios a Abraham, a David y a Israel en general, a la luz de la perspectiva novotestamentaria. Hemos preferido buscar en el mismo texto apostólico la dimensión inspirada de lo que significan las profecías del Antiguo Testamento tocantes a la simiente de Abraham, antes que seguir los prejuicios de una escuela profética discutible.

Pero hay más. La interpretación dispensacionalista, que imagina haber solucionado toda la problemática profética dejando para el futuro milenio el cumplimiento de las promesas hechas a los judíos, aboca a un callejón sin salida. En efecto, no es lo mismo «eternidad» que «mil años», ni la expresión «para siempre» equivale a «milenio».

Los hermanos premileniales que no son dispensacionalistas, entienden bien este punto. Apoyan su creencia en el milenio sobre razones muy diferentes del endeble argumento de que todo cuanto fue prometido a Israel, debe hallar un cumplimiento literal, que en su opinión es sinónimo (cosa muy discutible) de terrenal y temporal, antes que los «cielos nuevos y la tierra nueva» de Apocalipsis 21. Pero para esto nuestros hermanos dispensacionalistas tienen que leer «milenio» allí donde dice «eterno». Así, el premilenialismo, lejos de recibir ayuda del dispensacionalismo, resulta perjudicado. Ninguna causa, ninguna escuela hermenéutica salen prestigiadas si, en aras de sus «sistemas» y «sistematizaciones», tienen que alterar el significado obvio de las palabras.

¿Hay esperanza para Israel? La hay, como para el resto de los humanos, en la salvación que Dios ofrece en Cristo. No existe otro camino, ni hay otra salida. Es posible que la futura conversión de los judíos que predice Romanos 11 tenga alguna relación con el retorno de muchos descendientes de Abraham a Palestina, pero no en virtud de ningún cumplimiento profético que haría de la raza judía —meramente por ser judía— objeto especial del favor de Dios. Tampoco sería para que en dicho retorno se cumpliesen las profecías que ya fueron cumplidas, ya sea en la Antigüedad, tal como lo relata el propio Antiguo Testamento, ya sea en Jesucristo y en su Cuerpo, que es la Iglesia. Para mayor gloria de Dios, un remanente judío, acaso reunido en Palestina, servirá para exhibir, una vez más, las profundas maravillas de la gracia de Dios delante de todo el mundo. Pero la verdadera esperanza de Israel, el único camino que les queda para ser salvos es la fe en el Cristo que crucificaron hace cerca de dos mil años en las afueras de Jerusalén. No hay otra esperanza.

6. La gran conversión de Israel

El gran teólogo de Princeton, Charles Hodge, creía que Romanos 11 enseña una conversión nacional de los judíos a Dios, en los últimos tiempos. No la conversión de todos los judíos, pero sí de un número tan grande de ellos que pueda hablarse con propiedad de una conversión nacional. G. Vos escribió también que, «en el futuro, cabe esperar una amplia conversión de Israel».

Algunos expositores, por otra parte, han interpretado «todo Israel» en Romanos 11:26 en el sentido de Israel espiritual, mientras que Luis Berkhof y W. Hendriksen lo entienden como «el número total, completo, de los elegidos del pueblo del pacto antiguo».[46]

Seguramente tiene razón Waldegrave cuando afirma que «es muy posible, apoyados en Romanos 11, que una masiva vuelta de judíos al Señor preceda al advenimiento de Cristo».[47]

En una reciente obra, *The Puritan Hope,* Iain Murray sostiene que antes de la segunda venida de Cristo habrá un gran avivamiento a escala mundial. Esta fue la gran esperanza de los autores puritanos del pasado, basada en su lectura de Romanos 11. Dicho avivamiento comprenderá la conversión de grandes multitudes de gentiles, así como de judíos, es decir, de la gran mayoría de éstos. Iain Murray fundamenta su punto de vista en la profecía

46. No estará de más recordar una vez más que el original de Romanos 11:26 no dice *holós* = entero, sino *pas* = todo el que sea.
47. Véase J. Murray sobre Romanos 11, en su comentario *Epistle to the Romans.*

veterotestamentaria y en Romanos 11, dentro de una postura milenial, o sea, aparte de ningún reino de Cristo que dure mil años sobre esta tierra.

Conviene advertir que ninguno de estos autores supone que cada individuo israelita será salvado, sino simplemente que las conversaciones se producirán a gran escala, alcanzando cifras nunca igualadas con anterioridad. Al final de su ministerio el Señor dijo que los judíos no iban a verle ya más, sino cuando volvieran a bendecir su venida: «Porque os digo que desde ahora no me veréis hasta que digáis: Bendito el que viene en el nombre del Señor» (Mat. 23:39; Luc. 13:15). En otras palabras, la actitud de un gran número de judíos cuando Jesús venga de nuevo, será una actitud cambiada.

En contra de lo que, si no de un modo explícito, sí se deduce implícitamente, al menos, de mucha de la actual enseñanza dispensacional, la Biblia enseña que la bendición vendrá sobre los judíos de la única y exclusiva manera en que viene también sobre los gentiles: mediante la fe en Cristo (Rom. 11:23, 32). No hay esperanza para el judío, como no la hay para nadie, aparte del arrepentimiento y la fe (Hech. 3:19; 4:12). Han cesado definitivamente las distinciones entre judío y griego (Rom. 10:12; Gál. 3:28); ambos deben ser salvos mediante la gracia que fluye de la obra expiatoria del Salvador crucificado. Alentar la esperanza de los judíos simplemente por motivos raciales (porque son judíos) es predicar otro evangelio (Gál. 1:8).

¿Qué lógica exegética, qué clase de hermenéutica nos autoriza para saludar alborozados el retorno de los judíos incrédulos, escépticos y, en su mayoría, ateos, a Palestina como si se tratase del cumplimiento de las profecías? ¿Cómo es posible que haya cristianos que consideren a los israelíes del moderno Estado de Israel como el «pueblo de Dios»? La profecía conecta siempre dos realidades fundamentales: *conversión* y *restauración* (*cf.* Deut. 30:8-10; Ez. 20:38).

Ya hemos visto que muchas de las profecías del Antiguo Testamento que tenían que ver con la restauración del pueblo de Israel a su tierra tuvieron ya un cumplimiento en el retorno de la cautividad de Babilonia. Alcanzarán su completo y total cumplimiento también aquellas que quedan por cumplir, con la irrupción del Israel espiritual, la innumerable simiente de Abraham (Gál. 3:29; Rom. 4: 16-18), que ha de regresar a su hogar en Cristo en los nuevos cielos y la nueva tierra (2.ª Ped. 3:13; Apoc. 21:1). La verdadera circuncisión, compuesta de judíos y gentiles, verá este cumplimiento perfecto (Fil. 3:3), los ciudadanos de la Sión celestial (Heb. 12:22).

CUESTIONARIO:

1. Doble dimensión de las promesas hechas por Dios a Abraham. — 2. ¿Cómo se cumplieron las promesas materiales? — 3. El salmo 105 en relación con el cumplimiento del pacto concertado por Dios con Abraham. — 4. ¿Qué quiso Dios decir, al prometer a Abraham una posesión eterna? — *5. Luz que arrojan sobre este punto las expresiones de Pablo en 1.ª Corintios 3:21-23. — 6. ¿Qué significan las exhortaciones bíblicas a ser lo que ya somos? — 7. ¿Qué nos enseña Génesis 15:1 a este respecto? — 8. Símil sacado del mensaje que proclama la Cena del Señor. — 9. ¿Qué «tierra prometida» esperaban, en realidad, los patriarcas, a la luz de Hebreos 11? — 10. Gálatas 3:16 y el sentido profundo de nuestra herencia, como hijos espirituales de Abraham.*

LECCION 43.ª LAS PROMESAS DEL ANTIGUO TESTAMENTO TOCANTES AL REINO ETERNO

1. El reino eterno de David

Las promesas de Dios sobre el Reino son eternas. De ahí nuestra incapacidad para comprender estas líneas de Scofield:

> «En su segunda venida, el Rey restaurará en su misma persona la monarquía davídica, reunirá al Israel disperso, establecerá su poder divino sobre la tierra y reinará durante mil años (Mat. 24:27-30; Luc. 1:31-33; Hech. 15:14-17; Apoc. 20:1-10)... El reino de los cielos (Mat. 3:2, nota), establecido así bajo el Hijo divino de David, tiene como objeto la restauración de la autoridad divina sobre la tierra...»[48]
>
> «La frase "el reino de los cielos"... significa el gobierno mesiánico de Jesucristo, el Hijo de David, en este mundo. Se le llama "el reino de los cielos" porque es el dominio de los cielos sobre la tierra... Es el reino pactado con la simiente de David (2.° Sam. 7:7-10), descrito por los profetas (Zac. 12:8, nota).»[49]
>
> «Apoc. 20:2. La duración del reino de los cielos...» (Se refiere al milenio en la nota 2 de la pág. 1306.)

Por estos textos se podrá ver que nuestros hermanos dispensacionalistas identifican el período de mil años como el tiempo en que se cumplirán literalmente —son muy afi-

48. *Biblia Anotada de Scofield*, nota a 1.ª Corintios 15:24.
49. Id., nota a Mateo 3:2.

cionados a enfatizar lo literal y acusan a los demás de ser alegóricos— las profecías hechas a David y recordadas a los profetas del Antiguo Testamento en relación con la futura gloria del pueblo de Dios, que, según ellos, no debe ser jamás identificado con la Iglesia, sino únicamente con Israel, y la naturaleza de dichas promesas es siempre terrena, un reino terreno.

Veamos estas promesas del Antiguo Testamento y lo que pensaban de ellas los profetas:

> «Tu Reino es reino *de todos los siglos*, y tu señorío en todas las generaciones» (Sal. 145:13). Esto es lo que dice David.
>
> «Porque he aquí yo crearé nuevos cielos y nueva tierra; y *de lo primero no habrá más memoria*, ni más vendrá al pensamiento... Porque como los cielos nuevos y la nueva tierra que yo hago, *permanecerán* delante de mí, dice Jehová, así *permanecerá vuestra descendencia* y vuestro nombre» (Is. 65:17; 66:22).
>
> «Mas Jehová es el Dios verdadero, él es el Dios vivo y *Rey eterno*» (Jer. 10:10).
>
> «Y haré con ellos pacto de paz, pacto perpetuo será con ellos; y los estableceré y los multiplicaré, y pondré mi santuario entre ellos *para siempre*» (Ez. 37:26).
>
> «Después recibirán el Reino los santos del Altísimo, y poseerán el reino hasta el siglo, *eternamente* y para siempre» (Dan. 7:18).
>
> «Jehová reinará sobre ellos en el monte de Sion, *desde ahora y para siempre*» (Miq. 4:7).

Las promesas hechas a David, en relación con su Reino, son descritas siempre con una misma dimensión de eternidad. El reino davídico no ha sido profetizado como un reino de mil años —según afirman los dispensacionalistas—, sino como un Reino eterno. Y vemos muy difícil convertir el milenio en eternidad, o lo que es lo mismo, hacer decir a todos los profetas del Antiguo Testamento que allí donde ellos escribieron «Reino eterno», Reino «para siempre», querían decir «Reino de mil años». Independientemente de lo que podamos creer sobre el milenio, lo que no se puede hacer es convertirlo en el período del cumplimiento de todas las promesas relativas al Reino; porque un Reino eterno que sólo dura mil años es una contradicción en los términos.

2. ¿Cómo explican los dispensacionalistas el silencio del Antiguo Testamento tocante a la crisis final con la que se cierra el milenio?

Las promesas hechas a David hablan de un Reino eterno, desde ahora y para siempre, sin crisis y sin referencias a una supuesta hecatombe en que el diablo, una vez suelto, volverá a actuar a su gusto. H. Lindsay describe así el último tiempo del milenio:

> «La primera cosa que Satanás hace cuando se le suelta del abismo después del milenio es organizar la guerra... Reúne a algunos de los descendientes de los enemigos de Israel (Gog y Magog), que han nacido durante el milenio, y rodea a Israel. Pero la rebelión no prospera. Dios los consume con fuego del cielo y quedan aniquilados.[50]

Más adelante escribe el mismo autor:

> «Dios restaurará la tierra, aunque no será una completa regeneración. La regeneración de la tierra ocurrirá después del milenio y antes de que comience la eternidad misma. El hombre gozará de mil años llenos de paz en su antigua tierra. Pero al final de este tiempo, después que los mortales hayan tenido un gobierno perfecto, dirigido por el perfecto Dios-Hombre en el ambiente más perfecto que se pueda imaginar, algunos acabarán rebelándose en contra de este reino en la primera oportunidad. Esta oportunidad vendrá cuando Satanás sea soltado por un poco

50. *La odisea del futuro*, p. 346.

> de tiempo hacia fines del milenio para arrastrar a algunos mortales que habrán nacido durante los años del reinado.»[51]

Todavía Lindsay afirma:

> «La ciudad (santa, la Nueva Jerusalén) puede ser que esté suspendida sobre la tierra durante el reino milenial y sea la morada de los creyentes inmortales en ese tiempo... Entonces la ciudad tendrá que ser retirada temporalmente de la tierra cuando ésta sea destruida al final del milenio. Después de la regeneración de la tierra la ciudad descenderá visiblemente a la nueva tierra y se posará sobre ella, puesto que de la Nueva Jerusalén se dice que tiene fundamento, lo que indica un firme lugar de sustentación.»[52]

Lo que llama la atención en esta interpretación de Lindsay, típica del popular dispensacionalismo moderno, son dos cosas sobre todo: 1) *La inconsecuencia* de querer meter en un Reino milenial imperfecto (y con un final manchado sangrientamente por la rebelión, la guerra, el pecado y el éxito de Satanás) las promesas del Reino eterno, hechas a la casa real de David. ¿No se dan cuenta, Lindsay y los suyos, de la incongruencia, de la contradicción con la Escritura? 2) *La admisión franca* de que «la regeneración de la tierra» (las condiciones ideales de vida en el Universo) no vendrán con el milenio, sino *«después»*: en los cielos nuevos y la nueva tierra, que es, al fin y al cabo, la solución que da la interpretación amilenial, la de la Teología del Pacto. Es en los cielos nuevos y en la nueva tierra —armonizadas ambas realidades (cielo y tierra) en perfecta sintonía las dos, no anulada la una o la otra— donde hallará cumplimiento, en esta nueva dimensión, todo cuanto fue dicho por los profetas del Antiguo Testamento sobre la fase final y eterna del Reino prometido. Pero para ello hay que identificar también Israel e Iglesia, así como los cielos y la tierra quedan total e indivisiblemente

51. En el mismo libro, p. 355.
52. En el mismo libro, pp. 360-361.

unidos y transformados en una nueva realidad eterna y perfecta.

Pero insistimos en la pregunta: ¿Cómo explican los dispensacionalistas el que los profetas del Antiguo Testamento nada dijeran de la crisis final que cierra el milenio y el que, por contraste, hablaran siempre de un Reino de felicidad eterna, sin fisuras, ni quiebras, ni intervenciones del diablo a ningún nivel?

Si el milenio tuviera que ver más con la Iglesia que con Israel, los dispensacionalistas argüirían que el Antiguo Testamento no se ocupa de la Iglesia. Pero, por el contrario, el milenio tiene que ver con Israel, y el Antiguo Testamento sí se ocupa de Israel. Su silencio respecto a todo ello ¿no será debido a que los profetas —y el Espíritu de Cristo que hablaba a través de ellos (1.ª Ped. 1:10-11; 2.ª Ped. 1:21)— nada sabían de ningún milenio tan imperfecto como el propuesto por los dispensacionalistas, sino que, en realidad, apuntaban más bien como a la meta final, a los nuevos cielos y a la nueva tierra? (V. Is. 65:17; 66:22; Apoc. 21:1.)

CUESTIONARIO:

1. ¿Qué afirma la Biblia Anotada de Scofield *sobre la duración del Reino de los cielos? — 2. ¿Qué dicen, en cambio, los profetas acerca de la duración de dicho Reino? — 3. ¿Cómo interpreta H. Lindsay lo que ha de ocurrir al final del milenio descrito en Apocalipsis 20? — 4. ¿Qué cosas son las que, ante todo, llaman la atención en las afirmaciones de Lindsay? — 5. ¿A qué se debe el silencio que el Antiguo Testamento guarda acerca del milenio?*

LECCION 44.ª ¿COMO INTERPRETA EL NUEVO TESTAMENTO LAS PROFECIAS DEL ANTIGUO?

1. Los autores humanos del Nuevo Testamento aplican a la Iglesia las profecías del Antiguo Testamento

El dispensacionalista suele echar en cara a quienes no comparten sus puntos de vista que los demás no prestan suficiente atención a las profecías del Antiguo Testamento. Pero ¿no será más bien que nuestros queridos hermanos, de tanto leer las notas de la Biblia Scofield, han acabado por no darse cuenta de cómo el Nuevo Testamento interpreta la profecía veterotestamentaria?

Los autores del Nuevo Testamento usaron las profecías que los dispensacionalistas aplican a Israel, para referirlas a la Iglesia.

Por de pronto, Romanos 11 parece indicar que los dos pueblos —el antiguo Israel y la moderna Iglesia— constituyen de hecho un solo pueblo de Dios. ¿No es uno solo el olivo de donde toman la savia vital tanto los creyentes del antiguo pacto como los del nuevo? ¿No son ambos beneficiarios de la misma preciosa sangre redentora del único Salvador? ¿No nacen los dos del mismo Espíritu Santo? ¿A quién sino a la Iglesia señalarán los profetas del Antiguo Testamento?

Scofield sostiene que la Iglesia es un misterio que pertenece sola y exclusivamente a la revelación novotestamentaria y que, por lo tanto, se hallaba escondido de los profetas. Estos, que tan claramente describieron la persona y los oficios del Mesías prometido, no habrían dicho nada, absolutamente nada, del fenómeno complementario e inseparable de las realidades mesiánicas: el progreso y extensión de la Iglesia, que constituye lo que Isaías denomina «el trabajo de su alma» (de Cristo, se entiende; Is. 53:10, 11) y «linaje» que el Salvador verá y quedará satisfecho.

Según el esquema dispensacional, al rechazar los judíos el Reino que se les venía a ofrecer, dicha oferta fue retirada, y el Reino fue aplazado hasta la segunda venida. Durante el intervalo entre la primera y la segunda venida Cristo establece su Iglesia —el gran paréntesis—, que no tiene nada que ver con las profecías del Antiguo Testamento, puesto que se trata de algo completamente nuevo y totalmente desconocido de los profetas de Israel. Este paréntesis está durando ya casi dos mil años, período muy considerable, pero del que, según Scofield, el Antiguo Testamento no se ocupó jamás ni dejó una sola palabra. H. A. Ironside, en buena lógica dispensacional, afirmó que «el reloj profético se paró en el Calvario. Ni un solo tic-tac se ha oído desde entonces».

Sin embargo, y con el debido respeto a cuantos hermanos siguen fielmente las enseñanzas de Scofield, tenemos que confesar que nos cuesta aceptar la aseveración de que el Antiguo Testamento no habló jamás de la Iglesia de Cristo, puesto que el Nuevo Testamento está lleno de pasajes en los que se afirma, inequívocamente, que el llamamiento del Evangelio a judíos y a gentiles es el cumplimiento de las profecías de antaño. Por ejemplo, en Romanos 1, al comienzo mismo de la epístola, el apóstol afirma: «Pablo, siervo de Jesucristo..., apartado para el Evangelio de Dios que él había prometido antes por sus profetas en las Santas Escrituras, acerca de su Hijo, nuestro Señor Jesucristo..., por quien recibimos la gracia y el apostolado, para la obediencia de la fe en todas las naciones por amor de su nombre; entre las cuales estáis también vosotros (romanos, gentiles), llamados a ser de Jesucristo; a todos los que estáis en Roma...» (Rom. 1:1-7). La bendición que por el Evangelio llega a los romanos, queda conectada con la Escritura del Antiguo Testamento, que ya lo había anunciado. De igual modo, en Romanos 9:24-26 Pablo sostiene que el llamamiento hecho a judíos y a gentiles en la Iglesia Cristiana es, plena y totalmente, el cumplimiento de lo profetizado por Oseas. Y en Romanos 10 la larga sección de citas proféticas que emplea el apóstol para desarrollar la doctrina evangélica conduce a la misma conclusión.

En Hechos 26:22 Pablo asegura que lo que él predica no es sino lo que fue predicho por los santos del Antiguo Testamento. «no diciendo nada fuera de las cosas que los profetas y Moisés dijeron que habían de suceder». En el mismo libro de Hechos, Pedro establece que la profecía de Joel halla cumplimiento en estos tiempos de la nueva dispensación (Hech. 2:16 y ss.: «Esto es lo dicho por el profeta Joel...»). De modo que, pese a lo que en contra afirmó Ironside, y otros con él, el reloj profético siguió funcionando después del Calvario.

«No había Iglesia en el Antiguo Testamento», aseveran una y otra vez los dispensacionalistas. «Los profetas del Antiguo Testamento desconocían totalmente la Iglesia del Nuevo», añaden con igual insistencia. Sin embargo, Esteban habló de una Iglesia (*Ekklesía*) en tiempos de Moisés (Hech. 7:38), y Pablo predica que tanto judíos como gentiles nos alimentamos de una misma savia y formamos un solo olivo.

2. El «misterio oculto desde tiempos eternos»

Cuando Pablo escribe (Ef. 3:5, 6) acerca del «misterio que en otras generaciones no se dio a conocer, *como* ahora es revelado a sus santos apóstoles y profetas por el Espíritu: que los gentiles son coherederos y miembros del mismo cuerpo», el apóstol no quiere decir que dicho «misterio» fuese absolutamente ignorado o desconocido en el pasado, sino más bien que no fue conocido tan clara y totalmente como lo es ahora. Que es así, lo prueba la misma Escritura, el Nuevo Testamento, por pluma del mismo apóstol Pablo: «Y al que puede confirmaros según mi Evangelio y la predicación de Jesucristo, según la revelación del misterio que se ha mantenido oculto desde tiempos eternos, pero que ha sido manifestado ahora y que *por las Escrituras de los profetas,* según el mandamiento del Dios eterno, se ha dado a conocer a todas las gentes para obediencia de la fe, al único y sabio Dios sea gloria mediante Jesucristo para siempre. Amén» (Rom. 16:25-27. *Cf.* Rom. 1:1-7; 10:11).

Pablo, además, se refiere en sus escritos a «la simiente de Abraham», y la identifica, no con un pueblo y una raza determinados, sino con la simiente espiritual de la fe (Rom. 4). Es la manera como el apóstol de los gentiles contempla las profecías veterotestamentarias. En Gálatas 3 proclama que la profecía del Antiguo Testamento tocante a Abraham se cumple *ahora,* cuando Dios justifica a los gentiles por medio de la fe. A la luz de estas afirmaciones, no podemos seguir a los que declaran que el Antiguo Testamento guardó absoluto silencio acerca de la Iglesia del Nuevo Testamento. Tampoco nos vemos capaces de seguirles cuando sostienen que el reloj profético se halla parado en todo el período que arranca de la cruz del Calvario y que cubre la época de la extensión de la Iglesia por todo el mundo.

Un texto muy importante para la presente discusión es el que hallamos en Hechos 15:13-18. Ciertos cristianos hebreos atacan a Pablo porque admite a los creyentes gentiles en la Iglesia. Se reúne un gran concilio en Jerusalén para tratar de esta cuestión específica. Pedro y Pablo se hallan presentes y Santiago asume las funciones de la presidencia en calidad de anciano más destacado de la asamblea de Jerusalén. Este mismo Santiago, judío hasta los huesos, «hebreo de hebreos» si los hubo jamás, apoya la posición de Pablo arguyendo que la misma no es algo nuevo, sino que del mismo modo se había conducido Pedro mucho antes, siguiendo órdenes celestiales, conforme el mismo Pedro había confesado. Más aún, según Santiago, esta actitud no representaba una alteración en el plan divino —no se trataba de un paréntesis imprevisto—, sino que formaba parte de los planes originales de Dios desde el principio, tal como fue predicho por los profetas. Tanto es así, que Santiago procede entonces a citar al profeta Amós: «Y con esto concuerdan las palabras de los profetas, como está escrito: Después de esto, volveré y reedificaré el tabernáculo de David, que está caído; y repararé sus ruinas...» Con estas citas Santiago enseña que la reconstrucción del tabernáculo de David se cumple ahora en términos espirituales, al visitar Dios a los gentiles y al tomar de entre ellos un pueblo que invoque su nombre. Esta incorporación de los paganos conversos significa a los ojos del Altísimo la reedificación del tabernáculo, la reparación de sus ruinas y el futuro esplendor profetizado; de modo que la Iglesia no es más que el antiguo pueblo del pacto antiguo, reedificado y levantado de su postración.

Observemos atentamente que el tema a debate en el concilio de Jerusalén era la recepción de los gentiles en la Iglesia, y que Santiago cita al profeta Amós, no para declarar que este «llamamiento a los gentiles se halla en armonía con las promesas hechas a Israel (futuro)», como sugiere la Biblia Scofield,[53] sino para señalar que el antiguo profeta había dicho algo que tenía cumplimiento justamente en los días en que se celebraba la asamblea de Jerusalén. ¡Cuán sin sentido nos parece tratar de argumentar —a la manera de Scofield y del dispensacionalismo en general— que los gentiles a los que se refiere Santiago cuando cita a Amós no son los gentiles de entonces, los contemporáneos de Santiago, sino los judíos que vivirán en los tiempos del milenio! Suponiendo que los tiempos del milenio estuvieran próximos a nosotros, resultaría que Santiago habría defendido a Pablo y a sus conversos gentiles mediante una alusión a las condiciones vigentes dos mil años después. Nuestros amados hermanos dispensacionalistas olvidan que Santiago no estaba discutiendo ninguna carta profética en el concilio de Jerusalén. Se hallaban enfrascados en un problema urgente e inmediato: ¿entraban o no, en igualdad de condiciones, los gentiles en la Iglesia? Al citar al profeta Amós y sus palabras relativas a la reconstrucción del tabernáculo de David, Santiago no hace sino aplicar a «la plenitud de los tiempos», que llega con Cristo y sus apóstoles, el cumplimiento de cuanto fue dicho antaño sobre la recepción de gentiles en el pueblo de Dios. Esta recepción queda justificada porque se hallaba ya profetizada, y la cita de Amós es una prueba que refrenda su cumplimiento en las labores

53. Nota 1 a Hechos 15:13.

apostólicas de Pedro y de Pablo. Por lo tanto, en opinión de los apóstoles y de la primitiva Iglesia, el tabernáculo de David se ha convertido en el templo vivo de la Iglesia del Nuevo Testamento.[54]

En la carta a los Hebreos (caps. 8 y 10), el escritor sagrado enseña que el nuevo pacto (el del Nuevo Testamento) es el cumplimiento de estas palabras de Jeremías: «He aquí vienen días, dice el Señor, en que estableceré con la casa de Israel y la casa de Judá un nuevo pacto» (Heb. 8:8). Israel y Judá constituyen ahora el Israel de Dios. Las promesas hechas a los judíos del Antiguo Testamento tenían valor y vigencia para la Iglesia del Nuevo Testamento; de otra manera, ¿cómo podría aducirse este texto de Jeremías 31, dirigido a las casas de Israel y de Judá y aplicado aquí a la Iglesia?

Antiguamente, en algunas versiones de la Biblia (por ejemplo la AV inglesa), los subtítulos aplicados a ciertas divisiones del texto sagrado decían así:

Isaías 30:	Las misericordias de Dios para con su Iglesia
» 34:	Dios vindica a su Iglesia
» 43:	Dios consuela a su Iglesia
» 44:	Las promesas de Dios a su Iglesia
» 45:	Ciro es llamado por amor a la Iglesia
» 50:	La amplia restauración de la Iglesia
» 64:	La oración de la Iglesia

A la luz de cuanto llevamos estudiado, ¿cree el estudiante que dichos subtítulos eran tan erróneos como afirmaron los dispensacionalistas?

El mismo Salvador se refirió al Antiguo Testamento y a sus profecías sobre la venida de Elías, asegurando a sus oyentes que «Elías ha venido» (en la persona del Bautista, Mar. 9:12, 13). Sin embargo, no basta para algunos dispensacionalistas; los hay que todavía sostienen que Elías ha de venir. Por supuesto, no pretendemos ser más persuasivos que el mismo Señor.

---

54. Véase Edmund P. Clowney, «Le Temple Définitif», en la *Révue Réformée,* n.º 100, 1974.

¿Qué profetizó Zacarías en 9:9-10? Mateo contesta que en dicho pasaje se describe por anticipado la entrada triunfal de Jesús en Jerusalén (Mat. 21). Pero la Biblia de Scofield interpreta dicha entrada como la oferta que Cristo hizo a los judíos de ser proclamado su rey, oferta que fue rechazada. Es decir, el Señor fue manifestado como Rey, pero al ser rechazado por los suyos no ejerció su realeza. Esta es la interpretación dispensacionalista clásica. No obstante, tanto Zacarías como Mateo declaran que *Jesús vino como Rey*; no es que presentara una oferta para ser proclamado; *El era ya Rey.* Algunos literalistas extremos afirman que dicha entrada narrada en Zacarías no corresponde a la de Mateo y esperan que se cumpla en el futuro, puesto que no disciernen en el relato evangélico los emblemas reales que sugiere Zacarías. Para Mateo, sin embargo, el cumplimiento en los días de la primera venida es algo obvio.

En Hechos 2:30, 31, Pedro dice de David: «Siendo profeta y sabiendo que con juramento Dios le había jurado que de su descendencia, en cuanto a la carne, levantaría al Cristo para que se sentase en su trono, viéndolo antes, habló de la resurrección de Cristo, que su alma no fue dejada en el Hades, ni su carne vio corrupción.» De acuerdo con Pedro, no tenemos que esperar hasta el milenio para tener a Cristo sentado en el trono de David; tomó dicho lugar al resucitar. Esto halla confirmación en muchos otros textos que hablan de Cristo como Rey que, ya ahora, ejerce la realeza (1.ª Cor. 15:25), posee todo poder en el cielo y en la tierra (Mat. 28:18) y tiene todas las cosas debajo de sus pies (Ef. 1:22). La objeción de que nuestros ojos no le ven todavía revestido de su dignidad regia con el cetro que gobierna el Universo no es válida. ¿No contemplamos con los ojos de la fe al que es nuestro gran Sumo Sacerdote, que intercede por nosotros a la diestra del Padre? ¿Por qué no podemos ver también con los mismos ojos al ey? «Andamos por fe, no por vista.»

3. ¿Un reino futuro para los judíos?

Esta perspectiva novotestamentaria de las profecías del Antiguo Testamento cumplidas en la dispensación cristiana es lo que mueve a los creyentes de interpretación amilenial —aun a otros que sin ser amileniales no pueden aceptar las tesis dispensacionalistas— a negar la perspectiva de un futuro reino judío como cumplimiento de las antiguas profecías. Alegan estos hermanos que el Nuevo Testamento no hace afirmaciones explícitas sobre el particular. Sólo la Biblia de Scofield las formula, pero ¡en las notas al pie del texto!

El Nuevo Testamento se ocupa de los judíos. Razón de más para extrañarse del silencio que guarda respecto a un futuro reino en que los judíos, teniendo a Cristo como Rey en Jerusalén, reinarán sobre todas las demás naciones. Pablo se ocupa, y se preocupa, de la suerte de su pueblo; y ¿cómo no dice nada acerca de dicho glorioso imperio de los de su raza? Al contrario, el apóstol había comprobado que sus hermanos de sangre, los judíos, hallaban en el Evangelio un doble tropezadero: 1) la cruz (1.ª Cor. 1:23); 2) la inclusión de los gentiles en el pueblo de Dios (Hech. 22:21). ¿Por qué no los calmaba hablándoles de las perspectivas futuras que tenían como nación? Si las antiguas glorias de Israel debían ser resucitadas bajo el liderazgo personal de Jesucristo sentado en el trono de Jerusalén, la cabeza de un Imperio mundial absoluto, Pablo se hubiese apresurado a asegurar a los judíos que no sólo había una cruz en el horizonte, sino una corona también; que sólo era cuestión de tiempo, que bastaba tener paciencia y esperanza hasta que llegase el gran reino judío con el gran Rey. Así, las piedras de tropiezo con que topaban los hebreos habrían podido ser saltadas sin dificultad. Pero el apóstol no explicó nada de esto. Por el contrario, afirmó que el muro de separación entre judíos y gentiles había desaparecido definitivamente, sin esperanzas de que volviera a levantarse. Ahora, judíos y gentiles son uno en Cristo. Los escritores del Nuevo Testamento no aluden jamás a Cristo como Soberano terrenal reinando en la Jerusalén terrena como metrópolis mundial y sentado en un trono secular; todos ellos afirman, con énfasis, que Cristo es Rey ya ahora, si bien su plena manifestación aguarda para el último día. Ahora, Cristo reina en la Sion celestial, contrapartida constante, según los escritos novotestamentarios, de la Jerusalén terrenal.

En los escritos del máximo campeón moderno del dispensacionalismo, L. S. Chafer, encontramos la enseñanza de que, después de esta era del Evangelio, habrá una «reunión de Israel y la restauración del judaísmo»; también nos asegura el mismo autor que hay dos pueblos de Dios (con sus respectivos caminos de salvación distintos): «un pueblo terreno, que se dirige como tal a la eternidad, y un pueblo celestial, que permanecerá siempre fiel a su vocación celestial». Es decir: Dios tendrá dos pueblos distintos en la eternidad, uno terrenal y otro celestial. Para algunos, tal vez esto represente la culminación perfecta y lógica del literalismo dispensacional. Sin embargo, aparte de los dispensacionalistas, muy pocos cristianos compartirán semejante punto de vista.

El literalismo que trata de enfatizar continuamente un tipo de exégesis que refiera a un Israel en la carne las profecías del Antiguo Testamento, acaba, a la larga, por contradecir la dimensión universal y espiritual que hallamos constantemente en el Nuevo Testamento. En efecto, el Nuevo Testamento aplica las promesas veterotestamentarias a la simiente espiritual de Abraham, al Israel de Dios, no al carnal o racial.

El Nuevo Testamento subraya que no es judío el que lo es en lo exterior (Rom. 2:28, 29), que no es Israel el que se llama tal (Rom. 9:6), que los creyentes en Cristo son los verdaderos herederos de Abraham (Gál. 3:29), que la bendición de Abraham ha venido a recaer ahora sobre los gentiles (Gál. 3:14), y que no puede ya haber más judío o gentil, dado que «todos vosotros sois uno en Cristo Jesús» (Gál. 3:28). Los literalistas que esperan todavía que Cristo tome su sitio sobre el trono de David en Jerusalén, son inconsistentes con el anuncio de Pedro de que el Mesías ha tomado ya posesión de su trono, el trono de David en su dimensión más profunda, a partir del momento mismo de su Ascensión. El literalismo que espera la restauración del templo de Jerusalén, al que habrán de acudir todas las naciones para adorar y llevar sacrificios que hagan expiación por los pecados, no parece tener en cuenta la enseñanza de la epístola a los Hebreos, cuando afirma que tales sacrificios y ritos mosaicos han sido quitados para siempre (Heb. 10:8, 9). «Al decir nuevo pacto, ha dado por viejo el primero; y lo que se da por viejo y se envejece, está próximo a desaparecer» (Heb. 8:13).

4. ¿En qué sentido quedan todavía profecías por cumplir?

Un buen número de profecías del Antiguo Testamento se cumplieron ya al pie de la letra; otras, muy numerosas también, iban revestidas de un lenguaje figurativo que insinuaba un significado trascendente. Y así se vio al hallar su cumplimiento. Así también se verá cuando se cumplan las que esperan todavía. El Nuevo Testamento declara que encontrarán su sentido profundo y pleno —total y, en cierta medida, al pie de la letra—, pero espiritual.

Lo importante está claro; algunos detalles se nos escapan, y sólo cuando se cumplan las cosas que quedan por cumplir, comprenderemos entonces muchos matices todavía oscuros ahora. Así sucedió en la primera venida de Cristo; y así se repetirá en la segunda. Recordemos que fue un exceso de literalismo mal entendido lo que condujo al rechazo del Mesías por parte de los judíos. Fue, asimismo, un torpe literalismo lo que impidió en varias ocasiones a los discípulos el comprender la enseñanza de Jesús. Por ejemplo, cuando les dijo: «guardaos de la levadura de los fariseos», que ellos entendieron como un reproche por no traer pan. Fue también un exceso de literalismo lo que condujo a las multitudes a malentender la referencia que Jesús hizo a su muerte expiatoria, en términos de dar su «carne y sangre» por la humanidad. «¿Cómo puede éste darnos su carne para comer?», dijeron en su ignorante reacción.

No es que estemos vindicando tampoco una escuela alegórica (como, por ejemplo, la antigua de Alejandría, que veía símbolos de realidades espirituales hasta en el asno de la entrada en Jerusalén) que lo entienda todo en sentido espiritual. En cierta medida, abogamos por el literalismo lógico; es decir, por dar al texto la interpretación que el mismo texto exige, de acuerdo con los distintos géneros literarios. Y, sobre todo, a la luz de la hermenéutica que el mismo Nuevo Testamento aconseje. Así, el uso que de la profecía del Antiguo Testamento hace el Nuevo, nos lleva a dar un significado amplio y espiritual a promesas que, en apariencia, podría parecer que sólo tenían que ver con los judíos. Los varios géneros literarios —prosa, ensayo, historia, poesía, profecía, etc.— son un indicio en sí mismos de la exégesis que conviene adoptar. Resulta, pues, del todo absurdo el tratar pasajes históricos alegóricamente, y textos apocalípticos literalmente. Tanto en un caso como en el otro, se nos transmiten verdades, pero el distinto ropaje de las secciones requiere un tratamiento interpretativo y un discernimiento diferentes para captar la verdad que encierran.

Por ejemplo, el capítulo 11 de Isaías —y esto concierne al tema general de esta lección— termina con una maravillosa visión de los exiliados, que vuelven gozosos de la esclavitud a la patria; es el remanente fiel, vindicado, que responde al llamamiento de Aquel que es *«vara del tronco de Isaí»* (Is. 11:1) y también *«raíz de Isaí»* (11:10). Esta doble referencia nos da la clave para interpretar el cumplimiento último de este pasaje. En los capítulos finales de Apocalipsis este texto aparece en labios de Jesús, el Señor resucitado, ascendido y glorioso, cuando vuelve en su segunda venida (Apoc. 22:16). El retorno literal de los cautivos en Babilonia no fue más que un cumplimiento menor, parcial, que presagiaba el final y total.

El remanente fiel entona este capítulo 11 de Isaías como un *Cántico de Salvación,* que expresa perfectamente bien el sentir de cualquier redimido del Señor, en cualquier época.

De manera semejante, Pablo ve el cumplimiento de la profecía de Isaías 25 en el Cristo resucitado y en las consecuencias que su obra redentora tendrá para todos los redimidos (1.ª Cor. 15:54). De la misma opinión es el apóstol Juan, según lo relata en Apocalipsis 21:4. El Señor Jesucristo mismo contempló la participación de todos los suyos en el festín que se describe en el versículo 6 (según

Mat. 26:29). Si Jesús, y dos de sus apóstoles, nos ofrecen esta interpretación, ¿cómo podremos buscar en otra parte lo que no es más que escatología-ficción?

La Jerusalén terrena es prototipo de la ciudad celestial, en la que la promesa de Isaías 25:8 hallará cumplimiento total (Apoc. 21:4, 25), pues en la Jerusalén de arriba las puertas están siempre abiertas.

Por su parte, el autor de la carta a los Hebreos (2:13) afirma que Isaías 8:18 halló cumplimiento en Cristo y en su Iglesia. ¿No es suficiente indicio para nosotros de cómo debemos interpretar y aplicar estos pasajes del Antiguo Testamento?

La expresión «He aquí, *Yo y los hijos* que me dio Jehová...», ¿no es una clara alusión —y premonición— del Cuerpo de Cristo, la Iglesia?

CUESTIONARIO:

1. ¿Cómo interpreta el Nuevo Testamento las profecías del Antiguo Testamento referentes a Israel? — 2. ¿Ha sido aplazado hasta la segunda venida el reinado de Cristo? — 3. Mensaje de Romanos 1:1-7. — 4. ¿Había ya Iglesia en el Antiguo Testamento? — 5. ¿Representa Efesios 3:5, 6 una confirmación de la posición dispensacionalista? — 6. Importancia del debate referido en Hechos 15:13-18. — 7. ¿Qué nos dice la referencia de Hebreos 8:8 a Jeremías 31:31? — 8. ¿Qué nos dice el mensaje de Pedro en Hechos 2:30, 31 en relación con el reinado de Cristo? — 9. ¿Predice la Escritura un Reino futuro para los judíos? — 10. Peligros que encierra el desconocimiento de una sana hermenéutica en la interpretación de los diferentes géneros literarios de la Biblia.

LECCION 45.ª LAS ENSEÑANZAS DE JESUS SOBRE LA SEGUNDA VENIDA (I)

1. Las parábolas del trigo y la cizaña, y de la red barredera

En las parábolas del trigo y la cizaña, y de la red (Mat. 13:24-30, 36-43, 47-50), el Señor ofrece, como admiten los intérpretes, un cuadro de la edad presente. La Biblia de Scofield enseña: «Las siete parábolas de Mateo 13, denominadas por el Señor "los misterios del reino de los cielos" (vers. 11), describen, si se toman en conjunto, el resultado de la presencia del Evangelio en el mundo durante la edad actual, es decir: el tiempo de la siembra que comenzó con el ministerio personal de Cristo y termina con la "siega" mencionada en los versículos 40-43.»[55]

En el reino de los cielos, la cizaña y el trigo crecen juntos hasta el momento de la siega al final del mundo. Entonces, no antes, tendrá lugar la separación; la cizaña será quitada. Y mientras el castigo cae sobre los inicuos, la gloria se posa sobre los justos: «los justos resplandecerán como el sol en el reino de su Padre» vers. 43). El reinado presente del Hijo del Hombre, mediante la penetración del Evangelio, será seguido, sin fisuras, por el Reino eterno del Padre (*cf.* 1.ª Cor. 15:24, 25). Los impíos y los justos están juntos hasta el tiempo de la siega, el tiempo del fin; después, la separación es completa, total y final. El final de esta edad, o dispensación, trae al inicuo un inmediato y eterno castigo; al justo, la gloria eterna.

La Biblia de Scofield trata de evitar esta conclusión, pues no se aviene con el esquema dispensacional, el cual,

---

55. *Biblia Anotada de Scofield*, p. 974, nota 1 a Mateo 13:3.

entre la era presente y la eternidad, tiene que colocar muchas cosas: «El acto de recoger la cizaña en manojos para quemarla, no implica juicio inmediato —dice—. Al fin de la presente edad (vers. 40), la cizaña se pondrá aparte para el fuego; pero el trigo se recogerá primero en el alfolí (Jn. 14:3; 1.ª Tes. 4:14-17)»[56] El estudiante debe juzgar por sí mismo, sopesando las palabras del mismo Señor: «De manera que como se arranca la cizaña, y se quema en el fuego, así será en el fin de este siglo. Enviará el Hijo del Hombre a sus ángeles, y recogerán de su Reino a todos los que sirven de tropiezo, y a los que hacen iniquidad, y los echarán en el horno de fuego; allí será el lloro y el crujir de dientes. Entonces, los justos resplandecerán como el sol en el Reino de su Padre. El que tiene oídos para oír, oiga» (Mat. 13:40-43).

¿Por qué tiene tanto interés la Biblia de Scofield por impedir el juicio inmediato de la cizaña y corregir las palabras de Jesús, cuando el Señor afirma que aquélla es echada inmediatamente al fuego? Scofield enseña que, tras la siega, en el milenio, millones de personas no regeneradas estarán bajo el yugo de Cristo y de sus santos. La misma lógica de su sistema le obliga, pues, a escribir la nota número 1 de la página 976. Los oponentes del dispensacionalismo alegan que el Señor deja bien claro que no habrá ya más gente inconversa, después de su segunda venida (después de la siega), sobre la que gobernar, pues al final de la presente edad será echada en el horno de fuego (vers. 49-50). Scofield, por el contrario, hace retener al Señor los manojos de cizaña durante mil años, antes de quemarla.

2. Parábolas de las diez minas, de las diez vírgenes, y de los talentos

La parábola de las diez minas (Luc. 19:11-27) muestra cómo al regreso del hombre noble (tipo de Cristo) éste exclama: «Y también a aquellos mis enemigos que no querían que yo reinase sobre ellos, traedlos acá y decapitadlos

56. Id., p. 976, nota 1 a Mateo 13:30.

delante de mí» (vers. 27). Esta parábola enseña que, cuando Cristo vuelva, no sólo recompensará a sus siervos fieles (vers. 16-19), sino que visitará asimismo la maldad de los infieles (vers. 20-27) con su juicio final e inapelable. Sus enemigos serán «decapitados» y ni uno solo quedará para prestar «fingida obediencia en el tiempo del milenio», como escriben ciertos autores dispensacionalistas.

Similar a la parábola de las minas es la parábola de las diez vírgenes. Indica también que el Señor, a su regreso, consumará todas las cosas; su venida es el fin, la conclusión para todos. Por otra parte, algo queda en ella fuera de toda duda: cuando el novio venga, la puerta se hallará cerrada para los que no se prepararon convenientemente para recibir al esposo (Mat. 25:10). No hay ya más oportunidades; la suerte queda echada para todo el mundo. La enseñanza dispensacional supone que habrá todavía oportunidades de salvación después de la segunda venida, durante el período de la llamada «tribulación» o en el milenio mismo. ¿No parece más bien indicar la Escritura que, cuando el Señor venga a buscar a los suyos, al mismo tiempo quedará cerrada para siempre la puerta de la oportunidad?

Lo mismo encontramos en la parábola de los talentos (Mat. 25:14-30). La venida del Señor traerá gloriosa recompensa a sus fieles discípulos, mientras que, al propio tiempo, acarreará a los impíos una terrible condenación.

3. El discurso del Monte de los Olivos

¿No tendremos en este discurso de Jesús la enseñanza del «arrebatamiento»? ¿No leemos acaso: «el uno será tomado y el otro será dejado»? (Mat. 24:40).

Observemos, en primer lugar, que nada en este pasaje indica que dicho «arrebatamiento» sea secreto, o invisible. La venida del Señor es todo lo opuesto que pueda imaginarse a lo secreto e invisible. Aparecerá como «un relámpago»; será imprevista, sí, pero no invisible. «Entonces lamentarán todas las tribus de la tierra, y verán al Hijo del Hombre viniendo sobre las nubes del cielo, con poder y gloria. Y enviará sus ángeles con gran voz de trompeta, y juntarán a sus escogidos...» (Mat. 24:30-31). El relámpago y la voz de trompeta son señales audibles y visibles que le quitan a todo acontecimiento cualquier sombra de carácter secreto que pudiera tener.

Veamos también, especialmente en los versículos 37-40, el paralelismo con Noé: «Mas como en los días de Noé, así será la venida del Hijo del Hombre. Porque como en los días antes del diluvio estaban comiendo y bebiendo, casándose y dándose en casamiento, hasta el día en que Noé entró en el arca, y no entendieron hasta que vino el diluvio y se los llevó a todos, así será también la venida del Hijo del Hombre. Entonces, estarán dos en el campo; el uno será tomado y el otro será dejado.» Aquí se nos presenta, no sólo una comparación entre el día de Noé y el día de Cristo, para ilustrar lo imprevisto de los acontecimientos en ambos casos, sino que se nos ofrece asimismo un paralelo de los resultados habidos en ambos sucesos. En días de Noé algunos fueron tomados dentro del arca y salvados; los demás fueron dejados a una espantosa destrucción. Lo mismo sucederá cuando Cristo aparezca en su segunda venida: algunos serán tomados para salvación y los otros serán dejados para condenación. La segunda venida traerá redención plena a los hijos de Dios, y condenación a los impíos. Una vez más el Día del Señor aparece como un solo evento, que acarrea bendición y juicio al mismo tiempo. No hay lagunas, no existen espacios o períodos que abran abismos de tiempo entre la segunda venida y el castigo de los impíos.

4. ¿Cuál es el mensaje del Monte de los Olivos?

Los mejores comentarios del pasado, al exponer Mateo 24, explicaban que el objetivo del Señor en dicha ocasión consistía en advertir a sus discípulos de la gran tribulación que iba a sobrevenirles próximamente —no en un lejano futuro; es decir, se refería a la inminente destrucción de Jerusalén por las tropas romanas de Tito el año 70 de nuestra era.

Entre estos comentaristas descuella la figura de Alfred Edersheim, hebreo convertido al cristianismo y uno de los eruditos evangélicos más notables de todos los tiempos. Destaca entre sus escritos su monumental *Life and Times of Jesus the Messiah*, de la que, con razón, Philip Mauro ha dicho: «Si uno no pudiera leer más que media docena de libros, además de la Biblia, esta obra de Edersheim sería uno de los seis libros que deberíamos escoger.» La autoridad de Edersheim en la materia que nos ocupa aquí es evidente, dado que ha habido muy pocos eruditos que, como él, conocieran tan a fondo las costumbres, los hábitos mentales, las expresiones y giros idiomáticos, los escritos, las tradiciones y todo cuanto se refiere a los judíos, y a sus líderes, del tiempo de Jesús. En su obra citada ofrece un cuadro detallado, completo y fiel de Judea y sus habitantes —judíos, prosélitos, sacerdotes, rabinos, escribas, fariseos, saduceos, herodianos, griegos y romanos— en los primeros años de nuestra era.

Edersheim divide la profecía del Señor en el Monte de los Olivos (según aparece en Mateo) en cuatro partes principales. Será instructivo seguir su análisis:

1) La primera división comprende los versículos 5-8, y contiene las advertencias a los discípulos para que no interpreten los «rumores» y el «principio de dolores» (guerras, pestes, hambres y terremotos) como señales del segundo advenimiento del Señor (vers. 5: «porque vendrán muchos en mi nombre, diciendo: Yo soy el Cristo, y a muchos engañarán»). Estas advertencias han sido necesarias, no sólo para los judíos de entonces, sino en todas las épocas, ya que los «rumores» y el «principio de dolores» que predice Cristo, especialmente cuando aparecen alrededor de algún farsante o supuesto anticristo —desde Nerón a Hitler, pasando por Napoleón y otros conquistadores y dictadores— suelen suscitar en el ánimo de las masas incultas (bíblicamente incultas, sobre todo) la expectación errónea del inmediato advenimiento del Señor. Es realmente sorprendente que el pueblo de Dios tome tan persistentemente como señales de la próxima segunda venida aquellas cosas, de las que precisamente Cristo nos advirtió que no debíamos tomarlas como tales.

2) La segunda división de Edersheim abarca los versículos 9-14 y contiene advertencias de carácter más general que las de la primera sección. Dos peligros destacan especialmente: A) *peligros internos* («muchos falsos profetas se levantarán y engañarán a muchos», vers. 11), herejías, apostasía y decadencia de la fe; B) *peligros externos* («os entregarán a tribulación y os matarán, y seréis aborrecidos de todas las gentes», vers. 9), la persecución. Pero al lado de estos dos peligros aparecen también dos hechos consoladores: A') *«El que persevere hasta el fin, ése será salvo»* (vers. 13). A pesar de todas las insidias y persecuciones, habrá la posibilidad de mantenerse fiel, porque el Espíritu del Señor capacitará a sus siervos para testificar, incluso delante de reyes, cuando sea necesario (V. Mar. 13:9); B') *«Y será predicado este Evangelio del reino en todo el mundo»* (vers. 14). A pesar de la enemistad combinada de judíos y gentiles, antes del fin será predicado el Evangelio del reino «para testimonio a todas las naciones». Y este hecho es, realmente, la única señal del «final» de esta presente edad: *«y entonces vendrá el fin»*.

3) La tercera división de la profecía de Cristo se halla en los versículos 15-28. Acerca de dicha división, Edersheim escribió:

> «En la tercera parte del discurso el Señor procede a advertir a sus discípulos acerca del *gran evento histórico que se avecina de manera inmediata para ellos*, además de los peligros que comportará dicha situación. De hecho, tenemos aquí la respuesta a la pregunta formulada por los discípulos: "¿Cuándo serán estas cosas, y qué señal habrá de tu venida, y del fin del siglo"? (vers. 3), pregunta que quiere saber más de lo que Cristo comenzó a declarar (predicción de la destrucción del templo de Jerusalén, vers. 1, 2) y que, por lo tanto, el Señor responderá en varias secciones. Lo inmediato es el peligro de los falsos cristos (vers. 4, 5) y el hecho de la destrucción de Jerusalén.»

Observemos que la pregunta «¿Cuándo serán estas cosas?» queda contestada directamente mediante las palabras: «Por tanto, cuando veáis en el lugar santo la abominación desoladora de que habló el profeta Daniel...» (vers. 15; Luc. 21:20). «Porque habrán entonces gran tribulación, cual no la ha habido desde el principio del mundo hasta ahora, ni la habrá. Y si aquellos días no fuesen acortados, nadie sería salvo; mas por causa de los escogidos, aquellos días serán acortados...» (vers. 21, 22). Edersheim comenta:

> «Esto, juntamente con la gran tribulación, sin paralelo en el pasado de su historia nacional y sin igual siquiera en el futuro sangriento que le espera a Israel como pueblo o raza, iba a caer sobre ellos inevitablemente. Y tan terrible, espantosa y cruel iba a ser aquella persecución, que si la misericordia divina no hubiese intervenido por amor de los escogidos, por amor de los seguidores de Cristo, toda la raza judía habría perecido y ninguna carne habría sido salva.»

Los relatos de Josefo, el historiador judío, testigo ocular de los horrendos acontecimientos relacionados con el asedio y la toma y destrucción de Jerusalén, son suficientemente elocuentes al respecto.

4) La cuarta división de la profecía llena los versículos 29-31. De esta porción el mismo Edersheim escribe:

> «En un rápido bosquejo, el Señor traza los eventos que conducirán desde la gran tribulación padecida por los judíos en el año 70 hasta el fin del mundo: "el tiempo de los gentiles" y, con ello, la nueva alianza a la que se incorporarán los israelitas conversos; "la señal del Hijo del Hombre en el cielo", percibida claramente por todos; la venida de Cristo, la última trompeta, la resurrección de los muertos y el juicio final.»

Así termina la parte profética del discurso, a la que sigue en versículos 32 y 33 una parábola para destacar la importancia y la aplicación de la señal que les había dado para saber cuándo la destrucción de la ciudad santa estaría cercana. De la higuera bajo la cual aquella tarde de primavera descansaron seguramente, tenían que aprender la lección los discípulos: «Cuando ya su rama está tierna y brotan las hojas, sabéis que el verano está cerca. Así también vosotros, cuando veáis todas estas cosas, conoced que está cerca, a las puertas. De cierto os digo que no pasará esta generación hasta que todo esto acontezca» (vers. 32, 33). El verano no había llegado todavía, pero estaba ya a la puerta. La distinción es muy importante, ya que parece indicar que «todas estas cosas» que tenían que ver con sus propios ojos los contemporáneos de Jesús, les mostrarían la inminencia de los eventos predichos. Además, apunta a los acontecimientos que iban a cumplirse en aquella misma generación, y no a la segunda venida de Cristo. La aplicación, pues, de la parábola de la higuera estéril debe hacerse en conexión con la predicción de la destrucción de Jerusalén y de la comunidad nacional judía en el año 70.

Esta parece ser la interpretación más sencilla y satisfactoria de las palabras del versículo 34, así como de las del versículo 33, «*cuando veáis estas cosas...*» y «*no pasará esta generación...*». Si aquellos judíos a quienes hablaba el Señor tenían que contemplar los acontecimientos aquí predichos, es de pura lógica que no pasara dicha generación sin que todo ello aconteciese. Si, como hace la Biblia de Scofield,[57] aplazamos el cumplimiento de estas palabras hasta un futuro lejano, las mismas se convierten en un semillero de contradicciones. Incluso si se interpreta «generación» como «raza» o «linaje» (vers. 34), queda la dificultad del versículo 33 («*cuando veáis estas cosas*»). ¿Cómo iban a ver los contemporáneos de Jesús «estas cosas», si no habían de tener su cumplimiento sino hasta el cabo de muchos siglos?

Pero hay algo más. El Señor enfatizó varias veces a lo largo de su ministerio que no habría señal alguna de su inmediata segunda venida. Repitió constantemente que vendría como ladrón en la noche, inesperadamente, sin

57. Página 994.

advertencia. Si aplazamos la aplicación de las palabras de Mateo 24:33 y ss. hasta un futuro lejano de siglos lejanos después de la época en que fueron pronunciadas, estamos contradiciendo a la enfática enseñanza de Jesucristo en el sentido apuntado de que no habrá señales que precedan y adviertan de su inminente segunda venida.

Como bien señala Edersheim, cuando brotan las hojas de las ramas tiernas de la higuera se nos da una señal de que el verano está a la puerta; señal que indica, no la cosecha (el fin del mundo, el término de la presente y última edad de la historia), sino aquella estación —verano— que precede a la cosecha. Y el detalle es altamente significativo para la interpretación del texto.

CUESTIONARIO:

1. Enseñanza de las parábolas del trigo y la cizaña, y de la red, según todos los intérpretes. — 2. ¿Cómo y por qué trata la Biblia de Scofield de desvirtuar la obvia conclusión que se deduce de Mateo 13:40-43? — 3. Enseñanza de las parábolas de las diez minas, de las diez vírgenes y de los talentos. — 4. ¿Favorece Mateo 24:40 y ss. a la enseñanza dispensacionalista sobre el «arrebatamiento» de la Iglesia? — 5. ¿Qué nos enseña el paralelismo que el Señor hace con los días de Noé? — 6. ¿Cuál es el mensaje nuclear del discurso del Monte de los Olivos? — 7. ¿Qué importancia tiene una correcta distinción entre las secciones de dicho mensaje? — 8. Interpretación que hace Edersheim de todo el pasaje. — 9. ¿Cuál es la correcta interpretación de Mateo 24:32-34? — 10. ¿Dio el Señor alguna señal de su segunda venida?

LECCION 46.ª LAS ENSEÑANZAS DE JESUS SOBRE LA SEGUNDA VENIDA (II)

5. El «principio de dolores»

Al describir las guerras, pestes, hambres y terremotos que deben caracterizar a la edad presente desde el comienzo, el Señor usó una expresión que merece atención especial: «Todo esto será principio de dolores» (el original indica «dolores de parto», sufrimientos de la mujer que da a luz —Mat. 24:8—). Con estas palabras el Señor describe la época presente, y lo hace indicando que se trata de un tiempo de alumbramiento. En esta imagen se entrecruzan y enlazan dos realidades muy dispares: dolor y alegría. En efecto, se trata de un tiempo de sufrimiento, como el experimentado por la mujer en el parto, pero, al mismo tiempo, existe una atmósfera de esperanza y de gozo por lo que se espera; de modo que la época mesiánica, inaugurada con la primera venida de Cristo, es *un período que se caracteriza por los dolores y las alegrías del alumbramiento de la nueva era.* Esta enseñanza conecta con la estimación de la presente edad como «el último tiempo».[58]

Los «dolores de parto» de que se habla aquí, nos recuerdan el pasaje de Pablo en Romanos 8:22, cuando describe los mismos dolores con que gime la creación entera. En dicha carta Pablo nos habla también de las alegrías que seguirán a dichos sufrimientos: la manifestación plena de los hijos de Dios; la adopción mediante la cual incluso la creación participará de la liberación de su servidumbre y corrupción.

---

58. Véase la lecc. 49.ª.

En la misma línea de pensamiento, 1.ª Tesalonicenses 5:3 habla de los «dolores de la mujer encinta». El contexto de este pasaje se refiere a la segunda venida del Señor y en él aparecen las mismas ideas: la presente edad final se caracteriza por los dolores de parto, y el alumbramiento final corresponderá a la venida de Cristo.

Mediante estos textos —y otros en la misma corriente teológica— la Escritura enseña que las catástrofes, persecuciones y dolores en general del pueblo de Dios constituyen la característica del período en que vivimos hasta el final de los tiempos. Su intensidad puede variar, y hasta pueden espaciarse las épocas más conflictivas, debido a los avivamientos esporádicos en determinados períodos de la historia. Lo evidente es que los «dolores» anunciados en Mateo 24:5-8 visitarán la tierra y lo harán con mayor intensidad todavía al final de los últimos tiempos. Pero dado que la frecuencia de tales «dolores» es notoria en cualquier edad, y casi constante en la historia de muchos países, ello impide que puedan ser tomados como «señales» infalibles. Fijémonos en que las guerras, hambres, pestes y terremotos no son, en palabras de Jesús, más que «*principio* de dolores»; se trata simplemente del comienzo. Podemos precisar los indicios, pero no el final exacto en el reloj de la historia. Es bien conocido que los dolores de parto, tras los primeros síntomas muy intensos y fuertes, suelen ser intermitentes hasta que llega el momento preciso de dar a luz, el más severo y difícil de todos. Y así será también al término de la era actual, la postrera de la humanidad, como claramente se predice en Apocalipsis.

El símil de los «dolores de parto» conecta también con Jeremías 30:5-7, pasaje en que el profeta predice el retorno de los judíos de Babilonia (vers. 3), y luego contempla «el tiempo de angustia para Jacob», sobre el que precisa: «Inquirid ahora, y mirad si el varón da a luz; porque he visto que todo hombre tenía las manos sobre sus lomos, como mujer que está de parto, y se han vuelto pálidos todos los rostros. ¡Ah, cuán grande es aquel día! Tanto, que no hay otro semejante a él; tiempo de angustia para

Jacob; pero de ella será librado. En aquel día, dice Jehová, yo quebraré el yugo de tu cuello...» (Jer. 30:6-8).[59]

Si, pues, consideramos esta época última de la humanidad que cubre todo el tiempo entre el primero y el segundo advenimiento de Cristo como un período de «dolores de parto» (y tenemos base para hacerlo, apoyados en las referencias bíblicas apuntadas), podemos interpretar «el tiempo de angustia para Jacob» como el que se extiende desde la destrucción de Jerusalén hasta el día de hoy. En esta perspectiva, las palabras «pero de ella será librado» (vers. 7) parecen hallarse ahora en vísperas de su cumplimiento.

6. Un contraste iluminador

En el mensaje de Jesús en el Monte de los Olivos aparece un contraste al que hay que prestar especial atención si queremos interpretar correctamente, no sólo esta profecía, sino también todas las demás que tienen que ver con el final de esta presente edad.

Al examinar cuidadosamente todo el discurso —sin olvidar los paralelos de Marcos y Lucas—, comprobamos que Jesucristo divide el futuro en dos períodos bien señalados. El primero de estos períodos se extiende desde el tiempo en que Jesús pronunció sus palabras hasta el momento de la destrucción de Jerusalén; el segundo abarca la época que se extiende a partir de dicha destrucción de la ciudad santa hasta la segunda venida del Señor. «Por tanto, cuandon veáis en el lugar santo la abominación desoladora de que habló el profeta Daniel (el que lee, entienda), entonces los que estén en Judea, huyan a los montes...» (Mat. 24:15). A partir de este versículo 15, y hasta el 26, el Señor habla a sus discípulos sobre la invasión de Judea por las tropas romanas y el asalto final a Jerusalén. Jesús estaba presto a darles información sobre lo que era inminente, lo que iba a acontecer en aquella misma ge-

59. El símil de los dolores de parto y del alumbramiento se repite también en Juan 16:21-22, aunque en diferente contexto.

neración y que ellos verían con sus propios ojos. Por consiguiente, sobre dicho período el Señor advierte: «*Mas vosotros mirad; os lo he dicho todo antes*» (Mar. 13:23).

A partir de aquí el Señor comienza a referirse al segundo período en que divide la historia (Mat. 24:27-31; Mar. 13:24-27) «*Pero en aquellos días, después de aquella tribulación...*» (Mar. 13:24) el Señor afirma que regresará en gloria, aunque no da demasiados detalles sobre el particular. En lugar de ofrecer una abundante información, como la que dejó a sus contemporáneos sobre la próxima caída de Jerusalén, y en vez de dar alguna señal inequívoca por medio de la cual su pueblo pudiese ser advertido de la inminencia de su segundo retorno, en lugar de estos signos claros, Jesús habla solamente en términos generales, y sólo en un punto es realmente explícito, sin dejar lugar a dudas o ambigüedades: no serán reveladas señales que declaren a su pueblo por anticipado su segunda venida. Esta característica —la imprevisión, lo repentino— de la segunda venida (*cf.* Mat. 24:27; 1.ª Tes. 5:2, 3) es algo que se repite constantemente, se enfatiza con insistencia, de tan varias y diferentes maneras, que constituye la clave de la interpretación, no sólo del discurso del Monte de los Olivos, sino de todas las profecías que tienen que ver con la segunda venida del Señor. He ahí un tremendo contraste: mientras que los acontecimientos próximos a los contemporáneos de Jesús serán precedidos de alguna señal, por medio de la cual sus discípulos podrán discernir su inminencia, todo lo relativo a su advenimiento en gloria al final de los tiempos carece de señales suficientemente concretas y exactas para poder predecir el evento con anticipación.

Cuanto iba a ocurrir a la generación que escuchó de labios de Jesús el discurso del Monte de los Olivos no sólo era conocido, sino que podría ser fácilmente reconocido por los eventos que precederían a su plena realización; las señales eran demasiado claras como para equivocarse. Por el contrario, la segunda venida aparece anunciada en términos que ponen en claro su realidad, pero al mismo tiempo dejan ambiguos los detalles. ¿Cuándo volverá el Señor? Del día y de la hora —manifestó Jesús mismo—

nadie sabe; ni siquiera el Hijo del Hombre puede revelarlo, ya que, en tanto que *hombre* y sometido a las limitaciones de su humanidad durante su ministerio terrestre, ni El lo sabe. Además, no es la voluntad de Dios el que haya señales suficientemente explícitas que aperciban a los discípulos de la proximidad de la segunda venida. Más bien, el consejo es esperar en cualquier tiempo su venida (Luc. 21:36).

Con respecto a la primera profecía (la destrucción de Jerusalén en el año 70), había dicho: «*Mas vosotros mirad; os lo he dicho todo antes*» (Mar. 12:23). Acerca de la segunda profecía (el regreso del Señor en gloria), dijo: «*Pero de aquel día y de la hora nadie sabe, ni aun los ángeles que están en el cielo, ni el Hijo, sino el Padre*» (vers. 32).

No es muy serio el recurso de quienes, tratando de eludir la fuerza del versículo 32, arguyen sofísticamente que lo único que queda en la incertidumbre es «el día y la hora», pero no la época o el tiempo exacto de la segunda venida. Intentan así poder seguir con su «juego» de hacer cómputos y esquemas de acontecimientos que suponen previos a la segunda venida. Se trata del misterio tocante «al día y a la hora» —nos dicen—, pero no al año; ¿qué impide que tratemos de saber el año? Nosotros replicamos que debería bastar el ridículo que han corrido un buen número de sectas que se atrevieron a profetizar tales cosas. Cuando escribo estas líneas —al término de 1975—, compruebo el fracaso de los «Testigos de Jehová», que se aventuraron una vez más a señalar dicho año, y el mes de octubre, como la fecha para el fin del mundo. Pero, aun soslayando estas grotescas experiencias, la hermenéutica del texto nos obliga a otra clase de exégesis, lejos de tanto infantilismo y absurdo. Las palabras del Señor en Marcos 13:32 indican claramente que el tiempo, la época precisa, de su segunda venida no es tema revelado y que se trata más bien de señalar expresamente su misterio en cuanto a fechas.

Jesús quiere hacernos ver la incertidumbre que debe reinar en todo lo referente a su venida en gloria, repentinamente. Debe ser así; de lo contrario, no sería repentina. Además, el versículo siguiente dice bien a las claras:

«Mirad, velad y orad; porque no sabéis cuándo será el tiempo» (vers. 33). De modo que no es cuestión tan sólo del «día» u «hora», sino que es el *tiempo* lo que permanece enigmático. Finalmente, la enseñanza de los versículos 33-37, con la parábola que ilustra la enseñanza aquí enunciada por el Señor, no deja lugar a dudas sobre esta cuestión: el tiempo de la segunda venida es, para nosotros, incierto; incertidumbre que se extenderá a todo lo largo y ancho del período entero de la ausencia del Señor.

Así como explicó Jesús una parábola para ilustrar el significado de sus palabras sobre el período previo o la destrucción de Jerusalén (la parábola de la higuera), así también pronunció otra parábola para ilustrar y precisar la enseñanza concerniente al período que siguió a la destrucción de Jerusalén, y también pronunció otra parábola para ilustrar y precisar la enseñanza concerniente al período que siguió a la destrucción de Jerusalén, y en el cual todavía vivimos; período que describe como «aquellos días, después de aquella tribulación» (vers. 24) y que Lucas define como «los tiempos de los gentiles» (Luc. 21:24).

El sentido de la primera parábola —que ilustra la primera profecía— consiste en señalar que, de la misma manera que sabemos que el verano se acerca cuando la rama de la higuera está tierna y brotan las hojas, así también la presencia de los ejércitos romanos en Judea será una señal segura de la proximidad del cumplimiento de la profecía acerca de Jerusalén.

No menos clara es la enseñanza de la segunda parábola, porque el Hijo del Hombre «es como el hombre que yéndose lejos, dejó su casa y dio autoridad a sus siervos, y a cada uno su obra, y al portero mandó que velase» (Mar. 13:34). El Señor mismo se aplica esta parábola y la aplica igualmente a la enseñanza básica de toda profecía sobre su segunda venida: la incertidumbre, lo repentino de su llegada. En efecto, dice el Señor: *«Velad, pues, porque no sabéis cuándo vendrá el Señor de la casa, si al anochecer, o a la medianoche, o al canto del gallo, o a la mañana; para que cuando venga de repente, no os halle durmiendo. Y lo que a vosotros digo, a todos lo digo: Velad»* (vers. 35-37). Es evidente que esta segunda parábola enseña exactamente lo contrario de la primera. La noche se dividía, de acuerdo con las costumbres de aquel tiempo, en cuatro vigilias. El Señor se refiere a su ausencia como «noche»; puede llegar en cualquiera de las cuatro vigilias de la noche. De esta manera, el problema del tiempo de su segunda venida fue dejado, *ex professo*, ya desde el principio dentro de la mayor incertidumbre; hasta tal punto que, después de la destrucción de Jerusalén, la única manera de que el regreso del Señor en gloria no nos tome desprevenidos consiste en velar; no en buscar señales, ni en contar fechas, sino en velar. Hemos de procurar que, «*cuando venga de repente*», no nos halle durmiendo; porque esto puede ocurrir en cualquier momento.

El relato de Marcos expone la enseñanza de Jesús de una manera positiva, mostrando la posibilidad de que pueda volver en cualquier momento, en cualquiera de las vigilias de la noche. En Mateo (y también en Lucas 17:24-30) el énfasis es negativo, es decir, se trata de subrayar que *la segunda venida de Cristo no será precedida de ninguna señal específica.*

El regreso del Señor en gloria será como lo acontecido en los días de Noé, cuando la vida cotidiana seguía su curso «hasta el día en que Noé entró en el arca» (Mat. 24:37, 38), y como también ocurrió en los días de Lot: «comían, bebían, compraban, vendían, plantaban, edificaban, mas el día en que Lot salió de Sodoma, llovió del cielo fuego y azufre y los destruyó a todos» (Luc. 17:28-30). La intención de las palabras de Jesús no puede ser más clara.

De estas enseñanzas de Jesucristo se desprende que no hay mayor absurdo, extravagancia y despiste espiritual que el tratar de calcular —a partir de cualquier cifra o número que hallemos en la Biblia— el año, aproximado o exacto, el tiempo y las condiciones en que se producirá la segunda venida de Cristo. Si Cristo mismo no quiso saberlo (Mar. 13:32) ni, por consiguiente, revelarlo, ello supone que no hay en la Escritura ni un solo dato para que nosotros intentemos computar fechas o tiempos.

Esto explica la imposibilidad en que se hallan muchos cristianos de poder aceptar lo que hoy tantos aceptan, llevados por aficiones a la escatología-ficción: la revelación de Jesucristo al final de una supuesta «gran tribulación» de determinado tiempo (siete años, de acuerdo con la mayoría de los dispensacionalistas, o tres años y medio según otros dispensacionalistas). Los que ubican la revelación de Jesucristo al término de la hipotética «gran tribulación» no son conscientes de que están contradiciendo al Señor mismo, dado que dicha «tribulación» sería una señal segura, infalible, de la inminencia de su segunda venida.

7. Señales en el sol, la luna y las estrellas

«Pero en aquellos días, después de aquella tribulación, el sol se oscurecerá y la luna no dará su resplandor, y las estrellas caerán del cielo, y las potencias que están en los cielos serán conmovidas. Entonces verán al Hijo del Hombre, que vendrá en las nubes con gran poder y gloria. Y entonces enviará a sus ángeles, y juntará a sus escogidos de los cuatro vientos, desde el extremo de la tierra hasta el extremo del cielo» (Mar. 13:24-27).

Este pasaje podría entenderse en el sentido de que lo que acaece en el sol, la luna y las estrellas son *señales* precursoras de la inminente llegada del Señor de gloria. Pero la enseñanza de Cristo mismo que hemos estado estudiando nos impide tal interpretación. Esta dificultad, por otro lado, nos espolea para investigar y hallar su verdadero sentido en otra dirección.

Un estudio de todos los pasajes paralelos en Mateo, Marcos y Lucas nos hace ver que las señales en el sol, la luna y las estrellas, así como la angustia de las gentes y el desfallecimiento de los hombres por el temor y la expectación de las cosas que sobrevendrán, más que señales precursoras son expresiones de la parusía misma, es decir, forman parte de la manifestación del Señor, como su cortejo. Lejos de advertirnos por anticipado, lo que hacen es proclamar que el Mesías ya está aquí, viniendo en las nubes con poder y gloria.

«El sol se oscurecerá y la luna no dará su resplandor, y las estrellas caerán del cielo, y las potencias de los cielos serán conmovidas. Entonces aparecerá la señal del Hijo del Hombre en el cielo; y entonces lamentarán todas las tribus de la tierra, y verán al Hijo del Hombre viniendo sobre las nubes del cielo con poder y gran gloria» (Mat. 24:29-30).

Tanto las señales cósmicas como la misma «señal del Hijo del Hombre» no sirven como premoniciones de la segunda venida, sino que son ya la demostración de que Cristo ha llegado. Estas señales no cumplirán una función de advertencia como las que fueron dadas con respecto a la destrucción de Jerusalén, sino que se producirán en el momento mismo en que el Señor aparezca y, por lo tanto, no tienen carácter precursor, sino final. «Entonces aparecerá la señal del Hijo del Hombre en el cielo; y entonces lamentarán todas las tribus...» ¿Por qué este lamento? Porque ya no hay más oportunidad; se acabó la época de la predicación del Evangelio; quienes no sean salvos cuando aparezca dicha señal (y las señales cósmicas que la acompañarán como el alba anuncia el día), no pueden serlo ya jamás.

De ahí el énfasis del Señor en que velemos. Y esta vela implica esperar no tanto señales —como fue el caso, cuando la destrucción de Jerusalén, para poder así escapar a las montañas, lejos de la ciudad asediada por los romanos— cuanto al mismo Señor que viene a buscarnos. La expectativa de nuestra parte consiste en un devoto anhelo de recibir al Señor. No debemos esperar señales, sino al Señor mismo.

El carácter de las señales cósmicas, como manifestaciones del poder divino que acompaña siempre a la parusía, se hace evidente al aparecer con persistencia en los textos sagrados cuando hablan del «Día de Jehová», el «Día del Señor», anunciado por los profetas (*cf.* Am. 5:18; 8:9; Jer. 4:23-26; Ez. 32:7 y ss.; Miq. 1:3-4; Jl. 2:10; 3:4; 4:15; Is. 13:9-10; 34:4 —parece que el Señor citó, sobre todo, estos últimos textos de Isaías). Hay más: no sólo se dan estos signos de estremecimiento cósmico en relación con la segunda venida, sino que acompañan también a las diversas teofanías que se mencionan en la Biblia. Toda manifestación de Jehová (por ej. en Ex. 13:22) suele describirse con imágenes parecidas. En la parusía se les añaden las más netamente apocalípticas: conmociones terrestres, guerras, hambres y seísmos, sufrimientos y angustias increíbles, catástrofes celestes, el rayo y la nube, y los dolores de parto. Esto ha hecho pensar a algunos comentaristas que se trata más bien de un estilo propio, apocalíptico, que se repite siempre que lo exige el tema de la parusía o de la teofanía bíblicas y que, por lo tanto, ha de entenderse, no al pie de la letra, sino en sentido simbólico como expresión de la realidad del fin del mundo. El día de Pentecostés, Pedro citó la profecía de Joel en la que aparecen tales elementos característicos de la *parusía* (Hech. 2:16-21). El apóstol considera cumplida aquel día la profecía de Joel, sin que se hubiesen visto, literalmente, otras señales que las lenguas de fuego (V. Jl. 2: 27, 30).

Todavía otros comentaristas opinan que este brillante simbolismo del lenguaje apocalíptico hace referencia a los poderes políticos del mundo. Todo lo que representa el poder se desmoronará como un castillo de naipes. En apoyo de dicha interpretación los citados exégetas aportan el constante simbolismo bíblico para aludir a los gobiernos, los estados y cuantos detentan posiciones de mando y poder. Por ejemplo, en Génesis 37:9, 10 el sol, la luna y las estrellas tienen esta connotación. Los textos de Ezequiel 32:7; Joel 2:31 y 3:15, así como Apocalipsis 12:1, parecen orientarnos en dicha dirección política más que astronómica, puesto que el sol hace las veces de figura de autoridad terrena en un sentido amplio, y la luna de menor autoridad, mientras que las estrellas son como personajes prominentes en las altas esferas. «Las *potestades* de los cielos serán conmovidas» (Mat. 24:29), leemos en Mateo, en Marcos y en Lucas. Pablo, en Romanos 13:1, afirma que «*no hay potestad sino de Dios*», y Pedro utiliza la misma palabra cuando se refiere al Cristo ascendido a la diestra del Padre: «ángeles, autoridades y *potestades*» sujetos a él (1.ª Ped. 3:22). Sea cual sea la interpretación que demos a estas señales en los cielos, la verdad es que «la voz del cual conmovió entonces la tierra, ahora ha prometido: Aún una vez y conmoveré no solamente la tierra, sino también el cielo» (Heb. 12:26). Aquí conviene recordar lo dicho en la lección 28.ª.

El texto de Mateo (24:29) ofrece una dificultad en la expresión con que comienza: «E *inmediatamente después* de la tribulación de aquellos días (la destrucción de Jerusalén en el año 70), el sol se oscurecerá y la luna no dará su resplandor...» Pero, como indica el *New Bible Dictionary*,[60] «inmediatamente (griego: *euthéos*) puede tener un sentido mucho más débil (*euthys*) como lo comprobamos en Marcos».

Por otra parte, Mateo, aunque es más abundante, es menos ordenado en la presentación del material profético que Marcos o Lucas. La *Biblia de Jerusalén* observa con razón que Mateo, a veces, mezcla los materiales proféticos porque en su mirada se funden varias perspectivas distintas y lejanas en el tiempo:

> «Dos perspectivas marcan este discurso: la de la ruina de Jerusalén (que tuvo lugar el año 70) y la del fin del mundo. Es posible que la predicación de Jesús las haya distinguido más netamente (se encuentra en Lucas un discurso distinto sobre su Vuelta al fin de los tiempos, cuyos elementos se incluyen aquí en vers. 26-27, 28, 37-39, 40-41). Pero en el texto actual de Mateo, como en Marcos 13 y Lucas 21, ambas perspectivas están fundidas y mezcladas más bien que yuxtapuestas. Esta fusión misma responde a la verdad teológica. Porque si bien los dos acontecimientos son cronológicamente distintos, tienen entre sí un nexo esencial, ya que el primero es el preámbulo y la prefiguración del segundo. La ruina de Jerusalén señala el fin de la antigua Alianza, con una vuelta visible de Cristo que viene a inaugurar su Reino. Este acontecimiento decisivo en la historia de la salvación no se renovará ya hasta el fin de los tiempos, cuando Dios ejecute sobre todo el género humano, ya elegido en Cristo, el mismo juicio que entonces ejecutó sobre el primer pueblo elegido. Por eso la ruina de Jerusalén se describe aquí con los rasgos característicos del "Día de Yahveh" anunciado por los profetas, *cf.* Am. 5:18 y ss.; 8:9 y ss. Esta intervención de Dios

60. En el artículo sobre «Matthew», p. 845.

en la historia interesa, más que en cualquier otra, a todo el cosmos y anuncia su fin: el verdadero fin del mundo no será más que su consecuencia final y amplificada.»[61]

Esta interpretación asume que las figuras de lenguaje de los versículos 26-28, aun perteneciendo al estilo apocalíptico, se refieren a la destrucción de Jerusalén (cosa evidente por el paralelo con Luc. 17:37). Puede hablarse propiamente de una venida de Cristo, por medio de su Espíritu, para iniciar la extensión de su Reino, mediante la Iglesia, por todo el mundo, después de la destrucción de la ciudad santa. ¿No interroga Jesús al perseguidor Saulo con estas palabras: «¿Por qué me persigues?» (Hech. 9:4), cuando en realidad el celoso fariseo perseguía a la Iglesia? La doctrina del Cuerpo de Cristo[62] ayuda a comprender este punto. El paralelo de Lucas 17:37 es contundente para dicha interpretación.

La aludida mezcla y refundición de elementos apocalípticos para describir las dos profecías del Señor (la gran tribulación y la destrucción de Jerusalén en el año 70, y la segunda venida del Salvador en gloria) es algo evidente desde el comienzo mismo del discurso del Monte de los Olivos, particularmente en Mateo. Por ejemplo, la sección de Mateo 24:4-14 puede entenderse tanto del presente siglo, que abarca toda la edad que va desde la destrucción de Jerusalén hasta la segunda venida, como del período de la gran tribulación, previo a la destrucción de la santa ciudad. Es así, porque los elementos son, no sólo proféticos, sino, sobre todo, de valor perenne como admonición para vivir en espera de los juicios de Dios (ya sean los que cayeron sobre Palestina en el año 70, o bien los de los «últimos tiempos».[63] A pesar de la nota 1 a Mateo 24:34 de la Biblia de Scofield, de que ninguna de las cosas que se enumeran en Mateo 24:4-14 se cumplió en el asedio y destrucción de Jerusalén en el año 70, lo contrario es verdad. Los falsos cristos se multiplicaron como los hongos

61. *Biblia de Jerusalén*, nota general a Mateo 24, pp. 1336-1337.
62. Véase F. Lacueva, *La Iglesia, Cuerpo de Cristo.*
63. Véase la lecc. 49.ª.

en toda la primera mitad del primer siglo (vers. 5); y en cuanto a los anticristos, Juan es bien explícito (1.ª Jn. 2: 18, 22; 4:3; 2.ª Jn. 7; *cf.* 1.ª Tim. 4:1). «Hubo un número incalculable de pretendientes a la mesianidad en el primer siglo» (*cf.* Mat. 7:15), dice el *New Bible Dictionary.*[64] En cuanto a las guerras, hambres y pestes de los versículos 6 y 7, no le sería difícil al historiador Flavio Josefo la interpretación de dichas desgracias, como no lo es para cualquier historiador moderno que conozca la serie de sucesos que se desarrollaron en relación con las guerras judías.[65] La persecución y las disensiones internas a que aluden los versículos 9 y 10 describen los problemas más acuciantes a que tuvieron que hacer frente los primeros discípulos.[66]

Con estas palabras el Señor demostraba su don profético al predecir el porvenir inmediato de su pueblo: la infidelidad del judaísmo, denunciado a lo largo de todo su

64. En el lugar antes citado.

65. «El versículo 7 incluye "terremotos en diferentes lugares" en la lista de calamidades descritas. Sin embargo, no es necesaria esta traducción, la cual, como señalan muchos exégetas, se debe a que los traductores han atribuido un carácter apocalíptico a dichas palabras. En arameo, el término *zou'â* quiere decir: "agitación, conmoción, tumulto, temor, temblor" (que no siempre tiene que ser de tierra; puede ser personal); y en la traducción griega *seismós* equivale a "conmoción, temblor de tierra y resquebrajamiento". El sentido que se impone más naturalmente en esta porción es el de agitación y temor o temblor de las almas. Se trata del miedo que cundió en Palestina por los acontecimientos producidos allí con motivo de la insurrección judía del año 70 contra los romanos y la guerra que siguió. Todo el país fue azotado por las consecuencias de esta guerra, arruinado y vejado por los ejércitos romanos, vengativos y crueles. La contienda comenzó el 3 de junio del 66, alcanzó su máxima virulencia en el año 70, y terminó definitivamente con el total asolamiento de Palestina en el mes de mayo del 73. Tan sólo los cristianos pudieron salvarse, porque sólo ellos hicieron caso de las advertencias de Jesús. Se sabe con certeza que muchos huyeron a Pella en el 68» (G. Gander, *L'Evangile de l'Eglise*, Labor et Fides, Génève, 1969, p. 417).

66. Véase G. D. Kilpatrick, *The Origins of the Gospel According to St Matthew*, 1946, pp. 101-123: «El judaísmo hostil a que se refiere Mateo 24:9 no era solamente el del tiempo de Jesús, sino también el de los años 70 a 135, cuando los rabinos acusaban en todas partes al cristianismo de herejía, catalogándolo como una secta judía más

ministerio, su vocación al deicidio que culminó con la crucifixión del Hijo de Dios, su endurecimiento que halló bien pronto expresión en las persecuciones de que hicieron objeto a las comunidades cristianas primitivas en todas partes, su falso mesianismo que les acarreó un sinnúmero de dificultades y problemas político-nacional-religiosos; todo esto tenía que abocar al desastre final del año 70. Roma estaba ya cansada de aquellas gentes, y Dios también, por lo cual permitió que, como antaño Asiria y Babilonia fuesen el brazo ejecutor de su ira, en esta ocasión el gran Imperio latino desempeñase esa función. Sin em-Sin embargo, dentro de aquellas circunstancias, el Señor se encargaría de guardar a los suyos y aun servirse de ellos para un testimonio eficaz (Mat. 10:17-21). Comentando las palabras *«os entregarán a tribulación»*, G. Gander escribe:

> «Los judíos del año 70 en Palestina no podían hacer otra cosa sino perseguir, encerrar y aun matar a los discípulos del Nazareno, llevados del temor de que acaso, de una manera o de otra, fueran partidarios de Roma; en cualquier caso, sabían que eran enemigos del nacionalismo judío radical, causa principal de la conflagración. Y esto será "*por causa de mi nombre*". Los Doce, los setenta, los discípulos en general, no querían saber otra cosa sino a Jesucristo crucificado y Señor de la Iglesia; colocaban el Evan-

---

e igualmente despreciable que las otras sectas. En aquel entonces, la iglesia judeocristiana no se había desligado aún totalmente de su patrimonio judío, sino que se consideraba, al contrario, como el judaísmo verdadero.» P. Bonnard, en su comentario a Mateo, escribe que el evangelista «ha introducido en estos versículos (10-13) una descripción de los odios internos y externos, pero sin hacer mención explícita de las sinagogas, los gobiernos o los reyes de Marcos 13:9». Vemos, pues, que no sólo antes del año 70, sino incluso después (hasta el 135 al menos) podría aplicarse este pasaje a las condiciones de vida a que estaban sujetos los discípulos de la iglesia primitiva. G. Gander sitúa este pasaje antes del año 70: «Es evidente que las autoridades, que tan triste papel jugaron en la muerte de Jesús (Mat. 26:3 y ss.), en el encarcelamiento de los apóstoles (Hech. 5:17 y ss.) y en la ejecución de sus discípulos (Hech. 6:8 y ss.), incitaron a "todas las gentes" para que aborrecieran a los cristianos (*cf.* Hech. 9:1 y ss.)» (G. Gander, *o. c.*, pp. 419 y ss.).

gelio por encima de todo otro interés. Tal actitud les convirtió en cristianos antes que en judíos. Cuando surgieron las primeras escaramuzas con los romanos en el año 66, y luego en plena guerra en el 68, los cristianos sabían —porque lo había predicho su Maestro— que no podían esperar sino persecución y odio. De ahí que muchos huyeron a Pella y a otras regiones. Como resultado de estas dificultades, "*muchos tropezarán*": los tibios, los indecisos, y en su decaimiento espiritual llegarán a delatar al hermano fiel, sembrando odios donde sólo debería haber amor (vers. 10); es el sino inevitable de la apostasía. Y se levantarán "*falsos profetas y engañarán a muchos*" (vers. 11). El Sermón del Monte presenta ya a esta clase de embusteros (Mat. 7:15). "*Y por haberse multiplicado la maldad, el amor de muchos se enfriará*" (vers. 12). Apagada la fe, el amor que se nutre de ella tiende igualmente a desaparecer; se trata, por supuesto, del amor cristiano: el amor a Dios, a los hermanos y al prójimo. "*Mas el que persevere hasta el fin, éste será salvo*" (vers. 13). "*Y será predicado este Evangelio del Reino en todo el mundo, para testimonio a todas las naciones; y entonces vendrá el fin*" (vers. 14). La Buena Nueva deberá ser predicada en todo el mundo, la *oikumene*, es decir, la tierra habitada. Pero este concepto, en el lenguaje bíblico, suele quedar siempre restringido a la tierra o mundo conocidos por el autor del texto. El sentido, en cuanto amplitud, debe siempre entenderse condicionado a los horizontes que del mundo tenía cada escritor sagrado.»

La *Biblia de Jerusalén* —siguiendo en esto a los mejores eruditos— traduce *oikumene* por el mundo greco-romano. Y comenta: «Es preciso que antes del castigo de Israel todos los judíos del Imperio hayan oído la Buena Nueva, *cf.* Rom. 10:18; el "testimonio" llevado ante los pueblos valdrá en primer lugar contra el judaísmo infiel, *cf.* ya Mateo 10:18. *El Evangelio llegó efectivamente a todas las partes vitales del Imperio Romano ya antes del año 70.*

Cf. 1.ª Tes. 1:8; Rom. 1:5, 8; Col. 1:6, 23. Y entonces vendrá el fin; es decir, la caída de Jerusalén.»[67] Pablo era consciente de haber llenado del Evangelio de Nuestro Señor Jesucristo toda la *oikumene* conocida por él; de modo que es perfectamente posible interpretar todo esto como cumplido antes de la caída de Jerusalén.

Añádase a ello el texto arameo que G. Gander —investigador en dicha vertiente texual y con ayuda de todos los MSS existentes— ofrece del versículo 14:

> *«Tal es la Buena Nueva del Rey de los cielos. Será menester proclamarla en el mundo entero, como un testimonio a todas las naciones. Y entonces, solamente entonces, podrá operarse la renovación efectiva (o la regeneración).»*[68]

Esta versión daría todavía más fuerza a la aplicación del versículo 14, como hace la *Biblia de Jerusalén*, a la caída de Jerusalén, puesto que después de tal hecho se inicia el avance, en amplitud y profundidad, del Evangelio que regenera, y el Reino transformador penetra en todos los países.

La expresión *«y entonces vendrá el fin»* puede igualmente entenderse como el anuncio del último tiempo, no necesariamente la segunda venida, sino «los últimos tiempos» del testimonio evangélico, que preceden a la parusía desde el primer siglo, según hemos estudiado en otra lección. «El fin», pues, será el de la antigua Alianza, significada por la destrucción del templo (Mat. 27:51).

Pero, tras haber dicho todo esto, volvemos a insistir en que Mateo mezcla elementos apocalípticos del final para describir la ruina de Israel; por lo que creemos, siguiendo también a Edersheim, que esta sección (Mat. 24: 9-14), tanto o más que la anterior (vers. 5-8), contiene advertencias de carácter muy general y universal y así pueden aplicarse igualmente, por extensión, a las generaciones que habrán de vivir antes de la segunda venida, como lo fueron a los contemporáneos del Salvador. La variedad

67. Página 1337 (el subrayado es nuestro).
68. *O. c.*, p. 418.

de instrucción espiritual, y no sólo profética, confiere a todo este pasaje un valor incalculable que va más allá de su primera aplicación en el primer siglo.

Esta mezcla y refundición de estilos apocalípticos y distintas profecías es algo que debe tenerse en cuenta, por consiguiente, cuando estudiamos la sección de Mateo 24: 27-28, pues resulta evidente que, por el paralelo con Lucas 17:37, se refiere al tiempo iniciado con la destrucción de Jerusalén, cuando el Reino de Dios comenzará a venir de improviso (Luc. 17:20 y ss.); es decir, nuestro presente siglo hasta la segunda venida del Señor en gloria. El lenguaje, no obstante, se torna más y más apocalíptico con la imagen del relámpago (Mat. 24:27). Finalmente desemboca en lo específicamente apocalíptico: el momento de la segunda venida, en el versículo 29. No debe esto extrañarnos, pues en todos los profetas del Antiguo Testamento hallamos un proceder y un estilo idénticos. Después de anunciar los castigos de Dios sobre su pueblo —castigos más o menos próximos, pero siempre cercanos—, el profeta solía anunciar la esperanza final, la seguridad bendita del «Día de Yahveh», el «Día del Señor», en que todas las cosas serán hechas nuevas tras el juicio universal. Dentro de este esquema, clásico en los profetas, Mateo ha recogido las palabras del Señor para profetizar que el castigo inminente será la destrucción del templo. E inmediatamente salta (vers. 29) al tiempo que va «después de la tribulación de aquellos días» a la aparición del Hijo del Hombre en el cielo, con las señales cósmicas que ya hemos comentado, señales que no son tanto indicios de la segunda venida como aspectos de la misma. En la propia línea de los profetas —indicar primero las circunstancias contemporáneas, y luego las del Día del Señor—, el discurso del Monte de los Olivos hace una primera referencia a lo inmediato y luego a la *parusía* definitiva cuando venga el Hijo del Hombre en las nubes. Observemos que para los primeros discípulos la destrucción del templo y el fin del siglo con la segunda venida del Señor no eran dos acontecimientos separados por siglos, sino un mismo y único suceso (Mat. 24:1-3); de ahí que el Señor tenga que hacer diferencia entre ambos, aclarando constantemente: *«Mirad que no os turbéis, porque es necesario que todo esto acontezca; pero aún no es el fin»* (vers. 6); como diciendo, no confundáis las cosas: *«Vosotros mirad; os lo he dicho antes»* (Mar. 13:23), en relación con la destrucción del templo y de Jerusalén; pero *«de aquel día y de la hora* (definitivos, es decir, del día y de la hora de la segunda venida) *nadie sabe, ni aun los ángeles que están en el cielo...»* (Mar. 13:32).

Después de la muerte, resurrección y ascensión del Señor los discípulos han empezado a comprender. Tras los acontecimientos del 70, con la ayuda del Espíritu Santo, la comprensión será total. Pero antes ya de esta fecha, cuando Pablo escribía a los cristianoss de Tesalónica, la enseñanza escatológica estaba bien definida, sin las confusiones primeras. «Porque vosotros sabéis perfectamente —les escribe— que el día del Señor vendrá así como ladrón en la noche; que cuando digan: paz y seguridad, entonces vendrá sobre ellos destrucción repentina, como los dolores a la mujer encinta, y no escaparán. Mas vosotros, hermanos, no estáis en tinieblas, para que aquel día os sorprenda como ladrón» (1.ª Tes. 5:2-4). Los cristianos no estamos en tinieblas porque somos hijos de luz; ahora bien, esta luz no procede de cronologías proféticas, ni de mapas o tablas que detallen acontecimientos premonitorios del Día del Señor. Ser hijo de luz, andar en la luz, vivir en la luz, equivale a velar en oración y en fidelidad, en vigilia tensa de expectación, no tanto de señales como del Señor mismo. «¡Ven, Señor Jesús!» (Apoc. 22:20) es el anhelo del creyente maduro y sensible, espiritualmente hablando.

Finalmente, se hace necesaria una puntualización: la interpretación que hemos dado a lo que comúnmente se conoce como «la gran tribulación» no pone en duda que quedan muchas tribulaciones en la experiencia futura del pueblo de Dios. Muchas aflicciones sobrevendrán a los fieles, y muy particularmente al final de esta presente edad, al término de «los últimos tiempos». Todo ello será seguido, como clímax, de las copas de la ira de Dios (Apoc. 15:1 y ss.). En ninguna parte de la Escritura se dice que los cristianos, la Iglesia, se haya de ver libre de tribulaciones al final de la historia. Más bien, lo contrario es verdad.

Pero, independientemente de la naturaleza y la severidad de los sufrimientos que todavía tienen que venir al mundo y a la Iglesia, aquella concreta tribulación de los años 66 al 73 de nuestra era —que culminó con la destrucción del templo y de la ciudad de Jerusalén en el 70—, y a la que el Señor llamó «la gran tribulación» y «días de retribución», *fue la ejecución del juicio divino sobre el pueblo judío, el pueblo del profeta Daniel, y sobre la santa ciudad, para dar fin a la antigua Alianza en términos de judaísmo. El brazo ejecutor de aquella «gran tribulación» fue el Imperio Romano, cuyos ejércitos iban mandados por Tito. La «gran tribulación» es, en conclusión, una profecía cumplida.*[69]

CUESTIONARIO:

1. ¿Qué significa la frase: «Y todo esto será principio de dolores» *de Mateo 24:8, en relación con la escatología? — 2. ¿Qué luz pueden arrojar sobre dicha frase textos como Romanos 8:22, 1.ª Tesalonicenses 5:3 y Jeremías 30:1-8? — 3. ¿Cuál es la diferencia radical que hace contrastar lo que dice el Señor en Mateo 24:27 y ss. y Marcos 13:24 y ss. con lo que dijo en los versículos respectivamente anteriores? — 4. ¿Por qué no es válida la objeción dispensacionalista de que es «el día y la hora» lo que no podemos conocer, pero sí el «tiempo»? — 5. Diferencia entre la parábola de la higuera y la del hombre que se fue lejos. — 6. Comparación con los días de Noé y con los de Lot. — 7. ¿Qué indican las señales cósmicas de Marcos 13:24-27 a la luz de los paralelos sinópticos y del estilo veterotestamentario? — 8. ¿Cómo se explica el* «inmediatamente después» *de Mateo 24:29? — 9. ¿Cómo ve la perspectiva profética de la Biblia acontecimientos similares, aunque alejados en el tiempo? — 10. Similitudes y diferencias entre la destrucción de la ciudad santa y la parusía del Señor, conforme las entendieron ya los primeros cristianos.*

---

69. Véase J. Grau, *Las profecías de Daniel.*

LECCION 47.ª LAS ENSEÑANZAS DE JESUS SOBRE LA SEGUNDA VENIDA (III)

8. Las ovejas y los cabritos en Mateo 25

El discurso del Monte de los Olivos se cierra con una majestuosa descripción del juicio final (Mat. 25:31-46): «*Cuando el Hijo del Hombre venga en su gloria y todos los santos ángeles con él, entonces se sentará en su trono de gloria y serán reunidas delante de él todas las naciones; y apartará los unos de los otros, como aparta el pastor las ovejas de los cabritos. Y pondrá las ovejas a su derecha y los cabritos a su izquierda...*» (Mat. 25:31-33).

¿A quién se va a juzgar? A «*todas las naciones*» (versículo 32).

Si deseamos saber cuáles son estas *naciones*, recordemos algunos textos:

> «*Id y enseñad a todas las naciones...*» (Mat. 28:19).
>
> «*El Evangelio debe ser primero anunciado a todas las naciones*» (Mar. 13:10).
>
> «*... y que se predicase en su nombre el arrepentimiento y el perdón de los pecaos en todas las naciones, comenzando desde Jerusalén*» (Luc. 24:47).

Otros textos afines los encontramos en Mateo 24:9, 14; Lucas 21:14; Hechos 17:26.

El apostolado que ha recibido Pablo es para la obediencia de la fe en *todas las naciones*» (Rom. 1:5; 16:26; Gál. 3:8).

Las referencias que acabamos de mostrar son simples y suficientes para saber lo que incluye «*todas las naciones*»; es todo el género humano, al que debe ser predicado el Evangelio de la gracia.

Aquí el juicio es «*según sus obras*», exactamente como el juicio final que aparece en Apocalipsis 20:12, 13. La única diferencia que pueda haber en las palabras queda determinada en relación con Cristo y los justos. Las obras son expresión de la fe, porque una fe sin obras es muerta —como enseña Santiago—, no existe. Y hemos sido salvados para buenas obras, como aprendemos en Efesios 2:10, dado que nuestra creencia se mide por la fe que actúa mediante el amor (Gál. 5:6). El lenguaje, pues, del juicio no debe sorprendernos.

¿Quiénes son los «*hermanos*» del versículo 40? Según el testimonio de Mateo 12:49, 50, son «*hermanos*» de Cristo todos los que hacen la voluntad de su Padre, no los que lo son simplemente en la carne. «*Decid a mis hermanos* —dice, por ejemplo— *que voy delante de ellos a Galilea*» (Mat. 28:10, 16). Este lenguaje, aplicado a los creyentes, quedará ya fijado por los mismos apóstoles en sus cartas (1.ª Cor. 15:6; Heb. 2:17; 3:1).

El término «*hermanos*» (no hay que darle vueltas) se refiere solamente a los discípulos de Jesús. Pero para el señor Scofield la cosa no es tan clara. En su nota a Mateo 25:32 escribe: «Estos "hermanos" son los judíos del remanente fiel que predicarán el Evangelio del reino a todos los gentiles durante la tribulación. Véase "Remanente".»[70]

El destino diferente de las ovejas y de los cabritos es importante. Para ambos es eterno. *Los justos* van a la vida eterna; heredarán el Reino (vers. 34); así, lo último que vemos de las naciones salvadas es en «*los cielos nuevos y en la tierra nueva*» (Apoc. 21:24). «*Los impíos*, al fuego eterno, preparado para el diablo y sus ángeles.» Dos declaraciones solemnes enmarcan ambos destinos: «*Venid,*

70. *Biblia Anotada de Scofield*, p. 996.

benditos de mi Padre» (vers. 34) y *«Apartaos de mí, malditos»* (vers. 41). El juicio es el del gran trono blanco de Apocalipsis.

Nuestra explicación no satisface a los dispensacionalistas, como tampoco la del señor Scofield nos satisface a nosotros. El dispensacionalismo enseña que las «naciones» son los Estados que subsistan después que la Iglesia haya sido arrebatada en la venida del Señor; los «hermanos» (ya lo hemos visto en la cita de Scofield) son los judíos del remanente fiel, que predicarán el Evangelio (¡fijémonos bien!, «predicarán el Evangelio» cuando la Iglesia ya no estará en el mundo, después de la venida del Señor); el destino de los justos que vivan entonces será el milenio. Y la regla del juicio será el trato que hayan dado a los evangelistas judíos.

Añadir a la Palabra de Dios es algo muy grave (Apoc. 22:18). Añadir algo a ciertas expresiones puede resultar una alteración sustancial del texto. La Biblia de Scofield escribe, al comentar Mateo 25:32, que «este juicio debe distinguirse del juicio del gran trono blanco. Aquí no hay resurrección; los que comparecen ante el juicio son los miembros de las naciones que en ese tiempo viven sobre la tierra; no se abre ningún libro...». Si hacemos caso de estas «explicaciones», tenemos que leer, no simplemente «hermanos» (con el sentido que el vocablo tiene en el Nuevo Testamento), sino «hermanos *judíos*», y aunque el texto de Mateo 25:32 afirme que se trata del juicio de «todas las naciones», debemos leer, para seguir a Scofield, que se trata de «las naciones que en ese tiempo viven sobre la tierra», y no de «todas las naciones». Cosa curiosa es también que, a pesar de la insistencia de Scofield, no hemos encontrado ni un solo versículo en que Jesús llamase «hermanos» a los judíos en razón de los lazos de sangre. Tampoco hemos leído en la Biblia de nadie que fuese «echado en el fuego eterno» (vers. 41) antes del juicio delante del gran trono blanco. El apóstol Pedro afirma claramente que la paciencia de Dios no se quebrará en el tiempo que media entre la catástrofe del «diluvio» y el juicio final con «fuego». Pero, al parecer, el señor Scofield sabe de excepciones que desconocía el apóstol Pedro...

9. ¿Habrá una segunda oportunidad?

¿Se salvará alguien después del advenimiento del Señor? Interrogado a boca jarro, cualquier creyente respondería con un rotundo ¡No! No hay una segunda oportunidad para nadie después que el Señor vuelva. La salvación constituye una bendita oportunidad «hoy» (2.ª Cor. 6:2; *cf.* Heb. caps. 3 y 4). Cuando se produzca el advenimiento del Señor, vendrá para «retribuir a los que no obedecieron el Evangelio de Nuestro Señor Jesucristo» (2.ª Tes. 1:8); con lo que se supone que la oportunidad para aceptar este Evangelio habrá pasado. Y así como el «Día de la salvación» fue claramente afirmado, así también el «Día del Juicio» (Hech. 17:31; Rom. 2:5, 16; 1.ª Cor. 3:13; 2.ª Tim. 4:8; 2.ª Ped. 2:9; 3:7; 1.ª Jn. 4:17; Jud. 6).

Jesucristo explicó muchas parábolas de las que se infería que habrá separación de justos y de impíos en «el tiempo del fin», pero jamás dio a entender que después de tal división todavía habría una segunda oportunidad para algunos que no se hallaban ya en la compañía de aquellos justos. Las ilustraciones que el Señor emplea de la historia, de los días de Noé, del juicio de Sodoma, etc., no ofrecen ninguna «esperanza», ni «segunda oportunidad» de ninguna clase. El resto del Nuevo Testamento es elocuentemente silencioso acerca de «segundas posibilidades de salvación» (V. Mat. 24:36-44; 25:10-12; Luc. 17:26-36).

Pero los dispensacionalistas presuponen que, después que la Iglesia Cristiana sea arrebatada de la tierra en la venida del Señor, habrá un gran período de salvación; la salvación de muchos judíos (de *los judíos,* la llaman muchos dispensacionalistas, como si todos los judíos fueran a salvarse) y de un innumerable conjunto de gentiles. Dice así la Biblia de Scofield en sendas notas a Romanos 11:15 y Apocalipsis 7:14:

> «Durante la presente edad de la Iglesia, el remanente lo integran los judíos que creen en Cristo Jesús (Rom. 11:4, 5). Pero el principal interés del remanente fiel es de carácter profético. En el tiempo de la gran tribulación, un remanente de Israel se volverá a Jesús aceptándole en su carácter de Mesías y le

> servirán como sus testigos ante el mundo después del traslado de la Iglesia (Apoc. 7:3-8). Algunos de ellos sufrirán el martirio..., otros serán preservados para entrar en el reino milenario» (p. 1162).
>
> «La gran tribulación será también un período de salvación. Aquí se ve un gran número que Dios ha electo en la nación de Israel (Apoc. 7:4-8) y de quienes se dice que "han venido de gran tribulación" (Apoc. 7:14), juntamente con una gran multitud de gentiles (Apoc. 7:9). Estos no pertenecen al sacerdocio, la Iglesia, con la cual parecen tener una relación semejante a la de los levitas con los sacerdotes, bajo el pacto mosaico» (p. 1293).

Esta teoría no sólo es contraria a la Escritura, sino, sobre todo, al concepto general que de la salvación y su aplicación al ser humano ofrece la Biblia.

La Biblia enseña, sin ambages, que *la salvación de los gentiles,* descrita como «la plenitud de los gentiles», se realizará plenamente en «el tiempo de los gentiles», el cual es precisamente *ahora,* no después que haya venido el Señor (V. Rom. 11:25; Luc. 21:24). Sólo el Espíritu Santo es el que convence de pecado, el que regenera, el que sella y el que fortalece. Esta es la actividad del Espíritu, del Consolador, durante la ausencia de Cristo.

Dos citas bíblicas serán suficientes para refutar la teoría de la «segunda oportunidad», implícita en la hipótesis dispensacional y que se coloca entre el primer advenimiento y el segundo de la segunda venida.[71]

En primer lugar, Lucas 4:18-19 (ref. a Is. 61:1, 2). Es el primer mensaje que de Jesús consta en la Escritura. Los comentaristas señalan que el Señor cerró el Libro de Isaías justamente en el lugar donde comenzaba la referencia al «Día de la venganza de nuestro Dios». Scofield comenta así:

---

71. *Cf. Biblia Anotada de Scofield,* nota a 1.ª Corintios 1:7, p. 1169.

«Jesús se detuvo al leer las palabras "el año agradable del Señor", las cuales se relacionan con la primera venida y la dispensación de la gracia (Gén. 3:15; Hech. 1:11, nota) y al juicio» (p. 1035).

Esta nota debería contradecir, de hecho, a toda la teoría de Scofield, ya que revela sólo dos «días» mutuamente antagónicos y para propósitos divergentes; el uno, el día agradable del Señor en la dispensación de la gracia; el otro, el día del juicio, después que la gracia ha pasado ya, y entonces el presente se convierte en tiempo de «venganza» solamente.

Pero en la nota de Scofield un solo vocablo —«pertenece» («la venganza *pertenece* al segundo advenimiento», que de hecho es la tercera venida de los dispensacionalistas)— zanja toda la cuestión y reduce la solemne advertencia de Dios, por medio de sus profetas, a una amenaza carente de fuerza, vacía totalmente; porque para Scofield y los dispensacionalistas, después de «la dispensación de la gracia», el llamado «día de la venganza» es tan sólo «una parte» de la obra de Dios; la otra «parte» es un «día de salvación» que viene incluido y que resulta mayor que cualquier otro de los vividos en este día actual de gracia. Sí, porque en un período de siete años será salvada una multitud que nadie puede contar (ya que Apocalipsis 7:9 no tiene que ver, según Scofield, con todos los salvados, sino únicamente con los «gentiles salvados durante la gran tribulación»).

Si «el día de venganza del Dios nuestro» puede ser transformado hasta tal punto que alcance a decir: «Día de salvación» —y salvación para la mayor parte del mundo—, entonces las palabras no significan nada, y la Palabra de Dios es algo ininteligible.

En segundo lugar, cuando leemos las referencias que Scofield nos da de esta «salvación en el día de la venganza» —que es el título que podríamos poner a esta sección de sus teorías— y examinamos detenidamente Apocalipsis 7:9-17, nos damos cuenta de que todos los que son salvos lo son en los términos establecidos para cuantos se salvarán en «el año agradable del Señor», es decir, durante «la dispensación de gracia», según el mismo Scofield denomina este tiempo del «año agradable» (p. 1035), ya que, efectivamente, «han lavado sus vestidos y los han emblanquecido en la sangre del Cordero». Pero hay más: no son lanzados a ningún reino milenial, terreno, sino que son contemplados por el vidente Juan en la gloriosa heredad de los cielos nuevos y la tierra nueva (comp. Apoc. 7:15-17 con 21:3, 4; 22:1-5). Ellos son, de hecho, los redimidos del Señor en el «año agradable del Señor», es decir, el día de la gracia, el tiempo actual.

I. H. Salmo, en su libro *Why I Left the Futurist School* (Por qué dejé la Escuela Futurista), cita al Dr. Rowland V. Bingham, que fue Director de la Misión del Sudán Interior, cuando comenta el texto de Apocalipsis 7:9-17:

> «solamente el esfuerzo, el prejuicio, de querer sostener una teoría a toda costa, ha podido inventar la idea de que una compañía innumerable de gentes lavadas en la sangre del Cordero, tomadas de toda nación y venidas de la gran tribulación, no forman parte de la Iglesia».[72]

Está claro que la Biblia no enseña una «segunda oportunidad», después del advenimiento de Jesús en gloria.

CUESTIONARIO:

1. ¿Quiénes son las «naciones» y los «hermanos» de Mateo 25:31 y ss.? — 2. ¿Qué duración tendrá el destino, tanto de las «ovejas» *como de los* «cabritos»*? — 3. ¿Cómo interpretan los dispensacionalistas este pasaje de Mateo? — 4. ¿Qué peligro entrañan tales «explicaciones»? — 5. ¿Dan las Escrituras algún indicio de que haya una «segunda oportunidad» de salvación? — 6. ¿Cómo comenta la Biblia de Scofield Romanos 11:15 y Apocalipsis 7:14? — 7. ¿Cuál es, según la Biblia, el tiempo de salvación, tanto para judíos como para gentiles de todas las épocas, a partir del Calvario? — 8. ¿Favorece Isaías 61:2 a la hipótesis dispensacional? — 9. ¿Puede llamarse* «Día de salvación» *al* «Día de la venganza del Dios nuestro» *de Isaías 61:2? — 10. ¿A quiénes se refiere Apocalipsis 7:9-17?*

---

72. *O. c.*, p. 30.

LECCION 48.ª
EL DEBATE EN TORNO AL MILENIO

1. Una advertencia previa

En esta lección vamos a servirnos del trabajo de un teólogo americano, el Dr. John Sanderson, relevante por su objetividad, tanto como por su claridad.

Solamente una advertencia: aunque los dispensacionalistas son todos premileniales, ello no significa, ni mucho menos, que todos los premileniales sean dispensacionalistas. La cuestión del milenio es independiente de la polémica dispensacional, pues tiene su propia problemática, que arranca de los primeros siglos del cristianismo. No pasa lo mismo con las teorías dispensacionales, las cuales se originaron en el siglo pasado, y cuya novedad no aceptarían la mayoría —por no decir más— de los premilenialistas del pasado. El dispensacionalismo suscita un debate propio que incide en la Escatología, pero también en la doctrina de la Iglesia y aun en la ética y la hermenéutica, como hemos mostrado en la Tercera Parte del presente volumen.

El debate en torno al *a-/pre-/post-/milenialismo* debe, pues, separarse ahora de la cuestión dispensacional, en aras de la metodología y de la claridad. Ello nos ayudará a comprender toda su compleja problemática y, además, acaso nos habrá servido igualmente para mejor entender el ya debatido tema de la naturaleza del dispensacionalismo.

2. ¿Qué da a entender Hechos 1:11?

En Hechos 1:11 los ángeles dijeron que Jesús volvería *«así como le habéis visto subir al cielo»*. ¿Se trata de una profecía? Creemos que, en efecto, es una verdadera profecía. Preguntémonos, pues: ¿Cómo debemos interpretarla? ¿Qué acontecimientos precederán y acompañarán la venida de Cristo? Desde que los ángeles pronunciaron dichas palabras los hombres se están haciendo preguntas parecidas.

C. H. Dodd ha propuesto recientemente la teoría de que la primitiva Iglesia se halla dividida en torno al significado de las palabras de los ángeles. Los cristianos del primer siglo —afirma— tenían que enfrentarse con la turbación que les producía el hecho de que Jesús no regresara inmediatamente. Una parte de la Iglesia se aferraba a la esperanza de que el retorno de Cristo tendría lugar muy pronto. Otro sector —explicaba Dodd— buscaba un cumplimiento espiritual de la promesa de Pentecostés, cuando el Reino de Dios vino de manera tan poderosa. Creyendo que las promesas de los ángeles ya se habían cumplido, este segundo grupo interpretó sus palabras como símbolos de la experiencia cristiana en todo tiempo.

C. H. Dodd adopta él mismo este segundo punto de vista; interpreta las promesas del Evangelio como si se tratase de «escatología ya cumplida» (*realized eschatology*), con lo que resta énfasis a la segunda venida de Cristo como acontecimiento histórico. Lo importante para él es la manifestación del poder del Reino de Dios, y su presencia en todo tiempo. Esto, según la «escatología ya cumplida», es el cumplimiento de la promesa de su venida.[73]

Otra interpretación de las narraciones del Nuevo Testamento se debe al famoso hombre de letras, artes y obras humanitarias llamado Albert Schweitzer. Según su teoría, llamada «escatología consistente», la vida de Jesús (así como el Evangelio que predicó y el que fue predicado sobre El) se desarrolló bajo la impresión de que el mismo Jesús tuvo que vivir en el final de los tiempos. Sus ense-

73. Véase C. H. Dodd, *The Apostolic Preaching and its Developments* (London, 1963).

ñanzas, pues, no pueden ser comprendidas a menos que tengamos en cuenta el punto de vista de Cristo en lo tocante a la inminencia de su segunda venida. Tampoco pueden seguirse sus enseñanzas a menos que tomemos su misma actitud moral.

De manera que hemos de pensar en el fin como en algo cercano; siempre inmediato, pero nunca llegando. Si se adopta este punto de vista, la segunda venida se convierte en un mito, en un simple símbolo. El segundo advenimiento tiene un sentido profundo, pero sólo en un plano no histórico.[74]

En la actualidad, las opiniones de Dodd y Schweitzer forman parte de un despertar del interés por la escatología (la doctrina de las últimas cosas) en el ala liberal del pensamiento teológico. Estas teorías no han merecido la aprobación de los conservadores, los cuales las acusan de negar el retorno de Cristo, al privarlo de todo significado. Además, estas opiniones sólo pululan allí donde se ha abandonado la doctrina de la inspiración de la Escritura y donde se alberga una idea muy pobre acerca de la persona de Jesucristo.

Ahora bien, los evangélicos conservadores han experimentado también una renovación del estudio de la escatología. Deseo enfatizar, antes que nada, que por mucho que difieran entre ellos por lo que respecta a las teorías escatológicas, todos ellos tienen una misma común esperanza en el retorno literal de Jesucristo, en su plena historicidad, y asimismo se hallan todos unidos en la defensa y propagación de esa esperanza. Todos los cristianos evangélicos creemos que Jesucristo volverá a esta tierra corporalmente, que todo ojo le verá, y que El alterará radicalmente el curso de la historia del mundo. No obstante, supuesta la creencia común en estas básicas verdades bíblicas, los conservadores han tomado tres posiciones distintas: premilenialismo, postmilenialismo y amilenialismo.

---

74. Véase A. Schweitzer, *The Quest for the Historical Jesus* (London, 1920).

3. Las tres posiciones teológicas frente al milenio

Las tres opiniones escatológicas que llevan los nombres arriba citados se refieren a distintas posiciones teológicas frente al *milenio*, término que procede del latín *millennium* y significa «mil años» (*mille* = mil, y *annus* = año). Se refiere a los mil años que se mencionan en Apocalipsis 20:1-7.

Pasamos ya a exponer en un breve resumen o diagrama cada una de las tres posiciones antedichas:

A) *Premilenialismo.* El prefijo *pre* indica que se supone que la segunda venida de Cristo *precederá* a la era de los mil años, conforme al diagrama siguiente:

Culminación final	*Orden de los acontecimientos*
Nuestra época culminará en un final de progresiva apostasía.	1. Segunda venida de Cristo en secreto. 2. El milenio. 3. Segunda (¿tercera?) venida en público. Juicio Universal. 4. Eternidad.

B) *Postmilenialismo.* El prefijo *post* indica que el segundo advenimiento de Cristo será *posterior* al milenio, según este diagrama:

Culminación final	*Orden de los acontecimientos*
Nuestra época culminará en un final de progresiva justicia y rectitud.	1. El milenio. 2. Segunda venida de Cristo. 3. Juicio Universal. 4. Eternidad.

C) *Amilenialismo.* El prefijo *a* = sin, significa que *no* habrá ningún período de historia terrena en el que Cristo vaya a reinar como dirigente político. Los amilenialistas están de acuerdo con los premilenialistas en que nuestra época se caracteriza por una creciente apostasía, siempre en auge hasta que la segunda venida de Cristo la detenga, poniéndole fin. Por otra parte, los amilenialistas están de acuerdo con los postmilenialistas en un punto: que el Juicio Universal seguirá inmediatamente a la segunda venida de Cristo: Veámoslo en el siguiente diagrama:

Culminación final	*Orden de los acontecimientos*
Nuestra época culminará en un final de progresiva apostasía.	1. Segunda venida de Cristo. 2. Juicio Universal. 3. Eternidad.

Ahora bien, conviene guardarse del error de suponer que los amilenialistas pretenden mediar entre los otros dos puntos de vista, como si buscasen su conciliación en una síntesis. Al contrario, los amilenialistas tienen su propio desarrollo doctrinal, independientemente de las otras dos teorías. Algunas cuestiones teóricas y prácticas se hallan implicadas en todo ello. Conviene, además, hacer algunas puntualizaciones acerca del trasfondo veterotestamentario que las tres escuelas encuentran en Apocalipsis 20.

4. Relación de Apocalipsis 20 con Isaías 11 y Miqueas 4

Las tres escuelas antedichas relacionan el milenio de Apocalipsis 20 con pasajes tales como Miqueas 4 y con Isaías 11. Todos estos pasajes describen el mismo período de tiempo.

Al leer estos pasajes, los postmilenialistas creen que esa *edad de oro* se impondrá en la tierra mediante un proceso gradual, a medida que el Evangelio vaya conquistando el mundo y venciendo a la incredulidad; de modo que son optimistas en cuanto al desarrollo y evolución de nuestros tiempos.[75] Dice Loraine Boettner:

> «Hoy vivimos una era que relativamente puede considerarse como dorada, si la comparamos con el

75. Véase Loraine Boettner, *The Millennium* (Philadelphia, 1958), p. 14.

primer siglo cristiano... Las religiones anticristianas esperan solamente el último golpe de gracia de un renovado cristianismo, lleno de poder, que las sumirá en el olvido...»[76]

Por otro lado, el premilenialismo de J. Oliver Buswell, por ejemplo, no permite tal optimismo sobre el curso de los acontecimientos. Solamente el retorno de Cristo puede traernos el milenio:

> «Si la presente actividad de la obra cristiana, por medio de instrumentos humanos, es la que ha de ganar a todo el mundo para Cristo hasta que El vuelva, entonces la esperanza de triunfar, o la de su misma venida, resulta tan remota que nuestros corazones caerían en la desesperación. No obstante, como creemos que El volverá cuando más le necesitamos, cuando la tarea será más difícil, cuando la oposición será mayor y que, mediante su omnipotencia, establecerá el Reino sobre la tierra, por todo ello somos optimistas.»[77]

Buswell coloca el énfasis en el cataclismo, en lugar de confiar en el progreso:

> «Los hijos del reino y los hijos de las tinieblas crecerán juntos, en el mismo campo, hasta que se produzca un cataclismo de dimensiones cósmicas; vendrá entonces la cosecha y el retorno visible de nuestro Señor.»[78]

En este punto los amilenialistas y los premilenialistas se hallan de acuerdo. Comparemos, por ejemplo, la cita anterior con las palabras de un ilustre amilenialista, el profesor Gerhardus Vos:

> «A veces, uno se encuentra con una cierta perspectiva cristiana que se imagina un proceso continuo

---

76. *O. c.*, pp. 33, 43.
77. J. O. Buswell, Jr., *Unfulfilled Prophecies* (Grand Rapids, 1937), pp. 36, 37.
78. *O. c.*, p. 25.

de reforma y regeneración, llevado a cabo sobrenaturalmente, y mediante el cual llegará un momento en que el mundo alcanzará la perfección ideal, de manera que ya no se producirán más crisis... En contra de este punto de vista hemos de recordar siempre que la que podríamos llamar escatología abrupta se halla de forma inherente dentro del esquema cristiano.»[79]

En otro lugar el mismo Vos afirma:

> «La idea del Anticristo en general, y la de la apostasía en particular, debieran ponernos en guardia... para no dar por descontado un proceso ininterrumpido de progreso de la causa de Cristo a través de las edades hasta el fin. A medida que el reino de la verdad se extienda, el poder del enemigo y la maldad serán reforzados hasta el fin. El que todas las cosas del mundo sean hechas nuevas y justas depende, no de una mejora gradual, sino de la irrupción final de Dios.»[80]

Pero, por otro lado, los amilenialistas y los postmilenialistas se hallan de acuerdo, en contra de los premilenialistas, en otro importante punto. El postmilenialista L. Boettner escribe:

> «Los creyentes cristianos, a lo largo de los siglos, usando la misma Biblia, han llegado a conclusiones distintas, a pesar de reconocer la Escritura como máxima autoridad. Ello se debe, sobre todo en esta cuestión de la escatología, a los diferentes métodos de interpretación empleados. Los premilenialistas han dado énfasis a la interpretación literal y se vanaglorian de tomar las palabras de la Escritura al pie de la letra. Por otro lado, los post- y los amilenialistas, teniendo en cuenta que mucho de lo que se dice, tanto en el Antiguo Testamento como en el Nuevo, se nos

---

79. G. Vos, *Biblical Theology* (Grand Rapids, 1954), p. 405.
80. Id. en *The Pauline Eschatology* (Grand Rapids, 1952), pp. 134, 135.

da en lenguaje figurativo o simbólico, no ponen objeción, en principio, contra la interpretación figurativa y aceptan con preferencia dicha interpretación siempre que el texto la recomiende.»[81]

El premilenialista Charles L. Feinberg está de acuerdo con este análisis:

> «Se puede demostrar que si la Iglesia primitiva era premilenialista, ello se debe a que interpretaban la Palabra de manera literal, mientras que el abandono de este punto de vista en siglos posteriores se debe directamente al cambio de métodos de interpretación.»[82]

El amilenialista G. Vos lo dice de esta manera:

> «El premilenialismo se precia de tomar el Antiguo Testamento de modo realista, con fe sencilla, sin preguntar si el cumplimiento de estas cosas es lógico o no, toda vez que la convicción básica es que para Dios todas las cosas son posibles. En esto último estamos de acuerdo, pero no lo podemos estar en el método realista de interpretación, por cuanto a él sólo se llega mediante una distorsión y un abuso de los principios fundamentales de la exégesis del Antiguo Testamento, una perversión que luego invade inevitablemente el campo del Nuevo Testamento y su exégesis, olvidando que ya el Antiguo Testamento señala inequívocamente la espiritualización de muchas de las cosas que son objeto del estudio de la escatología.»[83]

Parece que se presenta ante nosotros una alternativa: hemos de escoger entre una interpretación «literal» u otra «figurativa». Pero, ¡cuidado!, no saquemos conclusiones prematuras. Sobre muchos textos de la Biblia las tres escuelas tienen identidad de opiniones; muchos pasajes de

81. *O. c.*, p. 82.
82. C. E. Feinberg, *Premillennialism or Amillennialism?* (Ohio, 1954), p. 28.
83. G. Vos, *The Pauline Eschatology*, p. 227.

la Escritura son interpretados exactamente de la misma manera por las tres teologías. Por ejemplo, ninguna de ellas duda del carácter literal, histórico, del paso del Mar Rojo, o del naufragio de Pablo en el Mediterráneo; de igual modo, ninguna insiste en afirmar que los árboles tienen manos, por muy literalista que sea (Is. 55:12), o que el rey Herodes fuese literalmente un «zorro» (Luc. 13:32), es decir, una bestia de esa especie animal.

El problema se plantea, sobre todo, en el terreno de los pasajes proféticos, pero aun aquí la elección no parece clara. Los amilenialistas y los postmilenialistas interpretan de manera literal aspectos de predicciones relativas al primer advenimiento de Cristo: por ejemplo, el Mesías fue sepultado con los ricos (Is. 53:9). Los premilenialistas, por otro lado, dan un sentido figurado a ciertos aspectos de la primera venida: por ejemplo, no insisten en que Isaías 40:3 sea entendido como si enseñase que Juan el Bautista fuese a ser un constructor de caminos, es decir, un enderezador de calzadas en mal estado.

En realidad, el problema se centra en ciertos temas proféticos, en ciertos pasajes que, en opinión de los premilenialistas, no pueden ser interpretados sino literalmente. Por ejemplo, como quiera que Jeremías y Ezequiel predicen un retorno de los dos reinos de Israel y Judá a la tierra prometida para ser gobernador por un descendiente de David, y dado que Isaías describe este reino como un gobierno de justicia y paz, los premilenialistas esperan un período en la historia, y sobre esta tierra, en que una judería convertida sirva de nuevo al Señor, teniendo a Jerusalén como sede principal de este sistema político y terreno. Allan A. Macrae escribe:

> «Es absolutamente cierto que el futuro reino que Dios ha prometido será instituido aquí, en la tierra, en el mismo lugar de la destrucción acaecida por el pecado. En Miqueas y en el capítulo 2 de Isaías vemos que Dios ha dado la prromesa de que un día las naciones romperán sus espadas y las convertirán en arados. Ni el lenguaje de las espadas ni el de los arados pueden referirse al cielo y la eternidad. La

profecía se refiere a un futuro, y a un futuro que tendrá cumplimiento aquí, en la tierra. Isaías dice además que la tierra será llena del conocimiento de Jehová, como las aguas cubren el mar. Pasaje tras pasaje en el Antiguo Testamento indica que el reino prometido al pueblo de Dios es algo que tendrá lugar en este mundo.»[84]

Algunos amilenialistas encuentran en estos temas y términos de la tierra, el pueblo y el rey una progresiva espiritualización (las simientes cuyas raíces halla G. Vos incluso en el pacto original hecho con Abraham), de manera que en los tiempos del Nuevo Testamento los hombres fueron capaces de comprender que la tierra no es tanto un lugar como una condición, un estado espiritual; no son verdaderos judíos los que lo son de sangre y de raza, sino los que lo son espiritualmente, a saber, todo el pueblo de Dios. Y el reino de Cristo no va a ser ningún futuro gobierno político, sino un reino presente, que desde el cielo dicta sus órdenes, por la Palabra y el Espíritu, al pueblo obediente, es decir, al pueblo de Dios, la Iglesia. Otros amilenialistas insisten en que las promesas que habían recibido tendrían un cumplimiento espiritual, no un cumplimiento literal, aun cuando por «espiritual» seguimos entendiendo «real», si bien de otra naturaleza que lo meramente terreno.

Los amilenialistas hallan aquí el apoyo de los postmilenialistas. Así, por ejemplo, Boettner afirma: «El Reino de Cristo en este mundo no es político o económico, sino espiritual y ya ahora presente en los corazones de su pueblo, hecho manifiesto de manera externa por la Iglesia.» Pero en otros puntos el mismo autor se halla del lado de los premilenialistas: «La posición amilenialista —dice— deja todo un continente de profecías sin explicar, algunas de las cuales resultan ininteligibles.»[85] Esto indica que Boettner cree en un proceso que va desde la espiritualización del amilenialista, por lo que se refiere a las condi-

84. A. A. Macrae, *The Millennial Kingdom of Christ* (New Jersey, 1937).
85. *O. c.*, pp. 17, 119.

ciones actuales, hasta el literalismo de los premilenialistas en relación con las condiciones futuras.

5. ¿Qué posición hemos de tomar acerca de este tema?

Al llegar a este punto se impone la pregunta: ¿Qué posición tomaremos en medio de estas opiniones dispares? Con demasiada frecuencia, por desgracia, reina un espíritu sectario, partidista, que apenas da al adversario la oportunidad de explicarse objetivamente. El distinguido médico Dr. Howard A. Kelly, comentando un epigrama de Séneca que reza así: «Escucha (también) al otro» (Kelly añadió el «también»), dijo: «Se puede dar el caso de haber juzgado correctamente una cuestión, pero de haberlo hecho al mismo tiempo injustamente. Nuestro juicio sólo será justo cuando hayamos oído también al otro, al que sustenta otras opiniones.» Ciertamente, el consejo del Dr. Kelly es más necesario que nunca en este debate sobre la escatología bíblica.

Pero la gente suele volver la espalda disgustada, y hasta ridiculiza el estudio de la escatología. Prefiere vivir su vida cristiana ignorando este asunto. Sin embargo, teniendo en cuenta la amplitud que el tema escatológico recibe en la Biblia, tanto en el Antiguo Testamento como en el Nuevo, dicha actitud equivale a conformarse con una dieta casi de hambre.

La cuestión importante está planteada del modo siguiente: La Biblia afirma que Cristo va a volver. Los buenos cristianos, creyendo con todo su corazón que Jesús viene, difieren sobre algunos detalles. Pero también disentimos sobre los detalles de algunas otras doctrinas. La actitud correcta no está ni en el arrogante desprecio que se niega a escuchar a los demás, ni tampoco en el abandono del estudio de esta cuestión. Nadie lo sabe todo sobre la Biblia, y conocerá más de ella el que más escuche a otros y quiera ser ayudado por las opiniones ajenas. Incluso dentro del desacuerdo la verdad puede surgir a flote.

La presente discusión entre los cristianos evangélicos (conservadores) no ha alcanzado el punto final y decisivo.

La literatura sobre el tema aumenta cada año.[86] Para este breve estudio del tema he seleccionado, sólo a rasgos generales, las varias posturas, sin entrar en una variedad de nimiedades. Desde luego, para la mejor comprensión del tema se requiere mucha más investigación y tratar de concretar y profundizar ciertos aspectos y definiciones de cada una de las tres escuelas. Y esta reflexión servirá para aumentar nuestro amor por el Salvador, y nuestra expectación de su venida, al mismo tiempo que nos animará a servirle con mayor diligencia hasta que vuelva.

CUESTIONARIO:

1. ¿Es el dispensacionalismo coextensivo con el premilenialismo? — 2. ¿Cómo ha de entenderse la frase de los ángeles en Hechos 1:11? — 3. Opiniones de C. H. Dodd y A. Schweitzer sobre la segunda venida de Cristo. — 4. ¿Difieren los evangélicos conservadores entre sí acerca de tal hecho? — 5. Resuma esquemáticamente las posiciones premilenial, postmilenial y amilenial. — 6. ¿En qué puntos coinciden, y en qué otros difieren entre sí, las citadas escuelas teológicas? — 7. ¿Cuál es el problema de hermenéutica que late en el fondo de este tema? — 8. ¿Dónde se encuentra el nudo de la cuestión? — 9. Peligros del dogmatismo en cuestiones opinables. — 10. ¿En qué consiste la actitud correcta de todo buen creyente en relación con este tema escatológico?

---

86. Véase «Bibliografía».

Quinta parte

Los últimos tiempos

LECCION 49.ª LOS ULTIMOS TIEMPOS

1. «Estos postreros días»

«Dios, habiendo hablado muchas veces y de muchas maneras en otro tiempo a los padres por los profetas, *en estos postreros días* nos ha hablado por el Hijo, a quien constituyó heredero de todo» (Heb. 1:1-2). ¿Qué significa la expresión «postreros días»? Algo muy distinto de lo que la mayoría de los cristianos suponen hoy. El término es empleado a menudo por los autores del Nuevo Testamento (Hech. 2:17; Heb. 9:26; 1.ª Ped. 1:20) para señalar el tiempo que comenzó con la venida de Jesucristo al mundo:

> «*Cristo..., cordero sin mancha y sin contaminación, ya destinado desde antes de la fundación del mundo, pero manifestado en los postreros tiempos por amor de vosotros...*» (1.ª Ped. 1:19, 20).
>
> «*Ahora, en la consumación de los siglos, se presentó* (Cristo) *una vez para siempre por el sacrificio de sí mismo para quitar de en medio el pecado*» (Heb. 9:26).

En estos —y en otros parecidos— textos es toda la época que cubre desde la primera hasta la segunda venida de Cristo la que se considera como «los postreros días», «la consumación de los siglos», «el cumplimiento del tiempo», «los fines de los siglos», etc. Los últimos tiempos, bíblicamente hablando, son los nuestros desde la encarnación del Hijo de Dios. Con su venida, Jesucristo ha inaugurado el período final de la historia del mundo y de la humanidad; período que puede durar, no obstante, varios miles de años.

Al comentar las palabras del apóstol Juan: «Hijitos, ya es el último tiempo» (1.ª Jn. 2:18), señala J. M. Ghysels: «No es materia discutible la enseñanza apostólica de que, de acuerdo con la Escritura, la ascensión de Cristo y la venida del Espíritu Santo en plenitud constituyen la apertura del último período de la historia. El final ha comenzado. Este presente período en el que vivimos es el último en el programa divino.» Y si este presente período es el último, nada queda sino el estado eterno, los cielos nuevos y la tierra nueva con que se cerrará definitivamente «el último día» que ahora vivimos, y se inaugurará la bienaventuranza eterna de los escogidos.

2. Ciudadanos de los cielos

Cristo ha ascendido ya a los cielos, a la diestra del Padre; y sus redimidos, al estar vitalmente unidos a El por la fe, se hallan donde su Salvador se encuentra; de ahí las expresiones novotestamentarias en el sentido de que estamos sentados en lugares celestiales, y de que nuestra ciudadanía está en los cielos (Ef. 1:3; 2:6; Fil. 3:20; Col. 3:1-3). El mundo celestial y la esfera terrena son ahora estados paralelos, hasta cierto punto. El creyente pertenece a ambos a la vez. Como advierte el Dr. Vos, el cristiano tiene tan sólo sus miembros en esta tierra, los cuales deben ser mortificados; pero él mismo, en lo más íntimo de su ser, anhela elevarse hasta su Señor. El cristiano sabe que todo él pertenece a la altura de los lugares celestiales. Esto no significa una disminución de su anhelo para que Cristo venga pronto. «En realidad —explica el doctor Vos—, toda esta representación del estado del cristiano como centrado y potencialmente anclado en el cielo no es la abrogación —sino la más intensa y práctica afirmación— del interés del creyente por la suerte del mundo.» Todo cristiano es ya, en potencia, un habitante de los cielos. Su dimensión espiritual aguarda la plena entrada en la casa del Padre en el momento de su muerte; y en la segunda venida del Señor, no sólo su alma sino también su cuerpo heredarán el orden eterno del definitivo Reino de Dios, quedando completa para entonces la redención.

3. Las dos edades

Según Pablo, Cristo se halla entronizado «sobre todo principado y autoridad, y poder y señorío, y sobre todo nombre que se nombra, no sólo en este siglo (literalmente: "en esta edad"), sino también en el venidero (lit.: "en la venidera edad")» (Ef. 1:21).

Mediante estas expresiones —«este siglo (o edad)» y «el venidero siglo (o la venidera edad)»— el apóstol resume todo el tiempo, presente y futuro. Y afirma que este tiempo (*aioni tuto*), esta edad, se halla bajo el señorío de Cristo. El mismo Señor usó lenguaje similar; prometió a sus leales seguidores: «De cierto os digo que no hay nadie que haya dejado casa, o padres, o hermanos, o mujer, o hijos, por el reino de Dios, que no haya de recibir mucho más en este tiempo (esta edad), y en el siglo venidero (o la edad venidera) la vida eterna» (Luc. 18:29-30). Es evidente que bajo las expresiones «en este tiempo» y «en el siglo venidero» el Señor incluye el presente y el futuro. También en Lucas (20:34-36) leemos: «Los hijos de este siglo (lit.: edad) se casan y se dan en casamiento; mas los que fueren tenidos por dignos de alcanzar aquel siglo (edad) y la resurrección de entre los muertos, ni se casan ni se dan en casamiento. Porque no pueden ya más morir, pues son iguales a los ángeles, y son hijos de Dios, al ser hijos de la resurrección.» De nuevo vemos toda la extensión que podemos imaginar agrupada bajo dos expresiones: «este siglo» y «aquel siglo»; pero también aquí la línea divisoria entre las dos edades es la misma: la resurrección de los muertos, acontecimiento que toda escuela interpretativa admite que tendrá lugar en la segunda venida del Señor.

Para los dispensacionalistas —y aquí también para los premileniales— el esquema de las edades futuras no es doble, sino triple: 1) este siglo, la presente edad; 2) el milenio, y 3) el estado eterno, «aquel siglo», «el siglo venidero». Para la exégesis amilenial sólo hay dos estados: 1) «este siglo», y 2) «el siglo venidero», o lo que es lo mismo: «estos postreros», últimos, días, inaugurados con la venida de Cristo al mundo, y, al final, la eternidad, que comienza con la resurrección y el juicio, precedidos de la segunda venida de Cristo, personal, audible y visiblemente.

Todas las escuelas de interpretación profética concuerdan en reconocer esta presente época como un período de maldad (Gál. 1:4), y salvo, tal vez, los escasos adherentes al postmilenialismo (y aun éstos con matices y puntualizaciones), ningún cristiano espera que todo el mundo sea convertido completamente dentro de esta edad, «este presente siglo malo».

CUESTIONARIO:

1. ¿Qué entiende el Nuevo Testamento por "postreros tiempos" o "postreros días"? — 2. ¿Qué queda después de estos "postreros tiempos"? — 3. ¿Cuál es ya ahora la posición legal de todo creyente? — 4. ¿Qué implica la doble ciudadanía del cristiano? — 5. ¿Cuáles son las dos edades, o dos tiempos, en que divide la Biblia la historia de la salvación, y cuál es la línea divisoria entre ambas?

LECCION 50.ª «SHEOL», «HADES» Y «GEHENNA»

1. El verdadero significado de «Sheol» (y «Hades»)

Por mucho que los «Testigos de Jehová» digan y repitan una y otra vez que el significado del vocablo hebreo *Sheol* —y su correspondiente griego *Hades*— no significan más que «tumba» y que, por consiguiente, cuando el hombre muere deja totalmente de existir, el hecho es que hay un buen número de textos bíblicos que no parecen favorecer a este punto de vista.

En el *Hades*, el difunto de la parábola del Señor poseía todavía cierta consciencia y conocimiento (Luc. 16:23); atormentado en aquel lugar —asegura Jesús—, alzó sus ojos y vio de lejos a Abraham y a Lázaro en el seno de Dios.

El apóstol Pablo anhelaba morir para ir al encuentro de Cristo (2.ª Cor. 5:1-10; Fil. 1:22, 23). En Romanos 8:38 se afirma que la muerte física no nos puede separar de Cristo, Señor de vivos y muertos (Rom. 14:9). Ya sea aquí o en el más allá, vivimos siempre juntamente con El (Rom. 14:8; 1.ª Tes. 5:10). A pesar de que este estado intermedio —entre la muerte y la resurrección— es descrito como una especie de «desnudez» (2.ª Cor. 5:1 y ss.), representa ya, no obstante, el goce pleno de la presencia de Dios.

El estado intermedio —de consciencia, conocimiento y comunión con Cristo— implica una cierta tensión escatológica que queda reflejada en las imágenes empleadas por Juan al escribir el Apocalipsis.[1]

---

1. Véase 1.ª Parte: «Escatología general».

¿Cómo, pues, armonizar todo esto con el significado de los vocablos *Sheol* y *Hades*? Simplemente, estudiando en la Biblia cuál sea el verdadero sentido de estas palabras.

Para empezar, digamos que el hebreo dispone de dos palabras bien diferenciadas para describir, la una, el sepulcro, el lugar de los muertos, y la otra el estado, o condición, de los difuntos:

QUEBER equivale a *sepulcro*; es un sitio, un lugar determinado.

SHEOL indica el *estado* de las almas sin cuerpo: es una condición y no un lugar.

El vocablo QUEBER aparece 66 veces en el Antiguo Testamento. Y se traduce por *sepulcro* 51 veces y por *sepultura* 15, en nuestras versiones. La palabra SHEOL, desgraciadamente, no está tan bien traducida en la versión Reina-Valera y en otras ediciones castellanas de la Biblia. En la Reina-Valera se traduce SHEOL de la siguiente manera:

11 veces Infierno,
4 » profundo,
3 » abismo,
2 » fosa,
2 » osario,
31 » sepulcro y
12 » sepultura, con un total de 65 errores de traducción.

¿Cómo es eso? ¿Por qué tan distinta y variada versión de una sola y misma palabra? Esto se debe a la dificultad de los occidentales en captar la mentalidad hebrea y su dinamismo idiomático; la expresión de dicha lengua no es estática en modo alguno en estos vocablos y conceptos clave.

El verdadero sentido de SHEOL, como veremos inmediatamente, es *el reino de la muerte* (Sal. 18:5; 2.° Sam. 22:5, 6). A veces, como en Job 17, la muerte es personificada, pero no se trata más que de una licencia poética, estilística. Incluso cuando se habla de «las puertas del sheol» la Biblia no concibe éste como una «ciudad» a la manera de los babilonios, como un lugar determinado, sino todo lo contrario. Tanto el *New Bible Dictionary* como el *Diccionario de la Biblia* de Herder sostienen que *Sheol* no es un lugar, sino una condición o estado de los muertos. Y lo mismo afirma Martin Achard en su importante obra *De la muerte a la resurrección*, después de un análisis muy completo sobre el tema.[2]

Traducir «Sepultura» por *Sheol* es lo mismo que traducir «Manicomio» por «Locura», o «Sanatorio» en vez de «Enfermedad».

2. Lo que no es el «Sheol»

Si comparamos el *Sheol* con el *Queber*, nos daremos cuenta inmediatamente de la interpretación que *no podemos dar* al término en cuestión.

A) QUEBER aparece en plural 27 veces de las 66 en que se emplea. Pero SHEOL nunca se usa en plural. No tendría sentido. El enterramiento de 500 cuerpos en un cementerio supone muchos sepulcros (plural), pero la entrada de 500 espíritus en el reino de la muerte no exige plural. Todos van igualmente al estado, o condición, de los muertos.

B) QUEBER es algo exclusivo del individuo; por supuesto, y así se emplea. Pero SHEOL no aparece con esta exclusividad individual, sino como la condición general de las almas desencarnadas. He aquí algunos ejemplos:

Gén. 50:5:	«mi sepulcro»,
2.° Sam. 3:32:	«sepulcro de Abner»,
1.° Rey. 13:30:	«su sepulcro»,
2.° Crón. 34:28:	«sus sepulcros»,
Jer. 8:1:	«sus sepulcros».

En todos estos ejemplos el vocablo empleado es QUEBER.

2. Páginas 56 y ss.

La versión Reina-Valera traduce el término *Sheol* por sepultura o sepulcro 43 veces, erróneamente; pero aun así, en cada caso, sin excepción, vierte *el sepulcro,* jamás *mi* sepulcro o *su* sepulcro. «*Mi* Sheol» o «*su* Sheol» serían expresiones sin sentido. Pero si *Sheol* significara «sepultura» —localidad—, admitiría estas variantes personales.

C) QUEBER indica posición geográfica. *Sheol* nunca hace referencia a tal cosa. Un estado, una condición —como es el *Sheol*— no tiene geografía específica. Ejemplos: Gén. 50:13; Ex. 14:11; 2.° Sam. 21:14; Neh. 2:5: Ez. 39:11.

D) QUEBER suele hacer alusión al hecho de que el cuerpo entra en él, sirviéndole de morada (1.° Rey. 13:30; 2.° Rey. 13:21; Sal. 88:5; Jer. 26:23).

E) QUEBER tiene relación con posesiones y propiedades de este mundo:

«heredad de sepultura» (*queber*) = Gén. 23:4;
«posesión de sepultura» = Gén. 23:9, 20.

Este sentido de propiedad no se aplica jamás a *Sheol*, porque un estado no es una propiedad material.

F) El QUEBER hay que hacerlo, cavando en la tierra (Gén. 50:5; Nah. 1:14), pero nunca se dice del *Sheol* que tenga que ser hecho por el hombre. Cavar el *Sheol* sería una expresión sin sentido para el idioma hebreo.

3. Lo que sí es el «Sheol»

A') El SHEOL se relaciona con el dolor y la pena. Algunos ejemplos:

Deut. 32:33	(«profundo»),
2.° Sam. 22:6	(«infierno»),
Sal. 116:3	(«sepulcro», erróneamente),
Jon. 2:3	(«sepulcro», erróneamente).

QUEBER no tiene nunca esta connotación; porque en el sepulcro el cuerpo no tiene vida; no es consciente, por lo tanto, a diferencia del *Sheol*, donde se da cierta consciencia.

En el *Sheol* sí es posible experimentar *dolor* y *angustia*, con lo que queda sin valor la idea russellista que tanto gusta a las masas. La verdad es que un cuerpo muerto o destruido no podría experimentar angustia.

B') El SHEOL se relaciona con la dimensión espiritual de nuestra vida (Sal. 16:10; 86:13).

El QUEBER no tiene que ver con el alma, o el espíritu, sino solamente con el cuerpo. Esto hace toda la diferencia.

C') A pesar de usarse alguna vez con connotación de descender, bajar, SHEOL no significa tanto un descendimiento literal, físico, cuanto un reconocimiento del juicio de Dios expresado metafóricamente. En el idioma hebreo, como en otras lenguas, las cosas espirituales suelen expresarse con las ideas de «arriba», «subir», etc., mientras que sus contrarias se expresan con las imágenes opuestas: «abajo», «descender», etc. He aquí algunos ejemplos:

a) *«Yo tengo de descender a mi hijo enlutado hasta el Sheol»* (Gén. 37:35). Idea que se expresa también en otros muchos pasajes. Aquí, Jacob cree que José ha sido despedazado por las fieras y no abriga ya la menor esperanza de que su propio cuerpo, cuando fallezca, sea colocado en el mismo sepulcro de su hijo, ya que éste se supone despedazado por los animales salvajes, y totalmente perdidos sus restos. No obstante, por encima de las contingencias que puedan haber afectado a los cuerpos, el patriarca sabe que irá a unirse con su hijo en el *Sheol*. ¿Qué respuesta tienen los «Testigos de Jehová» para esto?

b) *«Mañana seréis conmigo tú y tus hijos»* (1.° Sam. 28:19). Son palabras de Samuel a Saúl. ¿En dónde tenían que encontrarse ambos al día siguiente? ¿En el sepulcro? ¡Totalmente imposible! Los guerreros muertos en el campo de batalla no eran enterrados el mismo día, si es que eran enterrados. El cuerpo de Saúl no fue hallado por los filisteos sino hasta un día después de su muerte, o sea: dos días después de su «entrevista», o visión, con Samuel. Le cortaron la cabeza, que fue exhibida en las ciudades filisteas, y el cuerpo fue colgado en un muro de Betsan. Transcurrió, pues, cierto tiempo antes que los de Jabes de Galaad obtuvieran los cuerpos de Saúl y de sus hijos y los quemaran en Jabes.

Samuel había sido enterrado en Sama, y Saúl y sus hijos en Jabes de Galaad. Está claro, por consiguiente, que las palabras de Samuel en 1.° Samuel 28:18 no pueden significar el *sepulcro*. En cambio, sí indican que el espíritu sobrevive al cuerpo y pasa a un estado o condición que la Biblia denomina SHEOL.

4. ¿Cómo traduce «Sheol» la versión de los Setenta?

De las 65 veces en que aparece, los Setenta traducen al griego por HADES en todas las ocasiones menos en cuatro, que vierten así: 2 por THANATOS: «muerte», y las otras 2 sin equivalente, con una mera frase de relleno del texto. Ni una sola vez traducen como SEPULCRO. Si el sentido de tumba o sepultura fuese tan obvio como parecen sostener los «Testigos», ¿cómo se explica que judíos que hablaban griego en Alejandría, varios siglos antes de Cristo, no acertaran a traducir sepulcro? ¿No será simplemente porque no es éste su significado?

5. ¿Y en el Nuevo Testamento?

En el Nuevo Testamento existe un paralelo entre HADES y MNEMEION por una parte, correspondiente a SHEOL y QUEBER por otra, respectivamente:

HADES = SHEOL,
MNEMEION = QUEBER.

Mnemeion aparece en plural, en el Nuevo Testamento, diez veces. *Hades* no aparece nunca en plura. *Mnemeion* también tiene que ver con propiedades de un individuo, pero *Hades,* jamás. El paralelismo entre los términos hebreo y griego es elocuente.

MNEMEION es el «sepulcro nuevo» (propiedad de José de Arimatea) en Mateo 27:60. El vocablo aparece también en Mateo 6:29 («le pusieron en un sepulcro»), en Lucas 11:47 («los sepulcros de los profetas»), etc.

MNEMEION tiene posición geográfica (Mat. 27:35; Jn. 19:41). Pero HADES, al igual que SHEOL, no la tiene.

MNEMEION se relaciona con la entrada del cadáver dentro de la cavidad que ofrece (Luc. 23:55). No así HADES.

MNEMEION, al igual que QUEBER, debe ser cavado; es una realización del hombre (Mat. 27:60); pero jamás ocurre esto con HADES.

En 1.ª Corintios 15:55 leemos: «¿Dónde está, oh muerte (*thánatos*), tu aguijón? ¿Dónde, oh HADES, tu victoria?» Según las reglas de la poesía hebrea, el paralelismo indica que el significado de un miembro de la frase es sinónimo del que sigue. Aquí, *Hades* (como *Sheol* en el Antiguo Testamento) amplía el significado de *Thánatos* (muerte). La idea entraña un desafío al imperio de la muerte, al ámbito o morada donde sólo reinaba la muerte.

En Lucas 16:22 y ss. Jesús habla del seno de Abraham, un estado dentro del *Hades —Sheol—* que es para los justos, a diferencia de otro que, en la misma situación de muerte y tinieblas, es de condenación para los impíos.

Jesús, pues, enseña que el HADES es para los creyentes una *condición de bienaventuranza* y para los inconversos una *condición de tormento*.

6. ¿Y la «Gehenna»? ¿Qué es la «Gehenna»?

Gehenna es una palabra griega del Nuevo Testamento cuya equivalencia no encontramos en el Antiguo.

En la Biblia Reina-Valera se traduce por *infierno* 6 veces, por *infierno de fuego* 2 veces, y *gehenna* literalmente 4 veces.

Creemos que la mejor traducción es *infierno* y no sepulcro.

La *Gehenna,* a diferencia del *Hades,* no es una condición(sino un *sitio*. Pero es un lugar muy especial, dado que no tiene tanto connotaciones geográficas como espirituales.

La *Gehenna,* además, es un lugar eterno. Esto se desprende de muchos textos del Nuevo Testamento, sin lugar a dudas (Mat. 10:28; Mar. 9:43, 44). Es un lugar eterno y afecta sobre todo al alma, sin excluir al cuerpo.

Se ha dicho que el *Hades* es igual a la condición del preso que espera su proceso y experimenta la angustia del mismo por anticipado. La *Gehenna,* por el contrario, es como la prisión a la que es arrojado el criminal después del proceso, cuando ha sido hallado y sentenciado culpable.

Así como el sepulcro (QUEBER, MNEMEION) es la localidad para el cuerpo muerto, la *Gehenna* es la localidad para *cuerpo y alma* —para la personalidad total, psicosomática— de los perdidos. Es el destino eterno de los condenados después del juicio.

El vocablo GEHENNA tenía una larga historia cuando lo empleó Jesús. GEHENNA hace alusión a *Gehinnón,* que quería decir «Valle de Hinnón», o sea, «Valle de los gemidos de los niños». Era un barranco estrecho y profundo al oriente de Jerusalén, en el que los reyes impíos e idólatras, Acaz y Manasés, habían sacrificado a sus hijos primogénitos (2.° Crón. 28:3; 23:10 y 33:6). Allí había sido colocada la imagen del dios Moloc con apariencia de figura humana, si bien con cabeza de buey, el animal que simbolizaba la fertilidad en los pueblos del Cercano Oriente. Fue el piadoso rey Josías quien acabó con estas monstruosas prácticas y convirtió el lugar en estercolero de la ciudad. Desde entonces aquel valle quedó asociado a la basura, como recuerdo perenne de los horrores de que fue testigo en el pasado idolátrico de la nación.

Fácilmente un recuerdo tan espantoso se identificó con *infierno.* Y, así, GEHENNA llegó a ser sinónimo de *infierno.* Es con este significado como emplea Jesús dicho vocablo en los Evangelios (Mat. 5:29; 18:9).

Como sinónimo de *Gehenna* podemos considerar la expresión «EL LAGO DE FUEGO». Se utiliza 5 veces en el Apocalipsis. Ejemplo claro es Apocalipsis 20:14, donde leemos: «El *hades* y la *muerte* ("thánatos") fueron lanzados al lago de fuego.»

La *muerte* (la condición de los cuerpos en su estado de separación de sus almas respectivas) y el *hades* (la condición de las almas en el estado de separación de sus respectivos cuerpos) fueron arrojados en las personas de los muertos impíos, resucitados para el juicio final, al *«lago de fuego»*.

Es como si dijésemos que los muertos cuyos cuerpos habían llenado los sepulcros fueron resucitados. Y sus almas, que habían estado en la condición de *hades*, fueron reunidas a sus cuerpos como parte del proceso. Como individuos resucitados, representan lo que habían sido la muerte y el *hades*, y, como tales, pecadores que habían muerto sin arrepentimiento y, por lo tanto, merecen el lago de fuego, idéntico a la *gehenna*.

Cuando esto ocurra ya no habrá cuerpos en condición de muertos, ni almas en condición de *hades*, sino que ambos serán arrojados al «lago de fuego». De esta manera son eliminadas las condiciones introducidas en el Universo de Dios por el pecado, con lo que se ejecuta el acto que mejor expresa el juicio divino.

Tal es la interpretación de los textos bíblicos; tal es el sentido de estos vocablos hebreos y griegos que los «Testigos» manejan sin saber a ciencia cierta cuál es su significado verdadero. Guste o no la doctrina que se desprende de este estudio de los vocablos originales, es, sin embargo, lo que enseñó Jesús. ¿Nos atendremos a El o iremos en pos de fantasías y quimeras sectarias?

CUESTIONARIO:

1. ¿Cuál es el verdadero significado de los vocablos hebreos Queber *y* Sheol, *y de sus correspondientes términos griegos* Mnemeion *y* Hades? *— 2. Textos novotestamentarios que apoyan la correcta versión. — 3. Diferencias específicas entre* Queber *y* Sheol. *— 4. ¿Cómo distinguen la versión de los LXX y el Nuevo Testamento los vocablos* Mnemeion *y* Hades? *— 5. ¿Qué es la* Gehenna *y el* «lago de fuego»?

LECCION 51.ª LA NUEVA JERUSALEN

1. La última meta del creyente

Cada reformador social abriga su propia utopía. La historia guarda en sus archivos muchos sueños utópicos acerca de la posibilidad de crear alguna vez en este mundo una sociedad perfecta, justa y bella. Pero no son sino sueños archivados, nostalgias de anhelos frustrados. Tenía que ser así, porque una humanidad pecadora no puede crear una sociedad impecable.

Dios, sin embargo, ha ideado una meta para la humanidad que no queda en sueños o fantasías, en proyecto impotente. Es *la ciudad con fundamento,* la única que los tiene auténticos y valiosos (Heb. 11:10, 16), la nueva Jerusalén (Apoc. 21), a la que irán a morar todos los redimidos de Cristo, el pueblo nuevo que El ha comprado con su sangre. En el libro del Apocalipsis leemos acerca de aquellos «cuyos nombres están escritos en el libro de la vida del Cordero» (Apoc. 21:27). Pablo, al escribir a los cristianos de Filipos, les recuerda que «nuestra ciudadanía está en los cielos» (Fil. 3:20), en la santa ciudad, la Jerusalén celestial, o como alguien ha traducido: «Somos una colonia del cielo en la tierra.»

En tanto que estamos en este mundo, somos una comunidad de emigrados en lejanas tierras, distantes de la patria. Y mientras somos como extranjeros aquí, no lo somos para la nueva Jerusalén (Ef. 2:19 y ss.), a donde esperamos ir cuando el Señor nos llame. La verdadera morada del creyente es la Ciudad de Dios; en este mundo somos peregrinos. No porque hayamos de despreciar al mundo, a la manera de los gnósticos, sino todo lo contrario. Con todo, el creyente no puede sino desear los nuevos cielos y la nueva tierra en donde morará la justicia y se cumplirá perfectamente la voluntad de Dios. No es cuestión de cielo o tierra, de espíritu o materia (categorías helénicas, como vimos en la primera parte de nuestro libro), sino de buscar la comunión perfecta con Dios y el ámbito aquel en donde su voluntad es norma jamás infringida.

2. Descripción de la santa ciudad

La Ciudad de Dios no se modela a la manera de las ciudades de los hombres. Se la llama Sion, o nueva Jerusalén, o la santa ciudad, tomando como título típico el de aquella capital que David conquistó y convirtió en cabeza de su Reino (Heb. 12:22; Apoc. 21:2). A lo largo del período de los reinos de Judá y de Israel, durante el reino unido o tras la separación de los reinos, cuando la cautividad y al regreso de Babilonia, siempre fue Jerusalén el centro no sólo de la vida nacional, sino del fervor y de las esperanzas mesiánicas que giraban en torno al prometido Hijo de David. El centro supremo de la espiritualidad israelita se hallaba en Sion (*cf.* Sal. 137:4-6).

Aquella devoción de los antiguos judíos piadosos por todo lo que Jerusalén representaba (no la moderna superstición, que parece buscar bendición mecánica en el simple contacto de las manos y la cabeza con las piedras que quedan de las murallas del templo derribado el año 70), es el modelo de nuestra devoción y anhelo por la Jerusalén celestial. «Porque no tenemos aquí ciudad permanente, sino que buscamos la por venir» (Heb. 13:14). Lo imperfecto e injusto de todos los sistemas sociales, políticos, culturales, etc., que el mundo ha conocido —y los que conocerá todavía, si el Señor no vuelve antes— obligan al cristiano a perder su confianza en ellos como modelo del estado final de felicidad al que Dios tiene destinado al género humano. Sólo el gobierno de Cristo puede asegurar la estabilidad duradera, la justicia constante y la creatividad gozosa que el hombre —y la sociedad— ahogan sin cesar, de frustración en frustración, de fracaso en fracaso.

Nada inferior a los designios de Dios podría satisfacer a quienes hemos sido hechos a su semejanza. Sólo el Reino de Dios es concepto absoluto para el cristiano.

La descripción de la santa ciudad que nos ofrece Apocalipsis se basa en la Jerusalén terrenal. Esto conviene a su estilo simbólico, adecuado para describir realidades que de ninguna manera podemos entender por anticipado. Tenía razón Bernard Ramm cuando escribía que existen dos períodos bíblicos difícilmente comprensibles para el hombre: los días de Adán antes de la caído, y la eternidad en la nueva Jerusalén. Son épocas imposibles de imaginar por nosotros, porque nadie ha vivido jamás experiencias parecidas, aunque fuese remotamente, a lo que supone vivir sin haber pecado antes, como Adán, o en un estado glorificado y eterno, superadas las limitaciones de tiempo, espacio y pecado. Toda lectura que se haga del Apocalipsis debe tener en cuenta esto.

El Señor ha preparado un reposo para su pueblo en la ciudad del Dios vivo, la Jerusalén celestial, en donde una innumerable compañía de ángeles y la iglesia de los primogénitos que están escritos en los cielos gozan ininterrumpidamente de la presencia del Señor, Juez de todos y Salvador de los bienaventurados, hechos ya perfectos (Heb. 12:22).

De acuerdo con el estilo apocalíptico, arriba mencionado, la Biblia describe la nueva Jerusalén como una ciudad oriental, llena de edificios que brillan como perlas. Y la riqueza, la belleza y la prosperidad son descritas en términos de piedras preciosas u oro y demás metales de valor. Y así como las murallas estucadas en blanco de la ciudad terrena ofrecían desde lejos al viajante su brillo al reverbero del sol del mediodía, así también las deslumbrantes construcciones de la nueva Jerusalén la hacen una urbe atractiva, fuente de luz para todas las unciones.

La descripción de Apocalipsis utiliza expresiones negativas y positivas. Se distingue por lo que posee y por aquello de que carece. Su principal, y obvia, característica es la gloria de Dios que todo lo llena (Apoc. 21:11, 23) y todo lo sustenta. Simboliza, además, la divina presencia en medio de los seres humanos. A Dios se le representa siempre como una luz refulgente, incandescente. Como cuando apareció a Moisés en la zarza que ardía y no se consumía (Ex. 3:2). La nube de fuego que descendía sobre el tabernáculo (Ex. 40:34), y más tarde sobre el templo de Salomón (2.° Crón. 7:1), indicaba que Dios había condescendido a morar con su pueblo de una manera singularmente íntima y nueva. La Ciudad de Dios parece aproximarnos más la cercanía y la presencia divinas (valga la redundancia), siempre reales para el creyente, pero que en la nueva Jerusalén uno diría que han sido potenciadas: «He aquí el tabernáculo de Dios con los hombres, y él morará con ellos; y ellos serán su pueblo, y Dios mismo estará con ellos como su Dios» (Apoc. 21:3).

La gran ciudad santa de Jerusalén (Apoc. 21:10) tiene doce puertas con doce nombres inscritos, que corresponden a los de las doce tribus de Israel. Ofrecen acceso universal a todos los pueblos y razas y hablan elocuentemente de la universalidad o catolicidad de la revelación del Antiguo Testamento, dada para ser luz y bendición a todas las familias de la tierra. Las misericordias de Dios no son exclusivamente para una sola clase, o nación, o raza, o época. Todos los creyentes son bienvenidos e invitados a pasar por las doce puertas, al amparo de las realidades veterotestamentarias, vindicadas eternamente en la ciudad de Dios.

Los doce ángeles a las puertas (Apoc. 21:12) son los guardianes. Excluyen a los que no han sido lavados con la sangre del Cordero, y dan la bienvenida a los justificados con dicha preciosa sangre. ¡Qué contraste con el querubín del Edén, puesto allí con espada flameante para cerrar el paso al árbol de la vida!

Los doce fundamentos tienen sobre ellos los nombres de los doce apóstoles (21:14), los testigos definitivos de la verdad y la salvación de Dios (Ef. 2:20-21) asentados sobre ellos, quienes a su vez se apoyan en la piedra principal del ángulo, Jesucristo mismo. Si el Antiguo Testamento —simbolizado en las puertas— vindica las bendiciones veterotestamentarias, el Nuevo, como expresión del testimonio apostólico, es la cima, la coronación perfecta del mensaje que salva y transforma, el mensaje que, hecho vivencia, nos conduce hasta Dios y nos lleva a la nueva Jerusalén. Toda estructura salvífica se apoya en los doce apóstoles. Lejos de su testimonio nos extraviamos y nos alejamos de la verdad revelada.[3] Esto deberían tenerlo en cuenta todos los iluminismos modernos, tanto los que se levantan en nombre de discutibles veleidades pseudocarismáticas como los que pretenden imponerse a base de paternalismos eclesiásticos o de subjetivismos anárquicos y radicalmente individualistas. La piedra de toque de la verdad es, y ha sido siempre, el fundamento de los apóstoles y profetas. Tan importante y vital para la Iglesia es esto, que hasta en la santa ciudad celestial, en la nueva Jerusalén, se nos recuerda que el muro protector, lo que nos defiende y protege allí, se apoya en doce cimientos que corresponden a los doce apóstoles del Cordero. Sin estos fundamentos el muro se vendría abajo y quedaríamos desamparados doctrinalmente. Pero como allí todo es perfecto, el muro de la verdad revelada no acepta otros soportes que los apostólicos.

Un río limpio, de agua de vida, resplandeciente como cristal, sale del trono de Dios y del Cordero (Apoc. 22:1). Nos recuerda los ríos que atravesaban el Edén con sus aguas vivas. Es significativo que el río fluya del trono de Dios, fuente de toda vida y poder, manantial inagotable, caudal suficiente para toda necesidad y para todas las gentes.

El trono de Dios manifiesta igualmente la soberanía divina sobre el Universo visible y sobre el invisible. Es, además, el trono de Dios y del Cordero; un solo trono para ambos. Proclamación clara de la divinidad del Cordero, de la igualdad con el Padre de aquél que gustaba llamarse Hijo del Hombre, siendo, además, Hijo de Dios. Cuando todo conflicto con el mal haya cesado, la soberanía divina será gozosamente manifestada en todo el Universo; la victoria sobre las tinieblas hará más hermoso el brillo de la

3. Véase J. Grau, *El fundamento apostólico* (EEE, Barcelona, 1966). También mi *Introducción a la Teología* (CLIE, Tarrasa, 1973).

luz. Porque en la Ciudad de Dios la justicia y el amor, el poder y la belleza saldrán definitivamente triunfadores.

3. Características negativas de la nueva Jerusalén

Las características negativas de la nueva Jerusalén son igualmente interesantes. Acentúan el contraste entre las actuales condiciones de existencia en que se mueve el creyente todavía y las futuras realidades que le esperan. Por lo menos, echamos en falta siete cosas que son comunes en toda ciudad secular.

La ciudad no tiene templo. Como en nuestros viejos pueblos españoles, en cualquier centro de población de aquel tiempo en que fue escrito el Apocalipsis había, como mínimo, un santuario en honor de la deidad local, el cual solía sobresalir sobre las demás casas, haciendo fácil su identificación y acceso. Roma y Atenas estaban tan surtidas de ellos, así como cualquier urbe importante de la Antigüedad, que un viajero satírico dijo que en estas grandes ciudades era más fácil encontrar a un dios que a un hombre. Eran templos con su sacerdocio, su ritual, sus sacrificios, sus fiestas y sus peregrinaciones, que eran expresión del talante naturalmente religioso de todo ser humano. En la Ciudad de Dios, cima perfecta de la comunión del hombre con la divinidad, no hay necesidad de templo: «Y no vi en ella templo; porque el Señor Dios Todopoderoso es el templo de ella, y el Cordero» (Apoc. 21:22). El Señor mismo está en medio de sus escogidos, conviviendo con ellos (Apoc. 21:3). ¡Cuánta gracia! ¡Cuánta bendición!

«La ciudad no tiene necesidad ni de sol ni de luna que brillen en ella, porque la gloria de Dios la ilumina, y el Cordero es su lumbrera» (Apoc. 21:23). Los astros fueron creados —según informa el libro del Génesis— para dar luz a la tierra; esta luz, en el fondo, es secundaria, porque no es más que el producto del poder divino que la ha creado. En cambio, la luz de la nueva Jerusalén es el resplandor mismo de la divinidad. Una vez más vemos estrechamente vinculados, indisolublemente unidos, al Padre y al

Hijo en esta acción de iluminar la morada eterna de los redimidos.

«Sus puertas nunca serán cerradas de día, pues allí no habrá noche» (Apoc. 21:25). En las antiguas ciudades orientales las grandes puertas estaban siempre cerradas durante la noche para proteger a sus habitantes de las incursiones enemigas o de los ladrones. Después de ponerse el sol, para entrar por los pequeños accesos era menester presentar un pase especial a la guardia de la puerta. ¡Qué contraste! La nueva Jerusalén tiene sus puertas abiertas de par en par. Allí no hay ningún miedo, ni temor, porque la misma presencia del Señor protege a los suyos. Por otra parte, en ella sólo entra lo glorioso y lo honroso (Apoc. 21:26). Y yo me pregunto —sin dogmatizar, ¡Dios me libre de ello!—: ¿No podría ser esto una alusión a los elementos culturales de valor, redimibles, de ciertas civilizaciones o comunidades? El texto dice que por las puertas de la santa ciudad entrarán quienes lleven «la honra y la gloria de las naciones a ella» (Apoc. 21:26). ¿Qué querrá decir esto? Lo que queda claro es que «no entrará en ella ninguna cosa inmunda, o que hace abominación, y mentira, sino solamente los que están inscritos en el libro de la vida del Cordero» (Apoc. 21:27).

Efectivamente, otra característica negativa es ésta: *«nada inmundo, o que hace abominación y mentira, entrará en ella»*. Las antiguas ciudades, por lo general, carecían de salubridad pública. La higiene no preocupaba demasiado. De ahí las terribles pestes que azotaron como plagas espantosas a muchos pueblos de la Antigüedad y de la Edad Media. Las basuras se acumulaban en las calles, y los caminos vecinales servían de desagües. La nueva Jerusalén, por el contrario, no tolera la inmundicia. Por supuesto, aquí el vocablo «inmundo» debe tener un sentido más moral que físico, mientras que el término «abominación» subraya la perversión espiritual, si bien el vocablo en su sentido original era utilizado para describir condiciones de falta de higiene. En cualquier caso, pensemos que junto a las basuras —tanto en las modernas como en las viejas urbes— coexisten escombros morales y plagas sociales de no menor putrefacción ética, como son los vicios sexuales, la delincuencia, la injusticia social, etc. La comunidad de Dios, elevada a su residencia eterna, no conocerá ningún caso de inmundicia, porque allí todo es limpio.

«*Y no habrá más maldición*» (Apoc. 22:3). El pecado del hombre arrastró a la creación entera con él (Gén. 3; Rom. 8). La tierra fue maldita por causa de Adán; y lo que debería haber sido un medio de realización personal, de creatividad gozosa, se convirtió en angustia económica, en trabajo sudoroso, en lucha sin cuartel para poder subsistir miserablemente. La tierra produjo cardos y espinos, y la relación de hombre a hombre se tornó más bien en lo que define el célebre aforismo: «El hombre es un lobo para el hombre.» Pero todo esto ha quedado superado en la nueva Jerusalén. Con el advenimiento del nuevo pueblo de los redimidos de Cristo la maldición es quitada, y los creyentes no tienen ya más necesidad de luchar entre sí despiadadamente y contra la naturaleza. En la nueva Jerusalén todo les es amistoso, todo coopera con ellos a su realización, porque Dios mismo mora en ella y «sus siervos le servirán» (Apoc. 22:3) en un servicio perfecto que es creación y adoración al mismo tiempo, puesto que el vocabio «servir» significa en el griego original tanto *servir* como *adorar*. Dios habrá quitado en la santa ciudad las restricciones que impuso a la tierra para contener el mal desbordado; ya no harán falta estas previsiones. La productividad, la creatividad en todos los órdenes y sentidos, libres de angustias, tensiones, frustraciones y contradicciones, podrán ser disfrutadas en plenitud. Porque no fue el trabajo lo maldecido en el Edén; ni la maldición recayó tampoco sobre la actividad humana. Antes de la entrada del pecado en el mundo (Gén. 2) Dios había encomendado ya al hombre el cultivo de la tierra y el dominio de la creación, instalando al ser humano como regente del Universo, casi concreador y coprovidente con el Señor (Gén. 1:28). La maldición consiste en el trabajo improductivo, en la tierra que se resiste, en las actividades alienantes, en el consumismo sin meta y sin alma, en la vanidad que domina ciertas estructuras laborales y toda forma de economía que, lejos de ayudar al hombre, lo esclaviza. Nada parecido habrá en la nueva Jerusalén: «El Cordero estará en ella y sus siervos le servirán», mediante un servicio que les glorificará, porque en el servicio adorarán, y en la adoración se realizarán en plenitud y libertad.

«No habrá allí más noche» (Apoc. 22:5). Nosotros no podemos tener idea de lo que significaba la noche en la Antigüedad. Ni siquiera las grandes aglomeraciones urbanas tenían mucha iluminación por las calles, con los rudimentarios medios de aquel entonces. Los callejones oscuros, las encrucijadas, las plazoletas y otros lugares eran refugio de maleantes. Aun las calles más transitadas de día se convertían, de noche, en lugares peligrosos para el viandante. La gente no solía salir de sus hogares después de la puesta del sol. Y si se veían obligados a ello, por necesidades imperiosas, lo hacían armados o acompañados de servidumbre armada. Bajo la cubierta de la oscuridad tenebrosa el trabajo cesaba y el crimen brotaba. La perpetua iluminación de la presencia de Dios hará innecesaria toda lámpara y todo sol. Al amparo de esta luz divina los habitantes de la nueva Jerusalén se verán libres de todo temor, y entrarán y saldrán con plena confianza.

«Y ya no habrá muerte» (Apoc. 21:4). La abolición de la muerte garantiza a todos los moradores de la Ciudad de Dios un eterno futuro de realizaciones ilimitadas. Se acabaron los condicionamientos del tiempo y del espacio, por lo que la creatividad alcanzará cimas de conocimiento y logros de realización insospechados, inimaginables. La muerte siempre interrumpe algo; pone fin a muchos proyectos, a muchos anhelos, y hace imposible, muchas veces, el volver a empezar, el recuperar lo perdido o el perfeccionar lo iniciado. Exterminada la muerte y con una eternidad por delante, habremos superado todas las servidumbres de lo temporal; se terminó la lucha generacional, los conflictos de edades, las rivalidades, los celos entre jóvenes y viejos, etc. A menudo, como se lamentaba Bertrand Russell (y con ello se oponía a los intentos de legalizar la eutanasia, propuestos por ciertos científicos modernos), cuando el hombre ha alcanzado aquella plenitud vital que le permitiría vivir más sabia y amorosamente, entonces llega su fin. Si la experiencia y la sabiduría

acumuladas de muchos hombres pudieran extenderse por siglos, ¡qué contribuciones no harían a sus semejantes! Su creciente poder mental, su más amplia capacidad de comprensión —nutrida por toda clase de experienias—, su más afinada sensibilidad, ¡qué aportaciones podrían ofrecer para la creación de civilizaciones verdaderamente superiores! Por causa del pecado la vida del ser humano fue acortada en la tierra. Y entonces fue una bendición, porque si la muerte no frenara el impulso creciente de la perversidad (Gén. 6:1-6), degeneraría de tal modo que acabaría haciendo la vida imposible en un mundo totalmente corrompido. Lo que algunos historiadores han dicho de la existencia cotidiana en ciertas culturas (Asiria, por ejemplo, así como Sodoma y Gomorra), que a nosotros nos habría sido imposible adaptarnos a ellas, porque la vida se nos haría intolerable, asfixiante y mortalmente angustiosa, podría decirse de toda cultura, de toda civilización y de todo grupo humano si el pecado hubiese podido encontrar a seres con vida eterna para lograr sus propósitos corruptores. Así, aunque la muerte sea la paga del pecado (Gén. 2:17; Rom. 6:23), es, no obstante, una bendición para prevenir la expansión abrumadora de la iniquidad. Pero una vez eliminado el pecado —la causa— Dios puede derramar vida eterna sin límites sobre sus siervos. De esta manera volvemos a recuperar los privilegios y el conocimiento que fueron la herencia original de la humanidad al ser creada. La Ciudad de Dios será la sociedad final, perfecta, en la que todo hombre y mujer podrán crecer conforme a la estatura que el Creador se propuso al crearnos.

«Ni habrá más llanto, ni clamor, ni dolor; porque las primeras cosas pasaron. Y el que estaba sentado en el trono dijo: He aquí, yo hago nuevas todas las cosas» (Apoc. 21:4-5).

4. El cielo es fruto de la obra de Cristo

No podemos olvidar, al poner términos a estos estudios, que toda bendición aquí y ahora, y luego en la eternidad, se halla condicionada a nuestra relación con Cristo. Cristo es el centro del nuevo mundo, la nueva creación de Dios.

La nueva Jerusalén recibe el título significativo de «Esposa del Cordero»; tan querida le es al Señor. Los apóstoles, cuyos nombres se hallan escritos en los fundamentos de los muros de la ciudad, son «apóstoles del Cordero». La presencia del Cordero hace innecesario el templo; su brillo convierte en inútil toda otra luz. La lista donde se hallan los nombres de los redimidos es «el libro del Cordero», y su gobierno es «el trono de Dios y del Cordero». Todo gira en torno al Hijo de Dios, hecho hombre para abrirnos las puertas de la Jerusalén celestial. Servirle a El será la ocupación de los habitantes de la nueva Jerusalén, y en su victoria alcanzaremos los creyentes nuestro propio triunfo final.

El Nuevo Testamento termina con este cuadro. Todo lenguaje, toda poesía, todo estilo, no importa cuán inspirado, elevado y sublime sea, es incapaz de expresar las maravillosas perspectivas que se abren ante los ojos del hijo de Dios, el cristiano, el creyente lavado con la sangre del Cordero. El lenguaje del Apocalipsis —ya lo hemos advertido— no puede entenderse literalmente (*cf.* Apoc. 21: 15-21, sección que ningún intérprete se atrevería a interpretar al pie de la letra), pero lo que nos dice con su lenguaje propio es suficiente para describir un estado de felicidad y plenitud que transciende cualquier experiencia que hayamos vivido o imaginado aquí abajo. ¡Qué benditas realidades encierra la esperanza futura que así se nos brinda en Apocalipsis! Un futuro tan glorioso que no hay conceptos para expresarlo, y ante el cual incluso el simbolismo apocalíptico resulta pálido.

La nueva Jerusalén es el objetivo supremo del proceso redentor. No sólo será restaurado lo que fue antes arruinado por el pecado; será creado todo un nuevo mundo —«cielos nuevos y tierra nueva»— mucho mejor, muy superior a todo cuanto fue arrastrado por la vorágine del pecado. El destino del creyente no estriba simplemente en volver a la primera condición feliz del Edén, con la potencialidad de pecado que podría repetirse y así volver a iniciar el ciclo correspondiente de miseria y ruina; se trata más bien de un mundo mejor y superior que el perdido, porque se asienta sobre una redención que asegura una perfecta y total liberación del poder del mal, y una más plena comunión y ligazón con el Dios eterno, por su Espíritu.

La caída del hombre puso de manifiesto el amor de Dios. A lo largo de la historia, con el correr de los siglos, se ha evidenciado asimismo la persistencia de ese amor que no ceja hasta conseguir sus propósitos en nosotros los redimidos. Dicho amor suscitó la simiente de Abraham para que, a través de ella, pudiera venir luz (revelación) y perdón (salvación), culminados en la persona de Jesucristo, la más total y completa revelación y salvación de Dios, hecho participante de nuestra condición humana, asumiendo nuestras debilidades y frustraciones hasta la misma cruz y anticipando nuestra propia victoria en la resurrección. El significado de dicha salvación se perpetúa eternamente en la santa ciudad, la nueva Jerusalén; el mismo título que allí se le atribuye: «el Cordero», recuerda constantemente su muerte vicaria y expiatoria. El mismo «río de la vida del Cordero» es un perenne memorial del poder infinito, vivificador, que fluye de la obra de la cruz en beneficio de los creyentes. Todo recuerda la obra de la cruz; todo queda concentrado en la figura excelsa, sublime, majestuosa, del bendito Hijo de Dios. La unión con El es el secreto de toda bendición; el alejamiento de El, la explicación de toda desgracia.

Este es el glorioso futuro que nos espera: toda una eternidad con Cristo, si verdaderamente somos de El. Y en esto consiste el cielo, pues, como muy bien escribió Tomás de Kempis, el cielo es cielo porque allí está el Señor, y el mismo infierno sería cielo si en él estuviera Cristo.

«Porque Dios el Señor los iluminará; y reinarán por los siglos de los siglos» (Apoc. 22:5).

CUESTIONARIO:

1. ¿En qué consiste nuestra ciudadanía celestial? — 2. ¿Cómo describe el Apocalipsis la nueva Jerusalén? — 3. Análisis de Apocalipsis 21. — 4. Lo que no habrá en la nueva ciudad santa. — 5. ¿Qué bendiciones comportará la ausencia de tales males? — 6. ¿Qué representa el cielo en el proceso de la historia de la salvación? — 7. ¿Volveremos al estado de inocencia original del Edén? — 8. ¿En qué consiste básicamente la bienaventuranza celestial?

BIBLIOGRAFIA

PARA LA PRIMERA Y LA QUINTA PARTES

O. CULLMANN, *La historia de la salvación* (Ed. Península, Barcelona, 1967).

— *Immortalité de l'âme ou résurrection des morts?* (Ed. Delachaux et Niestlé, Paris-Neuchatel, 1969).

J. GRAU, F. LACUEVA, J. M. MARTÍNEZ, J. TREMOLADA, *Treinta mil españoles y Dios* (Ed. Nova Terra, Barcelona, 1972), cap. II.

R. MARTIN ACHARD, *De la muerte a la resurrección* (según el Antiguo Testamento), (Ed. Marova, S. L., Madrid, 1967).

L. MORRIS, *El salario del pecado* (La muerte según el Nuevo Testamento), (Ed. Evangélicas Europeas, Barcelona, 1973).

M. DE UNAMUNO, *Ensayos*, tomo 2 (*Del sentimiento trágico de la vida*), (Ed. Aguilar, Madrid, 1945).

PARA LA SEGUNDA PARTE

H. BÜRKI, *El cristiano y el mundo* (EEE, Barcelona, 1973).

G. LADD, *El Evangelio del Reino* (Ed. Caribe, Miami, 1974).

— *Crucial Questions about the Kingdom* (Eerdmans Publishing House, Grand Rapids, 1974).

— *Presence of the Future* (Eerdmans, Grand Rapids, 1974).

J. MURRAY, *El Pacto de Gracia* (Fundación Ed. de Literatura Reformada, Rijswijk, Holanda, 1967).

— Art. «Covenant», en el *New Bible Dictionary*.

H. N. Ridderbos, *The Coming of the Kingdom* (Presbyterian and Reformed, New Jersey, 1963).

— Art. «Kingdom of God», en el *New Bible Dictionary*.

G. Vos, *The Kingdom of God and the Church* (Presbyterian and Reformed, New Jersey, 1972).

— *Biblical Theology* (Eerdmans, Grand Rapids, 1948).

PARA LA TERCERA Y CUARTA PARTES

O. T. Allis, *Prophecy and the Church* (Presbyterian and Reformed, P.C., Filadelfia, 1945).

C. Bass, *Backgrounds to Dispensationalism* (Eerdmans, Grand Rapids, 1960).

L. Berkhof, *Teología Sistemática* (TELL, Grand Rapids, 1973).

A. Edersheim, *The Life and Times of Jesus the Messiah* (Longmans Green, London, 1889).

L. E. Froom, *The Prophetic Faith of Our Fathers*, 4 vols. (Review and Herald, Washington, 1954).

J. Grau, *Las profecías de Daniel* (EEE, Barcelona, 1976).

W. J. Grier, *The Momentous Event* (Evangelical Bookshop, Belfast, 1963).

W. Hendriksen, *La Biblia y la vida venidera* (TELL, Grand Rapids, 1970).

— *Hacemos más que vencer* (Ed. Buena Semilla, Bogotá, 1965).

A. Hughes, *A New Heaven and a New Earth* (Marshall, Morgan and Scott, London-Edinburgh, 1958).

Ph. E. Hughes, *The Divine Plan For Jew and Gentile* (Tyndale Press, 1949).

G. E. Ladd, *Vendré otra vez* (Ed. Certeza, Buenos Aires, 1974).

Ph. Mauro, *The Gospel of the Kingdom* (Reiner Publications, Swengel Pa., 1966).

— *The Seventy Weeks and the Great Tribulation* (Reiner Publications, Swengel Pa., 1965).

G. C. MILADIN, *Is this Really the End?* (A Reformed Analysis of «The Late Great Planet Earth», Mack Publ. Co., New Jersey, 1974).

E. J. YOUNG, *The Prophecy of Daniel* (Eerdmans, Grand Rapids, 1949).

— Art. «Daniel», en el *New Bible Dictionary*.

BIBLIOGRAFIA DESDE EL PUNTO DE VISTA PREMILENARIO

G. HAMILTON, *El discurso del monte Olivete* (Ed. CLIE).

— *Maranatha* (Ed. CLIE).

— *Las glorias del Reino venidero* (Ed. CLIE).

SAMUEL VILA, *Cuando El venga* (Ed. CLIE).

— *La nada o las estrellas* (Ed. CLIE).

IVÁN BARCHUK, *Explicación del libro del Apocalipsis* (Ed. CLIE).

SALOFF ASTAKHOFF, *Origen y destino del planeta Tierra* (Ed. CLIE).

GARY G. COHEN, *El último suspiro del planeta Tierra* (Ed. CLIE).

M. F. UNGER, *Más allá de la bola de cristal* (Ed. CLIE).

BASILEA SLINCK, *Patmos —Cuando los cielos se abrieron* (Ed. EMS, Darmstadt).

J. N. DARBY, *Estudio sobre el libro de Apocalipsis* (Ed. La Bonne Semence, Valence).

*W. E. BLACKSTONE, *Jesús viene* (La Casa Bíblica de Los Angeles, Los Ageles, 1963).

*L. S. CHAFER, *El camino de la salvación* (Publ. Portavoz, Barcelona, 1972).

— *Grandes temas bíblicos* (Publ. Portavoz, Barcelona, 1972).

— *Teología Sistemática*, 2 vols. (Publ. Hispánicas, Dalton, Georgia, 1974).

*H. LINDSEY, C. C. CARLSON, *La agonía del gran planeta Tierra* (Ed. Libertador, Maracaibo, 1970).

*C. C. RYRIE, *Dispensacionalismo, hoy* (Publ. Portavoz, Barcelona, 1975).

**Biblia Scofield*, en diversas ediciones y tamaños.

*C. I. SCOFIELD, *Trazando bien la Palabra de Verdad* (La Casa Bíblica de Los Angeles, 1955).